参加“世界记忆遗产——侨批档案研讨会”的领导、嘉宾暨专家学者合影 2014年10月31日　汕头

潮汕历史文化研究中心

潮汕文库

The Research on Qiaopi

海邦剩馥

侨批档案研究

陈荆淮　主编

中国历史文献研究会　潮汕历史文化研究中心　编

暨南大學出版社
JINAN UNIVERSITY PRESS

中国·广州

图书在版编目（CIP）数据

海邦剩馥：侨批档案研究/陈荆淮主编；中国历史文献研究会，潮汕历史文化研究中心编．—广州：暨南大学出版社，2016.1

（潮汕文库）

ISBN 978-7-5668-1742-6

Ⅰ.①海… Ⅱ.①陈…②中… ③潮… Ⅲ.①侨务—外汇—史料—研究—中国

Ⅳ.①F832.6

中国版本图书馆 CIP 数据核字(2016)第 010563 号

出版发行：暨南大学出版社

地　址：中国广州暨南大学

电　话：总编室（8620）85221601

营销部（8620）85225284　85228291　85228292（邮购）

传　真：（8620）85221583（办公室）　85223774（营销部）

邮　编：510630

网　址：http：//www.jnupress.com　http：//press.jnu.edu.cn

排　版：广州市天河星辰文化发展部照排中心

印　刷：深圳市新联美术印刷有限公司

开　本：787mm×1092mm　1/16

印　张：15.75

字　数：390 千

版　次：2016 年 1 月第 1 版

印　次：2016 年 1 月第 1 次

定　价：48.00 元

《潮汕文库》序

吴南生

我常常回忆三十年前，同样是“四厢花影怒于潮”的初春季节，在周恩来总理的亲切关怀下，老舍、曹禺、阳翰笙先生等一行十几人，专程来访潮汕。潮汕的山山水水和那古老独特的文化艺术，深深打动了客人们的心。在这里，老舍先生写下了满怀深情的诗：

莫夸骑鹤下扬州，渴慕潮汕数十秋；
得句驰书傲子女，春宵听曲在汕头。

这时，我奉命来汕头迎候他们。老舍先生等在将回北京的时候，一再握别叮咛：要珍重潮汕的文化遗产，要好好发掘和整理呀！可是，时隔不久，一场“史无前例”的大灾难铺天盖地而来，一切都无从说起了。

党的十一届三中全会后，实行改革开放政策，使国家的经济从濒于崩溃的边缘走向兴旺发达的大道。弘扬中华文化，增强中华民族凝聚力，已成为举国上下共同重视的课题。随着汕头经济特区的建立，潮汕地区的经济建设取得了有史以来所未有的繁荣发达。和全国一样，如何继承和发扬潮汕的优秀文化遗产，使之为社会主义的两个文明建设服务，也引起海内外各方面的重视。1990 年 11 月，中国历史文献学会第十一届年会暨潮汕历史文献与文化国际学术讨论会在汕头大学召开。1991 年 9 月，在法国巴黎召开的第六届国际潮团联谊年会，又议定着手筹建“国际潮人文化基金会”。与此同时，汕头大学成立了“潮汕文化研究中心”，汕头市也成立了“潮汕历史文化研究中心”。这两个专门机构，密切配合，组织协调有关的研究工作。最近，他们商定了学术研究规划，决定出版《潮汕文库》，准备在今后若干年内陆续整理出版一批丛书，包括“潮汕历史文献丛编”“潮汕历史文化研究”等十个项目，每个项目又分出若干细目或专题。这是一项浩大的工程，是一件很有意义、很有远见的工作。

潮汕地区的文化，历史悠久，源远流长。古代文化特别是两宋以后的文化，内容十分丰富。它是浩瀚的中华文化中一支富有特色的细流。自唐宋开始，潮州的陶瓷就远销海外。随着岁月的迁移，潮州与海外交往也愈来愈密切。潮人对开拓海上丝绸之路做出了不可磨灭的贡献。明末清初之后，大量的潮人移居东南亚。近几十年来，又散布到世界各地。数逾千万的海外潮人，与当地人民和睦相处，把中华文化传播到五洲四海，又不断地把海外的先进文化引进桑梓故园。中外文化在潮汕融聚化合，经过历代潮汕人民的创造、探求和推陈出新，形成了具有鲜明特色的潮汕文化。海外潮人对传播和丰富中华文化是做出了贡献的。认真研究潮汕的历史和文化，对增强中华民族凝聚力，增加与世界各国人民的友谊和文化交流，对推动潮汕地区的两个文明建设，提高人民群众的思想和文化素质，都具有深远的意义。

在“潮汕历史文化研究中心”成立时，大家议定，研究潮汕历史文化，一定要坚持实事求是的科学态度。为了坚持实事求是，严谨治学，使研究工作取得踏实丰硕的成果，首先应该做好历史资料的搜集、整理、考证和出版工作。现在准备出版的《潮汕文库》，就是按这一要求迈出的第一步。

潮汕的历史文物、文献完整保存下来的不多，不免会给研究工作造成一定的困难。但是从总体上看，数量还是不少的，这些已经流传下来的文物、文献，有待我们去整理、研究；埋藏在地下的还可能陆续出土；地方上熟悉掌故的老人们的口碑也相当丰富；散布在民间和海外的文物、资料和古籍也有一定的数量。只要各方重视，抓紧发掘、采集，一定会有可观的收获。

有一个很能说明上述观点的事例：1956 年初，梅兰芳先生和欧阳予倩先生率领艺术团到日本访问，日本友人赠送给他们两份明代戏曲刻本的摄影本，不知是哪一个剧种的。当梅先生等经香港回到广州时，刚好潮剧团正在这里演出《荔镜记》。梅先生等观看演出后，经查对才知道两份刻本都是潮剧的古本。这两份刻本，一是嘉靖四十五年（1566）的《重刊五色潮泉插科增入诗词北曲勾栏荔镜记戏文全集》（附刻《颜臣》），现藏于日本天理大学；后又发现，同一刊本的又一印本现藏于英国牛津大学。二是万历刻本《重补摘锦潮调金花女大全》（附刻《苏六娘》），此件无刊刻年份，可能是万历初年刊本，现藏于东京大学东洋文化研究所。在这之后又八年，即 1964 年，再发现有万历九年（1581）潮剧刻本，卷一首题“潮州东月李氏编集”的《新刻增补全像乡谈荔枝记》，现藏于奥地利维也纳国家图书馆。更引起国内外学术界瞩目的是：1958 年在揭阳县明代墓葬中出土发现的嘉靖年间戏曲手抄本《蔡伯皆》（即《琵琶记》），戏文中夹杂潮州方言，现藏于广东省博物馆。1975 年 12 月又在潮安县的明初墓葬中出土了宣德年间手写本《刘希必金钗记》，文中先后写明书写时间是“宣德六年六月十九日”和“宣德七年六月”（即 1431、1432）。这是我国目前所见最早的戏文写本，现藏于潮州市博物馆。这些都是稀世之宝。上面这些事例，充分说明了潮汕文化有丰富的遗产，也说明了还有一定数量的宝贵文物、文献，或者埋藏在地下，或者散藏在海内外，有待我们去发现。这方面，有大量的工作正在等待我们和后人去做。

显然，《潮汕文库》的出版，对于唤起海内外人士重视发掘、搜集潮汕文物、文献的热情，对于系统地积累潮汕历史文化资料，顺利地开展有关的研究工作，都将起到积极的作用。我想，这也是编辑出版《潮汕文库》的目的。

主办这项工作的同志们要我为《潮汕文库》写篇序言。我在历史文化研究工作的面前，只是一个渴望学习的小学生，说不出什么。但往事历历如在眼前，老舍先生和历代众多的名贤学者们的期望，今天终于能够开始实现，我从心底感到高兴，因而乐于借这个机会，祝愿《潮汕文库》早日问世，祝愿研究潮汕历史文化的工作顺利进展，尽快取得丰硕的成果。

1992 年 2 月 15 日于广州

代　序

挖掘传承世界记忆遗产，推动华侨经济文化合作

——在“世界记忆遗产——侨批档案研讨会”上的讲话

罗仰鹏*

尊敬的各位专家学者、各位嘉宾：

大家好！

在国务院批复同意汕头经济特区设立华侨经济文化合作试验区的重大历史时刻，中国历史文献研究会、汕头市潮汕历史文化研究中心联合在汕头举办“世界记忆遗产——侨批档案研讨会”，目的是贯彻落实国务院设立汕头华侨经济文化合作试验区的重大决策部署，进一步丰富和发掘华侨历史文献资料，广泛宣传侨批文化，全面加深侨批文化研究，为试验区的建设助力添瓦。首先请允许我代表主办单位对大家的莅临表示热烈的欢迎和衷心的感谢！

去年6月，中国侨批档案成功入选《世界记忆名录》，侨批成为人类共同的记忆遗产，这是广大华侨和侨乡人民的共同心愿，更是潮汕地区这个侨批重要发源地一千四百万人民的光荣。国家档案局2012年5月以侨批16万份的收藏量向联合国教科文组织申报中国侨批档案列入《世界记忆名录》，其中潮汕历史文化研究中心收藏量为10.3万份，约占64%，潮汕侨批为中国侨批档案申遗成功做出了较大的贡献。

潮汕历史文化研究中心在征集侨批档案资料的基础上，曾于2004年、2007年、2010年主办三届侨批文化研讨会；编辑出版了《潮汕侨批简史》《潮汕侨批论稿》《潮汕侨批萃编》《泰国侨批业资料汇萃》等一批侨批图书进行宣传推介；创办期刊《侨批文化》，并于2012年获广东省首届“优秀侨刊乡讯”称号，还首创侨批文物馆，饶宗颐先生亲自题写馆名。侨批文物馆2004年落成，并于2014年扩大迁址。通过以上活动，我们凝聚了一支有海内外专家学者参与、富有创新精神的侨批文化研究团队。以上举措对于抢救保护宝贵的世界文化遗产，助推侨批“申遗”起了很好作用。

此次研讨会的主题是“世界记忆遗产——侨批档案”研究，议题包括侨批档案与跨国华人社会研究、侨批文献的开发与利用价值研究、华南各地侨批档案比较研究、侨批档案与民间金融业研究，以及从历史人类学和民间历史文献的角度对侨批的研究等，探讨范围更广。从这些议题来看，广大海外华侨华人爱国爱乡，传承中华民族优秀传统文化，与祖（籍）国家乡经济发展深度融合，并为早期跨境金融、贸易投资、文化交流等做出了积极有益的探索。

---

* 罗仰鹏，男，潮汕历史文化研究中心理事长。

2012年12月中旬，我率团到香港、澳门，就如何进一步弘扬潮汕优秀文化拜访了饶宗颐先生和陈伟南先生，并召开了港澳文化人士座谈会。出席座谈会的20名文化界知名人士一致提出：应跨地域、跨国度研究侨批文化。这是深入侨批研究的重大课题，本中心出版的第19期《侨批文化》也发表论文做了初步探讨。去年我还应邀参加由泰国知名侨领许茂春先生举办的为侨批申遗造势的“百年跨国两地书——侨批档案展”，同时携带“潮汕侨批图片展”前往泰国、马来西亚和新加坡展出，拜访当地潮人社团、侨领，这是跨地域、跨国度研究侨批的举措，也是从更高起点探索新问题。这一举措得到了相关方面的认同。

侨批申遗成功不是终点，而是一个更高的起点，它赋予了我们更新的课题和更新的挑战。就如何深化今后的侨批研究工作，我有四点建议：一是要继续做好侨批的征集、整理、保护、开发、利用工作，要加强科学的保存、数据化处理，让珍贵的文物传播到海内外，为专家学者提供有价值的史料，为各级政府有关决策提供参考。二是要从以征集为重点转为以研究为重点，扩大研究范围和深度，不要局限于就侨批论侨批，要从历史学、社会学、人类学、民族学和经济学等众多学科的视角出发，多方位、多层次、全面研究侨批的内涵，进而科学论证华侨华人对家乡、对中华民族乃至整个人类所做出的重大贡献及其原因。三是要加强宣传、传播。将侨批档案作为与海外华侨华人进行文化交流，深化与有关国家地区人文合作的重要载体，不断扩大传统优秀文化的影响力。四是要把侨批研究和“海上丝绸之路”研究联系起来。华侨和海外华人是“海上丝绸之路”的参与者、经历者和实践者，侨批就是“海上丝绸之路”的中外交通史、移民史、经济史的见证。要从侨批中挖掘出积淀深厚的经济文化内涵，进一步强化经略海洋的能力，为实现习近平总书记提出的建设21世纪“海上丝绸之路”的国家战略，推动汕头建设华侨经济文化合作试验区做出更大贡献。

从这次研讨会收到的50多篇论文来看，研究比较到位，这是十分可喜的现象。我相信，海内外侨批文化研究专家学者的研讨交流，建言献策，一定能推进侨批研究向纵深发展，进一步提高侨批研究的国际水平，研讨会一定能成功举办。

谢谢大家！

2014年10月31日

目　录

附 录

主题发言

侨批档案对中国区域社会史研究的挑战

陈春声*

各位同行、各位来宾：

很高兴有机会参加这次“世界记忆遗产——侨批档案研讨会”。

对于我们很多潮汕人来说，侨批是小时候日常生活的一部分。一直到1968年、1969年，我都生活在澄海外婆家，外婆的弟弟（潮汕人叫“老舅”）侨居柬埔寨，每年春节临近，就会听到外面有人喊“批来了”，送批的人会送来老舅寄来祭祖的侨批。所以说，侨批是我儿时日常生活的一部分。后来柬埔寨发生了政变，和老舅一家人断了联系，到现在也没有联系。这仍是小时候日常生活的记忆。

后来到大学读书，学习历史，做地方社会史研究，注意到民间很多收藏家、集邮家收藏有大量的侨批文献，也知道潮汕历史文化研究中心对侨批做了非常好的收藏、整理、研究和展示工作。侨批被潮汕历史文化研究中心收藏，对研究者来说，当然更便于查阅、复制和利用，我自己也就由此开始从事一点儿侨批的研究工作。

近期侨批引起学术界广泛关注，当然不能说是严格意义上的“发现”，因为侨批一直存在于闽粤百姓的日常生活中，也一直有研究集邮、邮政史、金融史、地方史、华侨史的学者在做侨批的研究，但是侨批成为“世界记忆遗产”，如此普遍地被包括历史学界在内的社会各界注意，如此大规模地被收集、整理和研究，肯定是世纪之交中国社会史学界的一件很重要的事情。我们知道，历史学的发展非常依赖新材料的发现，中国史学上一个非常重要的史料发现，还要追溯到20世纪初敦煌文书的发现。陈寅恪教授在《陈垣敦煌劫余录序》中谈史料与学术的关系时认为：“一时代之学术，必有其新材料与新问题。取用此新材料，以研究问题，则为此时代学术之新潮流。治学之士，得预此潮流者，谓之预流，其未得预者，谓之未入流。此古今学术史之通义，非彼闭门造车之徒，所能同喻者也。”就是说，文史研究学术发展的潮流，很重要的一点，是要依赖新材料的发现，要用新材料去研究新的问题。材料和问题是不可分开的，懂得用新材料去研究新问题，才会有进步，才跟得上学术的潮流；如果不能用新的材料去做新的问题，就不能跟上学术的潮流，就会变成“未入流”。这是一个非常重要的提醒。

我们知道，利用侨批这种非常重要的新文献，可以做很多新的研究。刚才罗仰鹏先生在讲话里提到，我们要用多学科的方法来研究侨批，包括华侨华人史、中外交通史、邮政

* 陈春声，男，中山大学党委书记，教授，博士生导师。

史、金融货币史等。而刚才许先生也讲到，可以用侨批来做文化史研究。这些都是非常有洞察力的观点。有了非常好的文献，自然就可能有很多新的问题被提出来，对许多学科的发展都会有推动作用。

我自己一直在做中国区域社会史研究，特别是研究华南地区的区域社会史，我常常在思考，从区域社会史的视角去看，侨批档案的利用会给中国区域史研究做出哪些贡献。而我自己在利用侨批做研究的过程中，也受到许多问题的困扰。我想利用这个机会，把这些年利用侨批做研究所遇到的三个问题向大家报告。在座的有很多青年学者，我们可以一起面对这样的挑战，因为学术是在接受挑战中发展的。

一、如何从民间历史文献学的角度去解读和理解侨批

刚才罗仰鹏先生在讲话中提到，要用新的方法，包括用历史文献学和历史人类学的方法去做侨批的研究。提到民间历史文献学，这是近年来研究中国区域社会史的学者们很重视的一个学术取向。中国有非常优秀的历史文献学传统，有一整套古籍校勘、辑佚、比对、训诂等方法，这是在中国传统学问中发展起来的。而欧洲也有相当古典的汉学，早在16、17世纪，西方的传教士、航海家、商人、旅行家就来到中国，开始接触中国传统的学问，他们也发展出一套将中国古代经典翻译成西方文字的方法。传统的中国文献学或欧洲汉学，在解读四书五经、正史、政书甚至笔记、文集、小说等比较传统的或传统读书人用得比较多的材料时，是很有效的。但是，要用这一套传统文献学的办法，去解读各种各样的民间历史文献，包括书信（比如侨批）、契约、族谱、碑刻（碑刻可能相对好一点儿，传统方法多少还有点管用）等资料时，就会发现用起来不是很有效。我们在训练学生的时候，就会发现，即使学生们学习过历史文献学和古代汉语的课程，也很难读懂包括侨批在内的民间文献，这是一个很困扰我们的问题。也正因为这样，我们才提出要建设“民间历史文献学”这样一个新学科。

还有一点要提及的是，传统的历史文献学擅长处理的是有意识史料。所谓“有意识史料”指的是文献的作者在撰写这个资料时，已经想过这样的材料是准备给非当事人的其他人阅读的，包括是准备给后人读的，是想要流传下去的。而侨批、契约等民间文献却是无意识材料，华侨和侨属写批的时候，是没准备给别人看的。侨居海外的乡亲给太太、给孩子写一封信回来，并没有想到一两百年后，会有一些历史学家拿着他的书信去做研究。批信里面大部分讲的都是家庭内部的生活琐事，这些琐事的背景，太太和孩子是知道的，不需要专门去交代或解释。当然，信中也常常会用方言土语等，甚至里面有很多隐喻，讲很多只有地方上、社区里或者家庭内部才明白的事情。所以，后世做历史研究的学者去解读的时候，常常看不明白，如果像引用其他“有意识史料”一样，随便摘引一段来阐释，很可能会严重误解写批者的原意。所以才说，罗仰鹏先生的讲话里特别讲到民间历史文献学，是非常有远见和洞察力的。我们正在努力发展一套能够“接地气”地解读中国民间历史文献的方法，准备用这套方法去训练学生，只有这样，中国区域社会史研究才能建立在坚实的基础之上。如果文献没有读懂、解释得不对或者我们的理解不够系统的话，那么建立在这样的片面解读基础上的对于历史过程的解释，就可能存在问题。如何从民间历史文献学的角度去解读和理解侨批是困扰我们多年的难题，希望在侨批研究领域，我们能够面对并妥善地处理这个问题。

二、如何利用侨批有意义地叙述普通人的生活

因为在学校做行政工作，我常常要等到有机会到大陆以外的大学访问的时候，才能比较系统地认真地读一些历史文献。2000 年，我在牛津大学待了几个月，几乎全部的时间都用来读侨批；2012 年，我在台湾的成功大学住了一个月，也只是在图书馆读侨批。花了很多时间，把不同的侨批里面的记载进行对比，努力还原某个具体的家庭、某个村落的日常生活，也可以描述出很多细节，讲出很好的故事。但令人困惑的问题一直存在着，那就是我们这些做历史研究的人一定会问，在我们讲的这些漂亮的故事背后，学术的问题是什么？如果没有好的问题，我们的工作可能就没有意义，这是陈寅恪先生教导我们的。如果侨批讲的是重要的大人物，如翁万达、林大春、郑成功或者陈慈黉等，他们的故事与大的历史背景有关，研究他们，我们就不难说明自己工作的价值。但侨批所涉及的往往不是大人物。通过侨批重构出来的故事，其主角基本上是从来没有被任何人注意的家庭或人物，甚至可能是传统社会里一个女性、一个小孩的故事。这样的故事怎样才能让我们的同行觉得是有价值的、有启发的、有意义的？这是我们不能不回应，但也非常不容易回应的问题。

仔细阅读侨批之后，我们常常会被引入到日常生活的细节中去，会情不自禁地跟着去描述关于家庭内部关系、家庭与宗族关系、村落内部关系和村际关系的许多故事，但如果没有更大的历史背景，没有更大的学术关怀，在委婉曲折地讲完故事之后，我们对学术发展可能的贡献在哪里？这是我们常常要面对的挑战，也是困扰我很久的问题。我常常在想，能不能有一个独特的利用侨批叙述历史的方式，而不是像现在这样只是简单复述侨批的内容？所以尽管读了很多侨批，但我还是始终写不出一篇自己觉得比较像样的论文。现在是大数据和云计算的时代，也许得进行统计和数据挖掘。面对这么具有人文价值的材料，真的要有超越传统学科界限的观念，如果我们能用很科学、很理性、统计的、数字化的方法去处理，可能在学术上会有大的贡献和突破。当然，这只是值得考虑的许多可能的研究取向之一。

三、侨批的研究如何回应历史学的核心问题

做中国历史研究的人，常常有一个期待，就是希望自己的工作能在制度史上有所贡献。包括做区域社会史研究的我们也是这样的信念，要证明自己的工作在学术史的背景下是有价值的。这一点很重要的一个标志就是一个研究作品发表后，其他专业领域的历史学家会有兴趣，而他们感兴趣的理由，是在制度史的解释方面对他们有所启发。当然，我们理解的制度史，不仅仅是指制度的建立或制度的文字内容，更重要的是典章制度在地方的表达、典章制度的普及与推广等。历史学的核心问题不仅仅表现在制度史意义上，而人文社会科学的核心问题就更不一样了，但无论如何，我们做包括侨批在内的具体的、个案的研究工作时，在内心深处必须对大的问题有所关怀，而且我们的研究成果必须对其他领域的同行有所启发，这也是这些年来我一直感到充满挑战的一个问题。时间限制，这个问题不能进一步展开来讲了。

我是 30 多年前到中山大学历史系求学的，当年中国历史学界面临的挑战好像与现在

正好相反。当时我们正在努力走出“以论代史”的时代，但历史研究的资料很不容易找，图书馆很封闭，经费缺乏，交通不便，没有IT技术，也没有数字技术，做研究最宝贵的是稀见文献。一旦有机会到好的图书馆读书，找到难得的资料时，便会莫名地兴奋，会把这些资料读得很仔细，根据资料很认真地思考然后联系到一些大的理论。尽管当时的理论思考受那个时代的政治环境和意识形态影响，可能会有一点儿偏颇，但认真读史料的精神和大的理论关怀始终存在。30多年后，局面好像完全改变了。现在是一个资源相当充裕、资料和信息大爆炸的时代，包括侨批在内的民间文书和地方文献被大量收集、整理和出版，但是我们和学生细心钻研文献的精神大大不如以前，用十年工夫去读透一批材料再进行严肃的理论思考的学者更是凤毛麟角。大家开会很忙，交流很忙，旅行很忙，但是在图书馆里细心地读书的时间却很少。因为学术的多元发展，中国区域社会史研究的核心问题变得模糊了，对理论思考的力量也减弱了。学者们占有和浏览很多材料，讲很多似是而非的故事，但不小心就会迷失，会忘记讲故事的真正目的是什么。今天在座的有很多学生和青年学者，我还是觉得，在这个迅速变迁的时代，我们一方面还是要潜心于史料的研究，找更多具体的个案；另一方面还要超越史料，去关注更大的学术发展取向，包括整个人文社会科学发展的趋势，应该给自己保留更多的、比较孤独的、去做理论思考的闲暇和空间。

我就讲到这里，谢谢大家！

关于侨批的深入研究与思考

［泰］许茂春*

一、关于侨批

中国人出国的历史悠久，但直至清末，人们才将旅居国外之人称为“华侨”。“华侨”的定义很复杂，一般是指居住在中国以外的土地，有一定职业的中国人。虽说是中国人，但也有的人把保留中国国籍的人叫作华侨，而把已加入居住国国籍的人称为华裔或华人。还有的人不拘泥于国籍，认为只要是能讲中国话，保持中国的生活方式的，也都称为华侨。

自16世纪欧洲人开始“地理大发现”、开启了“大航海”时代以来，人类文明史上出现了有别于陆地迁徙的跨洋越海大移民。至19世纪，海洋移民达到了高峰。中国清政府在世界潮流的冲击下开放“海禁”，准许人民出国，允许西方各国在华自由招工、自由从事契约劳工的招募活动，使中国人能够参与人类全球化的重要历程，侨批业从而得以产生。

闽南、潮汕等地的方言中把书信叫“批”，华侨寄到家乡的附带汇款的家书便称为“侨批”，又称“番批”“银批”。侨批主要出现在沿海的福建、广东与海南三省，以及东南亚华侨聚集的地区。

“批一封，银二元”，这句早年流传的民谚，道出了“侨批”的重要。“侨批”历经一百多年，目前存世数量不多，这在文献数字化的今天更显珍贵。

早期华侨银信通过同乡、亲友回国时，或托“水客”或“客头”走单帮（整个侨批、回批运作流程由一人完成）带回。水客最初只是往返于国内和南洋各地的华人，他们回国之际顺便帮熟人带批信、带钱款，一般为老洋客，而后逐渐演化为一门职业。他们替东南亚华人移民带批信、钱款、口信至移民家中，偶尔顺便做些生意，把南洋的土产运回国内销售，或把国内货物运往南洋销售。随着带钱带物的数量与次数增多，生意也做大了，自然就成了职业。这就是最初的“水客”。后来其中一些水客投资建设了侨批局。由于有的水客大多兼营招募华工，来往南洋时引带一批新客出国，因此水客又常被称为“客头”。因此，“侨批”与东南沿海人民出洋打拼的历史相连，有华侨就有侨批。

“侨批”与侨批信局是两个不同的概念。先有“侨批”，后有侨批信局，“侨批”的出现早于侨批信局。侨批信局经营的“侨批”的形态是随着时代的变化而有所不同的。最开始，在华侨聚居地有商铺或代理店为水客或客头收集“侨批”，而后较富有的水客或客头（或华侨）雇用人员并投资设立专门收寄“侨批”的侨批信局。从“侨批”的业务流程来看，国外华侨寄到国内的侨批，应留存在国内侨眷手中；而国内侨眷回复国外华侨的回批

* 许茂春，男，泰国中华会馆理事长。文中图片均为作者侨批藏品实物扫描件。本文在撰写过程中得到中国福建泉州华侨历史学会黄清海常务理事的大力帮助，在此表示感谢！

应留存在国外。①

伴随着西方国家对东南亚的殖民开发，中国东南沿海人民向东南亚的移民规模逐渐扩大，在东南亚的暹罗（今泰国，下同）、马尼拉、吧城（今雅加达，下同）、新加坡、槟城等地渐渐形成了华人社区，并不断向其他地区延伸和发展。这些移居东南亚的移民与在家乡的亲友之间保持着密切的联系；汇款和通信是维系这一联系的基本途径和手段，由此形成了一个连接着东南亚华人移民聚居地和中国移出地，为华人移民解送信与款的跨国市场，这个市场的主要参与者是华商，有在国内的也有在国外的，逐渐发展成庞大的华人侨批运作网络。这个跨国市场的侨批业务，早期先是由个人（个体），或称之“水客”，或称之客头经营，后随着业务量的增大逐步发展成为以企业组织即侨批信局进行经营，并最终形成一个以华人为主体的重要行业。

图 1 所示折合式信件，系寄于咸丰戊午年五月廿六日（1858 年 7 月 6 日），由住荷属东印度（印度尼西亚）吧城埠的温辛德先生寄信和 2 元洋银给广东嘉应州松口市（今梅州市梅县区松口镇）的兄弟天华先生的。这是目前发现的最早的水客封。

温辛德信中提及，他寄 2 元洋银给住于梅县丙村的三兄天华，并告诉三兄天华自己收到八叔寄来的火船信，那封信上说，运米往来香港与上海销售且上海兑价较佳，谈及往省城（广州）的天德香店寄去双元香两大箱等事以及与报上各种烟草、花扇、药材和土产等的价格行情。早期侨批中内容常有涉及华侨家族的经商历史、国际贸易的市场等珍贵信息。②

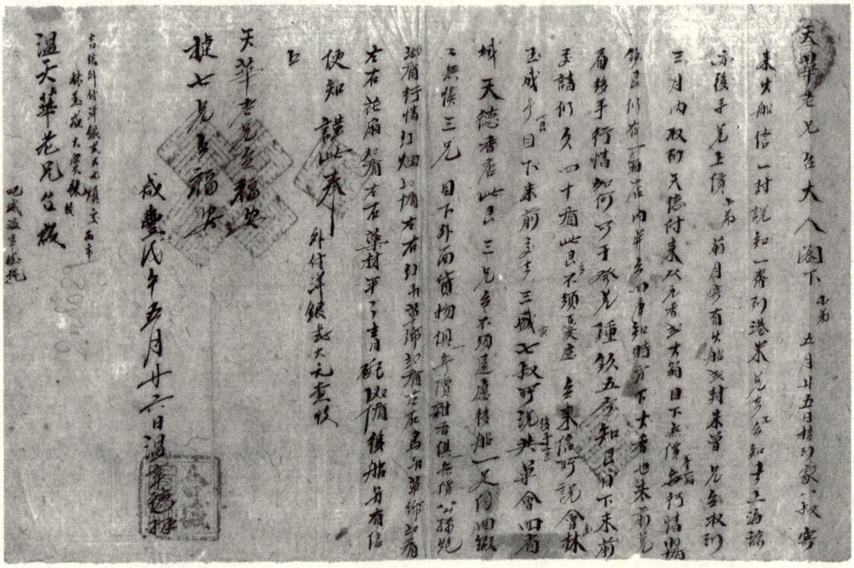
温天華老兄台啟
天華老兄台福安
咸豐戊午五月廿六日温

图 1　咸丰戊午年（1858）五月廿六日印度尼西亚吧城寄广东嘉应侨批

图 2 所示折合式信件，系寄于咸丰戊午年五月初十（1858 年 6 月 18 日），由住荷属东

① 黄清海：《关于侨批学术研究中几个问题的思考》，《中国集邮报》，2001 年 4 月 13 日，第 6 版。

② ［泰］许茂春：《侨批的人文与经济文献价值——以侨批实物论证》，《“中国侨批·世界记忆”国际学术研讨会论文集》，福州，2012 年，第 2 页。

印度（印度尼西亚）吧城的温辛德先生所寄。

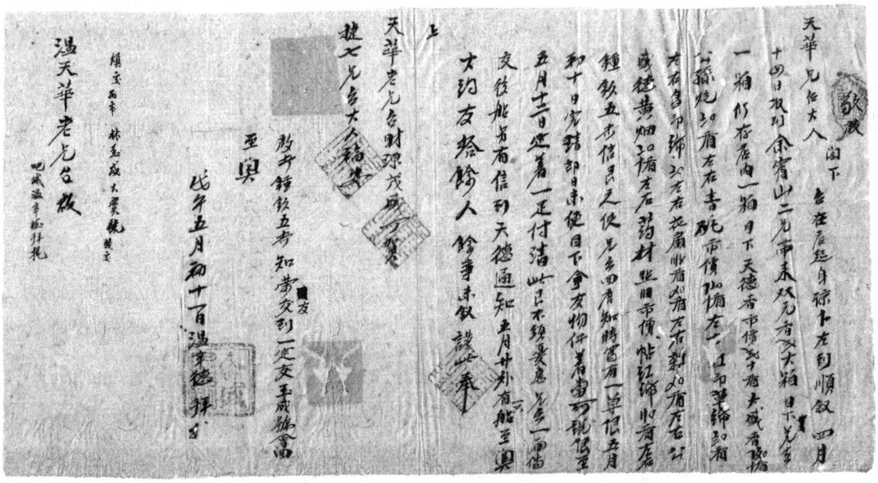
天華兄台大人 閣下
天華老兄台財祺茂盛
戊午五月初十日温辛德拜
温天華老兄台啟

图2　咸丰戊午年（1858）五月初十印度尼西亚吧城寄广东嘉应侨批

温辛德信中提及，其二兄带来的货物估现市价以及钟钦五查信艮使兄之回“唐”（即“唐山”，“过番”之潮汕人习惯以“唐山”称家乡）等事，还提到货款“限至五月十二日定着一足付清此艮”，并通知五月底有一只船至澳门，大约有十余友人同往。从两封信中证明该家族的经商网络是在中国家乡与荷属东印度（印度尼西亚），和其他地方的往来货物必须经过他们自己设立在澳门的天德联号转运，后来他们也有一艘货轮自供一连串业务。这批书信时间较早，内容涉及华侨家族的经商历史、国际贸易的市场信息等，具有较高的人文与商业史文献价值。①

据统计，至清咸丰八年（1858）止，仅旅居暹罗的潮籍侨胞就有150万人，其中60%是从樟林港乘红头船去的，樟林的水客业因而相当兴旺。为了保证侨批能安全地送到侨眷手里，不少水客还专门学习武艺，外出时带上一把大雨伞，以防歹徒抢劫。清同治九年（1870），旅居泰国多年的潮阳籍乡民李阿梅开始当水客，每年数次往返于暹罗与汕头之间，每次从暹罗带回的侨批款白银2 000余两，价值相当于当时的2 000担稻谷。②

19世纪末至20世纪30年代是侨批业产生并逐步发展的阶段。随着东南亚越来越成为以欧洲各工业国为主的全球经济网络的重要一环，中国东南沿海地区也融入了这股全球化的浪潮，其中越来越多的中国东南沿海人民前往南洋，成为建设东南亚的重要力量。在此背景下，华侨的经济状况有了较大的改善，汇款显著增加。欧洲各国也在各殖民地设立了现代邮局和银行，这为银信业务在收汇、承转与解付上的分工提供了条件。这时，一些富裕的客头或华商遂组织侨批信局，经营侨批、侨款的递送业务，国内侨批业遂应运产生。

原为水客的李阿梅，跟同行的马阿隆、马秋盛等合资，于1875年在暹京（今曼谷）创

① ［泰］许茂春：《侨批的人文与经济文献价值——以侨批实物论证》，《“中国侨批·世界记忆”国际学术研讨会论文集》，福州，2012年，第2页。

② 王炜中：《侨批的民间属性与文献价值——以潮汕侨批为例》，《“中国侨批·世界记忆”国际学术研讨会论文集》，福州，2012年，第55页。

办了“永和丰批馆”，每月解送回潮汕的侨批4次，每次的批款高达5 000～6 000两白银。

汕头澄海上华镇渡头村（图濠乡）的曾仰梅经过一段时间的艰苦奋斗之后，与旅泰的乡亲一起，在曼谷老哒叻街开起京果店，由于经营得法，财富积累也相应增加。随着大批潮人移居泰国，他又和乡亲抓住时机，于1899年在曼谷三聘街办起了振盛兴批局，还在家乡渡头村凤岗里的住宅内设振盛兴批馆，自派亲人投递侨批。批局业务兴旺时期，在泰国和在汕头的批局各雇用20多人，渡头村的批馆也雇用了10多名侨批派送员。在泰国的振盛兴总局每周发批1次，每次平均发批300多件，最高的批款额达3万多银元。①

汕头侨批业从清光绪中叶侨商黄松亭在汕头创办森丰号（与暹叻致成号联号）起，到光绪二十三年（1897），潮汕首批被列为邮政代理的民信局共19家。到民国二十一年（1932）汕头批局增至66家，占广东批局总数的70%；抗战前汕头和潮州所属各县联号和分号达数百家，仅汕头市专营批业就有55家。抗战胜利后批业得到迅速发展，汕头及潮属各县共121家，计汕头市73家、潮安6家、潮阳3家、揭阳10家、饶平9家、惠来1家、澄海13家、普宁5家、丰顺1家；而潮州帮在海外（主要是东南亚）各地商埠的批业共451家；批业开设较多的地区和国家有：香港22家、新加坡80家、槟城28家、暹罗118家、越南29家、坤甸43家、日里25家、沙拉越17家。潮汕解放后，1951年在市邮政局注册登记的侨批局有60家（甲种批局），下辖内外分号775家，其中内地各县（为乙种批局）427家，港澳及南洋348家。②

随后，侨批信局借助于不断完善的邮政和银行系统开展侨批业务，侨批的经营进入分工协作时期，即侨批信局负责收“批”与登门分“批”，邮局负责跨国及长距离侨批或回批的“传递”，银行负责侨款资金头寸的调拨与兑换。1972年中国国务院下发通知取消国内侨批业，20世纪70年代末侨批业全部归入当地国家银行，侨批的汇款功能由银行接替，而其交流情感之书信渠道则由不断发达的电讯及邮政所替代，至此国内侨批业结束。而继续经营的国外侨批局仍然以侨批方式通过国内银行渠道委托解付侨批，直到20世纪90年代末纸质形态的侨批才消失。③

二、我的侨批缘

我从小受父母爱国爱乡的影响而爱好集邮。30多年来，不惜重金，坚持收藏世界的书信实寄信封与民间存在的侨批。我所整理的侨批邮集多次荣获国际金奖，目前正向世界邮展大金奖冲刺。21世纪初，我更重视侨批文化，宣传侨批文化，弘扬华侨爱国爱乡之情，撰写并自费出版《东南亚华人与侨批》。同时撰写论文，参加国际研讨会；捐款捐物，参加支持中国政府有关部门“申遗”的活动。

我父亲（许喜财先生）约于1922年到泰国谋生，大约于1926年和我母亲结婚后从中国广东省澄海县（今汕头市澄海区）到泰国同住。后来我父亲与我伯父合作经营土产和吧

① 王炜中：《侨批的民间属性与文献价值——以潮汕侨批为例》，《“中国侨批·世界记忆”国际学术研讨会论文集》，福州，2012年，第56页。

② 罗则扬：《侨批文化与海洋文化》，王炜中主编：《首届侨批文化研讨会论文集》，汕头：潮汕历史文化研究中心等，2004年，第211页。

③ 黄清海：《闽南侨批及其记忆遗产价值》，施懿琳、陈益源主编：《2012闽南文化国际学术研讨会论文集》，台南：成功大学闽南文化研究中心，2012年，第249页。

赀之进出口国外贸易，有很多乡亲在父亲的公司办公和当“苦力”。我从年幼时便常常看见家乡的乡亲们，有的是我们公司在泰国各地的客户或代理商，有的是亲戚，谈论乡情与到我们公司托寄唐山批，而每逢寄批期，批局都有到公司收批的常例，因此各界的华侨群众和社会人士都觉得寄批回家乡是每个人的责任，连我都从小就有如此感觉，所以华侨与其后代都有必需寄批的任务（见图3）。

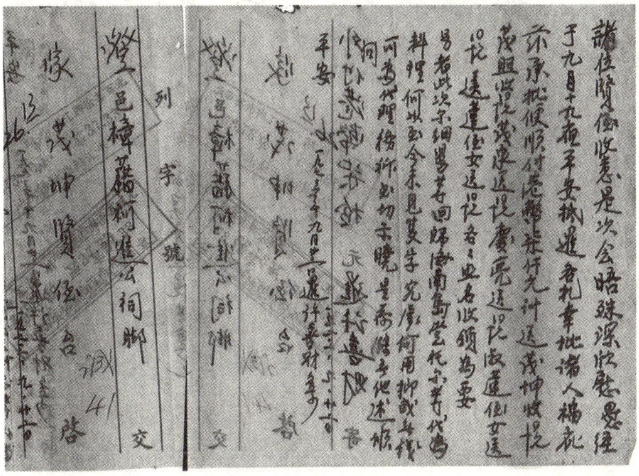

图3　1973年9月23日父亲寄7 000港元回乡给每个亲人的侨批

注：信中提及部分款项是给细舅吴荣江回海南岛的费用。大约于1965年后中国政府间分配部分澄海县农民往海南岛开垦农田，我母亲家乡的人大都被迁往海南岛工作。

我与侨批结缘的历史，源于一个动人的故事。我在泰国出生，从小就看父母寄钱回中国给家乡的亲人。当时父亲月薪只有10元左右，每次都寄几乎一半回中国，侨批上的写信人或代写信人通常都要写上“双亲大人膝下，儿不孝……”等语句。父亲寄了快一半的收入回乡，剩下的要养家糊口，但还觉得自己不孝，当时小小的我觉得很费解（见图4～图6）。三四十年前，我跟父亲回国建学校、建发电厂，无意中看到了一张同乡乡亲的侨批，里面第一句话同样是“双亲大人膝下，儿不孝……”，我看了很感动，认为这点美德有必要留传，好好让后代青年去学习。因此，我萌发了收藏侨批的念头。

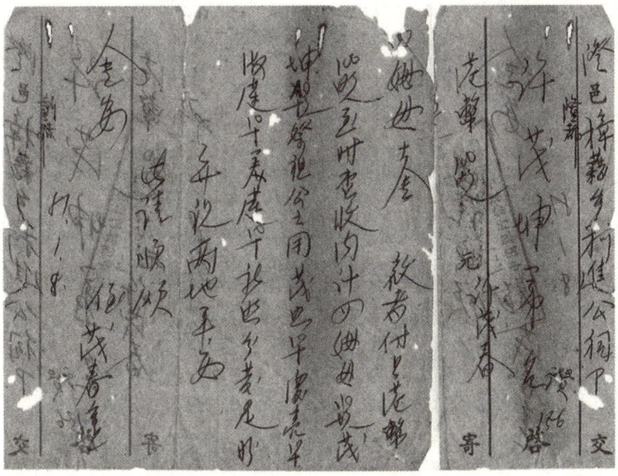

图4　我家的侨批1

注：父亲于1979年逝世。1981年1月8日我按照父亲遗愿仍然寄批信回乡给每个亲人。

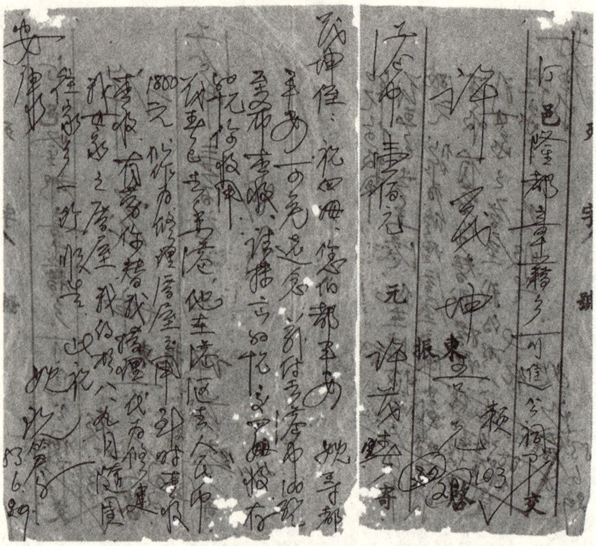

图5　我家的侨批2

注：1983年6月29日母亲吴玩笋继续寄批信回乡给每个亲人，信中告诉他们，我前往香港汇去人民币1 800元作为修理厝屋之用。

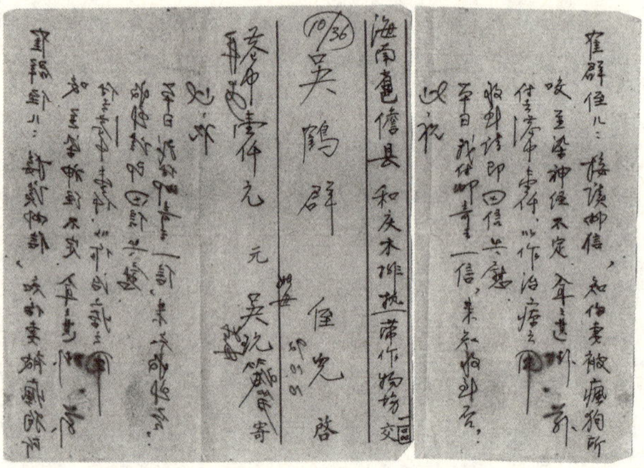

图6　我家的侨批3

注：1992年10月10日母亲吴玩笋继续寄批信港币1 000元回海南岛给侄儿吴鹤群，信中告诉他钱款作为其妻治病之用，并问平日寄邮之信收到否。

我素好集邮，自三四十年前开始便对集邮产生浓厚兴趣，乐此不疲，现已为泰国及国际著名的集邮家、侨批收藏家，收藏极丰，创立了泰国国际邮币与邮票有限公司。我的邮集作品在泰国及世界屡获金奖，我本人也成为国际邮展评审员。

十几年来，我精选的《泰国侨批》和《东南亚国家的侨批》邮集，先后在西班牙、印度、中国香港和泰国等国际或邮展上荣获金奖。我拥有的许多珍稀邮票，可以说是研究中泰邮政史的瑰宝，对促进中泰文化交流做出了应有的贡献。目前，我的侨批邮集正在向世界邮展大金奖冲刺。

21世纪初，我在保护、收藏侨批上，可以说是不遗余力、不惜重金。有一次，为了十几封侨批，我不惜花费20多万美金从外国人手里购买下整部《荷属东印度群岛实寄封》

邮集。20 多年来，我先后从上海、北京、香港、台湾等地的拍卖行不断地拍进自己喜爱的侨批。2006 年，我以 33 万元人民币在上海拍卖会上拍得汕头解放时的侨批回批总包封（见图 7）。

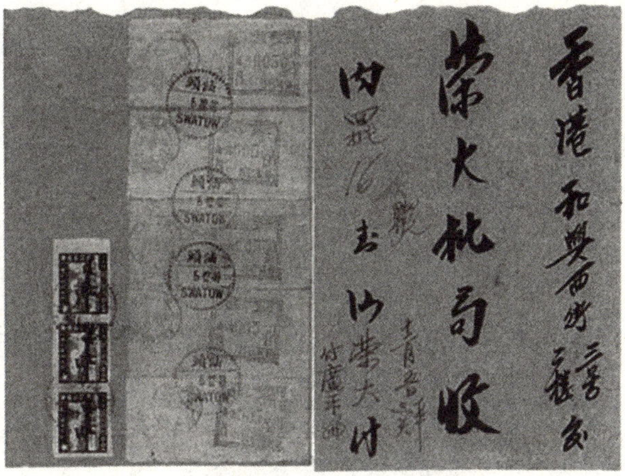

图 7　从上海泓盛拍卖公司拍到的侨批回批总包封

我不仅重视侨批集邮，还十分重视宣传侨批文化，传承中华民族优秀传统文化。经过几年的努力和在众好友的帮助下，拙作《东南亚华人与侨批》修订版已出版。之后，我到中国、东南亚各地向有关社团、高校、文藏单位赠送、介绍、宣传侨批。

30 多年来我一直收集侨批，为的是把中国人的美德传给后代子孙，让大家知道中国人以忠孝为本，以前如何漂洋过海，如何艰苦创业，事业有成更不忘祖国的传统美德。几年来，我先后为中国有关侨批收藏单位捐赠款项和实物，虽然数额不大，但也表达了我作为华人对侨批的热爱和支持侨批“申遗”的小小心意。

从 2004 年起至 2013 年，我积极参加有关侨批的学术研讨会，前后共十三次。

三、“申遗”成功后的思考

2013 年 6 月，“侨批档案”成功入选联合国教科文组织《世界记忆名录》后，如何丰富和发掘华侨文献资料，进一步保护、研究、利用“侨批档案”，如何让侨批这一人类共同的记忆遗产，成为传承中华传统文化以及进行爱国主义教育的好教材，世世代代传授下去，是申遗成功后一项不可或缺的工作和课题。

（一）站在全球视野上深入挖掘侨批实物

有实物为证，才更有话语权。侨批价值是通过其实物体现出来的，因此，深入挖掘侨批实物应是首要工作。从理论上讲，有华侨的地方就有寄信汇款的需求。华侨遍布世界各地，因此我们必须站在全球视野上深入挖掘侨批实物。

一般认为，侨批主要集中在东南亚，银信汇兑主要集中在南美洲。最近发现的非洲小岛毛里求斯的侨批银信，颇有价值，现展示几枚（见图 8～图 13）。

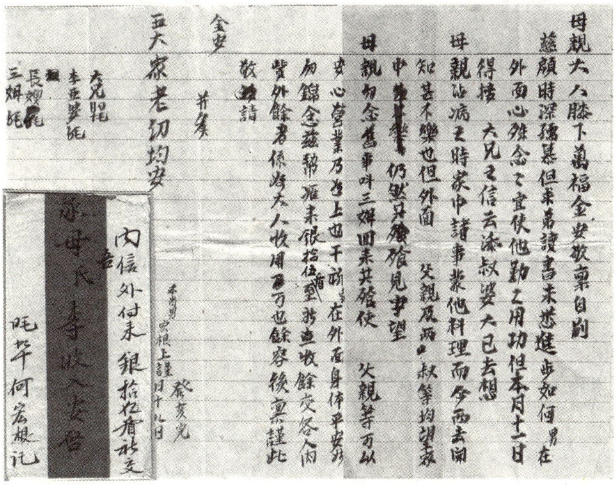

图 8　1923 年（癸亥）毛里求斯寄往广东梅县的银信

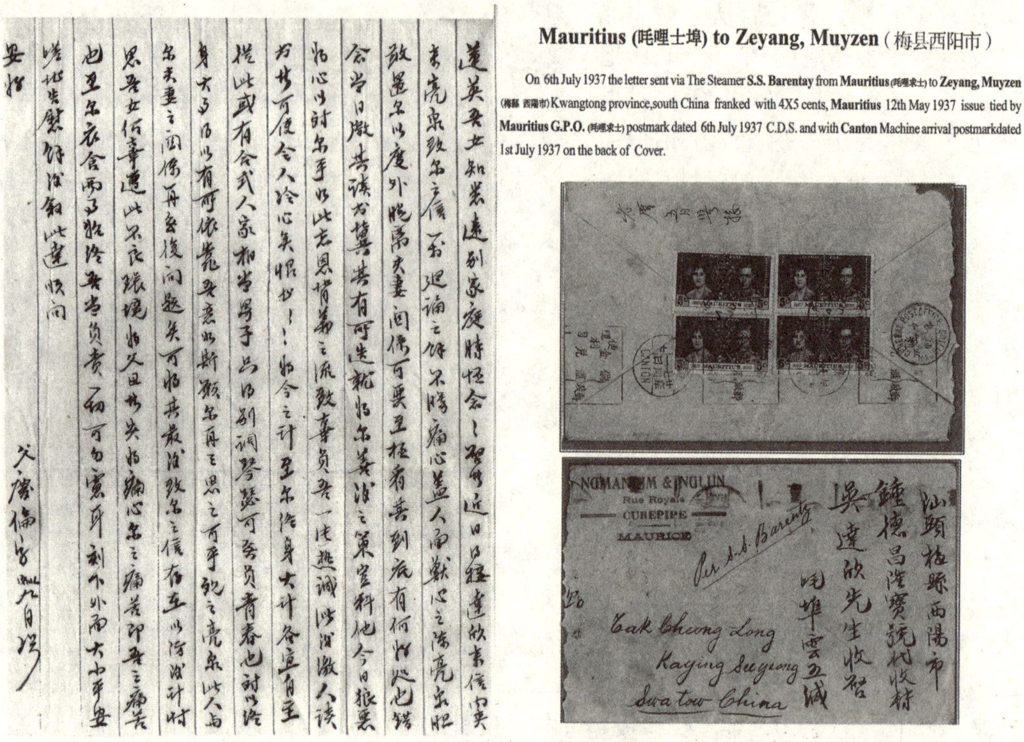

图 9　1937 年毛里求斯寄往广东梅县的银信

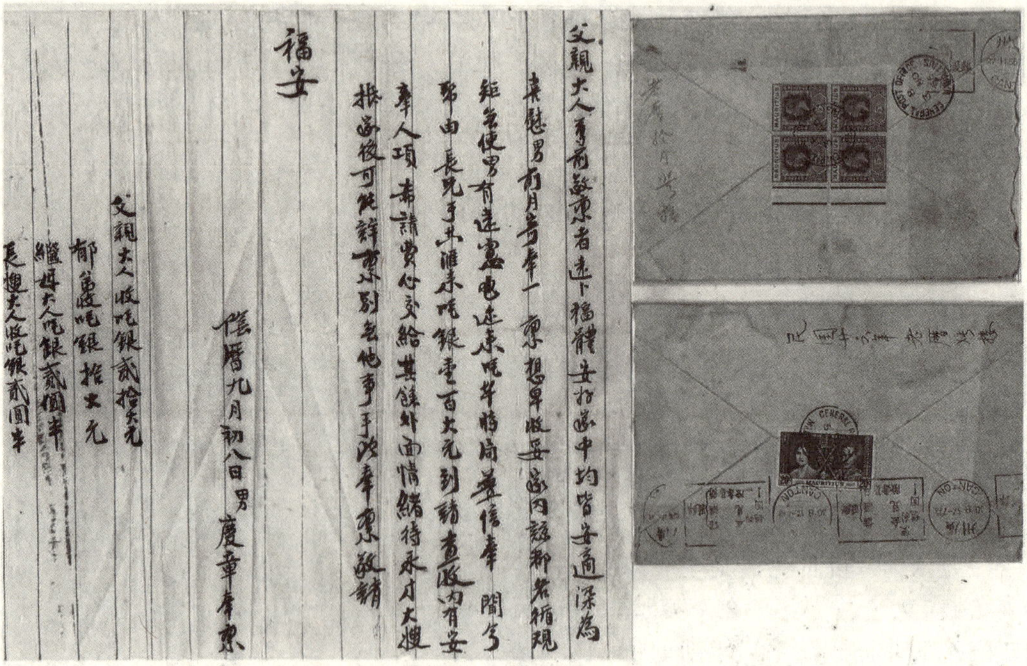

图 10　1935 年毛里求斯寄往广东梅县的银信（附分给亲人多少钱的清单）

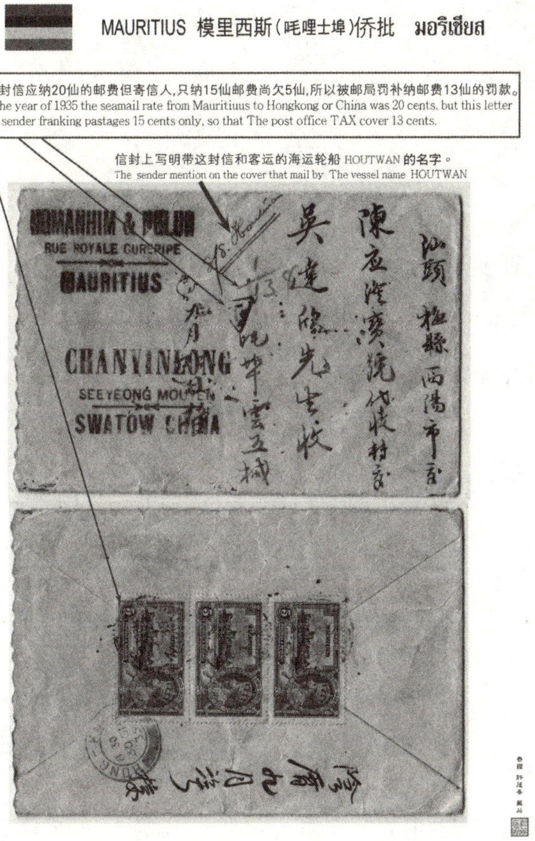

图 11　20 世纪 30 年代毛里求斯寄往广东梅县的银信，汇款经由香港中转

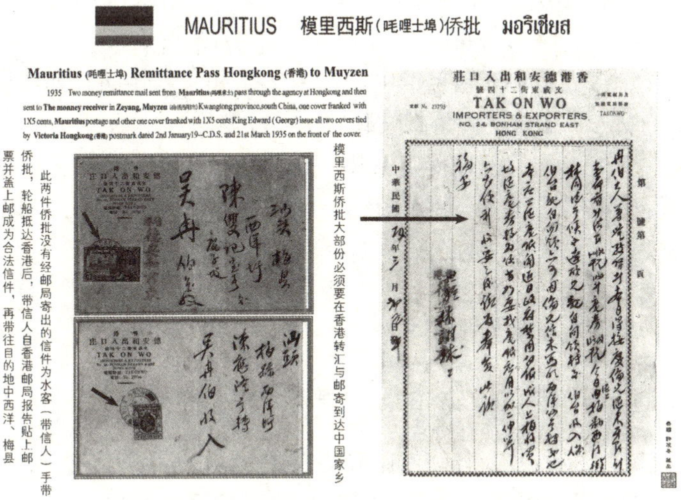

图 12　1923 年毛里求斯寄往广东梅县白宫的银信，信件经香港、汕头、梅县中转

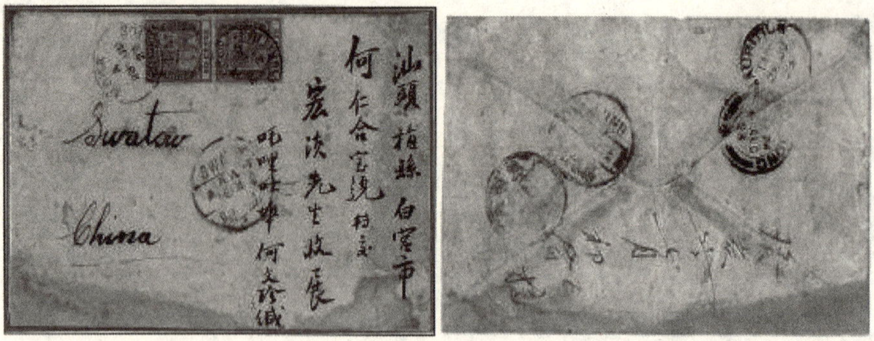

图 13　1935 年毛里求斯寄往广东梅县的银信

（二）海内外紧密协作，打造侨批文化宣传品牌

侨批已是世界级的人类记忆遗产，其价值是多方面的，可谓民间“百科全书”，侨批所演绎出的多元文化，诸如“孝悌文化”“区域文化”“诚信文化”“传播文化”“海洋文化”“移民文化”“集邮文化”等，都蕴含着厚重的中华传统文化，也是当今中国走向世界的文化软实力之一。因此有必要打造一个属于世界的中国侨批文化品牌。

（1）整合包括国内和国外的民间及公藏单位的侨批资源，利用现代网络技术，建设侨批电子化网络共享平台，让更多的人可以了解、认识侨批，并参与侨批的保护与研究工作。

（2）研讨、展览与宣传。经常组织召开国际研讨会，扩大侨批在国际学术界的影响力；专题侨批展览与配合展览相结合；利用侨团活动、爱国主义教育活动等机会，展览侨批，丰富活动内容；通过展览，扩大宣传，普及侨批文化。

（3）出版《侨批大全》，编撰《中国侨批史》。

（4）创造形式多样的侨批艺术作品和文艺作品，如雕塑、绘画、工艺品、小说、戏剧等，以艺术形式宣传侨批文化。

（5）制作侨批宣传纪录片。通过纪录片所具有的强大的传播力、号召力和影响力，宣传侨批文化品牌。已制作的《下南洋》和《乡关何处》以介绍华侨移民史为主，但还不是以侨批元素为主的纪录片。

（6）制作一部以侨批为主题的电影。

（7）继续办好学术刊物《侨批文化》。

（三）倡议设立中华“孝亲日”

2013 年 6 月 9 日在泰国曼谷举办的《百年跨国两地书——侨批档案实物展》暨“声援侨批申列世界文化遗产，见证华侨爱国爱乡历史”大会上，来自中国、泰国、新加坡的学者在论述侨批价值时特别强调华侨华人的“孝道”与友爱之情，这是中华民族优良传统美德的体现。乐于助人、知恩图报，中华民族自古有之。会议期间，新加坡著名侨批学者柯木林首先提议，有朝一日侨批申遗成功，希望将那一日申报定为中华“孝亲日”或“感恩日”，以此永久纪念海外华人先辈心系桑梓的情结。我与泰国新中原报社长林宏等与会学者均赞同这一观点。

2014 年初，福建社会科学院邓达宏研究馆员发表了《福建侨批“申遗”后的思考》，也提出就中华“孝亲日”议题展开讨论。①

2014 年 6 月 27 日，在《晋江侨批集成与研究》首发暨“福建侨批”入选《世界记忆名录》一周年纪念座谈会上，著名侨批收藏与研究者黄清海感言，书中的侨批记载着晋江华侨华人对亲人、对家乡的贡献，体现了中华民族的孝悌传统与感恩之情，他希望通过共同呼吁，将侨批申遗成功日即 6 月 18 日定为中华“孝亲日”。②

我们期待通过海内外华侨华人的共同努力，争取有朝一日能够将每年 6 月 18 日定为中华“孝亲日”，让全世界华人牢记历史，珍爱美好生活，让这一天成为让中华文化世代相传的永恒节日。

---

① 邓达宏：《福建侨批“申遗”后的思考》，《福建艺术》2014 年第 2 期，第 33 ~ 35 页。

② 陈鸿鹏：《海内外学者建言：侨批申遗成功日设中华“孝亲日”》，《福建侨报》，2014 年 7 月 4 日，第 3 版。

19—20 世纪期间新加坡各帮民信局的营运与同业组织

［新加坡］李志贤*

一、民信局的起源

19 世纪以后，受政治与社会环境的影响，华南各地人民大量移居东南亚。① 华侨的递增带动了汇送侨批的需求，过去那种回乡时亲自携带或委托返乡亲友代为转送的方式已不能满足大量通信和汇款之需。当时中国还未在全国各县镇乡设立邮政机构，专门为华侨递送侨批的“水客”遂应运而生。关楚璞在《星洲十年》中叙述了南洋尚未有汇兑信局之前的情况：

> 侨胞欲寄款回乡，多委托以来往南洋汕头间代客运送银信物件或引导新客南来为专业之水客，此等水客往返，每年计分六期，正月、五月、九月三期为大帮，二月、七月、十月三期为小帮；每期返乡，行前均至同乡常有往还之商店收取银信，收齐后即趁轮回汕转乡，按址分派，及取回收据或回信，继即在汕购办各种同侨应用货物，南来推销。同乡中有新客南来者，以程途不熟，又多托其沿途照料……②

“水客”既是指最早为华侨递送侨批和物件回乡的人，又是指从事此职业者，因为他们也引导新客南来，故又称“客头”。他们大多依靠一些小杂货店为乡亲收取侨批，也有人深入矿山、园区和农场等去招揽生意。有些水客还在回程之前刊登广告，以作宣传，招徕生意，这样的例子有《水客吴寿如回国启事》③：

> 启者鄙人昨日由山顶各埠区返抵本城，决定本期芝字船返港回国，各亲友仍有信款事宜委托者，请早日（九号以前）寄到或驾临面商幸勿延误为祷。
>
> 水客吴寿如寓：巴黎旅社
>
> 九月五日

他们所收到的批款皆是当地货币，在国际汇兑业还未发展之前，水客须用收到的批款购买商品，到家乡后将货物变卖换为现款送达受批人。我们从以上关楚璞的叙述中，也可知“水客”的运作和业务，已经不止于通过递送侨批和引带新客“过番”来赚取佣金。

---

* 李志贤，男，新加坡国立大学中文系副教授兼副主任。

① 陈达：《南洋华侨与闽粤社会》，长沙：商务印书馆，1938 年，第 48 页。

② 关楚璞：《星洲十年》，新加坡：星洲日报社，1940 年，第 585 页。

③ 杨建成主编：《三十年代南洋华侨侨汇投资调查报告书》，台北：“中华学术院”南洋研究所，1983 年，第 97 ~ 98 页。

由于他们谙熟“番畔”和家乡两地情况，对沿途中各地的水陆托运也有丰富的经验，遂逐渐兼营各种土产买卖，以赚取更高的利润。这不只是汇兑条件的客观因素所使然，也是可供赚取更高利润的主观诱因所驱动的。因此，这种早期由侨批所衍生的递带行业本身已包含有跨域贸易的商业性质。

除了专业水客外，还出现一些临时水客。他们多是于农忙期从中国东南沿海各地到新加坡谋生赚钱，回国时顺便代为转送侨批，赚取另一笔外快。[①]专业水客络绎不绝地往来于新、中两地之间，他们在逢年过节收到较多的侨批而需“走大帮”时，也会在国内搭班或雇请伙伴（即批脚）帮忙解送侨批，但他们毕竟属于小个体户，在移民人数迅速增长、侨批与日俱增的客观形势下，其承接递送侨批的传统运作方式已不能满足实际需求。此外，“因水客良莠不齐，每有逃没信款情事”[②]，或因办货亏损，无法发批，那些较有信誉的客头就“利用小杂货店做根据地，凡是要汇款回去的华人，或者要得到客头代他们从中国带来消息，都要到杂货店来询问，此后，再演进一步，小杂货店便成了‘民信局’的前身”[③]。这些小杂货店为了招揽生意，也代顾客先行垫汇，虽然收取小数额的利息，却也渐渐获得乡亲的信任，收到的批银也越来越多。有些汇款人将要汇回家的款项预先存放在这些店铺，店铺东主除了向汇款人和水客收取若干费用外，还可以用这笔批银来周转，扩充业务，可谓一举两得。就这样，小杂货店成了民信局的前身，有不少店因而获得了可观的收益。

二、民信局的发展与现代邮政和银行的推动

因为有利可图，到了19世纪30年代以后，新加坡一些有信誉又有资金的商人开始创办民信局，代收本帮乡亲的批款，新加坡的民信业自此兴起，民信局的发展步入另一阶段。这一时期的民信局虽然已是当地社会一门独立的新行业，但其营运方法仍然保守。芮诒埙在《有信银庄（批局）琐忆》一文中对新加坡早期民信局的运作情况有生动的描述：

> 新加坡各个较大批局，职司招揽寄批员工，例皆自备一本小册子，详细记录其所经手大户，每年分寄家乡亲友批款的人名、地址、金额，甚或有详细记录其姻亲、朋友关系称呼者，每届年梢，便登门招揽；寄户或有遗漏，则当面补上，或在征得寄批人同意时，代为开列名单，一般豪商巨贾，事冗心繁，大都莞尔一笑，交易立成，旬日之后，回批送还，才向收帐，咸称妥便。……星马批业例须备足三副本钱，盖一副应付门市，一副汇汕在途，一副应付各地州府代理周转。
>
> 新加坡批局收汇侨批，除店前外，还须简派专人，深入各个橡胶区、锡场、工厂揽收，按期送回唐山亲人回批。不少送批员还代寄批人写批和宣读回批仔，务使寄批人心满意惬。[④]

---

① ［日］滨下武志：《传统社会与庶民金融——新马华人社会的“合会”与“银信汇兑”》，张映秋等编：《华侨华人历史国际研讨会论文集》，广州：中山大学东南亚历史研究所，1987年，第73页。

② 关楚璞：《星洲十年》，新加坡：星洲日报社，1940年，第585页。

③ 许云樵：《星马通鉴》，新加坡：星加坡世界书局有限公司，1959年，第624页。

④ 芮诒埙：《有信银庄（批局）琐忆》，汕头市政协文史资料研究委员会编：《汕头文史》第4辑，1987年，第96页。

《星洲十年》也有如下记载：

> 营业范围较广之商号，内地口岸，每有分店或联号，而各口岸之联号，又多与内地市镇商号有交易往还，此等内地市镇商号，多为当地人士所经营，对于附近居民，非亲则故，藉其办理交收，方易收稳妥迅速之效……①

从上文的描述中可知，新加坡早期民信局的营运仍需要聘用许多水客，上门招揽生意、递送批款、代写家书、传达乡讯，甚至代为寻找失散亲人，提供一系列高效率、人性化和个人化的服务，而且，其资金周转和信用更胜于个体户的水客，在客户一时无法凑足汇款时，民信局代为垫付，待收到回批后再予以结账，故深受欢迎与信赖而得以迅速发展，寄款人与民信局也由此建立起密切关系，不只是民信上的往来而已。②

现代邮政和银行出现后，为方兴未艾的民信业提供了一个加速发展的契机，对它后来发展跨域业务起着推波助澜的作用，民信局也由此步入与现代邮政和金融体系接轨的发展阶段。自1845年起，新加坡和香港每月定期一次邮轮往来，③ 民信业者很快地抓住了这个契机，他们意识到国家邮政在邮运上的安全快捷可以提高投递批信的效率，故而通过邮局中转，或直接与邮轮挂钩，充分利用这个互补的功能。例如一些潮帮民信局便积极地在汕头和马来亚各城镇设立分局及联号，将各地收到的批信邮寄至新加坡总局集中起来，装入邮包后经由邮局运往汕头的分号或联号，通常一周至十日即可送达，汕头批局收到后立即派人分发，既快速便捷，又有条不紊，大大缩短了递送批信的时间并增加了往来递送的次数。这样便形成了批局—邮局—批局的合作关系和营运网络（见图1）。从这个角度来看，邮局无疑成了民信局营运网络的一个重要环节。

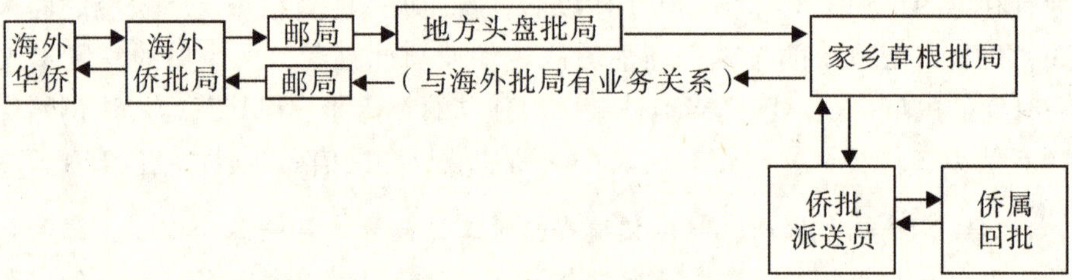

图1　邮局与民信局营运的互补功能

现代银行业务也为民信业的汇款网络提供了有利的条件。到了20世纪，民信业发展到一定阶段后，倍增的大量批款已经不是传统运作方式所能有效处理的。无论是民信局还是邮局，它们的汇款和货币兑换的流程都有赖于银行才能完成。但中国的银行设立较晚，经营范围有限，且在南洋尚未设立分行，因而新加坡民信局的汇兑业务多由当地的银行经办。它们所收取的叻币、英镑等批款大多在新加坡的银行兑换，或汇至香港的银行兑换，只有少数被带回中国境内的钱庄换成银圆发给受批的侨眷（见图2）。

---

① 关楚璞：《星洲十年》，新加坡：星洲日报社，1940年，第578～579页。

② 林树彦：《银信局与侨汇之由来》，《南洋中华汇业总会年刊》第一集，新加坡：南洋中华汇业总会，1947年，第2页。

③ 高维廉：《马来亚侨汇及中马贸易之展望》，新加坡：中南联合出版社，1950年，第2页。

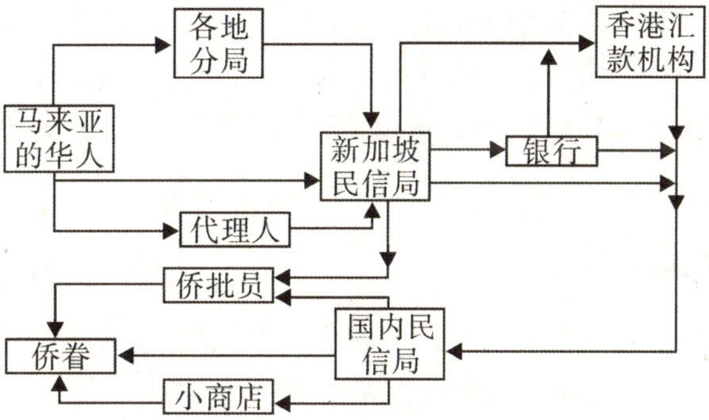

图2　侨批局的汇款网络①

民信局也通过银行汇款谋取更大的利润。批局之所以向客户只收取低廉的费用，有时甚至不收费，是因为汇率浮动的差价带来的可观的利润才是他们盈利的来源。以潮帮民信局（批局）为例，他们从新加坡和周边区域陆续收到零星的批款后，并不立即汇至汕头，而是先存入银行户头，让汕头的分号或联号周转发出批款，等到积累了大笔款项后，在汇率升至更有利的时候才汇到内地或香港的分号或联号，这段时间内所赚取的银行利息和汇率的差价所带来的盈利成为一笔重要的收入。此外，就如最初水客或收批的小杂货店的运作模式一样，民信局所收到的批款可资周转，或充实资本，或扩展其他业务，赚取更大的收益。所以，银行对侨批业而言，实质上是一种互惠互利的互补关系，而不是竞争的对手。

三、19—20世纪期间新加坡各帮民信局

1870年前后，中国南部沿海各城市开始办理华侨汇款业务，而最先与南洋当地同乡侨商合作经营民信业务的是厦门的民信局。此后，潮帮、广东帮、琼帮、客家帮的民信局，从1887年起在南洋各大城市先后创立。② 新加坡的民信局基本上以服务对象的原籍地自成体系，各帮民信局皆以所属籍贯的客户为主，批信的发送地也当然多是原籍各乡镇，这是民信业的原始性质。民信局分帮而立的特色反映了当地华人社会，尤其是新加坡、马来亚华人社会的帮权结构现象。

傅祖顺在其《泉州侨批局初探》一文中谓新加坡最早开设的"天一批局"创办于光绪六年（1880）③，但文中没有说明所根据的资料。柯木林也曾指出新加坡最早创立的批信局据说是在源顺街（即今 Telok Ayer Street）一带④，但创立的具体年份、确实地址和创立者的籍贯身份，因年代久远，已不可考 。在不同时期经营的各帮民信局究竟有多少，现存文献所见的统计不一，各有所据，其准确与否已经无法考核。据1887年的统计，除了一些无固定地址的水客往返各地流动式的收取批信，新加坡各帮民信局有49家，其中

① 焦建华：《试析侨汇网络之构建与运作》，王炜中主编：《侨批文化》第六期，汕头：潮汕历史文化研究中心，2006年，第47页。

② 杨建成主编：《三十年代南洋华侨侨汇投资调查报告书》，台北："中华学术院"南洋研究所，1983年，第99页。

③ 傅祖顺：《泉州侨批局初探》，《新加坡菜市集邮会会刊》第4期，出版年代不详。

④ 柯木林：《新加坡侨汇与民信业研究（1945—1949）》，氏著：《石叻史记》，新加坡：新加坡青年书局，2007年，第152页。

潮帮占34家，闽帮12家，广东人开设的仅1家，客籍2家，直至1891年仍有49家。[①]根据“星华筹赈会”在1938年所作的调查，当时约有65家民信局，[②]“二战”后民信业进入黄金时代时，数量竟增至200余家，可是到了1953年，汇兑业已日渐衰微，各帮民信局只剩70余家。[③]

（一）闽帮民信局

闽帮民信局又以方言之别分为四系：厦门、金门、同安、南安、安溪、永春、德化、海澄、龙溪、漳浦、华安、长泰、南靖、云霄、诏安、东山、适中、漳平等县人士所经营的民信局自成一系；福州、长乐、福清、永泰、闽清、福安、三都澳、福鼎等县人士所开设的又为一系；兴化、莆田等县华侨经营的民信局另为一系；龙岩、永定、上杭、长汀等也自成一系。[④]厦门等县人士因占新加坡闽侨总人口的多数，故此系民信局也相应最多。据统计，至1937年，闽帮各系大小民信局已有42家。[⑤]

1938年，原籍福建安溪，从印度尼西亚占卑到新加坡发展的林树彦创设“侨通行”于源顺街，商号取“沟通侨汇”之意。由于业务发展迅速，信誉日著，遂于美芝路（Beach Road）开设分行，并在泉州和香港等地设置分号。虽在“二战”日军占领新加坡期间业务完全停顿，但“侨通行”在“二战”后恢复业务不久就崛起为民信业的翘楚之一，除新加坡的分行外，其经营网络逐步扩大至中国、马来亚和印度尼西亚各地，约有25家分号。收汇数额从“二战”前的每星期十几二十万元增至四五十万元。20世纪50年代初，可说是“侨通行”的全盛时代，其规模已超越“二战”前民信业的第一把交椅和丰以及信通、正大等几家驰名的民信局。[⑥]

（二）潮帮批局

在新加坡，潮帮是排在闽帮之后的第二大方言群，但其民信局的数量与规模却不比闽帮逊色。潮帮最早设立的批局是原籍澄海的黄继英在1835年创立的致成信局，该批局是黄氏在1829年创办致成染坊（其后改称致成栈）后有鉴于侨批市场的高度需求所开拓的另一事业。此后，曾润元栈、森峰栈、陈瑞泰、谢来福等34家批局先后成立。[⑦] 1900—1919年近二十年间，潮人新创办的批局如雨后春笋般出现，20世纪二三十年代更是潮帮民信业的兴盛期，新创办的民信局多达50余家。[⑧]至于汇款额，在“二战”前则已达到“每年约千余万元，每月平均在一百三十余万之谱，若在旧历年终，则恒达二百余万”[⑨]。

---

① 许云樵：《星马通鉴》，新加坡：星加坡世界书局有限公司，1959年，第626页。

② 傅无闷、郁树锟主编：《南洋年鉴》，新加坡：南洋商报出版部，1939年，第154页。

③ 《汇兑业已日见衰微，由二百余家减至七十余家》，《南洋商报》，1953年1月29日。

④ 关楚璞：《星洲十年》，新加坡：星洲日报社，1940年，第579～580页。

⑤ 关楚璞：《星洲十年》，新加坡：星洲日报社，1940年，第580～582页。

⑥ 柯木林：《新加坡民信业领袖林树彦》，氏著：《石叻史记》，新加坡：新加坡青年书局，2007年，第142～144页。

⑦ 王炜中、杨群熙、陈骅编著：《潮汕侨批简史》，香港：公元出版有限公司，2007年，第120～121页。

⑧ 据邹金盛《潮帮批信局》（香港：艺苑出版社，2001年）第316～385页和《潮帮批信局续集》（香港：天马出版有限公司，2006年）第218～227页二书收录之新加坡潮帮批局所作的不完全统计。

⑨ 关楚璞：《星洲十年》，新加坡：星洲日报社，1940年，第584页。笔者按：此数额有可能比所收到的批款少，因为当时不少侨批局为减少纳税而隐瞒实际的营业额。

"二战"刚结束时受外汇统制的影响，汇款数额相对锐减，许多民信局因无利可图而纷纷结业。据统计，于1945年通过"新加坡各帮汇兑公会联合办事处"登记向政府申请恢复营业执照的潮帮民信局只有21家。[①]但"二战"后不久，潮帮批信业呈现繁荣的局面，据1948年《新嘉坡工商业全貌》所载，当时领到执照经营的潮帮批信局已增至45家。[②]

李伟南家族所经营的民信局在潮帮同行中最具声望，独领风骚。这与李伟南本人所掌握的社会资源以及其独特的组织形态和经营网络不无关系。李伟南原籍潮州澄海，16岁随父南来新加坡，后在历史悠久的侨批局"孔明斋"任职4年有余，在这期间所学习的知识与经验，为其日后创业打下了良好的基础。1900年李伟南和兄长与好友李应筹合资在大坡二马路（New Bridge Road）33号创立"再和成伟记汇兑信局"（以下简称"再和成"），业务范围以潮汕各地的批信为主，兼收其他地区的汇款。由于李伟南长期管理新加坡潮人创办的四海通银行，拥有广阔的人脉与社会资源，他凭着独到的投资眼光和经营策略，以新加坡为基地，在南洋建立了一个庞大的商业网络，成为新马的金融巨擘。"二战"后李伟南将"再和成"交给女婿周镇豪管理，这时的"再和成"业务发展堪称一日千里，旗下的侨批局分布在东南亚许多地区，还包括香港、汕头，以至于中国东南沿海一带，俨然形成一个广大的跨域经营网络。

（三）琼帮民信局

琼帮的汇兑信局集中在小坡海南人聚居的海南一街（Middle Road）和海南二街（Purvis Street）。在俗称"兑汇街"的海南二街就曾有四宝文、南方、南同利、三盛、锦泰隆、和记等十余家民信局在这里营业，海南一街的民信局相对较少，有顺成隆、会源丰、人信庄、泰南隆、琼盛、阜安等商号。[③]琼帮民信局究竟肇始于何时，无从稽考。据关楚璞《星洲十年》载，"琼侨营民信业者，以恒裕成号与曹琪记号为嚆矢，入民国后，营斯业者渐增"[④]。《星洲日报》曾刊文谓"据该业之老前辈称，最先设立者为琪记等号，时约在光绪年间"[⑤]，此文所指之"琪记"是否就是上文所指之"曹琪记号"，无法确定。该文也指出，在第一次世界大战期间，新加坡琼侨民信局多达40余家，是该业全盛时期。"二战"结束后，市民生活困难，汇兑生意无人问津，民信局门可罗雀，是最黯淡时期。虽然后来因南洋土产价格逐渐上升，汇兑业又重见活跃，但日本侵华战事旋即爆发，闽粤沿海地区相继被日军封锁，侨汇因而不通，在新加坡的琼帮民信局有三分之二停业，不久，当日军占领东南亚各地后，仅存的30余家琼帮民信局亦被迫停业。"二战"结束后，各民信局才先后复业，当时加入琼侨汇兑公会的就有33家。[⑥]

除了上述恒裕成号与曹琪记号外，由黄义华及其多位朋友共同创立于1910年的永吉昌也是一家历史悠久的琼帮民信局。虽然初创时设于小坡大马路（North Bridge Road）的店铺经营的是洋货布匹生意，但在1920年开始兼营民信业务后，生意兴隆。日据时期，

① 许云樵：《星马通鉴》，新加坡：星加坡世界书局有限公司，1959年，第629～630页。

② 许云樵、许直：《新嘉坡工商业全貌》，新加坡：华侨出版社，1948年，第51～52页。

③ 王振春：《汇庄往事》，《源》2013年第1期。

④ 关楚璞：《星洲十年》，新加坡：星洲日报社，1940年，第586页。

⑤ 《琼侨汇业话兴衰》，沈时霖主编：《新加坡汇业联谊社特刊》，新加坡：新加坡汇业联谊社，1947年，第119页。

⑥ 《琼侨汇业话兴衰》，沈时霖主编：《新加坡汇业联谊社特刊》，新加坡：新加坡汇业联谊社，1947年，第119页。

永吉昌业务停顿，“二战”后重新开业。因为是兼营性质，永吉昌的收汇对象仅限于琼州人，所收到的汇款通过向中国银行购汇寄往海口分店，通汇范围覆盖琼州各地。如收到非琼籍的汇款，则委托他帮民信局处理。所以，永吉昌经营民信业的历史虽然悠久，但所收汇额却相对较少，“即使在战后民信业黄金时代里，其所收汇款每周也不过一二千元而已”①。

（四）客帮与广帮民信局

客帮民信局不多，如今可考的只有数家，大体上可分为梅县与大埔两系，由于所服务之顾客与业务的覆盖区域有别，两系的商号向来较少联系。客帮民信局的营业模式可归纳为三种：第一种是民信局在收取汇款后发出汇票给汇款人，由汇款人自行将汇票寄与收款人，收款人持汇票至该局在中国的分号或联号取款。采用这种模式的客帮民信局有万裕祥、广顺昌等。第二种是寄款人将信及款项交给民信局，由该局雇批脚按址送交收款人，如葆和堂、仁爱堂等商号皆采取此方式。第三种是水客兼民信局者，除代寄银信外，尚可代为带人或物。看来客帮民信局的规模较小，营运模式也趋于原始，而在中国银行于嘉应州四属县城圩市设立分行或代理处经营汇款业务后，梅县系的民信局相续停业，大埔系的民信局也苟延残喘，日益艰辛。②

广帮民信局如今可考的也是寥寥十余家，且多为兼营性质，如中药行余仁生、春泰茶庄、永昌金铺等都兼营民信汇兑业务。其中多数规模较小，在中国无联号，收到汇款后，通常再托由规模较大的民信局处理。和琼帮民信局的命运相似，“因广东省银行之分行及办事处，遍设广东各县市，华侨汇款传递迅速，官价与黑市汇率相当时，华侨都往银行汇寄，致使该两帮信局不易发展。所以，在本地民信界也不占重要地位……”③

四、各帮民信局同业公会的建立

比起客广二帮，闽帮、潮帮、琼帮的民信局数量较多，规模较大，经营网络较广，也都有汇兑同业公会的组织。新加坡潮侨汇兑公会是新加坡汇业最早创立的同业公会，关于其成立的情况，尚存有一些有关的文献资料。据载：1925 年成发号绸庄总经理兼太平局绅的陈子由、万益成号司理杨杞岩发起创立，1929 年 4 月才获社团注册局正式批准成立。公会成立的宗旨在于“联络同业感情，促进汇业机能”。当时加入为会员的商号有再和成、万益成等 10 余家，初创时以成发号绸庄为临时办事处，4 年后才租下里峇峇利路（River Valley Road）19 号二楼为会所。1940 年，会员有 18 家商号；“二战”结束后，增至 40 余家。④ 现今有关闽粤二帮汇兑业公会的资料所存无几，只知新加坡闽侨信局汇兑公会在

① 柯木林：《新加坡侨汇与民信业研究（1945—1949）》，氏著：《石叻史记》，新加坡：新加坡青年书局，2007 年，第 199～200 页。

② 关楚璞：《星洲十年》，新加坡：星洲日报社，1940 年，第 585～586 页。

③ 柯木林：《新加坡侨汇与民信业研究（1945—1949）》，氏著：《石叻史记》，新加坡：新加坡青年书局，2007 年，第 195 页。

④ 潘醒农：《马来亚潮侨通鉴》，新加坡：南岛出版社，1950 年，第 320 页；关楚璞：《星洲十年》，新加坡：星洲日报社，1940 年，第 584～585 页。

1937 年成立，成立后数年便有 30 余家会员；①而新加坡琼侨汇兑公会则成立于 1939 年 3 月，数年间会员人数就有 40 家，②在“二战”后，会员还有 33 家，接近全盛期的数目③。

除了以上三所公会外，民信业者还在“二战”后相继联合成立了数个组织：1946 年 3 月成立的“南洋中华汇业总会”、1947 年 3 月成立的“新加坡汇业联谊社”和 1948 年 10 月成立的“中华汇业股份有限公司”。这三个组织的成立，除了以团结同业，共谋业务发展为一般宗旨外，还有其独特的背景。

“二战”结束后，各帮民信局纷纷复业，但它们在“二战”前所领取的营业执照都已失效。闽帮侨通行的创始人林树彦遂邀请闽、潮、琼三帮汇兑公会组成一个“新加坡各帮汇兑公会联合办事处”的临时性质机构，开始登记“二战”前汇兑同业商号，并代表它们向当局申请新营业执照。当时英国殖民政府原则上答应发给执照，但要等待对外汇率订定后方能营业。“新加坡各帮汇兑公会联合办事处”之后通过中华总商会代为恳请英国殖民政府和中国政府从速订定汇率，新加坡民信局终于获准于 1945 年 11 月 22 日起开始收汇。翌年 3 月，“新加坡各帮汇兑公会联合办事处”改组，成立“南洋中华汇业总会”，推选林树彦为第一届会长。④该会的宗旨有三：联络同业感情，巩固各帮汇业机能；促进汇业进展，活泼金融运用；建设及履行汇业应兴应革事宜，必要时可集结同业力量创造其他经济结构。⑤南洋中华汇业总会也接受马来亚各地同业商号的加入，该会在 1947 年和 1948 年各出版了一期《南洋中华汇业总会年刊》，1958 年改名为《汇业特刊》，也只出版一期。

为了对当时方兴未艾的民信业加强管理，英国殖民政府于 1948 年颁布新法令，规定民信局申请执照须缴交保证金。南洋中华汇业总会会长林树彦又发起组织“中华汇业股份有限公司”，以该公司向政府担保同业会的保证金，同业商号只需交一半的现金，另一半由其信用担保，由此为同业商号节省了保证金额。⑥

“新加坡汇业联谊社”是一个以从事汇兑业工作的个别人士为会员，以团结互助为宗旨，不代表任何帮群民信局或本地民信业的联谊组织。当时发起筹组联谊社的曾昭明等人认为“民信局之以商号组织团体者，则不上四十年，至于借汇兑为职业之以个人组织团体者，虽有经纪公会之设，但规模不大，今日情势迥异，潮流所趋”，故“抱联络同业情谊，加强互助精神，沟通声气，团结一致为宗旨，纠结同业之同志者入会”。联谊社标榜“无帮派畛域之分，无劳资阶级之别”，会员间没有东主、雇员之分，不具帮派乡族之别和商号的限制，每一社员都享有同等的权利。联谊社成立后很快便吸引了百余人加入，名誉社员也有三十余人，并邀请各帮民信业翘楚和社会贤达如林树彦、郑则光、杨人月、李振殿等十余人为名誉社长，积极响应侨汇公会和南洋中华汇业总会的各种议案，组织各种康乐活动，社里也提供书报让会员阅览，并出版《新加坡汇业联谊社特刊》一册。⑦

---

① 关楚璞：《星洲十年》，新加坡：星洲日报社，1940 年，第 580～581 页。

② 关楚璞：《星洲十年》，新加坡：星洲日报社，1940 年，第 588～590 页。

③ 《琼侨汇业话兴衰》，沈时霖主编：《新加坡汇业联谊社特刊》，新加坡：新加坡汇业联谊社，1947 年，第 119 页。

④ 许云樵：《星马通鉴》，新加坡：星加坡世界书局有限公司，1959 年，第 629～631 页。

⑤ 《南洋中华汇业总会年刊》，新加坡：南洋中华汇业总会，1947 年，第 107 页。

⑥ 柯木林：《新加坡侨汇与民信业研究（1945—1949）》，氏著：《石叻史记》，新加坡：新加坡青年书局，2007 年，第 179 页。

⑦ 沈时霖主编：《新加坡汇业联谊社特刊》，新加坡：新加坡汇业联谊社，1947 年，第 7 页，67～68 页，80～81 页，156～158 页。

民信业同业公会成立前，新加坡中华总商会是代表其属下民信局商号会员的制度化机构，潮、闽、琼三帮的汇兑业公会创立后就加入中华总商会为团体会员，中华总商会仍然是其代表机构，[①] 它在维护民信业的利益上曾扮演重要的角色。例如民国初年，新加坡民信业者和中国政府之间发生“民信总包事件”的纠纷，在汇兑公会和中华总商会的一再抗议下，双方最后达成协议。[②]南洋中华汇业总会成立后，成为新加坡各帮民信局的最高代表机构，遵行“巩固各帮汇业机能”的宗旨，统一和协调各民信局的业务规范，并为同业商号向英国殖民政府和中国政府争取各种利益。1946 年 10 月英国殖民政府向银行发布新的汇款条规，在新条规生效后，民信局即不能像以往一样直接汇款到香港或内地分行或联号，而须先将汇款交给香港及内地的四家银行，再由它们转寄给民信局所指定的内地批局分发给侨眷。针对这项不利于民信业营运的条规，中华汇业总会向中国政府和英国殖民政府有关当局据理力争，终于说服外汇统制部门取消该项条规。[③]有关当局又于 1948 年宣布先前从邮政局申请执照的民信局必须向外汇统制官申请执照，此后所有领到执照的民信局不得委托未有执照的商号代理银信收汇，且必须在执照上写明接受批信的地点，并由邮政局直接寄往中国，不得间接邮寄或交给马来亚的信局或联号寄往。[④]这一法令也在南洋中华汇业总会的极力交涉之下作了合理的修改。从以上两个事例，足见南洋中华汇业总会作为本地民信业的最高代表机构，在维持同业内部的稳定和有效运作以及对外的交涉中，已建立起一种制度化的有效机制。

五、民信局的营运特点与跨国经营网络

观察各帮民信局的营运模式，可以归纳出几个共同的现象：

（一）以兼营方式经营

民信局兼营其他业务是一种普遍的现象。从各帮批局的商业广告可以明显看出这一点。以在 1947 年新加坡南洋中华汇业总会出版的年刊里刊登广告的 52 家潮人批局为例，兼营的就有 31 家，占了 59.6%，而没有兼营其他业务的批局，有多家是属规模较大且兼营其他业务的批局的分号，例如“有信庄汇兑信局”就是“有信庄”的分号。[⑤]其他帮群的民信局的广告中也可看出这个显著的特点。从广告中可见民信局兼营的业务广泛多元，从矿业到橡胶业和药材，从船运业到汽车和脚车行，从广告业到文具和印刷业，从茶叶到酒和蔬果，从土产到化妆品，从布匹到中外杂货，可谓琳琅满目、应有尽有。

民信局之所以采用兼营方式，首先是因为同行间竞争激烈，利润微薄，通过兼营其他

---

① 陈丽园：《侨批公会的建立与跨国侨批网络的制度化（1911—1937）——以潮汕为例的研究》，《华侨华人历史研究》2012 年第 2 期，第 39 页。

② 许云樵：《星马通鉴》，新加坡：星加坡世界书局有限公司，1959 年，第 626 ~ 628 页。

③ 柯木林：《新加坡侨汇与民信业研究（1945—1949）》，氏著：《石叻史记》，新加坡：新加坡青年书局，2007 年，第 175 ~ 176 页。

④ 柯木林：《新加坡侨汇与民信业研究（1945—1949）》，氏著：《石叻史记》，新加坡：新加坡青年书局，2007 年，第 177 ~ 178 页。

⑤ 曾旭波：《东南亚侨批信局经营方式初探——以潮帮批信局为例》，赖宏主编：《第六届潮学国际研讨会论文集》，澳门：澳门潮州同乡会，2005 年，第 552 ~ 553 页。

业务，可以获得其他的收入，提高竞争能力，而这也是它和政府邮局相比之下一个重要的优势。除了这个营业上的策略性因素外，民信局采取以一业为主、多种经营的方式，还有传承性因素和其他现实的需要。早期水客递送批信，便是以兼营的方法赚取更多的利润，并为汇批款的客户提供其他采购服务。作为民信局前身的小杂货店，一开始更是以售卖杂货和其他商品为主业，收取侨批只是增加收入和充实资金的副业。后来发展起来的民信局继续采用这种有利可图的兼营形式也是顺理成章的。用收到的汇款灵活周转，正是他们兼营和投资其他业务的主要资金来源。

陈春声从另一个方面指出："正是因为侨批业者这样的'多种经营'的方式，提高了其在海外华侨中的商业信誉，减少了经营成本。"①我们可以引申其言作进一步的探讨。在新加坡，民信业兴起初期原可自由营业，后来业者日益增加，英国殖民政府遂规定业者须领有执照。由于曾发生民信局倒闭及卷汇款而逃等事件，政府对于新申请的业者都严格审核，并要求其须有产业作为担保。②兼营性质的民信局，可以"寓属"于经营其他业务的商号，这个商号可以为该民信局提供所需的担保，并加强其在市场上的实力与信誉。这样的例子多不胜举，如：郑绵发信局就附属于经营酒业的郑绵发酒厂有限公司；光德栈成记信局是专营布匹的光德栈成记绸庄的子公司 。从这个角度来看，多种经营的方式对无本经营的民信业的发展，无疑起着重要的护持作用。

（二）显著的家族与乡族性

华人家族企业成功的关键之一是它们建基于强大的关系网络，民信业也体现了这个特点。民信局对邮局和银行的竞争优势在于它能提供上门收批、代为写信和垫批款的个人化服务，批信送达后，其分号或联号又能一一登门送批。民信局之所以能如此运作，原因就在于其内部组织成员及众多客户都属于同乡同族，民信局借助家族式和乡族式的经营组织，实现递送批信快速、安全、准确和温馨的服务。

以潮帮的"再和成"及其分号、联号为例，这家民信局最初由李伟南兄弟二人与好友合创，数年后，李氏即买下其全部产权，"再和成"遂成为李氏的家族产业。尔后再开设的万益成保家银信局，也是和友人陈渠、许惟德合创。"二战"后，李伟卿即出任司理，这家批信局的管理权已经完全掌控在最大股东李氏家族手中。"再和成"的另外两家分号"三发号"和"四合兴"，当然也是李氏家族的资产。至于分布于东南亚各埠和汕头的分号与联号的司理，其中籍贯可考的就有三分之二与东家李伟南是澄海同乡。③到了"二战"后，"再和成"的司理一职，先后由李伟南的儿子李毓宽和女婿周镇豪担任，整家民信局的营运网络一直都掌控在李氏家族和乡族手中，局里所雇用的批脚基本上都是同宗同乡的族人，其服务范围遍及澄海各地及附近其他乡镇，客户的乡族性非常明显。

民信业突出的家族和乡族性不仅提高了民信局内部的管理效率和保持高水平的服务，由此衍生而来的归属感、认同感和信任也使民信局内部雇主、员工和客户之间形成了密切的相互依赖关系，有利于促进和拓展业务。

---

① 陈春声：《近代华侨汇款与侨批业的经营——以潮汕地区的研究为中心》，《中国社会经济史研究》2000 年第 4 期，第 60 页。

② 关楚璞：《星洲十年》，新加坡：星洲日报社，1940 年，第 587 页。

③ 据邹金盛《潮帮批信局》（香港：艺苑出版社，2001 年）第 312 ~ 537 页所作之不完全统计。

（三）广泛的跨国经营网络

民信业的经营网络中，地方性的草根民信局①与跨国性的民信局的关系呈现出垂直性和平行性两种不同形态。垂直性是指总号与分号间的直属关系，而平行性是指民信局与联号之间平等合作的代理关系。有些规模较大的民信局独家经营，它们在本地和境外都设有独立的分号，组成有系统的收、转、投的完整营运网络，但大部分的民信局都倾向于委托代理商号或联号，组成跨国的经营网络。

在境外设立分号的好处是能自由控制资金的流动，又可赚取两方的利润。但为何大部分民信局却选择和其他批局合作，建立联号或代理关系呢？主要有几个原因：首先，设立分号的开销成本较大，从经济效益的角度看并非首选；其次，对当地社会环境不熟悉，人脉不足，尤其是与当地官员的关系往往不如当地批局那么密切，难以竞争；再次，当地治安不好或是政治局势不稳定与社会动荡不安，投资风险相对较大。考虑到这些因素，委托当地批局为代理或建立联号关系自然成为大多数民信局所采用的经营策略了。

同样以"再和成"为例简单说明：设在新加坡的"再和成"除了在地的分号万益成、三发号和四合兴，以及一些依托它汇寄信款的草根批局如广成批局、天安信局等外，也在东南亚其他地区与某些民信局建立联号或代理的关系，通过它们接收当地华侨的批信，再以新加坡总号为枢纽，汇寄至香港的德兴行或汕头的光益、捷成等联号或代理，委托他们递送批款，由这些联号和代理雇用"批脚"或通过潮汕各县和乡镇的草根批局完成递送的流程。这样就构成了一个广泛的跨国经营网络：以东南亚各地为腹地，以新加坡为中枢，以香港为中转站，向潮汕地区辐射，覆盖大小城乡。当然，这只有规模较大的民信局才有能力做到，规模较小的草根批局的业务范围就只限于较狭隘的所在地。

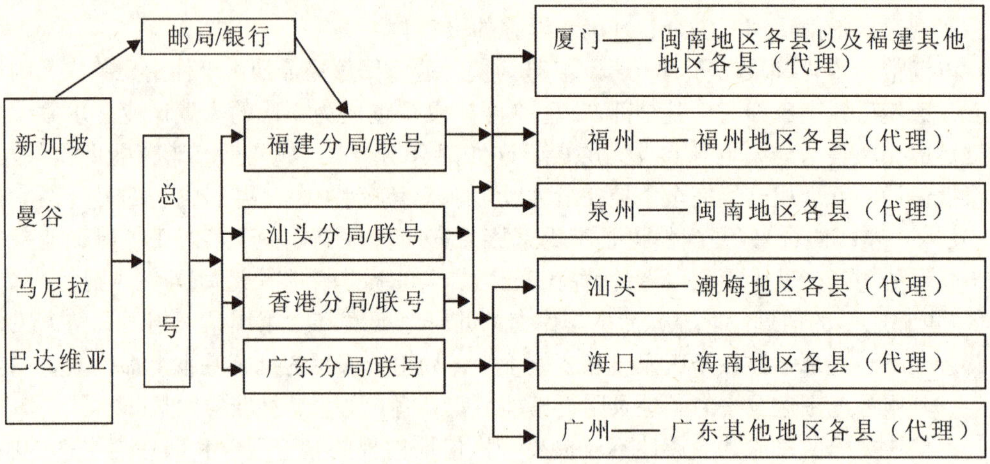

图3 新加坡民信局的跨国经营网络

资料来源：夏诚华：《近代广东省侨汇研究（1862—1949）——以广、潮、梅、琼地区为例》，新加坡：新加坡南洋学会，1992年，第17页。本图略作增补。

① 草根民信局，又称草根批局，指那些只拥有地方性的收发网络的批局。它们多是规模较大的"一盘""二盘"批局的分号或代理商。

六、结语

“二战”期间，新加坡民信业大受打击，一蹶不振。“二战”后一度恢复生气，出现一片欣欣向荣的局面，各帮民信同业公会也恢复活动，还组织了代表本地各帮民信局的南洋中华汇兑业总会、中华汇业股份有限公司和新加坡汇业联谊社三个组织。可惜这种繁荣的局面却如昙花一现。1948 年以后，中国国内局势动荡不安，货币急速贬值，民信局生意大受影响，也有许多民信局因投资失利而关闭，自此新加坡民信业开始萎缩。到了 1953 年，受本地实行新执照条例和外汇统制的冲击，批款额再次大幅度锐减，雪上加霜，许多民信局结束营业。20 世纪 70 年代末，随着中国政府宣布侨批业务归口银行管理，新加坡各帮民信局自此完成了其历史使命，民信业同业组织也名存实亡。

构成新加坡民信业的各帮民信局和其同业组织虽已不复存在，但它们曾在本地金融业发展历程中扮演重要的角色，也曾是新加坡本地与中国的闽、粤、琼、香港地区和东南亚其他地区之间跨域商业网络的主要元素之一，更是本地各方言移民社群与祖籍家乡保持联系互动的重要桥梁，其功能与影响是多层面、广泛和深远的。因此，我们对各帮民信局的研究，需置于一个跨国性的社会、经济、政治的背景下来考察，不能再局限于侨批的内涵或批信局间的内在关系和营运网络。此外，各帮民信局的主事者与同业公会的领导人如林树彦、李伟南等人皆是对华社的发展有重要影响的侨领，所以，若要透彻了解本地各帮的民信业，我们也须研究这些早期的侨领。这些或是未来研究本地民信业的新视角。

深入发掘　以扬史料

——掌握第一手资料以扬侨批史

［泰］洪　林　黎道纲*

2013 年 5 月中国侨批“申遗”成功，凡研究侨批文化者，除为此历史文物能正式列入世界文化遗产记忆工程项目之一而自豪外，还必须继续努力进行发掘工作，继续深入研究，而不是停滞不前、沾沾自喜于目前的成绩。

拙文将父亲留下的唯一一本记录簿作为研究资料，从中探索、发掘先辈华侨的艰辛岁月，包括离乡背井、寓居异地、亲人骨肉情、乡情等内容，以从中窥探侨批的历史与内涵。

从父亲 1919 年 3 月 7 日到暹罗（今泰国，下同）谋生那日算起，距今已 90 多年。而初抵暹罗的父亲于 3 月 20 日发出第一封平安批龙银一元，越月 20 日，寄家信付去龙银两元，往后均在每月的 20 日，寄家批至 6 月，6 月后已未按时日寄家批，但仍每月发出家批，从未延误，从中可见，父亲虽身在异乡，一有微薄钱银，仍坚持寄家批而忘自身辛苦与饥寒。寄家批不仅仅是父亲一人这么做，而是昔年远渡重洋一辈华侨的相同行为。侨批是十分珍贵的历史记录。

父亲留下这唯一遗产予我，每每见之，不觉清泪淌淌而流。当年一代华侨离乡背井，都有这一页页辛泪相夹的记录。从众多口述历史中，也看到这样汗泪交加的侨批事实，感人至深。我们从中感受到华侨们宁愿勒紧自己裤带、饥不择食、夜宿街头而节约无几，却仍按时寄批回乡赡养父母妻儿的凄凉而感人的画面。我们侨批研究者必须看到这样的事实与侨批产生的历史背景，才能真正地从第一手资料中探索出所包含的社会背景与其丰富人文内涵，而不应采取那种虚无的一言以蔽之的作为，这不是一个真正、严肃的侨批研究者所应持的学术态度，也无法达到侨批研究顶峰目的。

在泰国，不少侨批因政治环境关系几乎荡然无存，而我手头保存的侨批仅这一本父亲的历史手迹，现逐一细嚼其中包含的亲情、乡情、侨情。

父亲洪明喜致祖父母批信的开头“远托异地缘因家计清淡致使隔别殊方意望得利荣归建立基业振耀家声以伸生平之志也”这一段话，不仅仅是父亲的心声，更应该是当年远渡重洋一辈华侨的冀望。然而，漂泊异乡的华侨大多成了归家不得的穷苦人家或成为“义山”的一分子，未能了却“振耀家声”心愿。另外一段“为儿身虽在外而心莫不怀念矣容积有余赀自当急速归旋以奉甘旨决不敢久淹异域以贻吾亲之悬望也”，更道出父亲当年

* 洪林，女，泰国泰中学会会长。黎道纲，男，泰国泰中学会副会长。

身在异乡、心中挂念家中老小的那种盼望早日回乡的心情，这也是离乡背井的先辈重如泰山的一方情怀。“寄去大银几元祈查收入略慰亲心以助家中薪米之需候近前有利入手自当再寄银信”这段话透露出的牵挂，叫人深感父亲所寄银钱得来不易，以及父亲心系家人生活的沉重心情，只要“有利入手”则不忘寄银信之深切亲情。

父亲身在异邦求生之苦楚，在致母亲一信里，也昭然可见。

父亲在“诸事全靠贤妻克苦安顿上知敬奉双亲甘旨下可教训子女用工免使卑人在外受罣乃贤妻内助之力矣但此夷邦谋利甚难历尽风霜雨露之苦”这一段话道出了如父亲一辈的华侨的生活困境，如“夷邦谋利甚难历尽风霜雨露之苦”者。这种艰难环境，不仅仅是父亲一人经历，而是所有来到暹罗谋生的华侨所面临的现实生活的写照。而华侨在饥寒交迫中，虽然日夜都在为谋生而挣扎，但仍不忘寄家批的那一颗颗赤子心至今还历历在目。每每读之，几至潸然泪下。

父亲亲笔所书，一字一泪，亲情洋溢其中，从中可窥见先辈华侨牵挂家人心之沉重。父亲在致其胞兄信中，其情亦可见一斑。“每想兄弟同气连枝只为蝇头微利远隔不得聚首言欢云杉万历墨客告语岂不怀念乎‘兄弟情洋溢其中’。俟弟有利可获稍得遂意不敢栖迟异方即速旋归故里”这行字里，又深深地感到父亲之回家盼待心意。其实，当年为生活而挣扎时，谁不归心似箭？

在翻阅父亲家批、书信的过程中，笔已沉重。父亲在致其大兄洪秉钦信里所透露出来的如铅重的话语，已见当年父亲在外之难、两地牵挂以及回家切切期盼之沉重。附信于此，当能视作资料之一也。其余致胞妹、伯叔、姑丈、侄儿、岳父母、朋友批信中，无不包含亲情、乡情其中。事隔几十年，仿佛眼前。

最使我心酸的，是知道父亲 1919 年借债南渡来暹之事。父亲在乙丑年（1925）元月廿四至闰四月初四寄家批后，在庚午年（1930）四月初二开始逐月寄批还债。可见，父亲是一个重信用的人，一有积蓄就将挂在心头多年的债务逐步予以寄还，以减少心中所负人情债。父亲其实是在历尽十三年沧桑岁月后才有些微力量还债，才有机会逐渐将所负债务寄还亲戚朋友。从这些实例看到当年家父生活之艰难以及压在心头那份沉重心情。从中亦可窥见，那时代如父亲一辈者的固有传统美德、笃信之人格。从父亲这一实例，旁而及之，同样离乡背井一辈者，大凡都得举债漂洋过海。我们从中亦可窥见，伸出援手的如兄如弟的爱护与支持，充分体现出这种无言对泣的深厚乡情之真切，使如父亲一辈者在经历几日几夜的远渡重洋而辛苦踏上暹罗，而后才有家批出现的历史记载。今日将父亲亲笔记录附于此，让我们这一代人及年青一代者，能够从这些第一手资料去感受侨批中包含的种种家乡与海外华侨之间的牵连，其中的文化内涵给我们的学术研究启迪。

从研究父亲这本保存在手已三十几年的有关侨批资料记录，似乎已看到如父亲一辈者那浓郁的骨肉情，重重叠叠于面前出现。那包含辛酸的记载，展现了昔日侨批丰富历史内涵，也说明侨批那丰厚华侨史在其中的研究价值。没有侨批，华侨史就没那么丰富；侨批史所记录下来的史料，不仅值得探讨和研究，而且必须深入地去研究其内在关系，才能真正地发扬光大。每一个真正的侨批研究者，必须抱定一个宗旨，那就是“写史必知史源”，方能真正地留住史料，以启迪后代。

泰国侨批与银信局的命运，在 20 世纪 80 年代到 90 年代初已走到终点。泰国侨批业从 20 世纪 50 年代后在种种条例、法令、措施底下挣扎、生存，以致最终没落。泰国侨批业这种结局，已在父亲记录里看到一丝痕迹。父亲在记录银信内容时，从未点明款项、名字，何也？因为从1927年到1932年，当局开始对批业施行一系列严厉政策、法令管制。今天，我才明白父亲为何不把批银、名字写上。遗憾的是，父亲当年将一切家批销毁，只留下这本记录手迹，以免我们因家批而带来麻烦。至20世纪70年代末，父母相继而去，于他们遗留的唯一一个箱子里，未发现一封半截家批，其因在此。当年身在异乡的华侨，被一切法令措施吓破了胆，如父亲者，以至于今日在此地难以寻觅当年侨批历史的蛛丝马迹，这是泰国批业史册上一大历史记录的遗漏。不然，泰国侨批史会更为完整、更为辉煌。

今天侨批“申遗”成功，说明华侨史中的侨批史，终于取得世界记忆遗产工程项目认同，成为世界文化遗产之一。对此，我们作为侨批研究者不能因此而自满，停滞不前，而应该努力地从方方面面去挖掘，这样才能进一步丰富侨批研究领域的宝库。倘若，吾人能真正认识到其中深藏的丰满历史内涵，并加以珍惜、保存、发扬光大，那么，侨批史将永留于海内外华侨史册，让世人以及我们的后代永记这一页血泪相融的历史。

侨批研究：中国华侨华人研究的学术新高地

张应龙*

近年来，侨批研究方兴未艾，专家学者从不同角度对侨批问题进行深入的研究，这些研究对丰富华侨华人社会史研究，深化中国侨乡研究和探索华侨华人研究新理论均发挥了重要的作用，同时，也对中国学者以侨批研究为中心搭建华侨华人研究学术新高地起到重要的作用。

侨批是侨汇，但侨汇不等于侨批，因为侨批必然有汇银，而侨汇不一定有书信。侨汇是国际移民活动包含的一个重要内容。以谋生为目的的国际移民，或早或晚，或多或少要寄钱回家。侨汇这个形式并不是中国的“专利”，其他国家如墨西哥、印度、菲律宾等国也是世界上侨汇数量靠前的国家。当然，中国的侨汇有自己的特点，尤其侨批这个形式赋予了侨汇以文化的含义。今天，我们研究侨批问题，不但要探索和研究过去的历史记忆，而且要从中记忆历史。记忆那个时代海外华侨与侨属在同一星空下的互相遥望，记忆那渗透在一张张发黄信笺里的光荣与梦想。

从华侨华人研究角度看，银信合一的侨批承载了海外华侨社会与侨乡的基本关系。众所周知，侨批的主要属性包含银与信，其基本特征是银与信的合一。银代表了海外移民与侨乡的经济关系，信代表了海外移民与侨乡的文化关系，而经济关系与文化关系是海外华侨与侨乡关系的基本内容。中国人出洋谋生，一赚到钱便立刻想到要与家人分享，接济在家乡的家人。除了特殊原因之外，海外华侨总是要向家人报平安的，并以海外为基点建构与家人及家乡的跨国联系。他们寄回家乡的每一封银信合一的侨批，既向家人报了平安，又寄回了侨汇，这些侨汇对改善家人的生活起到了积极的作用，为留守侨乡的家人带来新的希望，而经常性的侨汇和数额较大的侨汇则直接带动侨属社会地位的上升，带动侨乡社会经济面貌的改变。

从华侨华人研究角度看，侨批是构建海外华侨社会与侨乡关系的重要纽带。通过侨批，海外华侨社会与侨乡、侨属建立了牢固的直接关系，海外华侨与侨乡、侨属因此心心相印，紧密相连。通过侨批，海外华侨直接影响了家乡事务，包括家庭事务和社会事务。几乎在每一封侨批里，海外华侨都对自己的家庭成员提出某种建议或做了某种安排。而侨属也通过侨批向华侨汇报家人的成长和家乡的变化，为海外华侨提供了精神食粮，尤其对于那些挣扎在社会底层的海外华侨，来自侨乡家人的书信更是让他们得到继续奋斗的力量。侨乡社会的点滴进步通过侨批传递到海外华侨社会之中，海外华侨因此增强了对自己家乡的向心力，激发了进一步支援侨乡的热情。历史证明，随着侨批的减少甚至断绝，海

---

* 张应龙，男，暨南大学国际关系学院/华侨华人研究院副院长、教授。

外华侨与国内侨属的关系也趋于冷淡乃至中断。我们是否可以这样说，侨批的盛衰和海外华侨与侨乡的关系成正比？即侨批多的时候是两者关系密切的时候，侨批少的时候是两者关系疏离的时候？对于这个理论假设，我们还要做更多的实证研究来加以验证，也要参考其他国家的佐证。研究这个问题，对于深化跨国移民理论具有重要的作用。

研究侨批问题，我们需要有一个总体的把握。我想强调的是，研究侨批问题要与海外华侨社会的变迁联系在一起，要与时代背景的变迁联系在一起。这是我们在研究侨批问题时需要予以把握的重大问题。根据现有的研究，侨批历史延续了150多年，即从19世纪初起到20世纪70年代止。从历史的角度看，侨批的一个突出特征就是侨批流行的历史时期也是传统华侨社会的历史时期。在这个时期中，海外华侨社会保持相对的独立性，具有独立的族群社区。华侨社区里建有宗庙、坟山、社团、学校、报社、企业等，大家习惯讲中国话，吃中国美食，看中国戏剧。在新中国成立前，海外华侨社会在政治、经济、文化等方面一直与中国保持密切的联系，而自成一统的华侨社区被称为“唐人街”“中国城”，具有鲜活的中国文化特征和文化内容。“二战”后，在国内外形势的双重作用下，海外华侨社会逐步发生变化，华侨华人与当地社会的融入度更深、更广，去中国化不断加深，下一代的华人与华裔不少人不通华文，对祖籍地缺乏感性认识，与祖籍地亲属缺乏发生联系的欲望，而且还是失联多年，不少海外华人认为不需要也不愿意继续利用侨批这个形式来维系与祖籍国亲属的关系。另一方面，随着中国经济社会的发展进步，侨乡、侨属对侨汇的需求不像过去贫困时期那么“刚性”，主动要求海外亲属寄钱，公开“讨”侨汇，侨乡、侨属更加注重情感层面上与海外亲属的维系。尤其在新移民较少的老侨乡，情况更是如此。因此，即使在现在高度开放、海内外交流频繁的时代背景下，侨批业也难以重现昔日的辉煌。

研究侨批的兴衰，我们一定要重视科学技术进步对其造成的重大影响。我们在研究传统侨批业的时候，通常会提到中国政府侨汇政策的改变及其带来的影响。的确，中国政府政策的改变导致侨批在20世纪70年代歇业，但是，仅仅是政策的改变还不足以完全导致侨批无法复活。其实，侨批本质上也是一种信息沟通方式。毫无疑问，信息科技的进步，极大地改变了人类社会的沟通方式。流行了千百年的书信沟通形式在20世纪末趋于衰落，取而代之的是各种新型信息沟通方式，如电话、电子邮件、电子视频、微信等，从而在总体上终结了传统书信的沟通模式。在当今电子信息化时代，传统书写方式已经过时，无纸化沟通成为主流，传统书信形式只能成为一种历史记忆。在浙江、福建一些新侨乡，侨汇数量很大，承兑国际侨汇的银行常常人头攒动，熙熙攘攘，但这类侨汇只有金融属性，而没有侨批的文化属性。

开展侨批研究，我们还需要从两个方面进一步予以加强。首先，侨批是民间历史文献，目前我们收集较多的是从海外寄回侨乡的书信，因此我们需要加大力度收集从侨乡寄至海外的书信或回批。海外华侨寄钱回家，既有自己自动寄回的，也有家人主动写信要求寄钱的。这些从家乡寄出的信同样具有重要的文献价值。由于从侨乡寄出的信件多留在海外，目前收集到的信件不多，因此对回批的研究相对薄弱一些。但是，从侨乡寄出的书信与从海外寄回的侨批一起构成完整的历史文献内容，缺乏这一部分的内容，不利于全面进行侨乡与海外华侨关系的研究，不利于完整进行侨批文化的研究。其次，毋庸讳言，虽然现存侨批数量很多，但其内容多显“标准化”。原因是以前的华侨多数没有文化，不识字，其侨属也多是如此，他们的书信往来依靠代写书信者代笔，所以侨批的信函内容格式大多相似。因此，我们在收集和整理侨批文献时要重点抓住某个家族多年往来书信的收集和研究，以侨批个案研究丰富侨批的整体研究，从而推动侨批研究走向深入，在国际侨汇问题研究上独树一帜，为搭建华侨华人研究学术新高地打好基础。

侨汇是属于世界的，而侨批是属于中国的，侨批能够申请为“世界记忆文化遗产”就有力地说明了这一点。当我们在进行侨汇问题研究时，一定要彰显中国侨批在世界侨汇研究中的文化内涵，突出它的世界记忆遗产属性，以此树立中国学术特色。

论文

鸿雁传书牵万里

——美澳华人移民与家乡之书信往来

［英］班国瑞　［新加坡］刘　宏　［新加坡］张慧梅*

一、导言

侨批，是指海外华侨华人通过民间渠道寄回侨乡，附带家书或简单留言的汇款。侨批一般包括侨汇与侨信。近十几年来，随着民间侨批资料不断被发掘，侨批研究也成为学术界的热点，它为海外华人史的研究提供了新的资料、拓宽了新的视野。侨批资料数量庞大、涉及内容广泛，研究课题也丰富多样，过往的研究课题主要集中于以下几个方面：侨批所反映之移民与家乡的联系、侨汇对于侨属生活的影响、侨汇对移民祖籍国经济发展的影响、侨批局的运作及寄送网络等。

然而，由于已有的侨批档案大部分为中国东南沿海地区（如福建地区及潮汕地区）与东南亚之间的通信往来，因此学界的研究也主要以这几个区域的移民为主。最近几年，笔者所在的研究小组陆续收集到美澳华人移民与家乡之间的侨批、回批以及相关的资料。通过对这批资料的解读，笔者发现，其与东南亚地区的侨批资料相比，存在一些比较明显的差异。因此，本文希望以美澳的侨批资料为主，从侨批的来源地、侨批的类型及寄送渠道、侨批的内容几个方面为切入点进行探讨，同时与东南亚的侨批资料作一个简单的比较，希望借此抛砖引玉，为侨批的研究提供一个新的角度及思考方向。

二、侨批研究回顾

对于侨批的关注和调查，最早是由西方国家的机构和学者开始的，当时移居海外的华侨汇款引发了他们的注意。早在 1877 年，美国加利福尼亚州参议会就对美国华侨汇款数额进行了估算。之后，旧金山 *Morning Call* 报、马士（Morse）、Wagel、See、Coons 和雷麦

* 班国瑞、刘宏、张慧梅，均任职于新加坡南洋理工大学人文与社会科学学院。

(Remer) 都对侨汇数额进行了估算。① 然而，以上都只是政府部门和报刊根据实际需要对侨汇数额的统计报告，或者是部分学者从国际贸易的角度对侨汇与中国对外收支关系的研究。真正意义上对侨批的学术研究，则是从民国时期开始。这一时期，除了对侨批业的调查报告外，研究课题主要集中在以下几个方面：侨批局、邮政局、钱庄等经营侨批业的组织的结构、业务、经营及管理方法等；② 不同地区的华侨汇款状况；③ 华侨与侨汇对于侨乡的影响④等。

新中国成立后的三十年里，除了中国政府继续保持对侨批业的调查外，这一时期的学术研究相对较少，主要是一些海外华人学者的研究，探讨的也多为其所在居住国的侨汇状况⑤。

20 世纪 80 年代开始，随着大量侨批原件的面世，侨批这样一种特殊的华人移民研究资料开始被学者关注，而一些新的研究理论的运用，使得侨批研究走向新的方向。除了传统的研究课题外，最重要的突破就是网络理论的提出，学者开始将侨批及侨批业的运作置于跨国华人商业、社会、文化网络中去考量。⑥

近几年来，被发掘的侨批资料更为多元，研究的视角也有所突破，如新的地域性侨批的研究、从性别角度入手所作的侨批内容研究、对侨批书写者的研究等。⑦ 同时，侨批研究也开始受到西方学界的关注，出现了一批用英文书写的研究成果。⑧

---

① *Memorial of the California Senate 1877*; *San Francisco Morning Call*, various issues, 1882; H. B. Morse, *An Inquiry into the Commercial Liabilities and Assets of China in International Trade*, Shanghai: Chinese Maritime Customs, 1904, pp. 11 – 15; George H. Blakeslee, ed., *China and the Far East*, Clark University Lectures, New York: Thomas Y. Crowell, 1910, p. 107; S. R. Wagel, "Finance in China", *North China Daily News and Herald* (*Shanghai*), 1914, pp. 473 – 4; C. S. See, *The Foreign Trade of China*, New York: Longmans, Green and Co., 1919, pp. 334 – 336; Carl F. Remer, *The Foreign Trade of China*, Shanghai: The Commercial Press, 1926; Arthur Gardiner Coons, *The Foreign Public Debt of China*, Philadelphia: University of Pennsylvania, 1930, p. 183; C. F. Remer, *Foreign Investments in China*, New York: Macmillan, 1933. 参考自焦建华：《近百年来中国侨批业研究综述》，《华侨华人历史研究》2006 年第 2 期，第 49 ~ 58 页。

② 如杨建成主编：《侨汇流通之研究》，台北："中华学术院"南洋研究所，1984 年。杨起鹏：《汕头银业史略及其组织（上、下）》，《银行周报》第 13 卷第 14、15 号，1929 年。何启拔：《批信局的组织及其业务》，《广东省银行季刊》第 3 卷第 10 期，1947 年。刘佐人：《金融与侨汇综论》，广州：广东省银行经济研究室，1947 年。

③ 如吴承禧：《厦门的华侨汇款与金融机构》，《社会科学杂志》第 8 卷第 2 期，1938 年。郑林宽：《福建华侨汇款》，永安：福建省政府秘书处统计室，1940 年。姚曾荫：《广东省的华侨汇款》，重庆：商务印书馆，1943 年。

④ 陈达：《南洋华侨与闽粤社会》，长沙：商务印书馆，1938 年。

⑤ 如高维廉：《马来亚侨汇与中马贸易之展望》，新加坡：新加坡中南联合出版社，1950 年。柯木林：《新加坡侨汇与民信业研究（1945—1949）》，柯木林、吴振强编：《新加坡华族史论集》，新加坡：南洋大学毕业生协会，1972 年。

⑥ 如［日］滨下武志《近代中国的国际契机——朝贡贸易体系与近代亚洲经济圈》，北京：中国社会科学出版社，1999 年。戴一峰：《网络化企业与嵌入性：近代侨批局的制度建构（1850s—1940s）》，《中国社会经济史研究》2003 年第 1 期。陈丽园：《潮汕侨批网络与国家控制（1927—1949）》，《汕头大学学报》2003 年社科版增刊。

⑦ 如刘进：《五邑银信》，广州：广东人民出版社，2009 年。沈惠芬：《构建东南沿海侨乡女性生活史：侨批资料的价值与利用》，《"中国侨批·世界记忆"国际学术研讨会论文集》，福州，2012 年。David Gerber, "Exploring the Mental Lives of Immigrant Letter Writers: Nostalgia and Adjustment to Changed Circumstances", in *Guangdong Huaqiao shi* 2013, pp. 94 – 112.

⑧ Cheok, Cheong Kee, Lee Kam Hing, and Poh Ping Lee, "Chinese Overseas Remittances to China: The Perspective from Southeast Asia", *Journal of Contemporary Asia*, 2013, Vol. 43, No. 1, pp. 75 – 101. Bill Jones, "Writing Back: Welsh Emigrants' Correspondence in the Nineteenth Century", *North American Journal of Welsh Studies*, 2005, Vol. 5, No. 1, pp. 23 – 45. Paula Doherty Johnson, *Diaspora Philanthropy: Influences, Initiatives, and Issues*, Boston and Cambridge, MA: The Philanthropic Initiative, Inc. and The Global Equity Initiative, Harvard University, 2007. Liu Haiming, *Transnational History of a Chinese Family: Immigrant Letters, Family Business, and Reverse Migration*, Piscataway, NJ: Rutgers University Press, 2005.

三、侨批网络之地域性与全球化

将近一百年的侨批研究成果非常丰富，笔者只能对其作一简单回顾，无法一一列举。在以往的资料及研究中，多数以东南亚国家与福建、潮汕侨乡之间往来的侨批为主。由此可见，中国东南沿海如福建、潮汕移民的目的地多为东南亚国家。例如，目前所收集的潮汕侨批中，移民所在的东南亚国家包括新加坡、马来西亚、泰国、印度尼西亚、老挝、缅甸等。① 近年来新的侨批资料陆续出现，尤其是广东省内广府人、客家人聚集地，如五邑、中山等地区的侨批。这些地区的移民有很大一部分移居到了美洲国家及澳大利亚等，虽然已经有研究开始论及，但笔者认为，这部分地区华人移民的研究，仍值得继续深入挖掘。因此，下文中笔者将以五邑、中山地区为例，将其与福建、潮汕地区的侨批流通状况作一简单对比。

五邑，是指今广东省江门市下辖的台山、新会、开平、恩平和鹤山五个县级市、区。不同于其他侨乡，来自五邑的早期移民，受19世纪“淘金热”的影响，大部分移民到美国、加拿大、澳大利亚等国家。② 因此，移民寄往五邑地区的书信与侨汇，与其他侨乡地区相比，其寄出地范围更为广泛，主要来自美国、加拿大，其次是澳大利亚，再次是东南亚的菲律宾、新加坡、印度尼西亚、马来西亚和南美洲的古巴、秘鲁。③ 同样的，广东省内的另一个地区中山，其华侨分布也较为广泛，除了东南亚各国外，还有相当一部分在大洋洲、北美洲。④

移民寄往侨乡的书信与侨汇，在福建、潮汕地区被称为“侨批”，民间经营侨批的专门机构名为“批信局”“侨批局”，有时亦作“银信局”。然而，在五邑、中山等地所在的粤方言区，侨汇和书信的结合体通常简称“银信”或“信银”。这一地区经营银信业务的机构，与其他地区迥然不同，银号、商号是主要的民间银信机构，但在组织的严密程度和专门化方面不及侨批局。⑤ 除此之外，五邑、中山地区银信的寄送渠道，与其他侨乡地区也有所区别。

福建、潮汕、五邑、中山等地区的侨批寄送，早期都是通过“水客”。但五邑、中山地区的侨批业的发展过程，与另外两地略有不同。在福建、潮汕地区，“水客”带送的方式在之后渐渐发展成侨批局等渠道，而且这一地区侨批局的经营从一开始就非常规范和专业。但在五邑、中山地区，除了“水客”，还有一个只活跃于香港、澳门、广州、五邑、佛山、中山等城市与乡村之间的群体——“巡城马”。“巡城马”的作用类似于“水客”，也是华侨与侨眷之间联系的纽带。但与“水客”不同的是，“巡城马”一般不承担从遥远的美洲等地区携带银信回乡的工作。“水客”将银信经美洲等国送到香港、澳门、广州或五邑、佛山、中山等地区后，再由穿梭于这些城市之间的“巡城马”将其送到侨属手中，他们往来于这些地区，三四天一次。到19世纪，来往美洲的水客由于路途遥远，加之近

---

① 参阅潮汕历史文化研究中心编：《潮汕侨批集成》第一辑，桂林：广西师范大学出版社，2007年。

② 张国雄、赵红英：《侨批文书的遗产价值》，“中国侨批·世界记忆工程”国际研讨会，北京，2013年。

③ 张国雄：《广东侨批的遗产价值》，王炜中主编：《第三届侨批文化研讨会论文选》，香港：天马出版有限公司，2010年，第71~72页。

④ 裴艳：《侨批背景下的中山移民与金融网络》，《八桂侨刊》2013年第3期，第45~50页。

⑤ 刘进：《五邑银信》，广州：广东人民出版社，2009年，第3~4页。

代银行的出现，之间便停止带送服务。[①] 民国以后，现代金融机构逐渐发展，原来的“巡城马”与银号、商号之间就建立起一种委托关系，他们受香港、广州等地银号、商号的委托，递送银信和其他物品到千家万户。[②] 当时美澳的银行虽然发达，但毕竟无法在中国内地广设分行，更无法将之分布于广大乡村，因此产生了起补充作用的金山庄、银号、“水客或”“巡城马”。例如，北美经营侨汇业务的银行主要有大通银行、运通银行和万国宝通银行，大洋洲有麦加利银行。但它们在中国内地都需靠本地银号协助递送银信。[③] 由于距离太远使得携带现款相当不便，这一地区的华人移民汇款回国，以寄送支票为主，支票可在当地或广州、香港兑付。此外，福建、潮汕地区和五邑、中山地区的侨批数量，也存在些许不同。福建、潮汕地区的一家人中，通常都存有一二百封侨批，但在五邑、中山地区通常只有二三十封，这跟这一地区侨批单次的汇款额较大有关。如在清末民初，汇往五邑地区的款项一次已达港币 100～500 元，而同一时期的潮汕地区则只有 1～20 元。[④]

另一个可能的原因是，五邑、中山地区的海外移民都在美、澳等距离较远的国家，每次汇款寄送的时间较长，所以他们就会倾向于一次汇寄较多的款项给家乡亲人。由此可见，移居地的距离，造成了侨批寄送网络中某些环节的差异性。

从笔者目前所收集到的侨批（或银信）资料来看，福建、潮汕地区的侨批大都为东南亚地区的移民寄回家乡亲人的书信与侨汇，也有少数是家乡亲人寄回的回批。而五邑、中山地区及美澳地区的银信资料中，除了以上两种类型的书信外，还有一种非常特别的书信，这类书信与汇款没有很大关联，是移居到两个国家的华人移民之间的书信往来，如加拿大和美国移民之间的通信，他们的关系可能是亲人、朋友、同乡等。虽然这部分信件是否属于传统意义上的“侨批”仍有待商榷，但有助于了解移居不同国家华人移民的联系网络及生活状况。尤其是在寄送网络方面，这部分信件与寄自祖籍地的回批可能共享部分寄送渠道，如华人商号。

在 19 世纪 60 年代，随着旧金山、檀香山等地聚集的华侨渐多，一些华侨设立的专门经营中外贸易的商号，为满足华侨递送银信的需要，开始兼营银信业务。[⑤] 一些有海外关系的商号如米铺、五金店、杂货店、洗衣店甚至衣馆，都兼营银信业务。[⑥] 笔者所收集到的一批美洲华人移民的书信显示，这批书信都由华侨叶氏家族所经营的永生宝号负责递送。永生宝号是华人社区中最具规模的进出口商店之一，专门经营中国食物和用品，其在北美、香港地区和中国大陆都有商业网络。从中国寄来的书信往往是寄信人找人代笔，再把信送到当地的商铺，由商铺把信送到香港的“金山庄”，之后再由香港的商号把信连同货物一起送往温哥华的永生宝号。从美国和加拿大的城市寄来的信有些是通过一般的邮递

---

① 参阅史艳群：《试论五邑银信的特色》，《群文天地》2012 年第 4 期下，第 36～37 页；刘进：《巡城马初探》，http：//www. chaorenwang. com/channel/qpwhyj/showdontai. asp？ nos＝1660；杨群熙编：《潮汕地区侨批业资料》，汕头：潮汕历史文化研究中心、汕头市文化局、汕头市图书馆，2004 年，第 56 页。

② 刘进：《五邑银信》，广州：广东人民出版社，2009 年，第 60 页。

③ 裴艳：《侨批背景下的中山移民与金融网络》，《八桂侨刊》2013 年第 3 期，第 45～50 页。

④ 麦国培：《四邑侨批与潮汕侨批之比较》，王炜中主编：《首届侨批文化研讨会论文集》，汕头：潮汕历史文化研究中心等，2004 年，第 241～244 页。

⑤ 刘进：《五邑银信》，广州：广东人民出版社，2009 年，第 48 页。

⑥ 麦国培：《四邑侨批与潮汕侨批之比较》，王炜中主编：《首届侨批文化研讨会论文集》，汕头：潮汕历史文化研究中心，2004 年，第 242 页。

网络，也有的以运送货物的方法送至永生宝号。当信件到达永生宝号后，商号负责人会把所有书信贴在商铺的窗上，移民们便到此取信。[①] 因此，在信封上，大部分都注明“要信烦交永生宝号收劳转交×××”。

永生宝号除了成为当时美洲移民书信聚散的商号外，其经营者叶来饶也因为在移民中的影响力和自身的能力，成为协助移民解决困难的重要人物。很多移民都会直接写信给叶来饶，请他帮忙解决自己所遇到的各类问题。例如，麦何己从五邑地区寄给叶来饶的信中，就提到自己的哥哥在家乡生活艰难，难以寻工度日，希望能到国外寻找机会，因此希望对方能帮忙处理相关手续及缴纳税金等，自己之后也会准备所需费用寄还。在纽约的钟脩炳则因为自己的侄子移民美国时，因口供不符合而无法入境[②]，被迫返回家乡。因此，他希望叶来饶能够给予指点，以寻找好的办法让侄儿能重新移民美国。同时，他也请对方帮忙留意是否有适合自己做的生意。

而在澳大利亚，有一些大的商号也在该国内不同的城市以及中国的香港、广州、厦门及汕头等地区设立分号。其中一部分商号的商业势力渐趋强大，使得他们在侨批网络中所扮演的角色也越发重要。当时在澳大利亚的华人移民，并不习惯去银行办理汇款手续，相反，他们更喜欢在同乡知己所经营的大商号里存放银款，由他们将侨汇带回家。同样的，除了侨批寄送外，这些大商号还兼具安排华人移民入境、为他们寻找住宿地方或借钱给他们等功能。在当时，一些定期航线的开通，也让这些商号能够更好地经营侨批业务。侨批网络的运作更多的是以商业网络为依托，由于澳大利亚政府严格规定外汇必须由银行专营，非银行商业公司不准经营，因此这些商号只能在生意周转资金的掩护下，以特殊的手段进行汇款，而始终没有形成一种专营侨汇的公开行业。[③]

综上所述，由于移民的移出地及移居地的不同，移民书信在寄送渠道、类型等方面都存在着地域性的差异。五邑、中山地区的移民，有相当一部分移居到美、澳等西方国家，距离上的遥远，使得侨批在寄送过程中，需要个人（如“巡城马”）与商号的紧密配合。其中，商号的作用尤为重要，其不仅是寄送渠道中的重要一环，而且是协助华人移民适应当地生活、解决问题的重要组织。移居美、澳的华人移民，面对的是更为艰辛的环境，语言、文化、生活习惯上的差异更大，所需应对的移民程序也更为复杂。这时，财力较雄厚并拥有当地资源的华人商号，自然成为华人移民可以信赖及依靠的组织。

同时，与东南亚的华人移民不同，移居美、澳不同国家的华人移民之间，存在着更密切的亲属或乡缘关系，他们之间有着频繁的通信往来，由此这一区域产生了一种与传统意义上的侨批不同的通信类型，而这一批资料对于了解当时美澳移民的生活场景及联系网络起着非常重要的作用。

虽然华人移民的书信往来形态存在着地域性差别。但是，正是这种差别，成为构筑全球化侨批网络的重要因素。这一侨批网络具有很大的灵活性和兼容性，它可以根据地域的

---

① 潘美珠：《华工书信》，未发表。

② 华人在入境美国时，需回答当地移民官员的问题，口供符合之后才可入境。

③ 常增书：《澳洲淘金华工的“银信”》，王炜中主编：《第二届侨批文化研讨会论文选》，香港：公元出版有限公司，2008年，第455~460页。张国雄、赵红英：《侨批文书的遗产价值》，“中国侨批·世界记忆工程”国际研讨会，北京，2013年。Michael Williams，“Brief Sojourn in Your Native Land：Sydney Links with South China”，*Queensland Review*，1999，Vol. 6，No. 2，p. 16.

差异及华人移民的实际需要作出适时调整，从而使得该网络能够顺利运行。水客（或“巡城马”）、商号、邮政局、华人移民等，都是这一网络中的重要环节，他们在不同时期的作用有所偏重，从而形成了一个全球化的华人移民形态。

四、华人移民形态之多样性与共通性

上文所述，由于地域的不同，华人移民的侨批在来源地、类型及寄送渠道上都呈现出一定的差异性。不仅如此，其在内容上也有一些明显的不同，由此能窥探出不同国家的华人移民在移民形态上的差异，包括移民的程序、移民的目的、移民的再迁移等。

（一）移民的程序

以美国、加拿大为例，其移民程序与东南亚国家的移民程序就存在着一定的差异，如移民准备移居加拿大或美国时，通常会以“买纸”的身份入境，即在海外的同乡或亲属，往往会先为即将到来的亲朋准备“口供纸”，为他们提供当地的消息或充当他人身份的资料。有些移民会假冒为在美国本土出生的公民或返回美国的商人。[①] 移民抵境之后，都会被关进“木屋”[②]，接受当地官员的盘问及医生的身体检查。有些医生会借身体检查之由，向移民勒索钱财，以提供符合要求的检查报告。相比之下，移民东南亚国家的手续则相对容易，移民只需要申请入境纸，交纳一定的费用即可。但是，在某个阶段，由于政府的政策比较严格，移民东南亚国家也存在一定的难度。当时的这些移民程序，在华人移民的书信中都有所体现。

例如，在美国的李奕铨写信给在温哥华“木屋”中的胞弟李春耀时，就提醒胞弟要谨记以下口供：1881 年在砵崙[③]出世，至 1891 年约 10 岁时同父母一起回中国。1894 年 6 月约 14 岁返回砵崙。又至前年 1902 年取怕市砵纸[④]回中国，今年约 23 岁。[⑤] 他也告知弟弟，如果移民官员询问时照此回答即可，他们就不会再多加查问。

另一封华人移民陈伟南写给在温哥华的叶生伯、叶惠伯的信中，则提到他有一位弟弟陈胡璋由港抵达咸水埠[⑥]，由于医生检查眼睛不符合要求，仍然被留在木屋。实际上，他来信告知其眼睛并无问题，而医生曾有说及勒索之类的话语，所以请两位设法说情，请医生批准他入境。若医生不答应或眼睛有不妥的地方，也请两位帮忙担保他出来，再代请医生调理，并告知需要花费多少。若仍然不可以，则花一点儿小费也没有关系，只要能早日启程入境即可。此封信的收信人也为永生宝号的负责人，由此可见永生宝号在当地的影响力及在华人移民社群中的作用。

与美、加相比，东南亚的移民程序则相对容易很多。在多数东南亚移民的侨批中提到的移民手续，都只是需要缴交一定的入境费用。例如，移居泰国的黄松坚在 1939 年左右

---

① 潘美珠：《华工书信》，未发表。

② “木屋”为移民局在入境港口设立的拘留入境移民进行候审的地方。根据信件内容发现，“木屋”多数位于加拿大境内。

③ 应为美国波特兰市，也是该移民准备入境的城市。

④ 即护照（passport）。

⑤ 笔者所用到书信，并没有完全照原文引出，而是经过整理使其更为规范，以下同。

⑥ 即温哥华。

写给父母的书信中，就提到自己当年移居泰国时，曾从伯父处借得入境费用，若以当年的币值计算为国币50元，若以现在的币值计算则为国币100多元。

虽然东南亚的移民程序比较简单，但在不同的时期，受当地政治、经济、社会变化的影响，政府对移民的人数和条件也有一定的限制。例如，马来西亚的陈氏在1956年写给澄海的陈敬惜的侨批中就提到：关于申请来马的事情，因为当地政府限制严厉，若是老年人或小孩，还有通融余地，青年人则被完全拒绝考虑。另一封泰国的林锐焕在1975年写给在澄海的儿子林信孝的侨批中提到：目前泰国政府限制每年每一个国家只能有一百至两百人进入泰国居住，入境手续费为每人四万至五万泰铢。

对于东南亚各国政府限制移民入境的规定，华人移民仍然能找到对策及渠道，并顺利移民海外。例如，在香港的高雄才写给澄海的父母的侨批中，提到同乡想通过香港移民泰国，自己帮忙安排的经过："已经与商行内的负责人商量，将向船务公司预订位子，可以趁早上或晚上的船次，或者假称是船上的员工，偷偷搭船到泰国去。现在的价钱需港币七八十元，但还是比正常买票节省一倍多，到达泰国后，船买办会负责送他到商铺安置妥当。"

由此可见，华人移居美、加等国家的移民手续相对于东南亚国家而言，更加严格和复杂。但尽管如此，华人移民仍然能通过自己的渠道找到顺利入境的方法。其中，华人商铺起了很大的辅助作用。

（二）移民的目的

华人移民海外，多数是由于家乡天灾或生活艰辛，需要移民以寻求新的出路。他们移民之后，大部分是为商号打工或者自己经营生意，这在东南亚的华人移民中尤为常见。在东南亚的华人移民与家乡亲人的侨批中，谈到的都是在移居国的工作情况。而在一些华人移民前往东南亚国家如新加坡的证明书上，"作何事业"一栏则写明为"经商"。但是，在移居加拿大及美国的移民中，却出现了一些以读书为目的移居海外或由政府派遣外出留学的例子。

在温哥华的李英珠写给在江门的母亲的信中提到："在威叔[①]这里读书，六月尾散馆，七月初十已经开馆[②]。在家的时候，听说写读书纸去金山，以后读完书可以取回税金。[③]现在有两个朋友是申请来读书的，但是想尽办法，也不能拿回税金。他们已经来了两三年之久。前两年规定禁止以申请读书入境。因为他们说中国人申请来这里读书，之后就取回税金，但没有半天是来读书。"由此可见，虽然华人移民以读书为由申请入美、加，并不一定是真正以读书为目的，但这一申请理由在当时确实为常见的理由，借此可拿回入境时所花费的一些金额，以致当地政府在后期开始限制以读书为理由的入境申请。

暂居香港的季芳在一封给纽约的姐姐的信中，谈及更多的信息，包括要到美国读书的想法及原因，以及正在申办的移民手续的复杂。信中提及，由于中国大陆的战争环境，自

---

① 应为其亲友。

② 笔者理解"散馆"应指放假，"开馆"则指开学。

③ 据加拿大国家图书馆与档案馆网站（http://www.collectionscanada.gc.ca/chinese-canadians/021022－3000－e.html）资料显示，早期华人移民入境加拿大时，都会被要求缴交一定数量的入境费或称"人头税"（entry fee or "head tax"）。因此，笔者理解这里应指以读书的理由申请去美国、加拿大，读完书后可以取回缴交的这一费用。

己已经无法在中国继续学习和生活，因此想到美国去，到美国最大的希望是有工做，有饭吃，有点时间用功。所以如果能进 Fordham 大学①或免费的音乐学校是最好的。同时，她也提到仍在等待赴美申请手续的回复："美国国务院的答复到现在还没有来，我决定明天去美国总领事馆问问（今天有挂号信到）。国务院的回信不来，船票无法定。"可见，正如上文所提及的，移民美国的程序更为烦琐与困难。

另一种赴美、加读书的形式，则是由中国政府外派留学。在美国的谢卓棠 1904 年写给加拿大温哥华的叶恩仁的书信中，就提到两广学务处派往美洲游学的学生中，有他的儿子谢作楷。他在香港启程到温哥华，再转往金山埠②，再搭车入鸟约③。同行的几位，都是由皇家两广学务处派往。自己在温哥华没有很好的朋友，所以希望在儿子到达温哥华时，叶恩仁能给予照顾。

因此，早期有些华人移民就以读书为目的移民西方国家，这种情况在东南亚国家移民中比较少出现，这可能与西方国家当时的教育体系已经相当完善和发达有关。

（三）移民的再迁移

移民的再迁移是指他们从家乡迁移到一个国家后，又再迁移到另一个国家。这种再迁移现象，在移居东南亚国家的华人移民中非常少见。从东南亚华人移民给家乡亲人的侨批中可以发现，很多人在移居国一定居就是几十年，甚至有些一辈子都没有再回家乡。在笔者所看到的东南亚移民的侨批中，很少有移民与两个国家的亲人朋友之间的通信往来，或谈及希望再移居到另一个国家的内容。

在一封泰国的洪汉璋于 1975 年寄给外甥的信中，提到自己离乡背井至今已三四十年，本打算回乡探亲以叙阔别之情。但自去年以来，奔走接洽有关方面，但徒劳无功，结果回乡日子遥遥无望。

在少数的一些侨批中，可以发现存在一家人移民到东南亚不同国家的情形，但他们之间却很少会考虑再移民。他们考虑的只是家乡亲人若计划移民，移到哪一个国家比较合适。例如泰国的周丽卿在写给母亲的信中，就提到自己现在在泰国子女成群，日常生活费用很高。母亲想念儿孙可以理解，但这个时候来泰实在不合适。待缓些时候自己会寄信到新加坡跟姐姐商量，让母亲设法去新加坡。

然而，与东南亚移民形成鲜明对比的是，在美洲的华人移民，则更热衷于从一个国家移居到另一个国家，以寻求更好的工作或商业机会。在加拿大与美国的华人移民之间的往来信件中，就经常提及希望从加拿大移居美国以寻找更好的机会。

在美国的李仁茂就曾写信给温哥华的表弟关廷钧，告知表弟若在温哥华没有工作，自己有门路让他入境美国。刚到加拿大的余杞和则告诉自己的两位兄长余敵艮、余月和，自己已经平安抵达，但现在各个地方人多如蚁，一个礼拜工钱一两元。现在也有人可以帮忙入境美国，每位花费需三百元，因此询问两位兄长的意见。

由此可见，与东南亚的华人移民长期定居于一个地方不同，在美洲的华人移民，他们

---

① 位于纽约的福特汉姆大学。

② 应为美国城市。

③ 应指纽约。

的再迁移显得更为灵活与频繁，这和美洲的国与国之间较为开放的移民政策及多元化的移民社会构成也有着密切关系。

华人移民形态在整体上具有一定的共通性，大部分都是由于家乡生活困苦，希望能够到海外寻求更好的发展机会。移民海外需要办理一系列的移民手续，在某些时候，政府移民政策的改变，也会影响到移民的入境过程。为此，华人移民会通过一些同乡或商号的关系寻求协助，以便能顺利入境。但是，在整体的共通性下，不同区域的华人移民形态又有所差别，从而体现出共通性下的多元化。

五、华人移民现象的差异性及影响因素

本文以美、澳华人移民的书信往来及东南亚华人移民的书信往来为基础，通过比较分析，窥探由于不同的地域所带来的一些移民现象的差异。而这些差异，往往与移民移居国的地理、政治、经济、社会等因素相关。在本部分，笔者将尝试分析产生华人移民现象差异性的可能影响因素。

首先，移居东南亚的华人移民与移居美澳的华人移民相比，在地理上与家乡的距离更为接近，侨批的寄送也更为快捷、便利。由于距离较近，华人移民可以经常往返于移居国与家乡之间，由此也产生了一批专门为华人移民将侨批从移居国带回家乡的“水客”，在侨批局和邮资系统建立及完善之前，“水客”就是主要的传递侨批的使者，他们往往都亲力亲为，将侨批从海外带回移民在家乡的亲人手中。相反，在美澳华人移民主要移出地之一的五邑、中山地区，早期虽然也是通过“水客”将侨批带回，但除此之外，这一地区还活跃着一群类似于“水客”的“巡城马”，他们基本上只在本区域内活动。由于距离遥远，靠个人的力量很难从移居国直接将侨批带回移民的家乡。因此，到了19世纪，“水客”的服务就已停止。美澳华人移民与家乡的侨批，更多的是依靠商铺的商业网络进行递送的，是个人与商铺相结合的运作，而商铺的作用会更为突出。此外，美澳国家与东南亚国家的移民程序的难易，也影响了这一侨批网络的运作。相比而言，美澳国家的移民程序比东南亚国家严格及复杂许多，这也使得个人无法随时自由地出入这些国家，个人在侨批网络中的传递作用就被削弱了。相反，美澳的华人商铺有其完善的商业网络，而且不同于东南亚国家的华人商铺大多以小商铺为主，美澳的华人商铺实力更为强大，资产更为雄厚，这也使得他们在侨批递送网络中发挥了强大作用。不仅如此，这些商铺在美澳华人移民面对陌生的环境、艰辛的生活、严格的移民程序等现实问题时，都能提供有力的协助，这都是东南亚华人商铺所不能及的。而随着近代银行的出现，银行系统与传统华人商业系统的密切配合，也使得侨批网络更为完善与便利。

其次，美洲的华人移民面对的是一个更为开放及多元的移民环境。虽然华人移民美加的程序相对严格，但作为主要由移民构成的国家，美洲各国间的移民迁移现象却非常普遍及频繁。同时，这些国家以西方白人族群为主要人口，华人移民在这些国家中所面临的经济、文化、社会差异会更加明显，甚至有可能受到种族排斥。这也使得他们可能萌生再迁移的念头，尤其是在其他国家若有自己的亲人朋友时，这一想法会更加强烈。他们也希望能借助再迁移，解决自己目前的困境，寻找更好的生存机会。而东南亚的大部分国家，都以华人族群为主要构成人口，华人移民在此面对的冲击相对会小很多，也更容易适应及融入当地社会。多数亲人朋友移居同一地区，与家乡距离的接近，都使他们可以在心灵上获

得更多的慰藉，从而让他们更倾向于长期定居于该地，落地生根，为家乡亲人的美好生活而努力奋斗。

再次，华人移民移居海外，多数是由于家乡生活困苦，希望能去新的地方寻找更好的生存机会。因此，移居东南亚或美澳国家的华人移民，基本上都以做工或经商为职业。但是，在移居美洲的华人移民中，却出现了一些以读书为目的或由当时的中国政府公派留学而移居的华人移民。这一现象之所以在美洲的华人移民中出现，最主要的原因应该是当时美洲国家的教育系统已经相当完善，所以吸引了一批有条件的华人移民到此接受西方教育。而同一时期的东南亚国家，在教育这一领域尚未成熟，因此到东南亚留学或游学的情况相对比较少见。

六、小结

综上所述，由于地域性的差异，包括移出地、移居地的不同，华人移民的侨批网络的运作模式及所呈现的移民现象都有所不同。这让笔者重新思考与比较整体华人移民跨国网络中的差异性，笔者也尝试分析这一差异性与不同国家的地理、政治、经济、社会等因素的关联。

此外，通过比较，也可以发现华人侨批网络在面对不同的情况及需求时，有着很强的自我调节能力与灵活性，正是由于这一特质，华人侨批网络无论在何种状态下，都能够运作自如，并在很长的一段历史时期里发挥作用，在这一网络基础上，为世界各地的华人移民构筑起一个政治、经济、社会等的全球性华人网络。可以说，正是这种地域性差异的存在及自我调节，才有了一个能够系统性运作的网络。鸿雁传书，将世界各地的华人移民联系起来，编织出一个无穷强大的全球华人网络。

本文以目前所收集到的资料为基础，对相关问题作出初步的探究及思考。在今后的研究中，笔者也将进一步深入地去探讨以上课题。

从侨批看民国初期梅州侨乡与印尼地区近代教育的发展

——以梅县攀桂坊张家围张坤贤家族为中心

肖文评　田　璐　许　颖*

广东梅州虽地处粤东北山区，但近代以来出洋人数众多，与印度尼西亚、马来西亚等南洋地区联系紧密，因此成为中国著名侨乡。近年来华侨史研究取得诸多成果，特别是随着侨乡研究的深入，使我们对华侨与侨乡之间的关系有了更多的了解和认识。① 但对于海外华侨在侨居地的职业和生活史，以及他们对家乡事务的关注程度，还有待进一步探讨。当然，要解决这一问题，必须要有相当多细节性很强的材料。解读海外华侨与家乡亲人之间往来的批信，可能是理解海外华侨与侨乡社会关系的重要视角。

笔者从2013年6月以来，整理了一批清朝末年至新中国成立以后梅州地区的侨批原件，其中有200余封是梅县攀桂坊张家围张坤贤家族的。这些侨批的时间集中在1920—1923年，尤以旅居南洋的张葆综写给家乡宗兄和挚友张坤贤的信件最多。这一时期的张坤贤正处于青年读书求学时期，而张葆综从梅县东山中学毕业后来到印尼各地的中华学校任教，因此在张葆综给张坤贤的侨批中蕴含着大量有关民国初期梅县地区以及印尼华侨社会近代教育方面的信息。教育近代化是中国近代化进程中极为重要的内容。笔者对这组侨批进行了整理和归纳，以期能够从普通民众的视角窥探民国初期梅州侨乡社会变迁以及印尼华侨社会教育近代化的概况。

一、两头家：攀桂坊侨乡与华侨

梅州素有“华侨之乡”的美称。由于梅州地处粤东北山区，土地少且贫瘠，不足以供养众多人口，加之客家人向来具有探索冒险精神，因此造成了梅州华侨众多的情况。攀桂坊是梅州“华侨之乡”的代表。据调查，攀桂坊社区的各个家族都有亲人在海外居住。其中不少人在家乡有亲人家眷，同时在外又成了家，形成典型的“两头家”现象。笔者在2013年6月间接触到一批攀桂坊张氏家族的侨批，由于侨批的时间比较具有连贯性，加之笔者对其家族后裔进行了走访调查，对其家族的情况有了较为详细的了解。本文以张氏家族为例，探讨攀桂坊社区的华侨与侨乡问题。

---

* 肖文评，历史学博士，嘉应学院客家研究院副院长、教授、硕士生导师。田璐，嘉应学院客家研究院与南昌大学联合培养专门史专业2012级硕士研究生。许颖，嘉应学院客家研究院与南昌大学联合培养专门史专业2013级硕士研究生。

① 参见张国雄、周敏、张应龙主编：《国际移民与侨乡研究（2010·国际移民理论）》，北京：中国华侨出版社，2012年。

（一）攀桂坊张氏家族

攀桂坊张氏家族可以说是能和攀桂坊名人黄遵宪所在的黄氏家族相提并论的望族。据攀桂坊居民回忆，直至20世纪90年代，每至正月十五，张、黄二氏都会在自己的宗祠前面燃放烟花，以此较量哪个姓氏的场面更宏大，哪个宗族更有实力，发展更为兴旺。从时间上来看，张、黄两家都是于明末清初迁居攀桂坊，而张氏宗族所构筑的名为张家围的大型围龙屋及其所占据的被称作“七星伴月”的风水宝地，加之明末程乡知县陈燕翼为其祠堂题写的“寿朋文种”的牌匾，似乎是张氏迁居攀桂坊初期更为强势的证明。关于各个姓氏迁居攀桂坊初期时的情况以及攀桂坊早期的面貌，因不是本文讨论之重点，在此不赘述。

（二）心系家园：张氏谦谦堂的华侨

笔者所见到的这批侨批的主人来自攀桂坊凉亭塘谦谦堂的张氏家族。据其后裔所说，凉亭塘张氏乃由张家围张氏二房分离出来，而谦谦堂的创建者曾任湖广总督。因为缺少家谱资料，无法确定此说的真实性。但是从谦谦堂的建筑风格来看，此屋与传统的客家围屋不同，颇具江南园林式建筑风格，应与屋主的外地生活经历有关。

侨批都由印尼寄来，地名多见印尼多美罗、孟加锡、泗水等地。侨批中所提及的主要人物有张坤贤、张炳贤、张纯孙以及张葆综四人。炳贤、坤贤是两兄弟，纯孙为其父，都曾住在谦谦堂老屋。关于张葆综，除了侨批资料外，已找不到其他旁证，炳贤后人也对此名较为陌生。据侨批内容推断，此人应是张坤贤的宗兄和挚友。

根据对谦谦堂后人的访谈，炳贤、坤贤的出生年代应在20世纪初期，二人的父亲张纯孙，在印尼是一名较为著名的中医，主治妇科。二人的祖父辈就已在印尼打拼，由此推断谦谦堂最早的华侨出现在19世纪六七十年代，即清朝末期。这一时期，正值太平天国运动，而太平天国余部在梅州与清军的对抗活动对攀桂坊世家大族造成的财产损失极为巨大。① 由此看来，张氏家族也未幸免于难。家族财产受损，已经不足以供养大家族的生活，这促使了张氏谦谦堂第一批华侨的产生。

笔者接触到的这批侨批落款时间集中在20世纪二三十年代，大都是张葆综、张炳贤由印尼寄给国内的张坤贤。由于张葆综在印尼担任华校老师，而且多次变更工作地点，因而从其信中可以窥见印尼当时的华校教育状况、梅州华侨在海外的生活工作情况，以及大量有关民国初期梅县地区社会近代教育方面的信息，这是本文论述的重点。

张炳贤在十几岁时就从家乡来到印尼孟加锡投奔父亲，但由于父亲在印尼另娶，其印尼妻子不喜欢炳贤，其父只好将其送往多美罗朋友处学做生意。炳贤吃苦耐劳，最后在印尼拥有了自己的店铺。其给坤贤的侨批中多次提及自己的生意经营状况，以及对弟弟经济上的关心。兹举一例：

坤弟手足：

五月十四号曾由本号挂十二号信已椷，外银五元，嘱交基姆家中收等情，想经收到。前月初十日梅来书，内夹父亲、基叔之信，当即分别转呈。其时父亲即

---

① 张应斌：《太平天国在梅州》，北京：人民教育出版社，2006年。

有复信与弟，谅收到矣。

兄对吾弟读书一事，心极不安。诸多不如意之念头，即此可恶之金钱，有以致之耳。念吾苟能有数千元数目，则各事均可如意，奈命途无发达，所得者蝇头微利，只供温饱而已。每念家务身世，未尝不愁肠百结，终夜彷惶（徨）者也……

今由恒益挂来父亲寄家用五十元，基叔寄家用十元，共六十元，到日祈查收，分别转交可也。容日有暇，再当畅叙。父亲及基叔、兄等均平安，勿念。有暇祈多来书是盼，余未及。此询近安，母亲及外祖母均祈叩安。

兄炳贤手启①

从此封批信的内容来看，张葆综在国内学习生活需要的资金，主要依靠父亲以及兄长的赞助。即使生意艰难，身为兄长的炳贤也坚持为弟弟寄去所需费用。由此可见海外华侨对于故乡亲人的关怀，几乎承担了家乡亲人的所有花销。

在谦谦堂老屋的旁边，建有一座约有三层楼高的西式房屋，由炳贤及其父亲纯孙出资，坤贤监工所建，并以父亲纯孙之名命其名曰“纯庐”，后被当地人称为“华侨楼”。此楼并未完全修建完成。据炳贤的儿子，现居南京的张崇正老先生回忆，此事与坤贤有关。抗战胜利后，坤贤即去往日本，此后从未回国，其子女现在也全部在美国生活。

二、从教印尼：印尼华侨社会近代教育的发展

随着印尼华侨人数的增多，逐渐形成了华侨聚居区，并办起了华侨学校。侨校教员，亦多由家乡输入，对促进当地华侨社会发展和华侨教育起了积极作用。但由于侨校新创，经费有限，侨校教师待遇较低，社会地位不高。

（一）印尼的华侨学校

梅州人移居印尼，相传始于宋代。19世纪中叶以来随着中国国门被打开，广东梅州等东南地区大量居民迁入印尼，在当地的锡矿、橡胶园、商业市镇等地工作，形成了很多华侨聚居区。为解决华侨子弟教育问题，一些有文化的“新客”在吧城、苏拉巴耶（泗水）、三宝垄、井里汶、直葛、锦石（格乐西）、巴六安（巴拉干）等地开设私塾，授以五经诗赋，将中国传统教育移入当地。光绪二十九年（1903）康有为南游爪哇岛，目睹华侨中文盲众多，于是他西自吧城，东至苏拉巴耶，在沿途的几个大城市的华侨欢迎集会上，大声疾呼，号召广大侨胞行动起来，大办教育。他说：“操中国语言，识中国文字，中国人方得谓之中国人。现在各会馆间有兴办学堂，但其为数不多，尤须陆续增加。文字之声音应用国音，日常言谈应有国语。”② 华侨闻风而动，在各地筹办中华学堂。原来讲五经的私塾，也纷纷进行改革。各地根据康有为的建议，订出两个办学原则：①各地华侨学校一律叫“中华学堂”，管理学校的机关叫“中华会馆”。②教师授课时一律用国语（普通话）。1916年，在八马郎市发起成立了爪哇侨校学务总会，选出了总会的理事委员

---

① 张炳贤民国十年（1921）七月五日寄给张坤贤之侨批。

② 廖嗣兰：《辛亥革命前后荷属东印度华侨情况的回忆》，中国人民政治协商会议广东委员会文史资料研究委员会编：《广东辛亥革命史料》，广州：广东人民出版社，1981年，第193页。

会，规定由吧城、三宝垄、泗水三市的首席理事委员轮流当常务总理，每任一年。爪哇华侨学校因此有了一个核心领导机关，各地侨校的发展也较协调。据当时统计，全爪哇岛有侨校 103 所，学生 7 433 人，教师 309 人，办学费用共 4 300 990 荷盾。[①]

这些中华学堂的师资来自哪里？招生情况怎么样？教师待遇怎么样？办学经费如何解决？这些问题在张坤贤家族的侨批中有较多反映。

民国九年（1920）元月二十二日，张葆综由印尼中爪哇北海岸拉森中华学校寄给家乡梅县攀桂坊凉亭塘谦谦堂张烺贤、张坤贤两个宗弟的侨批信：

> 烺、坤二位宗弟，如握如面。兄月未半圆，地经两易，舟车劳苦，备尝之矣。
>
> 昔日之乐，已天渊之别矣。不冀而远到南洋，瞩面艰矣。只望二弟学问日进千里，而兄则身体平安，努力前进，后会多期，书信多通，有如面晤。于阳历十二月二十五日抵泗，九年元月八号乃赴拉森中华学校就教席。学生现下七十余人，同事城内萧屋人，名献椒。若阴历学生可达百余人，兄则常在此校。现下是代课三个月，薪俸每月一百盾，但伙食用去二十盾。此乃山顶，较梅县为劣。校中只二人，萧条异时，动别人之怜。晨夕冷淡，每日早晚洗凉。弟闻之，须多着一件衫。阴历放假，拟同二三人到各埠一游而已。
>
> 黎捷水客回唐，托带回一本《西厢记》与弟，祈收细看。临别叮嘱之事，烦细述知。近来弟之现状，请为详述。兄自到校以来，未尝一晚不梦乡关。弟不暇详述，可教荣昌述知。兄有不料之事，在泗埠书报社忽晤得萧式雍（在恒丰公司做书计）。
>
> 在家中不相识而到此相会，奇之。有晚，许多个少年自治会中人及式雍同往看电影戏。余言详家叔信内，可取看，即详情则万纸难书。康捷及懋华信，烦交去。晚间入黑，甜乡相见。即询文安，并叩令堂大人福安。
>
> 信可寄学务总会。诸事祈代述有吟知之。因信不能太重，故未另，祈谅之。
>
> 中哥手草
>
> 元月二十二号[②]

依据目前收集到的张葆综与张坤贤等人的通信以及从此信的内容来看，可以推断这是张葆综到印尼后寄回的第一封侨批。张葆综任教的拉森中华学校，便是华侨在印尼所办的中华学堂。这个学校当时学生才 70 多人，教师 2 人，一个是张葆综，另一个是他的邻居萧献椒。他的薪俸是每月 100 盾，但伙食用去 20 盾。

印尼华侨钟学祥、钟焱发在《谈谈印尼华侨社会情况》中，就当地华侨办学情况有这样的说法：“当时社会安定，市场繁荣，侨商兴旺，全体侨胞大力支持教育事业，办学经费雄厚。大城市一些学校不但有相当的校舍和设备，而且敢于用重金聘请国内有名望的教育家和留学生来学校讲学或任职。此外，还聘请一些欧籍教师讲授外语课。”[③]从上述批信中张葆综对学校学生数量和教室条件的描述来看，他所在的这所拉森中华学校显然不具备

① 钟学祥、钟焱发：《谈谈印尼华侨社会情况》，《梅县市文史资料》第 7 辑，1985 年，第 47 页。

② 张葆综于民国九年（1920）元月二十二日，由印尼寄给梅县烺、坤二位宗弟之侨批。

③ 钟学祥、钟焱发：《谈谈印尼华侨社会情况》，《梅县市文史资料》第 7 辑，1985 年，第 48 页。

这样的办学规模和教学设施。而实际上，大多数华侨学校的发展道路是非常曲折的，主要面临两大问题：一是办学经费问题，二是当地政府的政策限制。

侨校经费来源于学生的学费和社会捐献。“学费每月收一次，按家长之贫富而定级，因华侨中贫多富少，因此学费收入只占整个办学经费的三分之一。绝大多数的办学经费，要靠校董会向华侨社会筹集，这要取决于当时商业经济的繁荣程度。若商业萧条，捐款数额也就减少了。因此校董会年年展开募捐活动，比如举办巴刹马蓝（一种短期夜间游乐场，里面有歌舞、木偶剧、露天电影、学生作业和学校设备展览、工艺品展览、赌馆、菜馆、酒吧、茶座等）、文娱义演等方式来筹款。”① 正由于此，华侨学校的兴衰与当地华人经济实力的强弱密切相关。如果华侨经济遭遇问题，那么在他们支持下的华侨学校也难以为继。

华侨学校要自立和发展，必须要冲破当地政府的政策限制。印尼被荷兰殖民统治达300多年，该政府不愿看到华侨有文化，因此在招生、师资、筹款、教材等方面设置障碍。他们设立荷华学校，用低廉学费、优厚的奖学金等来争夺学生，进而导致华侨学校生源缺乏。在张葆综给张坤贤的另一封批信中就证实了这种情形，“八月间，在西都文罗埠中华学校代课期满，即于八月二十六日乘车往泗。该晚即乘轮应婆罗洲马辰中华学校之聘，（阅世界地图即知）于二十九日抵校中，同事只梁益三先生一人，亦系梅县人，学生不过四十余人。盖华侨虽有数千，大半皆入荷兰学校读书也（荷校华生三百余人）”。② 尽管如此，凭着全体华人的爱国热情，依靠侨胞们的大力资助，侨校仍能坚持办下去。

从以上叙述来看，印尼的华侨学校从开始创办至发展，主要是依靠广大华侨的力量。这表现为华侨学校的办学资金是由华侨筹集的，生源也都是华侨子女，而大部分华侨学校的师资也是由像张葆综这样从家乡中学毕业之后来到南洋任教的人员组成。这种独特的教育输出方式不仅成为梅州客家知识青年谋求出路的一种方式，也为侨乡社会与海外华人建立联系开辟了另外一种途径。

那些从侨乡社会来到南洋工作生活的中学教员的生活状况又是如何呢？和那些背井离乡，作为“猪仔”来到南洋的孤苦无依的华工相比，来南洋做华侨学校教员的华人大都是中学毕业生，有一定的文化和知识，而且能够到华侨学校任职，也必然是在南洋有亲戚朋友的推荐和介绍。像张葆综这样，刚到南洋就能谋到教职就是依靠父亲的关系③。即便这样，他的生活情况也不容乐观。

（二）印尼华侨学校教员的生活情况

对于早期印尼华侨学校教师的生活情况，因资料缺乏，知之甚少。在张葆综写给张坤贤的几封侨批中，对自己在南洋侨校的教员生活有具体的描述。其中一封写于民国九年（1920）二月：

> 烺、坤二位弟台入目。兄去凉爽之乡而来长热之地，每日洗凉，想家中已朔风鸣条，气候寒冷矣。忆二十六日含泪相别之事，如在目前。知时移地易，纵弟

① 钟学祥、钟焱发：《谈谈印尼华侨社会情况》，《梅县市文史资料》第7辑，1985年，第48页。

② 张葆综于民国十年（1921）十月二日，由印尼婆罗洲马辰中华学校寄给张坤贤之侨批。

③ 张葆综于民国十一年（1922）九月二十六日寄给张坤贤之侨批。

生四翅，难瞩情人之面。彼则念我青年弱质，那堪风尘孤鹤，丙舍（书室也）单灯。花晨月夕，谁来遣此旅怀。我则怜彼闺围寂寞，消磨二八芳龄。此日离歌一曲，天南地北，何计度芳春，两两相怜，情之所以生也。遗巾在此，不敢展看，想伊亦必同然。往事何堪回忆，此后凄凉景光，望弟台详细述知。前回□代作之信，此后诸女生如何结果。时已新年，闲暇无妨搜罗尽致。闲话可免，接到我信，可即由邮寄信来。客旅愁人，全藉此以消遣。

此地当一教员非常之艰难，须各科学自己一一齐备，又要正音极好，盖一教员担任一班学生故也。到此地尽皆不入耳之谈，除非客人。兄现在位置未定，各样亦不甚知。俟后有定，再行述知，勿念。

想家中已过年，个个欢天喜地。此地店家皆过阳历年。至嘱荣昌不可雪露我事，于我不甚相干，于彼受大害，亦不知回家去否。弟等在家，年中加年，兄则不知度何年。第一心尚未定，俟后再行详述旅况。家中之事全望兄详细述知各项。想弟等今冬发榜，定列前茅，鹏程万里，望君努力。坤弟至嘱，要在中学毕业方可，学中须倡一国语会话。毕业生来洋或上京不识话，艰难难喻。情长纸短，但心情流露字里行间，神驰临也。

宗兄草[①]

这是张葆综刚到印尼不久寄回家的侨批，信中提及自己初到异乡，对异乡生活的陌生与对家乡亲人朋友的思念，当时又正值国内春节，“每逢佳节倍思亲”的情怀更是流露于字里行间。而其中对于教员生活的描述，也说明华侨学校办学条件的简陋，致使“此地当一教员非常之艰难，须各科学自己一一齐备，又要正音极好，盖一教员担任一班学生故也。”学校教员缺少，一个教师需要承担一个班全部学科的教学，更佐证了华侨办学的艰难。而张葆综即便是有父亲的关系，在南洋的教职生活也飘忽不定，所以才说“兄现在位置未定，各样亦不甚知。俟后有定，再行述知，勿念”。

张葆综在民国十一年（1922）十月三十晚给张坤贤的侨批中更是感慨：“为兄三年中五易枝栖，东西奔走，虽学问、经验、阅历与年俱进，而困顿舟车，风尘劳苦，近一年中无月不病（头晕目眩）。”[②] 根据张葆综寄给张坤贤的一系列侨批推断，其自民国八年（1919）九月二十六日离开梅县前往印尼，于当年十二月二十五日抵达印尼爪哇泗水后，分别于民国九年（1920）元月八日赴拉森中华学校任教；于民国九年（1920）十月一日去往爪哇葡萄雅里埠中华学校任职；又于民国十年（1921）八月在爪哇西都文罗埠中华学校代课期满，八月二十六日到婆罗洲马辰中华学校任职；民国十一年（1922）八月五日辞职回到泗水，十月一日往爪哇亚拉罕埠教学。可知其“三年中五易枝栖”一说诚然不虚。频繁地变动任职学校，张葆综在侨批中虽然没有详细说明原因，但结合华侨学校办学资金筹集艰难，以及生源被荷校抢夺的史实来看，就不难理解张葆综在南洋教员生活的艰辛。

而在其十一月一日再书一信中又有：“弟之所谓文明者盖外国人，如荷兰女子、日本女子，但彼等视中国人如亡国奴，且欲言亦不投。似此，兄即住此十年，亦难得腹心情人

① 张葆综于民国九年（1920）二月，由爪哇寄给梅县状元桥东山中学张坤贤之侨批。

② 张葆综于民国十一年（1922）十月三十晚，由爪哇亚拉罕寄给河南福中矿务大学张坤贤之侨批。

也。"① 此段话亦完全道出华侨在印尼的社会地位，当时的中国推翻清朝建立民国政府已有十年，但在外国人的眼里，中国人仍为亡国奴。在南洋身为教员已算是较为体面的工作，但仍不免为人所轻视。生活的艰辛加上在异乡所遭遇的歧视，令出身于书香门第并受过中学教育的张葆综经常郁郁寡欢，因而在其寄回乡的侨批中对于其在南洋期间的思想状况的描述中出现的大都是寂寞无奈的字样。

背井离乡的海外游子对于家乡亲人朋友的思念以及对于家乡生活的眷恋自不必说，处于青年时期的张葆综与张坤贤对男女恋爱方面的见解及对于爱情的向往，也是侨批中经常提及的话题，并由此引发了许多关于梅县女子教育方面的探讨。

三、关注家乡：以近代梅县女子教育为例

关于华侨关注家乡女子教育问题的探讨，主要基于1920—1923年张葆综由印尼寄给家乡挚友张坤贤的侨批资料，体现在当时青年人所关注的女子教育与毕业后的出路两大方面。

（一）梅县的女子学校

梅县的女子教育，早在清末就开始了。梅县素有"文化之乡"的誉称，教育甚为发达，但在女子教育开始兴起的1898年至1949年，能接受正规教育的女子实在寥寥无几，绝大部分妇女特别是农村妇女，仍是文盲。1898年以前，梅州尚无一间女子学校。1898年（清光绪二十四年），家住攀桂坊的女诗人叶璧华目睹妇女没文化之苦，深感不平。在"维新"思想的影响下，她冲破传统礼教的束缚，在地方开明人士的支持下，以梅县原"培风书院"为校址，创办了梅州第一间女子学校——"懿德女校"，开梅州创办女校之先河。懿德女校属公立学校，教学以文学诗词为主。该校创办之初，招收的学生仅30多名。②

> 懿德女校开办之初，受到封建卫道士的讽刺、诽谤和打击，那些人张贴歌谣，说什么"懿德女学校，做事真荒谬，妇女闹读书，该了！""懿德女学堂，校舍变土娼，同人来暗约，出堂！"但叶璧华坚定信念，坚持要办好这间学校。梅州女子教育由此而兴起。此后，梅县"耕耘小筑"女校、崇实女校、嘉善女校、梅县县立女子高等小学校、广益女子学校等先后开办。由是，梅州女子入学者日众，不少女子走出家门，公开上学。③

此后，梅县便出现了"满街儿女挟书囊"的盛况。张葆综虽然远在南洋教书，但对于家乡女子接受教育的问题很是关注。下面是民国九年（1920）农历四月二十四晚张葆综由爪哇寄给张坤贤的一封侨批：

> 烺、坤二位我的亲爱之弟惠鉴：
>
> ……兄在校中，是常常一样的，没有什么好讲。但是下星期校中事情完毕，

---

① 参见张葆综于民国十一年（1922）十一月一日，由爪哇亚拉罕寄给河南福中矿务大学张坤贤之侨批。

② 梅州市妇联：《梅州妇女志》，1990年，第86页。

③ 余秀云：《建国前梅州开办女校概况》，《梅州文史》第三辑，1990年，第94～95页。

系阳历六月二十即阴历五月五日放假，下星期试验。到了泗水，不特得见父母。四叔父、安妹，并朋友亲戚亦很多的。且近日眉四（增昌之弟，辉六之兄）又到泗水，与吾叔父同在天津公司。还有天才姆之孙成昌亦可得会面，渠欲八月回家续弦云，但不知定否。到了泗水，一定影像寄回与吾弟一睹，以当面见。

吾弟接了两封信了，想亦有信寄来与兄瞧瞧，讲讲梅县的事及吾弟的事，女界的事及兄的事给兄晓得。五月五日的佳景又在目前了，很望吾弟写一段佳景情文与我一看，如同月夜与弟谈话一斑也，可以开开胸怀呢。兄实在自出门来受苦也多，但是乐也不少。究竟客中的乐更加苦了，哪里及得梅乡的乐呢？为此看来总是没乐，没有乐就是愁。这愁是坏人的东西，所以兄近来有乐则乐，愁闷极力排开，于今乃始觉得虽偏僻小埠，到处有树木，风景亦颇宜人，晨夕尤佳，心绪亦较好一点。下学期定当努力用功才是呢……

兄的五姨今年怎么样，芝兰还设女校没有？省立学校开第三次的大运动会于东教场，吾弟有佳遇没有？北京、上海学校是不得了，罢课的很多，琳兄的邮电都已罢课，吾弟断不可暑假欲往京。过年暑假就要毕业了，功亏一篑，兄万万不赞成的。烺弟之春妹毕业了高等，何不进师范呢？

这时钟已十鸣了，明天要早起洗澡上课，事情亦讲到差不多了。算了罢，即颂学安，并叩伯母大人福安。

兄葆综手草

阴历四月二十四晚①

从时间上来看，这仍是张葆综到南洋不久后寄回乡的侨批。此封批信较长，因此蕴含了较为丰富的信息。正是从此封侨批中，我们看到张葆综的父母及众多亲戚朋友皆在南洋谋生，其中亦提及北京、上海学生罢课的事情。结合此封侨批的时间，正值“五四”运动爆发一周年，据此推断北京、上海各学校应该是为纪念“五四”运动而发生的罢课事件。从张葆综的言语中隐约透漏出他对学生罢课的不满，还阻止张坤贤暑假往京。而张坤贤的思想或许与他有所不同。关于“五四”运动对于梅县青年的影响，详见下节。

张葆综希望身在家乡的坤弟可以来信讲讲“梅县的事”以及“女界的事”，可知身在海外的游子对于家乡各项事情的关心。在信的末尾又有“烺弟之春妹毕业了高等，何不进师范呢”一句，在这句话中提到了当时梅县的两间女子学校：一个是民国四年（1915）梅县政府创办的县立第一高等女子小学（校址在城隍庙右侧的培风书院），另一个则指的是梅县县立女子师范学校。这两所女子学校的建立都与张葆综家乡梅县攀桂坊地区著名的女教育家梁浣春有关。梅县县立第一高等女子小学是一间具有完备的场地、教员、课程的女子学校，采用了复式的教学方法。梅县县立女子师范学校是民国二年（1913）由梅县第一间女子学校懿德女校与崇实女校合并而来的一所师范学校，但是因连年内战，教育经费匮乏，梅县县立女师虽建立6年，未能招收师范生，实为女子小学，直至民国八年（1919），才开始招收师范生。② 这封侨批的落款日期为民国九年（1920），此时县立女子师范已开始招收师范学生，所以张葆综才建议春妹在高等小学毕业后去读师范。

① 参见张葆综于民国九年（1920）农历四月二十四晚，由爪哇寄给张坤贤之侨批。

② 梅州市妇联：《梅州妇女志》，1990年，第87页。

（二）男女同校

张葆综于民国十年（1921）一月十日寄给张坤贤的侨批中提到了梅县男女同校的问题。张葆综在信中是这样表述的："梅乡学界日进千里，不胜欣喜。南洋男女共校前十年已行，非自今日始也，所以毫无足异。"① 1921 年，省立梅州中学开始招收女生。此后，不少中小学校也开始同时招收男女学生。根据这封侨批的时间来看，所提及的男女同校之事应该就是省立第五中学即梅州中学招收女生的事情。男女同校读书确实是梅县教育界的一大进步，而此事亦可证明当时梅县教育界思想的开放，已走在当时中国教育界的前列。因此张坤贤在信中十分欣喜地将这件事情告知张葆综，但张葆综身居风气开放的南洋，对于此事虽然"不胜欣喜"，但也认为"南洋男女共校前十年已行，非自今日始也，所以毫无足异"。

其实，梅州中学并非是梅县地区首个实行男女共校的学校。早在 1917 年，梅县松口女子学校与当地松口公学合办，称松口公学，该校女生亦并入松口公学就读，创梅州男女学生同校学习之先例。②

（三）女校学生毕业后出路问题的提出与发展女子职业教育

张葆综对于女子教育的关注不止停留在女子学校方面，对于女子学校学生毕业后的出路也极为关心，甚至认为这是一个值得焦虑的问题。他曾在民国九年（1920）十二月三十一日给烺、坤二弟的信中提到，"南洋近年女学生甚发达，女教员缺少，独恨梅乡女子，虽师范毕业，少有出来当教员者"③。女子师范的毕业生虽然不少，却少有去南洋充当教员的，这令张葆综十分惋惜。

结合当时的社会情况，男子在外谋生尚且不易，何况女子。因此这种情形也是可以理解的。但是张葆综却提出了关于女子教育的一个重要问题，即毕业后的出路何在。而在其另外一封批信中的见解却更为独到深远。"梅乡虽女学日益发达、日益文明，吾深恐高等游民日益多而枚乡日益贫穷也，是非注重职业教育不可，弟深思之当必为枚乡忧而是吾说也"。④ 在张葆综看来，女学日益发达，培养的女学生日益众多，但如果这些女学生毕业后找不到合适的工作，便会沦为"高等游民"，花费大量资金却培养不出学以致用的人才，就会使家乡日益贫穷。而张葆综的过人之处不仅在于他发现了问题而且提出了解决问题的方法，那就是"注重职业教育"。而历史随后的发展证实了张葆综的真知灼见。

1924 年，原梅县县立女师教员杨恒昭在梅城开办"恒业女子职业学校"，教授裁缝、编织、刺绣等手工艺术兼学文化。1941 年，梅县第一区区立女子小学（原嘉善女校）改为"县立女子初级职业学校"。该校除教授一般中学相同课程外，另设缝纫、编织、刺绣等课程。平远县也于 1943 年举办职业学校家政班。⑤ 除此之外，各女校还经常举办妇女工艺传习班，为梅州妇女学文化、走上社会创造条件。

---

① 参见张葆综于民国十年（1921）一月十日，由爪哇寄给梅县状元桥东山中学张坤贤之侨批。

② 梅州市妇联：《梅州妇女志》，1990 年，第 87 页。

③ 张葆综于民国九年（1920）十二月三十一日，由泗水明新书报社寄给烺、坤二弟之侨批。

④ 张葆综于民国十一年（1922）阳历一月二十四日给烺弟之侨批。

⑤ 梅州市妇联：《梅州妇女志》，1990 年，第 87 页。

张葆综身在南洋，却无时无刻不在关注着家乡的情况，而张葆综能先于自己的兄弟看到梅县女子教育的问题所在，不能不说与其在南洋的广泛见闻颇有关系。他想将自己在南洋的所见所知应用到家乡，为家乡发展注入新的血液，也体现了华侨与家乡之间的一种内在的血脉联系。

女子毕业后的出路是一个问题，当时像张坤贤一样的梅县青年学生的情况又是如何的呢？他们毕业后的出路又在哪里？

四、支持亲人学业：梅县青年学生的出路

（一）“五四”运动对梅县青年学生的影响

1919 年爆发的“五四”运动在中国近代化进程中的影响不言而喻，尤其是对中国近代教育以及当时青年学生的影响更不可低估。即使在偏远的岭东山区，身在校园的学子们也深受此次运动的影响，并积极参与其中。梅县攀桂坊的另一位文化名人黄药眠在其口述自传中这样记述了当时身为中学生的他对这次运动的印象：

> 记得 1919 年我们中国发动“五四”运动时，我还只是个 16 岁的中学一年级的学生。我们县里也举行了示威游行，拿着小纸旗子，嚷着“科学与民主”的口号。但什么是科学，什么是“民主”，我们自己固然糊涂，老师也还是糊涂。不过好处是，他们并不出来阻挡我们的活动，阻挡学生的运动。[①]

随着“五四”运动的深入发展，先进的思想舆论也通过各种报刊影响着梅县的青年学子。

不久，泰戈尔的名字常常在报端出现，他不仅主张民主和平，而且还是东方人，他的诗作还带有特殊的韵味。《小说月报》等文艺刊物也常常发表冰心女士的《繁星》《春水》等作品。这些东西像春天的和风吹到我们岭东的山沟里，引起了我们对新文艺创作的爱好了，也使我们鼓起勇气来学习创作。当时的《新青年》、少年中国学会出的刊物以及《北京晨报》副刊、上海《时事新报》的《学灯》，都是我们青年人所喜爱的读物。而且开始模仿写这样的东西。[②]

由上可知当时梅县的信息十分畅通，报纸舆论事业也较为发达，从而使得这个偏远的岭东山区也被卷进了这场大规模的运动中。青年学子深刻感受到了中国社会的变迁，进而造成了梅县地区学生运动的高涨以及新式文艺创作在学生中间的流行。

根据黄药眠先生的口述，他于 1921 年中学毕业，与张坤贤刚好是同年的中学毕业生。但黄先生是梅州中学的学生，张坤贤是东山中学的学生。梅州中学与东山中学是当时梅县最主要的两所中学，也是颇有渊源的两所学校。清末废科举，办新学，梅县兴办了嘉应官立中学、务本中学、东山初级师范、梅东中学四间中等学校。1911 年辛亥革命后，梅州（梅县原属嘉应州，光复时一度改为梅州）开议会，议定将上述四校合并为一，曰梅县公立中学（又称公立梅州中学），指定北门岗务本中学为校址。1912 年冬，广东省教育司司长钟荣光为了把持教育大权，强行下令把“公立中学”改为省立，立即遭到地方贤达和学

① 黄药眠口述，蔡彻撰写：《黄药眠口述自传》，北京：中国社会科学出版社，2003 年，第 27 页。

② 黄药眠口述，蔡彻撰写：《黄药眠口述自传》，北京：中国社会科学出版社，2003 年，第 27 页。

校师生及部分华侨的反对，认为省立的学校应由省方自行筹款办理，不应吞并地方学校。可是省教育司却一意孤行，不肯收回成命。于是梅州教育会的卢演群及该校校长叶则愚、教师叶菊年、学生叶剑英等100多人便冲出校门，自找地方教学。起初驻于东门的叶家祠，旋即得到县议会的批准，将原东山师范校址（即晚清爱国诗人黄遵宪创办和主持讲学的“东山书院”）拨作校舍。在华侨丘燮亭、叶子彬等人的支持下，于1913年春创办了“梅县私立东山中学”。[①]

有趣的是，黄药眠先生在其口述自传里还提到了张坤贤（笔者按：下面引文中之张昆贤即张坤贤）。黄先生在自传中讲到：

> 当我读到三四年级的时候，全国学生运动非常活跃。我们家乡虽然是偏僻之地，也组织起了一个全县的学生会，会名叫做“岭东学生联合会梅县分会”。会长是一个不大读书而喜欢搞社会活动的人，我则是梅县分会的秘书，负责起草一切文件，如声明、宣言、章程、通电等等。为此我还洋洋得意，自命为“岭东爱国一少年”。上面说过城乡两派的矛盾。当时城派有梅州中学，在城派影响下的学校，有县立高等小学、女子师范学校，合拢起来有两千人左右。此外，还有当时乡派的东山中学、美国教会办的广益中学，德国人办的乐育中学，他们则不参加这个梅县分会。不过，当我们游行示威完毕的时候，东山中学也派两名学生前来参加集会。我们为了讲团结，也请他们登台演说。现在我还清楚地记得，那两个学生一个叫李世安，另一个叫张昆贤。[②]

据此我们便可得知当时张坤贤（张昆贤）肯定是东山中学较为活跃的学生之一，思想进步、行为开放，经常参加学校学生活动。想必他的演讲也是非常有感染力的，才会使得黄药眠先生事隔几十年还能清楚地记得他的名字。这位思想活跃，关注时事又极有才华的梅县青年在即将毕业之际产生了去当时学生运动的大本营北京继续读书的想法，他的理想能否实现，这不仅关系到他个人的前途，也引发了笔者对于另外一个问题的关注，即当时梅县青年学生毕业后的去向。

（二）中学毕业后的去向

1921年，张坤贤即将于东山中学毕业，张葆综非常关注挚友毕业后的去向问题。下面是民国十年一月十日张葆综给张坤贤的批信：

> 烺、坤二弟爱鉴：
>
> ……坤弟今年暑假毕业，前途方针须行筹备，不可临渴掘井也。在兄意，入专门实业学校为好，不知弟意以为然否？到北京入大学亦无不可，但须预算用费及家计如何，不可致半途而废也。
>
> 天才姆之孙成昌一月六号由泗水动身回家。兄托带回三元与家中及弟信一封，到祈查收。去年十二月底由大生银行汇回十元，系永源转交兄家中，若有收到，祈弟来信通知。荣昌现在如何？兄校明日又开课矣。放假二十天，游三宝

---

① 彭精一：《梅县东山中学十年概况》，1924年，第1页。

② 黄药眠口述，蔡彻撰写：《黄药眠口述自传》，北京：中国社会科学出版社，2003年，第29~30页。

垄、泗水。与朋友一会，与双亲一叙天伦，瞬息间遂成□□。光阴似箭，令人黯然魂消。计弟接信时，已放年假度岁矣。弟之佳事及梅乡变迁祈一一述知。即颂学安

兄葆综草
一月十号①

根据批信内容可知，张坤贤将于民国十年（1921）六月由东山中学毕业，对于他的前途出路，张葆综提出了“入专门实业学校为好”的建议。因为没有收集到张坤贤给予张葆综的复信，我们无法确切了解张坤贤的想法，但是在一封张坤贤父亲容伯寄回来的批信中我们可以确定张坤贤是立志考学的：

坤贤亲览。月前尝寄一函，谅已收到。日昨由尔二兄收到吾儿四月十五发来二函。伯一函，尔二兄一函，各情均已得悉。伯自寄前函与吾儿后，心中时抱不安，因伯并无成见，必欲吾儿就商，又深知吾儿志愿在学，□前□后，必有一番不快。然伯与尔二兄不外与吾儿商议，并非欲吾儿必从。吾儿已非所愿，伯已与尔二兄商定，由吾儿志愿行事可也。前函所言来锡学商一节即作罢论，伯容后一些当裁寄银回来，以成吾儿之志。惟吾儿质弱，切勿过以操劳，凡事放开心怀，勿多忧烦致伤身体，是所至望。

当教员一事，伯与尔二兄皆未赞成。现在外洋教员，缺甚难得，第一要熟国语。至代吾儿友人李君谋一教席，远隔海天，亦难成就。现在荷属各埠教员，多由泗水学务总会聘来。是以祖国南来要当教员者，先往泗水学务总会报名接洽。近来学务总会闻有停办之举，未知是否。以伯愚意，不如请李君在国内一图较便，外洋无甚特别好处也。吾儿以为然否。

惟现在时局纷纭，据报纸所载，两粤难免无事。吾儿求学勿大急迫，不妨稍看时势，再定行止。万一有事，吾儿若未在家，伯更加系念。伯年来饱经世变，思家日切，所未能如愿者，无非财政二字耳。现在时势不佳，尔二兄年终花红亦大受影响，亦无可如付之事。即伯月终所入，除商会年金外，红包一事，全无把握。每月除补会外，所余无几，徒得虚名。屡欲辞职而不敢者，即此故也。商会缺虽不好，然较之商店则自由远甚。若舍而回唐，复出后又须别图，定不及商会远甚。此伯所以不能不稍延一步之本意也。

总之，伯爱吾儿与尔二兄无异，即泗贤亦然。吾儿所愿之事，伯无不乐从。惟望吾儿于黄婆及尔母前，加意侍奉，则伯之愿慰矣。伯与尔二兄均叨黄婆、尔母福阴，极为安好。转请黄婆及尔母勿念。

容伯手书
阳历六月十四号②

虽然此批没有注明确切的年份，但由批信的内容并结合下面的二兄张炳贤寄回来的批信，可以推断出成批的时间应在民国十年（1921），即坤贤刚刚于东山中学毕业之后。通

① 张葆综于民国十年（1921）一月十日，由爪哇寄给梅县状元桥东山中学张坤贤之侨批。

② 容伯于阳历六月十四日，由爪哇泗水寄给张坤贤之侨批。

过此批，我们可以看到远在南洋的父亲对家乡儿子的关爱。既然儿子立志为学，做父亲的便放弃了让他来南洋学商的想法，并说“寄银回来，以成吾儿之志”。而信中提到的出洋做教员的事情，又为我们了解华侨社会的华人教员情况提供了新资料。根据批信内容，父亲与二兄炳贤均不赞成坤贤来南洋做教员，原因似乎是坤贤身为梅县客家人，习惯说客家话，对于国语（普通话）的掌握还不熟练，无法达到来南洋做教员的要求。但通过所谓的“代吾儿友人李君谋一教席”一事可知，家乡青年来洋任教并非简单的事情，还要经过许多手续与人际关系。其所说的“近来学务总会闻有停办之举”，虽未提及原因，但亦可看出华侨在南洋办学的艰辛。

对于当时梅县青年中学毕业后的出路情况，黄药眠先生也有过这样的表述：

> 到1921年，我就在这个中学毕业了。同班同学到北京、南京、上海投考大学或专科学院的就约占有三分之一。去北京、上海、南京费用很贵，我只好投奔广州高等师范学校。但是没有机会升学的还是占百分之七十左右，他们怎么办呢？有些人在政界人物中有亲戚关系的，就投奔那些亲戚那里去了；有些人南洋有亲人的，就跑到南洋谋生去了。但大多数人在这两方面都没有熟人，于是就只好怀着忧郁的心情回到乡间去作小学教师。[①]

（三）升学过程中遇到的问题

根据张坤贤家族的侨批资料可知，虽然张坤贤在中学毕业后立志求学，并有到北京读大学的想法[②]，但是他的求学之路并不顺畅。

从东山中学毕业后，张坤贤当年并没有考取自己心仪的大学。在这一段迷茫的时光里，张坤贤有过放弃读书的想法，甚至想接受父亲当初的安排，去南洋经商，或是像张葆综一样，先到南洋做教员以筹备入学之资，再返国求学。这时，身为挚友的张葆综以自己的亲身经历以及在南洋的所见所闻劝告张坤贤放弃来南洋的打算。

首先，张葆综对于张坤贤弃学从商的想法并不赞成。

> 弟倘从商，岂不把十年中之光阴、金钱、学问完全抛却。且商界未定致富，纵富又何益？此所以不可退步也。但不退而中止，则中学毕业之资格尚不能自立与谋生，纵能谋生亦必一生碌碌，木草同朽耳。[③]

根据上述侨批中的内容可知原因有三：一是倘若放弃求学则前十年的努力全为白费；其二，经商也未必一定有所成，即便成功，在这样一个书香门第出身的青年看来，一身铜臭也了无益处。其三，中学毕业所学的知识还不足以自立与谋生，即使勉强够谋生所须，也将一生碌碌，无所作为。

其次，张葆综也不赞成张坤贤来南洋做教员以筹得入学之资后再返国进学。他这样说道：

---

① 黄药眠口述，蔡彻撰写：《黄药眠口述自传》，北京：中国社会科学出版社，2003年，第32页。

② 张葆综于民国十年（1921）一月十日，由爪哇寄给梅县状元桥东山中学张坤贤之侨批。

③ 张葆综于民国十年（1921）十月二日，由婆罗洲马辰中华学校寄给张坤贤之侨批。

现在南洋教员大半皆中学毕业生也，当教员数年辄卑鄙龌龊，毫无志气，学问全失，皆为兄所轻视也。天生好身首，岂不可惜。①

倘事与愿违，则兄主张弟在沪入半工半读学校为是，南洋决不可来也。盖兄来南洋，何尝不怀蓄资回返国进学之志？而今三年漂泊，依然故我，生命尚几几不保，而进学之事愈离愈远矣。非特兄一人为此，省立、私立之中学之毕业生来爪哇当教员者，兄皆有把晤，其初莫不蓬蓬勃勃，读书进学之言不绝于耳。而今曾几何时，壮志不知消磨何所矣，且北返川资尚不可得也。②

由这些批信我们能够看到，来南洋当教员的大半是中学的毕业生，其中梅县籍的亦不在少数。中学毕业后到南洋做教员成为不少梅县青年的选择。起初到南洋时还抱着读书进学的志向，可当教员数年后，却落得"卑鄙龌龊，毫无志气，学问全失"。究其原因，一则是经济问题，如张葆综所说："现在南洋商场日落千丈，各埠商学两界人员赋闲者不知多少。商店与学校倒闭时闻。兄现因家父之力始能觅得亚拉罕埠之教缺一职，于十月一日前往上课，月薪百盾而已。兄与家父此两月中二人皆病，用去五百盾之多。兄现在精神亦尚未复元（原）。然经济非常据拮，后二日亦不得不挟病往校上课矣。"③ 印尼的华侨学校的兴衰与华侨经济能力的强弱有着密切的联系，而能够支持学校开支的华侨大多经商，所以印尼华侨社会的商学两界的关系才会如此紧密。资金不足，当然无力回乡，更别提升学之事了。二则是南洋的花花世界，对于从偏远山区来的青年们来说，不免是一种极大的诱惑。混迹于如此社会，起初的凌云壮志恐怕也早已消磨殆尽。

由此我们亦可窥探出当时青年的思想状况。经过"新文化"运动和"五四"运动的洗礼，这一批青年学生已经表现出对新式高等教育的向往，甚至不惜前往南洋筹集升学资金，虽大都未能如愿，但已彰显出当时青年的上进求学之心。

对于求学的经费问题，正如黄药眠先生所说"去北京、上海、南京费用很贵"。其时，坤贤的父亲与二兄皆在南洋经商，即便如此，在张坤贤中学毕业后将自己想要进学的打算告诉同样在南洋谋生的二兄张炳贤时，得到的答复是这样的：

坤弟手足：

……兄对吾弟读书一事，心极不安。诸多不如意之念头，即此可恶之金钱，有以致之耳。念吾苟能有数千元数目，则各事均可如意，奈命途无发达，所得者蝇头微利，只供温饱而已。每念家务身世，未尝不愁肠百结，终夜彷惶（徨）者也。兄此月余之中，凡弟来信均促父亲作复，其意虽说不相强弟出洋就商，然吾弟乘此机会不妨具禀。尚父亲说明家用及学费共需几何，每年必须接济者，料父亲必能极力筹裁也。吾意弟东山毕业后，今目下不如渐且在家中自习数月，俟大局稍定，然后打算往省或沪。盖今各省纷乱之秋，吾等不放心也，以为然否？……

兄炳贤手启④

① 张葆综于民国十年（1921）十月二日，由婆罗洲马辰中华学校寄给张坤贤之侨批。

② 张葆综于民国十一年（1922）九月二十六寄给张坤贤之侨批。

③ 张葆综于民国十一年（1922）九月二十六寄给张坤贤之侨批。

④ 张炳贤民国十年（1921）七月五日寄给张坤贤之侨批。

此批的落款时间是民国十年（1921）七月五日，身为兄长的炳贤虽然也很赞同弟弟继续读书的想法，无奈“命途无发达，所得者蝇头微利，只供温饱而已”。由于所得甚微，不能满足弟弟继续求学的愿望，这让身在南洋的张炳贤心中满是愧疚。透过这封侨批，我们可以了解在南洋华侨社会，在众多出外谋生的客家子弟中更多的恐怕是像张炳贤这样获利甚微，所得仅供温饱的小商贩，而他们才是构成海外华侨社会的基础力量。

令人欣慰的是，虽然几经挫折，但张坤贤最后终于凭借自己的努力考取了理想的大学，可算是学有所成。1922 年 9 月，考入河南福中矿务大学一年本科班，至 1923 年 6 月毕业。同年七月抵沪，备考南洋大学，随后考入南洋大学电机工程科。至 1927 年 6 月，成为南洋大学电机工程科第十八届毕业生。

升学受阻，不只是经济问题，当时的国内政治军事形势也是一大原因。

民国十年（1921）农历三月初九，张葆综给张坤贤的批信中提到：“近来北政府已陷于破产地位，北京中学以上学校现均罢课。吾大兄军官学校只欠半年就可毕业，而不能筹款再办，停课已半年余矣。”①当时主政北洋的直系军阀与其他各派军阀之间纷争不止，穷兵黩武，导致军费大增，财政无力，进而导致教育经费的短缺，所以造成了学校关门的现象。由此封批信的内容来看，张葆综的兄长曾在北京的一所军官学校读书，但究竟是在哪所学校读书，因批信中并没有提及，所以无法知道。

在其于民国十二年（1923）三月四日给张坤贤的批信中又云：“昨午同时接到家兄羊城来书，云陈氏元月望日出走。讨陈氏军十六进城，不过稍微抢掠并无弹雨，可家兄现须另觅位置矣。”② 张葆综的兄长于军校毕业后来到了广州，并极有可能投奔在陈炯明的麾下做事，所以在东征军讨伐陈氏的时候，才不得不“另觅位置矣”。

民国十二年（1923），孙中山讨伐陈炯明的战争对于广东的百姓而言不啻是一场巨大的灾难，通过张坤贤与其他亲戚朋友的通信，我们也可以了解到当时这场战争对于平民百姓的生活产生了什么样的影响。

民国十二年（1923）三月梅县张鸿昌寄给张坤贤的书信中提及：“现校中开学已五天矣，惟因军事忽之，远人尚未来齐。”③ 战争导致交通不畅，致使外地学生无法到校上课。但是学校仍能按时开学，证明梅县的日常秩序仍能维持。但战事的发展很快导致了梅县地区日常生活秩序的混乱。在鸿昌于六月十一日寄给张坤贤的信中已经是声声哀叹：“弟乎，其亦知梅县之浩劫乎，其亦知战祸之可畏乎。溯自军兴以来，轮军实捐饷需，商民之困苦难言，兼之遇交战之侯，交通断绝，商旅不行，遂至米珠薪桂，梅民现时之困苦，盖亦至山穷水尽之秋愁，而战祸尚无已时。苍之者天乎，为何此其酷也。究竟鹿死谁手，吾民无与可怜，辜之良民任军事之宰割，作地鱼之受殃，为可叹耳。所幸梅城东西街虽受虚惊，金瓯尚称无缺。”④ 陈雪尧《旧军阀祸粤时期动荡的潮梅政局》一文中有这样的描述：“陈炯明进行叛乱时，为筹军饷，不但开放赌禁，截留税款，滥发债券，而且出卖县长缺，三万元至一万元不等。苛捐杂税多如牛毛，甚至强征坟墓捐等。陈的筹饷局长马育航在汕

---

① 张葆综于民国十年（1921）农历三月初九寄给张坤贤之侨批。

② 张葆综于民国十二年（1923）三月四日，由爪哇亚拉罕中华学校寄给河南福中矿物大学张坤贤之侨批。

③ 张鸿昌于民国十二年（1923）三月，由梅县寄给河南福中矿物大学张坤贤之书信。

④ 张鸿昌于民国十二年（1923）六月十一日，由梅县寄给河南福中矿物大学张坤贤之书信。

头、潮安、梅县强迫商界筹集巨额军费十余次，以致富室多迁避香港。”① 这段描述恰与鸿昌信中的哀叹相对应。

民国十二年（1923）四月十四日，其叔张省德给张坤贤的书信中亦说：“近日梅县到有许军数千，听闻至南口、畲坑等处，皆接战有一日矣。闻其战势颇猛，然则梅县必不免有战事发生。近数日以来，商民如惊弓之鸟。其余军事，不能尽述。”②

虽然此时坤贤已经身在他乡求学，可是对于正在求学之路上奋斗的其他梅县青年来说，当此动荡时局，正常的生活节奏已经完全被打乱，生存尚且不易，求学之事恐怕也只能是奢望而已了。

五、结语

本文从近期整理的一组侨批资料中，发现了民国初期梅州地区及印尼华侨社会有关教育方面的问题，结合当时的社会情况，论述了民国初期印尼华侨社会以及梅州地区关于教育方面的几个问题。民国初期的中国还处于不断动荡与变革之中，近代思想理念的传入给中国社会生活的各个方面带来了巨大的变化。梅州虽处于岭东偏僻山区，却也受到了时局变化的深刻影响，在社会生活的各个方面都产生了变化，而在教育近代化中的表现尤为明显，甚至还走在了同时代其他地区的前列。这和客家人一直以来与时俱进，勇于冒险，敢于接受新事物的探索精神是分不开的。即使远走南洋的客家子弟，也一直不忘关心家乡的形势状况，通过一封封侨批来延续与故土家乡的联系。

通过对在印尼任教职的张葆综的侨批的解读，让我们了解到当时印尼华侨社会教育发展的一些具体细节，进而理解当时华人在印尼的社会地位及其与家乡社会发展和变迁的关系。

身在海外的年轻华侨，虽无力对家乡的教育发展出资捐款，却时刻关心家乡的教育发展态势，尽力支持亲人学业，并结合国外见闻，对家乡近代教育发展中的问题提出自己的看法或担忧，为我们了解当时青年华侨的思想以及梅县教育近代化发展中出现的问题提供了第一手的材料。

① 陈雪尧：《旧军阀祸粤时期动荡的潮梅政局》，《梅县文史资料》第25辑，1993年，第51页。

② 张省德于民国十二年（1923）四月十四日，由梅县寄给河南福中矿物大学张坤贤之书信。

从一封特殊侨批看闽南华侨的商业网络

——以《三州府文件修集》洪作霖遗嘱书为案例

林伟钿　陈景熙*

一、引言：问题与史料

关于侨批的学术价值，国学大师饶宗颐教授曾说过“侨批等于徽州契约，可以和它相媲美”①。侨批相关国家、地区的政治、经济、文化的发展变化情况或多或少地反映在批封或侨信里，是我们研究华侨、侨乡以及我国和东南亚的政治、经济、文化的重要史料，是亟待开发的“富矿”。

当前，越来越多的专家学者从侨批业的发展、侨批网络、侨汇安全，以及批局的内部经营方法等多方面进行研究，尤其是潮汕侨批研究成果斐然②，而闽南侨批研究则略显不足③。在侨批研究资料使用上，越来越多的研究者选取侨批本文，结合与侨批构成文献系统的契约、报章、档案、口述史料等相关资料进行研究，而对于海外档案文献的收集整理利用则较为少见。

为此，本文以英属海峡殖民地④政府官员所编修的《三州府文件修集》中“洪作霖遗

* 林伟钿，男，华侨大学华侨华人研究院2013级硕士研究生。陈景熙，男，华侨大学华侨华人研究院副教授，硕士生导师，潮汕历史文化研究中心学术委员会主任，潮汕历史文化研究中心青年委员会主任。

① 2000年11月22日，饶宗颐教授在潮汕历史文化研究中心主讲潮学讲座时对侨批学术价值的揭橥。

② 著作方面如杜桂芳：《潮汕侨批》，广州：花城出版社，1999年；邹金盛：《潮帮批信局》，香港：艺苑出版社，2001年；邹金盛：《潮帮批信局续集》，香港：天马出版有限公司，2006年；王炜中、杨群熙等：《潮汕侨批简史》，香港：公元出版有限公司，2007年；王炜中：《潮汕侨批》，广州：广东人民出版社，2007年；［泰］许茂春：《东南亚华人与侨批（修订版）》，曼谷：泰国国际邮票有限公司编辑部，2008年；沈建华、徐名文：《侨批例话》，香港：中国邮史出版社，2010年。论文方面如陈春声：《近代华侨汇款与侨批业的经营——以潮汕地区的研究为中心》，《中国社会经济史研究》2000年第4期，第57～66页；陈春声：《侨批分析：近代韩江流域“侨乡”的形成》，卞利、胡中生主编：《民间文献与地域中国研究》，合肥：黄山书社，2010年，第95～146页；陈丽园：《潮汕侨批网络与国家控制（1927—1949）》，《汕头大学学报》2003年增刊，第2～11页；陈丽园：《侨批公会的建立与跨国侨批网络的制度化（1911—1937）——以潮汕为例的研究》，《华侨华人历史研究》2012年第2期，第36～43页；张慧梅：《战争状态下之金融与传统人文网络：1939—1947年潮汕与东南亚间侨汇流通研究》，《潮学研究》第11辑，汕头：汕头大学出版社，2004年，第157～192页。

③ 主要著作有李良溪主编：《泉州侨批业史料1871—1976》，厦门：厦门大学出版社，1994年；中国银行泉州分行行史编委会编：《闽南侨批史纪述》，厦门：厦门大学出版社，1996年；王朱唇、张美寅：《闽南侨批史话》，北京：中国广播电视出版社，2006年。论文方面如焦建华：《近代跨国商业网络的构建与运作——以福建侨批网络为中心》，《学术月刊》2010年第11期。

④ 海峡殖民地（Straits Settlements），是英国在1826—1946年间对位于东南亚的新加坡、槟城和马六甲（麻六甲）三个重要港口的管理建制，当地华人将其称为三州府。

嘱书”为主要材料，在整理并论证该遗嘱书是一份特殊侨批的基础上，通过对该文献的研读，窥探晚清闽南商人如何建构起一个联结中国闽南侨乡与海外华人社会的商业贸易网络，并就其侨批文本中所涉及的财产分配及侨汇安全等经济问题做初步分析。

二、特殊侨批：洪作霖遗嘱书的性质判断

袁丁教授曾对《三州府文件修集》一书的史料价值作了高度评价：“该书由英属海峡殖民地公务员司（Civil Service）官员贺尔（G. T. Hare）主编，1894 年在新加坡出版。其中，‘三州府’是当地华人对由新加坡、马六甲、槟榔屿组成的英属海峡殖民地的一种俗称。书中收录了清末各类官私文书，以及英国海峡殖民地当局文告，对于研究当时海峡殖民地历史、社会经济，特别是华人社会历史，有相当高的史料价值。尤其是因为这些史料来自殖民地当局的中文档案，可以填补中国内地相关材料的不足，值得深入探讨。”①

受到上述话语的启发，笔者选取《三州府文件修集》卷三《通商书札》中第 71 件“本坡福长春号之才②副洪作霖遗嘱书”作为研究对象，现将全文校点如下（标点符号为笔者酌加）：

本坡福长春号之财副洪作霖遗嘱书③

崇照贤姊丈如面，兹启者，弟自适叻以来，身带固④疾，百症相扰，真元日乏，加以时劳账务，苦状难言，计辛⑤水粒⑥积有三百元之左右，因招股伙，拟欲亲往峇釐⑦经营羔丕⑧生理。于是自客腊婉言辞职，沥陈下情。初者东家弗肯。迨至今春有邱姓童生来铺学习账法，颇称勤谨，而亦聪慧，凡一切过账各项，过目了了。任经有托，乃再请卸职，遂蒙俯允，议此月下浣，就欲治装遄发。弟于客岁有与厦门福源美号陈尔泰同营小伙兼薪金尚有百九十元，在于福长春之账。讵料店东杨清源心贪而情妒，乃程期在即，向之算项，竟对以无银且恶言相辱，云我来叻即住伊铺，至施恩于头路，何得一旦而脱身别图，应当不许。须值斥其非，亦莫奈伊何。继而央三托四求情，亦置之不理。种种无情灭理，难以尽言。迫得弟一时性发，手执洋枪，将伊打死。杀人填命，理固然欤！呜呼，弟半世劳劳，命数乖蹇，何其甚也。弟生已艰难，不如死之为得也。今日匹渠而亡，殊亦无憾。独惜洪家未有嗣续，良深厪怀。

兹我遗下衣箱大细两个，所有物件，好者均装于大箱内，逐件录明一单附于箱内，内有现银一百六十元，并细箱，均托林东成号林振简代为寄回，到日乞照检收。将其银随时代弟买螟蛉一子，交家大姊，代为抚养。买童子之项，约一百元之左右，其余则附交殷实铺户生息，以作养儿使费。

---

① 袁丁：《〈三州府文件修集〉初探》，《华侨华人历史研究》2000 年第 4 期。

② “才”，“财”字音讹，下径改。

③ G. T. Hare 主编：《三州府文件修集》卷三《通商书札》第 71 件，新加坡，1894 年，第 49 页。

④ “固”，“痼”字音讹。

⑤ “辛”，“薪”字音讹，下径改。

⑥ “粒”，“略”字音讹。

⑦ “峇釐”，今通译为“巴厘”。

⑧ “羔丕”，今通译为“咖啡”。

弟还有些货项，在泗里末①一壶居杨松龄兄处。业经驰信通知，嘱其将此项由泗寄厦谦泰号转交姊丈台收，统祈择安妥当字号生息，俾得抚养之资有赖，免苦累于家大姊可也。顺将托杨松龄兄沽货单一张夹此，方可与其会算。

弟另有托万鸦老怡安号杨怡和、杨怡盛兄沽绸裤一戈里，本银五十一元，承来书，报沽每条九盾八盾半；并本机帛一疋，本六元；漂白江西熟一疋，本三元；槟榔屿乌布二疋，本每疋二员八角。以上货项，尚未付还。弟已移书恳其赶紧寄厦。果系照款寄到，即交与家母作为养老可也。

然怡和等皆霞阳人，与杨清源系亲房，恐其因此吞没。或如所料，必须由唐控告追收。至衣箱各物，祈大姊丈暂为收贮。俟养儿有成，交与是也。惟嗣续关重，幸勿延迟，抑或不果，使吾负咎（疚）先人是切，致意致意。此际情景，方寸已乱，略嘱关要者，其余不能尽述，特此永诀，或者梦中相会有期也。

洪作霖顿首

这封遗嘱虽然没有记载明确的写作时间，但至少我们能断定其写作时间的下限是英属海峡殖民地政府官员贺尔编修该书的时间（即1894年），而遗嘱书题目中“本坡”则是指“三州府”中的新加坡。通读全文可知，19世纪末，侨居新加坡的闽南人洪作霖在福长春号当账房先生，将一笔钱存于福长春号，而店东杨清源却不肯还钱，情急之下将店东杀死。洪作霖被捕后为处理自己的后事，写下这封遗嘱书托人带给厦门的姐夫，让其姐夫代为处理自己的财产。

那么，为什么说这封遗嘱书是一封特殊的侨批呢？有何判断的标准呢？

据饶宗颐教授总纂《潮州志·实业志·商业》记载：“溯批业之源起，乃由水客递变。潮州对外交通远肇唐宋，昔年帆船渡洋一往复，辄须经岁，华侨信款率托寄于常川来往水客，其信函俗名曰‘批’。潮闽语言同源，闽南至今仍以批称书函，今虽改称曰信，但侨民信款常相联寄，合信款而言仍称为批，其收款人之回信即名回批。”②

由上文及前辈学者的揭示，我们可知：侨批是海外侨胞通过民间渠道及后来的金融邮政机构寄回国内连带家书或简单附言的汇款凭证；③是出国谋生的华侨寄回家乡赡养胞亲和禀报平安的一种“银信合封”，即所谓“汇款家书连襟”的民间寄汇。④可见判断侨批的标准：一是海外侨胞寄回侨乡的书信；二是该书信兼具“银信合封”特点。

该遗嘱书是由洪作霖从“本坡”（新加坡）寄往身在厦门的姊夫崇照，“顺将托杨松龄兄沽货单一张夹此”信中。这封临终之际所写的书信虽然没有附带现金，却将泗里末一壶居杨松龄处的一张有价证券沽货单夹此书信中，同时详细地罗列出三笔遗产，让其姐夫“将其银随时代弟买螟蛉一子”，“其余则附交殷实铺户生息”即“统祈择安妥当字号生息，俾得抚养之资有赖”。同时，还将其他款项“交与家母作为养老”，以作赡养胞亲，抚养后代之用，以书信的方式付托其姐夫代为处理其财产。

---

① “泗里末”，今通译为“泗水”或“苏腊巴亚”，中国史籍作“苏鲁马益”“苏儿把牙”“四里猫”“苏拉圭牙”等，位于印尼爪哇岛的东部，是东爪哇最大的城市，也是爪哇岛重要的商贸港口城市之一，港口水深，交通便利。

② 饶宗颐总纂，黄仲渠分纂：《潮州志·实业志·商业》，汕头：潮州修志馆，1949年，第73页。

③ 庄世平：《潮汕侨批萃编（第一辑）·序》，潮汕历史文化研究中心编：《潮汕侨批萃编（第一辑）》，香港：公元出版有限公司，2003年。

④ 陈训先：《论侨批的起源》，《华侨华人历史研究》1996年第3期，第76页。

这份遗嘱书其实是海外侨胞寄给国内侨眷以赡养胞亲、禀报近况且兼具“银信合封”特点的书信，完全符合判断侨批的两个标准，因而，我们说这封遗嘱书是一份特殊的侨批。

虽然我们无法得知这封特殊侨批是经何种渠道带回侨乡的，但这并不妨碍我们对这封书信的递送方式的判断。

早期的侨批主要是依靠同乡熟人或是经商的“水客”带送。饶宗颐教授认为：“昔年帆船渡洋一往复，辄须经岁，华侨信款率托寄于常川来往水客。”① 另据日本学者滨下武志教授研究：“十九世纪初有不少水客来往于福建和广东沿岸地方与东南亚之间，也有不少水客往返于中国与美国之间。十九世纪末，与美国之间的往返停止了，但与东南亚的来往尚继续着。”② 直至光绪二十二年（1896）清朝邮政成立以后，规定批信需经其收转，批局开始把收寄的“信”通过邮政用总包寄递，“银”则另外通过银庄和银行转汇。因而处于19世纪英属海峡殖民地时期，该侨批则有可能是通过熟人或“水客”来递送。

三、洪作霖商业贸易网络

早在2004年，陈春声教授在谈及侨批研究空间及研究方法时，曾说“有一个很好的经济史题目真正值得去做，就是以侨批为史料”运用“跨国视野去考察近代以来潮人的海上网络问题”。③ 因为“侨批问题不仅是金融的活动，其背后同时也是人员、物资和信息的交流。实际上，如果能对环南中国海地域作更细致、有理论深度的‘总体研究’，我们对16世纪以来中国社会（乃至整个世界格局）的变化，将有更加深刻的理解”④。上述话语，对于我们用跨地域的视角去考察近代侨胞如何构建起商业贸易网络，进而理解中国社会的变化提供了有益的启发。

19世纪下半叶，大批契约华工从闽粤沿海地区到达东南亚。他们对于中国土产、汇寄工薪返家的中介服务、往返中国的运输的需求，都使得进出口贸易蓬勃发展。正如日本学者滨下武志教授所指出的：“中国移民从未完全地断绝与故土之间的血缘、地缘联系，他们通过侨批局、客栈、航运经营者等多种中介机构，维持着与故乡的关系。”⑤ 许多海外侨胞在侨居地成为沟通海内外货物流通的中介商。本遗嘱书的作者洪作霖就是一例。

从该文献中我们可知，身居新加坡任福长春号账房先生一职的洪作霖，不仅精于账务，而且还充分利用社会资源建构起商业社会网络。

文献显示，与洪作霖有商业贸易关系的有四个地方：一是在中国与“厦门福源美号陈尔泰同营小伙”；二是与荷属东印度的“泗里末一壶居杨松龄”建立商业联号关系，且将其在杨松龄处的货项，“业经驰信通知，嘱其将此项由泗寄厦谦泰号转交姊丈台收”；三是

① 饶宗颐总纂，黄仲渠分纂：《潮州志·实业志·商业》，汕头：潮州修志馆，1949年，第73页。

② ［日］滨下武志：《传统社会与庶民金融——新马华人社会的“合会”与“银信汇兑”》，张映秋等编：《华侨华人历史国际研讨会论文集》，广州：中山大学东南亚历史研究所，1987年，第72页。

③ 陈春声：《从地方史到区域史——关于潮学研究课题与方法的思考》，《潮学研究》第11辑，汕头：汕头大学出版社，2004年，第39～44页。

④ 陈春声：《侨批分析：近代韩江流域“侨乡”的形成》，卞利、胡中生主编：《民间文献与地域中国研究》，合肥：黄山书社，2010年，第124页。

⑤ ［日］滨下武志著，高淑娟、孙彬译：《中国近代经济史研究：清末海关财政与通商口岸市场圈》，南京：江苏人民出版社，2006年，第232～233页。

与荷属东印度的“万鸦老怡安号杨怡和、杨怡盛”结成商业伙伴，而托万鸦老怡安号所售货物中，有来自中国的绸裤、漂白江西熟，槟榔屿的乌布。这些货物中，绸裤、江西熟可能是从中国江浙苏杭一带运到厦门连同其他货物一同装上船运至新加坡，再加上从槟榔屿运入“槟榔屿乌布”等货物，经洪作霖汇合后再将这些货物分配至他在荷属东印度的商业网点。洪作霖成功地与荷属东印度的“泗里末一壶居”“万鸦老怡安号”两个商业据点建立商业伙伴关系，并且在福长春任职以来“计薪水略积有三百元之左右，因招股伙，拟欲亲往巴厘经营咖啡生理”，因而巴厘岛成为与之商业贸易相关的第四个地方。

由上，我们可以大略整理出洪作霖所经营的商业贸易网络。

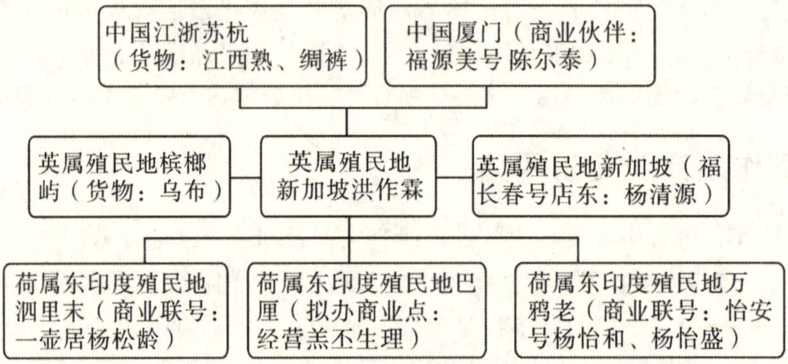

洪作霖商业贸易网络图

早期华人移居海外多是依靠地缘、血缘的关系投宿海外同乡，这批来自同一地域、操同一方言的华人，“引人注目地聚居一处”①，亦即陈达教授所认为的“同乡聚居一处”②，洪作霖很可能与其东家杨清源存在一种地缘上的关系，因而洪作霖到“叨即住伊（指杨清源）铺”。更有甚者，洪作霖很可能借助其东家福建漳州海澄三都堡霞阳人杨氏的乡谊关系，分别与杨清源的亲房杨怡和、杨怡盛，杨氏族人杨松龄在万鸦老与泗里末建立商业联号，扩展个人在海外的商业关系网络。与此同时，凭借同为闽南人的关系纽带，“同乡加入一业”③，与厦门的陈尔泰结成侨乡与侨居地的双边贸易流通点，亦即按照费孝通所提及的“差序格局”模式，以“己”（新加坡）为中心，按血缘、亲缘或地缘等社会关系网络向外推及，一直推及无穷的人，过去的、现在的和未来的人，④ 逐步构建起跨越中国侨乡与东南亚间的商贸网络⑤。

洪作霖之所以选择新加坡为其商贸网络的中心点，除了他身居新加坡外，还与新加坡本身的地理位置及与之相关联的印尼港口口岸的商业发展程度有关。

新加坡位于马来半岛南面，其西北方为1826年后与其同属海峡殖民地的槟榔屿；东北与中国东南沿海的侨乡遥遥相望；东南与当时的荷属东印度殖民地（泗里末、巴厘岛、

① ［澳］颜清湟著，粟明鲜译：《新马华人社会史》，北京：中国华侨出版公司，1991年，第33页。

② 陈达：《南洋华侨与闽粤社会》，长沙：商务印书馆，1938年，第51页。

③ 陈达：《南洋华侨与闽粤社会》，长沙：商务印书馆，1938年，第51页。

④ 费孝通：《乡土中国·生育制度》，北京：北京大学出版社，1998年，第27、31页。

⑤ 类似的案例参阅蔡志祥著，陈景熙译：《兄弟间的竞争——乾泰隆行与其联号》，《潮学研究》第8辑，广州：花城出版社，2000年，第138~158页。

万鸦老）隔海相望，扼马六甲海峡出口，为欧亚海运交通的枢纽。

1819年，莱佛士爵士（Thomas S. Raffles）发现新加坡位置适中，交通便利，有很大的发展前途，于是建议英国政府开辟新加坡为自由港，鼓励各国商船商人前来贸易。① 到了1881年在新加坡华侨不同帮群人数统计中，以来自福建漳泉地区为主讲闽南方言的“福建帮”人数最多，共计有24 981人，占华人总数28.8%。② 新加坡处于东南亚的中心位置，该地华人商业发展比较成熟，在海洋亚洲贸易圈理论中，作为重要的港口口岸城市，它是连接各个互为重叠的贸易圈的纽带③。

在荷属东印度殖民地，同样作为港口口岸，泗里末是印度尼西亚最大的商贸港口城市，交通便利，早在16世纪末就成为印尼华侨的商业中心。④ 19世纪初已有华人遍布爪哇各大中城市，“主要住在巴达维亚、三宝垄和泗水三个城市”⑤。据1815年英国殖民政府所作人口调查，泗水华侨人口有2 047人。鸦片战争后，契约华工大量出国，1895年爪哇华侨人口达到256 055人。⑥ 万鸦老位于苏拉威西岛北部米那哈沙半岛的东北端，是苏拉威西重要港口之一。⑦ 19世纪50年代，万鸦老经历了第一次华人大移民期，闽南人占了50%以上，广东人占了23%。⑧

而在英属殖民地的槟榔屿，自1786年开埠以来，吸引了大量华人的涌入。“1811年，槟榔屿的人口中有7 000多名华人，到1881年槟城华侨的人口已达60 000余人，占当地总人口的一半以上，从而逐渐在当地形成了一个庞大的华人移民群体。”⑨ 因而，槟榔屿逐渐成为海峡殖民地中华侨人口最为集中的地方之一。

实际上，“16世纪初西方殖民者东来以后，移居东南亚的中国人逐渐增加到19世纪前期，东南亚国家的港口城市已形成了中国移民的居住区，华侨社会已初具规模。”⑩ 正是在这些华人聚集的港口口岸中，洪作霖选取新加坡这个经济、交通枢纽站，联结起中国厦门与荷属东印度殖民地华人聚集地等港口，将华人日常生活用品从中国运至泗里末、万鸦老等地销售，这些商业网点签收洪作霖的货物后，给他一张有价证券沽货清单，出售所盈利之钱先放在对方商号生息投资，这样便逐步建立起自己的商业网络。

当洪作霖有所积蓄时，便想亲自到较为偏僻的巴厘岛经营咖啡生意，这是由于迟至19世纪中后期仍然鲜有华人驻足此地，人迹罕至，却是盛产咖啡之地，且品质优美，荷属东印度殖民者将咖啡称为“黄金羔丕”⑪。因而洪作霖有可能是想采购巴厘岛上的优质咖啡，

---

① 林远辉、张应龙：《新加坡马来西亚华侨史》，广州：广东高等教育出版社，1991年，第101页。

② 柯木林、吴振强编：《新加坡华族史论集》，新加坡：南洋大学毕业生协会，1972年，第35页。

③ ［日］滨下武志著，朱荫贵、欧阳菲译：《近代中国的国际契机：朝贡贸易体系与近代亚洲经济圈》，北京：中国社会科学出版社，1999年。

④ 李长傅等：《南洋史地与华侨华人研究》，广州：暨南大学出版社，2001年，第131页。

⑤ Thomas Stamford Raffles, *The History of Java*, New York: Oxford University Press, 1978, p. 228.

⑥ 温广益、蔡仁龙等：《印度尼西亚华侨史》，北京：海洋出版社，1985年，第94、181页。

⑦ 《万鸦老》，《世界知识》1958年第13期。

⑧ ［丹麦］迈克尔·雅各布森著，谧谷译：《脱离华人移民社群：北苏拉威西万鸦老的华人企业家》，《南洋资料译丛》2007年第1期，第49~67页。

⑨ 朱敬勤：《槟城的发展与人口的成长史》，槟州华人大会堂特刊编辑委员会：《槟州华人大会堂庆祝成立一百周年纪念特刊》，马来西亚槟州，1983年，第355~366页。

⑩ 郭梁：《近代中、印、日海外移民的比较研究》，《华侨华人历史研究》1988年第1期，第7页。

⑪ 朝晖：《人间天堂——巴厘岛》，《东南亚纵横》2002年第1期，第44页。

通过其商业贸易网络将咖啡运到其他地方出售。

其实，到了19世纪末，泗里末、万鸦老、槟榔屿等地均是华人聚居的地方，而新加坡当时在东南亚地区是个重要的枢纽，不管是在海上交通抑或经济贸易方面，许多马来亚、荷属东印度商人经常往返新加坡，再加上同乡情谊，这些移居海外的侨民也逐步建立起新的宗族社会。正如曾玲教授所讲：东南亚华人社会的宗族并非简单地移植于祖籍地，而是一个在移居地的社会环境下重新建构的过程。尤其在移民社会初期，华人宗族的建构有赖于祖籍地传统的组织原则和文化资源。而在移居地的社会脉络下，华人也必须调整这些文化规则，构建起具有血缘、地缘和业缘三结合特征的宗族社会。①

值得一提的是，从东南亚华人社会发展来看，宗族组织是华南移民在殖民地时代重要的社会形态之一。例如在马来半岛，有著名的槟城邱、杨、谢、林和陈五大姓宗族组织。②这五大姓氏不止分布在槟城，在新加坡等地也有所分布，如新加坡福长春号的店东杨清源即是福建漳州海澄三都堡霞阳杨氏之人，由于地缘、业缘的联系，“今春有邱姓童生来铺学习账法”中的“邱姓童生”则有可能是海澄三都新垵邱姓之人。正是依托这些越洋再造同乡宗族社会的关系网，洪作霖才能进一步发展扩大在海内外的商业贸易网络。

综上，洪作霖通过在侨居地的人脉资源，在英属海峡殖民地三州府及荷属东印度殖民地建立起商业网点，同时联络国内侨乡的商业网点，建构起一个联结中国侨乡社会与华侨居留地的商业贸易网络。

四、洪作霖财产处理与侨汇安全

除了洪作霖建构起来的商业贸易网络值得探讨外，其财产托付他人寄给家乡侨属，用于何种用途，如何支配其财产，如何确保其财产在目的地不被吞没等问题同样值得关注。

文献显示，洪作霖临终前有三笔财产，拟将它们寄给厦门的姐夫暂为收贮，这三笔财产：一是“衣箱大细两个，所有物件，好者均装于大箱内，逐件录明一单附于箱内，内有现银一百六十元，并细箱，均托林东成号林振简代为寄回，到日乞照检收”。二是“在泗里末一壶居杨松龄兄处。业经驰信通知，嘱其将此项由泗寄厦谦泰号转交姊丈台收……顺将托杨松龄兄沽货单一张夹此，方可与其会算”。三是“托万鸦老怡安号杨怡和、杨怡盛兄沽绸裤……本机帛……漂白江西熟……槟榔屿乌布”等货物，并“已移书恳其赶紧寄厦”。

以上三笔财产并非直接送给其姐夫，而是另有他用，洪作霖在每笔财产后面都附有明确的说明，希望其姐夫照为代办。

一是将第一笔财产中的160元现银取出约100元，代洪作霖“买螟蛉一子，交家大姊，代为抚养。……其余则附交殷实铺户生息，以作养儿使费”。二是将泗里末一壶居处寄回的财产“择安妥当字号生息，俾得抚养之资有赖，免苦累于家大姊可也”。三是将万鸦老怡安号处寄回财产“交与家母作为养老”。最后还特意嘱咐其姐夫“至衣箱各物，祈大姊丈暂为收贮。俟养儿有成，交与是也”。

由上可知，洪作霖的财产由现银与实物组成，且在遗嘱中提出一个处理其财产的方案，他希望将现银用于延续后代、赡养老母亲，其余资金“交殷实铺户”“择安妥当字号

① 曾玲：《华南海外移民与宗族社会再建——以新加坡潘家村为研究个案》，《世界历史》2003年第6期，第77～85页。

② 陈育崧、陈荆和主编：《新加坡华人碑铭集录》，香港：香港中文大学，1972年，第16页。

生息”。而他的大小衣箱等实物则希望其姐夫代为交给他儿子。可谓对其财产作了一个非常明确的交代。

在洪作霖的观念中，延续后代是头等大事。正如他在信中所写“今日匹渠而亡，殊亦无憾。独惜洪家未有嗣续，良深厪怀”，“惟嗣续关重，幸勿延迟，抑或不果，使吾负咎先人是切，致意致意”。如果没能为洪家延续香火，则无法向洪家列祖列宗交代。当时洪作霖“未有嗣续”，是因为明清时期“除了因战乱携眷南逃或其他因素被迫出洋的女子外，华侨几乎全是男子单身汉”①。这些早期移居海外的单身男子，“他们或是成婚以后出国，在家乡留有妻儿、父母；或者少年出国，成年后回国结婚，后又重返侨居地，留下妻子侍奉父母”②。洪作霖有可能在少年就出国谋生，还来不及返回家乡结婚生子就已经触犯法律被判以死刑，正是有感于此，他认为“惟嗣续关重……勿负咎（疚）先人”。

洪作霖之所以在临终之际，将所有的财产寄托回家乡，除了续养后代外，还不忘赡养家中老母，是因为家庭是以血缘为基础的，而亲属关系、传统道德，是维系家庭的纽带。正是在这种思想影响下，像洪作霖这样的闽南华侨远涉重洋，身在异域，打拼奋斗，心系家园，不忘亲情，寄信“搭钱”、寄“番银”，赡养父母、儿子，使其亲人有侨汇收入。

侨汇是指中国旅居海外华侨从事各种职业所得而对大陆亲戚朋友的汇款，主要用于赡养国内亲属的生活用款。③ 而在本例中，虽然洪作霖的大部分财产没有随这封信寄到侨乡，但这封信内却夹有一张有价证券沽货单，有了这张有价证券就可在侨乡兑换成现银。其大部分财产是通过现银、沽货单、实物等托人寄到厦门其姐夫处。而对于这些侨汇是否能安全抵达厦门，洪作霖也表示担忧，因为万鸦老“怡和等皆霞阳人，与杨清源系亲房”，现在他杀了杨清源，与霞阳杨氏结下仇恨，“恐其因此吞没”他的财产。如果杨怡和等人真的因此吞没其财产，那么他的侨汇将无法寄到厦门。对此，洪作霖让其姐夫“必须由唐控告追收”，确保其侨汇安全抵达厦门。这是因为当年的清政府与东南亚各殖民地政府之间，仍然有解决商人纠纷的法律体系存在，华侨可以通过中外法律交涉渠道解决他们在海峡殖民地④和荷属东印度公司⑤的商业纠纷。

从文献中我们可以读到：除了担心侨汇无法安全汇到厦门外，洪作霖更担忧的是，如若侨汇能安全抵达厦门目的地，如何防范其侨汇在目的地不被侵吞，这里所防范之人即是他的姐夫。因为他的所有财产都寄到了他姐夫那里，如果他的姐夫对他不忠不义，私吞所有财产，他也无法找到其他人帮他通过法律渠道追回，到了最后一步，只能是从道德宗教层面给其姐夫施加精神压力来“保障”他的“侨汇安全”，故而在信中最后写到“特此永诀，或者梦中相会有期也”。

五、结语

19 世纪中叶以后，随着华侨移居东南亚各地人数的大量增加，东南亚地区华侨社会

① 吴凤斌主编：《东南亚华侨通史》，福州：福建人民出版社，1994 年，前言第 2 页。

② 陈碧笙主编：《南洋华侨史》，南昌：江西人民出版社，1989 年，第 456 页。

③ 林金枝：《析华侨汇款及其作用》，《八桂侨史》1996 年第 3 期，第 26 页。

④ 1877 年，英国殖民政府在海峡殖民地设置“华民护卫司署”（The Chinese Protectorate），直接插手管理华侨事务。1904 年，海峡殖民地与马来联邦的华民政护卫司改名为“华民政务司署”（The Secretary of Chinese Affairs）。

⑤ 寇玉虎：《晚清荷属东印度设领交涉研究》，湘潭大学硕士学位论文，2012 年。

逐渐扩大。为了同心协力，保护自身的经济利益，于是建立了以血缘、地缘、方言为基础的社团组织。这些组织的成立，不仅能使初来乍到的华侨得到亲友的帮助和关心，更重要的是有利于华侨之间在组织内建立起商业活动的同伴关系，并且这些华侨社团组织一般建立在交通便利的大中城市，这有利于华侨直接进入商品市场，从而可以随时掌握市场行情和建立相互间的商业联系，形成以华侨社会为中心的商贸网络体系。[①] 那么，海外华人如何在海外华人社会中逐步建构起一个跨地域的商业贸易网络？我们认为，对本例的实证性探讨，也许有助于回答这个问题。

通过对侨批文本的解读，我们可知侨批对研究一百多年间海外华人的跨地域贸易网络的活动情况，具有其他资料难以取代的作用。

正如陈春声教授所讲：“侨批还保留了大量的普通人从事经济活动的记录。实际上，每一封家信面对的都是具体家庭的非常具体的日常琐事，如果不是因为后来被公共机构和有心者收藏，绝大多数批信的内容，永远不会为家庭成员之外的人所获知。”[②] 如果不是海峡殖民地政府官员贺尔为了提升当地官员学习中文的水平而编收此侨批材料，那么我们今天将无法接触到此弥足珍贵的侨批文本。据悉，“迄今为止，在中国境内已发现的有目可查的侨批文献共约20万件，其中广东16万件”[③]。而福建特别是闽南地区所收集整理的侨批则相对较少，这也有待于进一步抢救、收集、整理、研究闽南地区的侨批文物。这些侨批包含了侨乡和侨居地普通人家日常生活的大量经济资料，既有房地产买卖、物价变动、债权债务等直接与市场活动相关的记录，也有移民、雇佣、乡族权益和婚丧嫁娶等涉及更复杂经济关系的内容，还有许多有关时局变动和国家政令影响日常经济活动的描述。从这些侨批档案中不仅可以看出普通人日常经济生活的情形，还可以了解甚至是非常准确地体验到他们从事经济活动背后的观念和情感，进而了解侨乡与海外华人社会间的双向互动联系。

由于资料及笔者能力所限，本文只是抛砖引玉的学术尝试，并不能对海外华人商业贸易网络作出一个全面的描绘及深入的研究。但是，笔者相信，通过系统收集与侨批档案相关的海内外各种文献，尽可能全面地在宏观的历史视野中开展具有明确问题意识的实证研究，对于上述学术问题的逐步深入的探讨，具有重要的学术积累意义。

---

① 吴凤斌主编：《东南亚华侨通史》，福州：福建人民出版社，1994年，第354～355页。

② 陈春声：《侨批分析：近代韩江流域“侨乡”的形成》，卞利、胡中生主编：《民间文献与地域中国研究》，合肥：黄山书社，2010年，第145页。

③ 郭军：《广东省档案馆获捐1000件珍贵侨批档案》，中国新闻网，2014年6月9日，http://www.chinanews.com/hr/2014/06-09/6260807.shtml。

破产的小批馆

——从侨批中看一个家族的变化

王 惠*

学者将侨汇的作用定义为赡养家费、捐赠或投资，有款项也有实物。① 在普通出国华人的生活中，侨批将原乡与侨居地联系起来，侨汇也多以赡养家用为主。经营侨批的组织称为批信局、侨批局、民信局或批馆等，名称因地方、时期不同而略有不同。不同的批馆之间有竞争关系也有协调关系，批馆内部运营及管理也有不同的体现。陈春声的《近代华侨汇款与侨批业的经营——以潮汕地区的研究为中心》便是关注侨批业的发展，通过讨论清末至民国年间潮汕地区侨批业的经营、运作，分析批局的运营与内部结构。② 潮汕历史文化研究中心将收集来的侨批先后整理出版，例如《潮汕侨批萃编》《潮汕侨批集成》等，这些资料可以进一步展现华侨华人的家庭生活。

侨批中所描绘的一般是对亲人的关心、对家乡的思念或对家庭事务的看法，侨批亦可以体现当时国内外局势对华侨及侨眷的影响。从目前已经结集出版的侨批中可以看到，以村为单位，移民将原乡与侨居地带入了跨国网络中；以家庭为单位，一个个华侨家庭的生活面貌展现出来，乡村社会的权力与社会结构也在侨批中有所展现。在笔者的田野考察中，有时会收集到一个家族的数量颇丰的侨批。它们比较详尽地记载了在历史上某个时间段中，此家庭中外出的家庭成员与留在乡村生活的家庭成员之间的联系。

汕头市隆都镇的后沟村，距离镇集市中心店市约三公里。在新中国成立之前，以“社”的标准划分乡村社会，共有七个社，依次是祠堂社、大厝社、沟中社、沟下社、南厝社、西厝社和沟尾社。这种划分乡村社会的方式，暂时没有发现相关详细的资料记载，可能跟明清时期的税收及乡村管理制度有关。如图 1 所示：

---

* 王惠，女，香港中文大学历史系博士研究生。

① 林家劲等：《近代广东侨汇研究》，广州：中山大学出版社，1999 年，第 3 页。

② 陈春声：《近代华侨汇款与侨批业的经营——以潮汕地区的研究为中心》，《中国社会经济史研究》2000 年第 4 期。

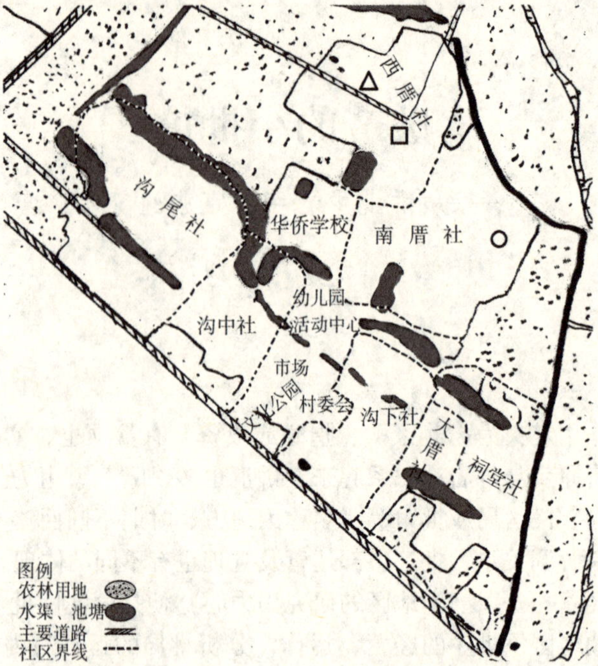

图1

资料来源：作者根据汕头市澄海规划设计研究院制作的《汕头市澄海区隆都镇后沟村示范村建设规划——建设项目分布图》（2013年10月）绘制此图。

在西厝社中，有著名的万兴昌批馆①（图1方框处）②。除了这个有名的批馆外，后沟村中的许敬浩家族也有批馆。关于这个经营于民国初年的信贷机构（图1圆形处），家族中没有任何可以参考的书面材料，也没有人可以清楚地介绍这个信贷机构的经营业务。流传下来的故事就是，这是个规模小、早于万兴昌批馆且经营不久便破产的小批馆，其破产的原因家族中人解释为来自万兴昌批馆的竞争。当然，流传下来的故事可能更多的是一种传说，但家族中却留下了一些记录许敬浩在海外生活的侨批，以及其他一些关于家族历史的资料。

一、家族历史及侨批内容

田野考察中收集到的资料有许敬浩（图2中方框标记）寄往家中的批信十二封③（时间为20世纪三四十年代），分家书三份（清末民初），从光绪年间至20世纪50年代的土地契约、地税收据及土地房产证等二十余份。另有2005年8月由许敬浩第三子许鸿哲编印的《许敬浩宗族概要》一份。

---

① 关于万兴昌批馆的内容可参考一些其他资料，例如最新的《隆都镇华侨志》（《隆都镇华侨志》编纂委员会编，香港：文化走廊出版社，2013年）、《潮汕侨批业档案选编（一九四二——一九四九）》（王炜中主编，香港：天马出版有限公司，2010年）。另有，暹罗万兴昌信局简况（曾旭波，http：//www. ydtz. com/news/shownews. asp？ id = 30905，访问时间2014年9月2日）。

② 图中三角形是万兴昌家族所在处，方框是批馆所在位置。

③ 信上的日期只有月、日，但是没有年份，所以部分时间是根据内容以及其他资料推断出来的。

根据资料所知，这一家族将其家族发展追溯到约19世纪50年代的必香祖。必香祖之下分为三房，每房再依次细分。光绪癸巳年（1893）家族于汕头创立裕兴利米行，股份按照房支分为三份。除了米行以及上文提到的小批馆，这个家族还在后沟村河堤上经营店铺以及砖瓦窑①。收集到的分家书主要是1917年分家产的记录。民国时期家族成员来往汕头与海外经营商业，其中“能”字辈有九位堂兄弟先后于20世纪30—40年代前往东南亚谋生。

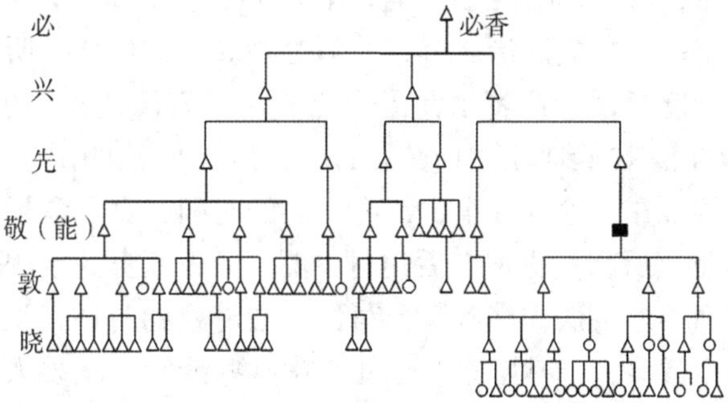

图2

注：图中方框标记为许敬浩。

收集到侨批的主人公是许敬浩，生于1904年。妻子陈惠蕉同年生人，育有三子：许辉哲、许绍哲及许鸿哲。20世纪30年代初，裕兴利米行倒闭后，许敬浩于1935年秋到达香港，居住于香港九龙城衙前围道90号二楼，后又由香港辗转到安南（今越南）谋生。1950年秋，因海外生意经营不利，回到后沟村，至1957年逝世。

在收集到的十二封批信中，主要写于许敬浩由汕头裕兴利米行经香港到达安南前后。信中的内容有邮寄钱款与物品、关心家人身体健康、孩子上学、代人购物等。许敬浩从1935年离家直至1950年回乡，在外的时间约有15年。在这期间，其家人的健康情况、孩子的学习等是他最为关心的事情。

上文提到许敬浩与其妻育有三子，长子许辉哲生于1927年，次子许绍哲生于1931年，三子许鸿哲生于1934年。在许敬浩去往安南的期间，家中（后沟村）事务由其母与妻子共同管理。许敬浩由后沟村去往汕头的米行工作后的一个多月时，次子许绍哲身体不适，“绍哲腹有痰因泻脾，故也现在未卜已全（痊）愈”②。另有“绍哲头口耳边所患之痛今还未愈，使人闻不胜挂念，但前日敬海兄在家时尝叫大人买一粒利同丸磨茶水与孙儿，抹他所患之处，并买甘草银花游丹，并□□之品分他服下。及后，吾亦寄上一信，信中亦云买利同丸并甘草等物与他抹并服，自然平安。倘抹他不消，亦可抹于归为一处，出痕后自然平安”③。许敬浩关心儿子的身体健康，还给出了一些治病的方法，一直到他从汕头到了香港，还写信回家询问此事。

在这些侨批中，除了记录了许敬浩的儿子曾生病之外，他的妻子陈惠蕉也曾患重病，

① 在后沟村的南侧有一南溪，为韩江一条支流，堤岸曾经是很重要的商业区。

② 许敬浩由汕头寄给母亲的信，时间为某年某月廿六日。

③ 许敬浩由汕头寄给母亲的信，时间为某年某月廿九日。

在多封侨批中有描述。在许敬浩离开汕头后①，其妻子在家也生病了。“两大人②命汉庭到汕说，惠蕉卧病月余，现在骨瘦如柴，每餐食不下咽，总食亦不过二口而已，病势沉重，命吾火速回归云云”③。许敬浩此时已经身在安南，担心回家之后再返回很难找到工作，所以没有回去。“吾现在度（渡）洋，路途甚远，非比此前时在汕居住可比，往来川资非百数十元不能□道，况现在各处生意非常冷淡，人浮于事。吾自来南幸有一职可办，每月所得薪金，除寄批外，所余无几。若一朝弃职回归，所遗之职，必另一人充任，日后来南要再寻事办，难上大难，许时悔之无及。若一日无事，家费无着，如之奈何，吾思之至，再不若将欲回之川资寄回，以应医治之资，方为更妙。人之生死，听之天命，岂吾不回而不能医？而吾之回，岂能挽回天命者乎？但人之病，医着医，医至无法，听之天命而已，吾之心思如此”④。他在信中详细询问了妻子的病情以及医治的医生等情况。关于他妻子的病，往来有四五封侨批在讨论这件事，约有半年的时间，直至妻子痊愈。通过《许敬浩宗族概要》可知，陈惠蕉后来一直留在后沟村中照料家中事务，至1992年过世。

另外，许敬浩母亲年老生病，许敬浩会写信关心母亲的身体情况。“大人（母亲）近几月来身体不安，常生微痰，□常咳嗽。今儿在南购些燕窝，寄妥人带回以奉，大人饮服云云。但南中潮人甚少，欲寄极难。倘以后有妥人回梓，自当寄上无误，但未知何时才能如愿寄上。但现在大人之疾均宜静心安养，亦须托人请医前来调治。初时服些药水至咳嗽痊愈之后，切寄芝挺兄在汕代购艾罗疗肺药，或德健洋行鳘鱼肝油（即地球标），□□时常饮服，自然平安，切切为盼。”⑤ 即使母亲的病好了，许敬浩也要她买些鱼肝油。

对于像许敬浩这样的寻常人来说，亲人的身体健康自然是头等大事，往来的侨批中也自然多数是在讨论这样的事情。往来的侨批有时也关注一些非常小的生活琐事，例如，儿子辉哲在后沟村读小学时，学校要求购买统一的校服，其母不肯，辉哲便暗地找人或自己偷偷写信给父亲。阅读这些侨批可以通过其中事务往来了解当时社会的生活。

二、时代特征与影响

1929—1933年的世界经济危机对东南亚的经济发展产生了极大的影响，也严重影响了在东南亚的华侨。“至1929年经济危机发生，南洋华侨之失业遂急剧增加。1930年失业人数竟达80万人。其中最甚者为英领马来、荷领印尼，次至暹罗（今泰国）与菲律宾。1930年再增10万，于是失业者无法寄身而相率归国者为数达13万人。截至最近，南洋华侨之失业人数早达100万以上矣。”⑥ 显然，此次影响范围广泛的经济危机也影响到了这个普通的家庭。“早在二十世纪初期，汕头已设有专运暹罗米粮来汕销售之商号多家，如陈炳春、成德泰、裕兴利、万兴隆等，此外，还有专运越南米、仰光米来汕销售的越南华

① 关心儿子生病的事情是在一月，妻子生病的侨批是当年五月写的，可以推断，许敬浩在汕头停留了两三个月。

② 许敬浩的祖母及母亲。

③ 许敬浩由汕头寄给祖母、母亲的信，时间为某年五月廿三日。

④ 许敬浩由汕头寄给祖母、母亲的信，时间为某年五月廿三日。

⑤ 许敬浩由汕头寄给母亲的信，时间为某年三月某十日。

⑥ 《华侨经济与广东》，《现代思潮》1936年第9期。

侨粮食商和缅甸华侨粮食商，至解放前，汕头的华侨粮食商达十四家。”① 许敬浩家族的裕兴利米行当时便是经营泰国米粮，经济危机的发生，影响了东南亚的经济。可以推断，裕兴利米行的破产跟此次经济危机有密切的关系。

另外，从侨批中也可以看到，当许敬浩到达安南之后，20 世纪 40 年代的战争局势对他的生活也产生了影响。一方面，此次正值国内抗日战争时期，战争的局势影响了侨批的往来。“现在中日大战，南中批局不敢收批，故未寄银回家。倘家中无银可用，请向芝挺兄渐借数十元应用。”② 另一方面，中国边境以及东南亚的紧张局势也影响到海外华人的生活及与原乡的联系。许敬浩大伯的儿子许敬惠在这段时间要由中国出境，因语言不通，产生了一些麻烦。“敬惠此次来南，因在北海彼迫上岸，而往中兴。到中兴因语言不通，致彼当地政府派探捕去，即日持讯说出店中并孙名字，即日电河内侦探□□，即派人到店查明，该侦探到店特说敬惠举动因与人不同，故由扣留。若店中并孙如敢担保他在南无不法之事，则许他来南，否则即日将他驱逐出境，但孙想他对于语言不识，现在中国境内各处大掠汉奸，若听其驱逐，恐不识语言彼人误会而丧性命，亦无可知。孙思之至再不得已与他担保，现在已经手续清楚，已于数天前到河矣。候他身税理楚，即引往暹，他自到店之后，店中诸人均命他戒烟，不代他购买，他无法买鸦片烟，现在已买戒烟药丸服下，看已无烟瘾矣。但此种人恐其心不死，到暹再吸，亦无可知，但许时亦无法听之。”③ 关于许敬惠的嗜烟习性，许敬浩在汕头的时候就曾写信回家与祖母、母亲说起。

收集的侨批最后的时间约为 20 世纪 40 年代初期，之后许敬浩在海外的生活，由其三子许鸿哲编印的族谱可以略知一二。“日本投降前的 1945 年初，对越南河内市实施轮番的大规模轰炸，敬浩经营的商行中弹烧毁，幸于轰炸前的当天夜晚，经消息灵通人士透露指点，得以事前离开商行安全地艰难转移而保存自己，同时，敬浩身在国外，对国内的金融动态未能真确掌握，心里误认抗战胜利后，‘金圆券’（20 世纪 40 年代的流通货币）会大幅度升值，故倾其所有的商业流动资金，大量换购‘金圆券’，但是抗战胜利后，‘金圆券’反而多次大幅度贬值，最后几乎一文不值，敬浩在南洋的多年商业经营，就毁于这两件意外之事，20 世纪 40 年代后期移居越南西贡市（今胡志明市）亦奋斗了一个时期，无奈本钱缺乏，无法挽回已失去的财富，遂于 1950 年的秋末经实叻回国。”④ 从这段文字可知，日本与越南之间的战争情况致使许敬浩的生意无法继续，对国内及国际经济、政治局势的估计错误又导致投资失败，新中国成立不久后便返回家乡。

这样看，许敬浩更多的是一个在外谋生的生意人，而非移居海外的华人，没有在海外建立家庭，依靠批信往来。无论是像许敬浩一样的生意人还是移居海外的华人，他们的生活或多或少都会受到国内和国际政治、经济局势的双重影响。若想深入了解在民国时期海外务工者或移居海外华人的生活，需要同时考虑来自国内和国际两方面的影响。

---

① 杨奕凯：《泰国工商业调查汇志》，曼谷：大东亚出版社，1956 年，第 70、115 页。转引自王绵长：《近代华侨对汕头经济和海运贸易的贡献》，《汕头侨史论丛》第一辑，汕头：汕头华侨历史学会，1986 年。

② 许敬浩由汕头寄给祖母、母亲的信，时间为某年八月廿五日。

③ 许敬浩由汕头寄给祖母、母亲的信，时间为某年八月廿五日。

④ 许鸿哲编印：《许敬浩宗族概要》，第 15 页。

三、总结

若要对这一批馆经营做进一步的研究，确实需要更多的资料，仅仅就目前的侨批、族谱、分家书等资料远远不够。但从目前所掌握的资料可以看出这一家族企业运营与管理的雏形。它在家族自身发展过程中、与同行竞争、与国内国际市场发展中，趋向没落。潮汕移民受政治或经济问题的影响到南洋谋生，他们与家乡的联系通过多种中介实现，批馆便是其中之一。许敬浩家族经营的批馆虽小且时间短，但足以扮演其中介作用。众所周知，在潮汕地区最有名的家族企业当属乾泰隆与元发行。家族企业在建立自身的商业网络的同时，可以把乡民拉入世界市场，可以给侨居地的乡民提供物质与精神帮助。①

侨批在20世纪七八十年代最初由集邮者开始逐渐得到各个领域学者、收藏家的重视。2013年侨批成功申报成为世界记忆遗产，关于侨批的文集、展览馆，以至于侨批文物馆的建立，都极大地展现了侨批所蕴含的文化意义以及侨批背后所展现的经济网络、跨国网络等多种关系。来自某一家族数量颇丰的侨批，具有更丰富的内容。一方面，此类侨批可以相对集中地展现一个家庭在某个历史时期的变化与发展。从小的方面讲，它包含了普通家庭在原乡与侨居地之间的经济、感情及生活联系。从大的方面讲，这些普通家庭的生活写照形成了跨国网络中不可缺少的节点。另一方面，家庭性侨批将成为理解地方社会的一个资料来源。传统史学在研究地方社会时，可以使用地方志、族谱或口述访谈，而侨批将提供另一种资料。以本文所讲的许敬浩家庭侨批为例，了解这个宗族的发展有利于我们进一步理解后沟村这个宗族社会的结构。在我的田野考察中发现，后沟村与周围其他许姓村庄有着联宗关系，到了民国时期，村中各个房支之间存在着竞争与联系。上文提到的万兴昌批馆所在的西厝社与许敬浩家庭所在的南厝社是全村经济实力最为雄厚的社区，而此二社又是历史上某个时期从沟中社划分出来的，沟中社后来逐步衰弱下来。新中国成立后“破四旧”等活动的展开，使得后沟村很少有族谱、契约等资料留下来，要进一步了解乡村社会中繁杂的社会结构，侨批可以提供一个很好的切入点。

---

① 蔡志祥：《华人家族企业的结构：乾泰隆及元发行的比较研究》，林孝胜编：《东南亚华人与中国经济与社会》，新加坡：新加坡亚洲研究学会等，1995年，第91页。可参阅蔡志祥：《企业、历史记忆与社会想象：乾泰隆与黉利》，《潮学研究》第13辑，汕头：汕头大学出版社，2006年，第158～174页；《兄弟间的竞争——乾泰隆行与其联号》，《潮学研究》第8辑，广州：花城出版社，2000年，第138～158页。

潮州的传统家风

——以李兆兴家族为例

李炳炎*

潮州西马路是西郊各乡镇村民到商业中心太平路购物的必经之路，位于西马路的李兆兴首饰店吸引着城西一带的顾客，由于诚信为本、货真价实、童叟无欺，生意发展很快。李兆兴是经营的店号，也成了经营者的家族品牌，创办人李少臣，即我的爷爷，西门一带的民众称他为兆兴伯，称父亲为兆兴二（即次子，也称二房），叫我们这些孙辈为兆兴孙，爷爷奶奶去世时我十几岁，已晓事理。爷爷身为长辈，承担着家族的安危，逢年过节前都要关心族内各房的生活情况，大年初一各房叔伯兄弟都会登门向他老人家拜年请安，此情此景，其乐融融，颇有大家之风。下面根据我父亲的口述①，了解兆兴号的经营；又根据旅港大伯给爷爷的家书②，佐证我家的传统家风。

一、一家店，系族情

传统首饰为银锁挂饰、戒指、耳环、手镯、头饰（梳、簪、钗、扁方、步摇）和杂项（饰牌、帽饰、挂饰、腰刀、火镰等）六大部类，材料涉及白玉、翡翠、钻石、珊瑚、松石、玛瑙、珍珠、琉璃等珠宝以及金、银等贵重金属，但一般阶层的人是难以消费的。民国初期，上海生产的玻璃料石与银丝、铜线镶嵌成与各种传统珠宝接近的饰品，成为一个行业，物美价廉，满足了普通家庭婚嫁等喜事的消费需求，成为大众消费品。兆兴号经营的正是这种首饰品。

曾祖父讳克泉，字任臣，谋职于潮安庵埠一鞋店。曾祖母蔡赛仙。有三男：长子李锡宜，字少臣，即爷爷；次子李锡藩，字少南；三子李锡祺，字少桐。爷爷24岁与奶奶吴赛娥成婚，生五男两女。大伯木盛（祖父按辈序为“克”，以下依次为锡、德、振、建。本属“德”字辈，因避祖讳改为“木”），字哲卿，原配陈惠卿，续弦陈俊卿；父亲排第二，名木添，娶妻陈淑卿；三叔木全，娶妻林美英；四叔木宏，娶妻陈玉婵；五叔木华，娶妻洪丽贤；大姑清花，出嫁杨门，婿继通；二姑清心，配杨雪岩。

---

* 李炳炎，男，潮州市颐陶轩潮州窑博物馆馆长。

① 口述人：李木添（1929年生），潮州人。8岁至11岁入学，后随父经营。长期从事南北干果、各地名优特产等食品经营。1962年调往潮州市华侨商店主管食品部业务，1966年调往潮州市百货大楼主管食品部至1994年65岁退休，退休后热衷慈善事业至今。口述地点：潮州市太平路70号颐陶轩。在场人：陈淑卿（1932年生）。

② 信件资料提供：潮州市颐陶轩潮州窑博物馆。

爷爷少臣（1892—1974），10 岁至 15 岁入读私塾。1907 年，到西马路名胜境仁兴号首饰配件胚丝店当伙计，略有积储。1922 年，潮州城的中心商业大街进行拆建，1924 年，建成改名为太平路，吸引了一些在上海、香港及东南亚的潮侨回乡，在这条路上兴建商铺，发展商业，加之韩江水路的便利，潮州城成为赣南、闽西、粤东的货物集散地。这一年，爷爷认为是发展机会，便去找老表伯吴锡招，请他出资在现西马路 232 号合股经营合兴号饰品店，爷爷负责经营，主持一切业务，老三叔少桐亦到店帮忙，生意甚好，回报丰厚。

1937 年，因家中各房子弟均已长成，人手充足，且店铺经过长期经营，已有一定基础、经验，爷爷决定从合兴号退出，重新选址于现西马路 219 号创办李兆兴号首饰店，店为两层砖木骑楼结构，店面长约 7 米，二楼正中以泥灰雕塑“李兆兴”三字作为招牌。爷爷以合股形式请老三叔到店协助经营，爷爷占十分之七，老三叔占三成，员工均为自己子侄，主要为爷爷、老三叔、大伯、二姑、二房德林伯等及父亲。当时潮州城经营首饰的店铺分为洋庄和本地庄，洋庄的货物销往香港及东南亚，本地庄的货物销往城区及乡镇。在长期的经营中与爷爷关系较好、往来密切的洋庄有家住江西巷的苏文庭叔和风采楼边的星州号；本地庄有灶巷头的方和盛号，登古巷头卢兆麒经营的时美号，东门头的和丰号，十二家巷口鲤姑经营的永大号（后来迁至太平路金华百货公司对面，改名为新永大），柳衙巷头的同祥号，石牌后的阿标，义井巷头的和盛号等；银饰加工作坊有陈厝池的刘元（刘锦元）及阿锦，十八曲巷的应木号和得盛号，布梳街的歪边，旧西门街的彬添，中山路电镀阿白，青亭巷阿坤，涸池的宏怀，天地坛的赤鬃等。爷爷经营的是本地庄，他较早就已经营上海的料石、胚丝等饰品，商品直接从上海采购，货物主要委托爷爷的好友潮人黄哲仁及吉圃两位先生从上海订购、发运，品种有仿白玉佛珠项链、手链及各式仿翡翠发簪、耳坠、戒指等。这些商品除直接销售外，有些品种花式还可按客户订货的要求，将料石委托潮州城内各银饰作坊代为加工成各种各样的饰品，主要的加工合作者有西门陈厝池的刘元伯、锦叔及旧西门街的彬添、涸池的宏怀。另外大伯木盛与朋友在中山路猴洞设立作坊加工项链、戒指，产品加工后均送到中山路阿白经营的“艳丽号”进行镀金。

潮州城打银街及西门一带自古就是银饰加工集中地，邻近县及各乡镇的饰品店都到这一带采购货物。李兆兴店铺位于这一地段的中间点，因此生意兴隆，货如轮转，宾客云集。为方便日常生活，在店铺后门的十二家巷租房作为住家，爷爷仗义好客，每两三天便要邀客小聚，俗称“食酒仔”；晚间又常常以糕点、饼食邀请朋友品茗闲谈，通过与朋友交流了解社会行情，偶尔亦鉴赏一些古玩，以助谈兴，大伯闲时喜欢到中山路李厝祠古玩摊选购一些古旧的陶瓷、家具。爷爷的好友洪克昌曾赠给他一套薄胎釉上彩松树仙翁图案的餐具，上面还手书隶体“少臣如兄惠存、弟洪克昌敬赠”字样。爷爷对这套餐具极为珍惜，宴请重要客人时方端出来，配上牙筷一起使用，亦成了他晚年的专用餐具。

1939 年 6 月，潮州沦陷。城区商户纷纷迁往兴梅等地。城内留下的十不及一，生意萧条。1940 年，面对危局，爷爷独自到汕头搭火轮前往上海了解行情，谋求经营出路，在黄哲仁先生家居住了几个月，店铺暂由老三叔少桐打理。

由于城内出现饥荒，灾民外逃求生，很多人逃亡丰顺、兴宁、梅县，福建长汀、连城、龙岩一带。此时，大众衣食难求，更谈不上梳妆打扮，经营首饰已不合时宜，老三叔遂改为经营干果什货。为防止日军抢夺，关闭铺门，改在店门口摆卖干果。米荒时，二姑清心则碾制面条销售，苦心经营还是难以维持，遂屡次催促爷爷回乡挽救经营局面。爷爷回潮后，为维持生计，冒险经营。1941 年，爷爷派老三叔到上海经办业务，暂住碗店，购运料石来潮，不料两年后，老三叔在上海病逝。

抗战期间，日军在春城楼及下水门设立关卡，对进出城的人员进行搜查，为逃避关卡检查，大伯木盛暗暗将加工后的饰品用小包分装藏于腰带上，雇请三位中年妇女系上这些腰带出城，大伯在城外码头接货，将货物带往澄海的东里、樟林、隆都，饶平黄冈，福建诏安、东山、云霄等地，销售给老客户。这段时间大伯忙于外埠业务，大伯母遂暂回布梳街娘家，因家贫与人到郊外贩米，不幸死于半路上，爷爷与大伯四处打听其死因，还是没有结果，很悲愤。1947 年，大伯在西马路十二家巷住家续娶了陈俊卿。兆兴号生意维持一段时间后，全家人渐感这种经营确实风险很大，每天担惊受怕，确实无法承受。1948 年，爷爷决定收缩经营，在西门灰路头购置瓦房替老三叔安置妻儿，自己则在十八曲巷购置了住家房产。同年，爷爷安排父亲到大姑父杨继通在西马路名胜境合股经营的天发号京果杂货店。1950 年，兆兴号经营萧条，爷爷主张让父亲与大姑父协商折股，接手经营兆兴号，主要经营京果烟什生意，同时摆卖少许料石首饰等库存商品，日常经营由爷爷看管，父亲负责到各行栈进货，生意勉强可以维持。1954 年 3 月 3 日，潮州市人民政府商业科首饰大组批准爷爷申请首饰经营歇业。1955 年，城关镇工商部门组织私营坐商及行业归口登记，兆兴号按经营的京什行业登记。1956 年 1 月，爷爷将店中的料石首饰库存商品、用物估值与经营期间收支及遗留货款一一列明，在二房德鑫伯见证下立字，折值按比例以现金方式结清三房股本，交由三房老三婶母子，约定之后各子侄自行谋生。同年，兆兴号纳入合作社商业，更名为“合作商店二门市”，主管部门安排父亲主管本店经营，并调入两名职员来店参与经营。同年爷爷退休回家，组织上安排母亲陈淑卿顶替爷爷名额到西门古合作商店三门市上班。1959 年，父亲被调往国营湖边小馆糖烟酒门市当主管。至此，西马路“李兆兴号”归由合作商店二门市集体经营。

以上为兆兴号创立与经营的历程，特别是抗战期间经营最艰难，长辈的苦心经营尚难以维持家计，兆兴号的经营是家族的生存基础，也是维系家族的纽带。爷爷身为家族长兄，不忘照顾各房兄弟，如 1930 年老二叔去世时，长子德州伯年幼，爷爷每月安排父亲将生活费送到老二婶家，直至德州伯成人结婚后。又如堂伯振乾去世时，子建松方三岁，爷爷亦令父亲每月将生活费送到他家，至建松能自立门户方止。爷爷曾被推选为西门报德善堂理事，热心公益事业。1956 年之后，爷爷退休后被居委会选为居民小组长，他帮助街坊邻里解决矛盾纠纷，处事公正，口碑极好。

二、两地书，骨肉亲

大伯木盛，字哲卿（1920—2003）。他 1949 年到香港寻求经营发展，1952 年经营稳定后，安排大伯母俊卿及女儿到港团聚。1956 年，大伯在香港经营有所起色，爷爷遂让四叔木宏到港协助。大伯在港经营制鞋模具，后转为纸品业。20 世纪 70 年代之前，经营“大一纸品有限公司”，公司地址位于香港土瓜湾鹰杨街五楼二号；80 年代之后，经营“美德纸品厂”，地址位于香港九龙土瓜湾荣光街四十号地下。大伯热心于社会公益及旅港乡亲的联谊活动，是香港九龙狮子石山慈心佛堂理事，香港潮安同乡会永远会员，曾任香港潮侨联谊会会长。1987 年大伯在家信中介绍该会的情况，“香港潮侨联谊会会员不少，无论周年大会或月常例会，众多会友对会务抒发意见，对同侪畅谈家常，乡谊友情，融融洽洽，言谈欢叙，俨如一家人，我身为该会会长，亦见光彩。”

1949 年之后，大伯木盛旅港谋生，因种种情形从未回故里省亲，只靠鸿雁传书，沟通两地信息。他既奋力拼搏事业，又每每思念故里，除逢年过节寄家用外，对于爷爷奶奶的寿辰、身体不适、晚景及临终前后情况都非常在意。大伯除寄家用外，还亲笔书写下了一封封充满骨肉亲情的家书，他深受传统私塾教育，家书的格式严谨讲究、文字真切生动，熟悉楷、行、草各书体并因内容不同而使用不同书体，家书中的内容及书法能反映出其在传统教育浸润下的儒雅文风，其遣词造句一片深情，如“男之港廿余载，无日不以家园是念……恨不得插翅回里。今聆芬芳女儿所云家庭美满幸福，拜谢苍天庇佑先祖，积德家有余庆”。以及“岁月催人年又一年，男时拟回里省亲，怎奈店务羁身未克如愿，但望大人珍摄福体，尤望弟辈孝道和气，则虽地隔万里亦一样安乐欢欣也，至于港中生活环境详情，候有暇时当一一写明禀告，请免慈念”，“苍穹肯恤环境许可，他日回乡亲奉甘旨共叙天伦，以娱晚景”。这些言语充分体现出其思乡之情，也常常让爷爷牵肠挂肚，每逢佳日便倚门翘首期盼大伯的家书，晚年视力下降，每接到家书便叫父亲读信，爷爷每当听到言语情深时便噙泪哽咽，小时候每当父亲为爷爷读家书，我都喜欢在旁细听，对信中的礼仪用语几乎都能知晓，此情此景至今仍历历在目。下面以几封家书来反映两地相隔割不断的骨肉亲情。

（一）拜寿

每逢爷爷生日，大伯都会提前寄来家书，并汇来祝寿礼金。是日大伯全家在港也设宴庆祝。“本月欣逢大人寿辰之期，男及媳与孙儿等未能趋前庆祝，戏采娱乐，请大人届时在家与方便准备些酒菜，合叙天伦之乐，男等恭祝大人福与时增，寿合天厚。今由银行寄上港币捌拾元，请查收，买些适口食物及大人日常应用之需。”

如爷爷奶奶双寿佳辰之时，大伯寄来的家书：

双亲大人

尊前敬肃者：是月、来月为两大人双寿佳辰，男等在远遥祝福随年增寿与岁，兹日间由银行寄奉港币贰佰圆。

恭颂

两大人添寿两百载

此上

敬敂

万福金安

男哲卿拜上

十月初五日

又如爷爷去世后，奶奶寿诞之期，大伯寄来的家书：

慈亲大人

尊前：是月欣逢大人寿诞之期，男等在港遥祝福躬长春，寿域无疆。届时梓中诸弟定当堂前祝嘏，欢宴娱亲，乐叙天伦也。儿孙于港斯日良辰，亦一样举杯合庆焉。

今连家用共寄上港币壹佰伍拾元，至乞查收。示慰

敬叩

万福金安

男哲卿及媳孙等拜禀

十月初三日

（二）思亲

大伯自1949年旅港之后未曾回过家乡，然而对家乡的思念牵挂在书信中每每提及，“我远离乡井，于兹数十寒暑，故园亲情，时萦身景”。他也只能在书信中诉说衷肠，这些家书也让爷爷老泪纵横。1973年爷爷已81岁高龄，身体每况愈下，希望大伯能回乡一趟，但因大伯在港经营及环境不甚理想，一向要面子的大伯只能让妻女申请回乡，也暗暗为老人准备后事。1974年7月大伯母与静芬、静芳两姐回到故里省亲，这一刻成了家族的盛大喜事，人来客往，热闹非常，大伯母带来录音机播放大伯对大家的问候录音。爷爷虽未见到大伯，终也了结一个心愿。回港前，奶奶将她戴了一辈子的翡翠耳坠传给了大伯母，爷爷将一些老店经营的料石（冲玉）送给在港的子孙留念，可惜海关检查时不同意出境。当她们母女回港后，大伯即寄来家书报平安：

双亲大人

尊前敬肃者：刻接二弟来信言及严亲大人福体稍有不适，男远离乡井，恨不能即赶往省亲，忧挂无已，兹定于明日筹寄港币伍佰元，请即延聘名医调理勿误。

大人希自珍摄，诸弟应和气参酌侍奉。俊卿准备日间办理手续回梓一行，谨先禀达，余情后申。另今年闰月可选购寿板寿衣为大人添福添寿，款项如有不敷，再行筹措可也。

片叩

福安

咏雪信收到字典候带去。

男哲卿拜上

七月十五日

咏雪为我姐，当时就读于上海第一医学院，即现在的上海复旦大学药学院，在学期间受到大伯的支持照顾。

双亲大人

尊前敬肃者：自俊卿母女于十八日晨回乡后，迨至廿一日晚上八时半才接到木辉舅拍来电报言其到达，及至今天下午四时半芬芳二人返港，即于六时拍电禀知，想早收到。此次她姊妹回程在惠阳（惠州）直接搭车到深圳，可免转樟木头站，请为俊卿言知。携带当归免税，正玉六粒，由政府收购三十五元，冲玉壹包抛弃，所存入人民币四十五元，不准换港纸汇回乡。四十四元手续四点四毛，存五点六毛不准带出，买糖果用卖出之三点五元，买车票到九龙，俊卿归来时，用剩人民币只须够买来深圳车资便可，另应有数元港币留买来港车票也。

严亲大人福体康后真是欣慰，闻之胜中彩票，尤以家中诸弟人等一团和气更加欢喜。男之港廿余载，无日不以家园是念，间中略探知家人有些意见，兼之双亲大人龙钟高年，恐难受闲事刺激，所以心中如焚，恨不得插翅回里。今聆芬芳女儿所云家庭美满幸福，拜谢苍天庇佑先祖，积德家有余庆，仍希望家人继续和睦相处，敬老爱幼，甚而对邻里亲朋都应和蔼相亲。寄语诸弟和气胜万金，莫以少数金钱事物争执，分家事请莫持，虽日树大分权，都不若同聚厚福也。

男或岁暮回乡省亲，高堂合叙天伦之乐，忽此肃禀敬叩

福安

男哲卿再拜

七月廿九日晚七时

此次回乡确实带来不轻的经济负担，同时大伯也深知爷爷身体情况，表达争取年底回乡的愿望，大伯又来信：

双亲大人

尊前敬肃者：前天寄奉一信定先收到，此次俊卿母女回乡，深的（得）家人及戚友热诚款待，无任欣幸。带来冲玉一样抛弃，当归甚好，但云南白药，港中国货公司都有售卖，顺为告知。俊卿在家支用的港币约肆佰元，静芬孝敬父亲大人的壹佰元及芬芳添购福物贰佰元，开本月家用壹佰元，合共港币捌佰元，兹预于日间先汇去伍佰元，其余叁佰元则候稍缓再行续寄。如果待用，则来信告知，即当随时汇上。至于家批自应月常按时付寄，男因店务羁身，无从抽出返梓日子，或可候岁暮收工后至新年的一段休息天，回里一行，届时如何定夺，再函禀达，肃片余事后申

敬请

福安

另俊卿母女附语向诸位戚友致谢美意热忱

男哲卿拜禀

八月七日晚上九时

（三）孝养

我的家族是潮州众多家族中普通的一家。爷爷在世时是整个家族最权威的长者，他承

担着家族的生活责任，各房的大事必须征求他的意见，逢年过节他汇集各方收入，包括大伯从香港寄来的批汇，然后按需要分给各房，大伯每逢春节给亲友的利是钱，都在家书中请爷爷代为分发；爷爷去世之后，大伯作为家族长子，不仅孝敬奶奶，更承担起团结各房及亲友的责任，不论他在香港的经营是顺是逆都坚持定期寄来家用，连春节的利是钱如何分配也在家书中一一列明。如：

慈亲大人

膝下敬禀者：今由新华银行寄上家用钱港币陆拾元，请查收，为大人自己添菜及零用之需。腊鼓声催又届急景残年，港中商场人事特别紧张，本拟即行筹寄亲友年金，莫奈银根萎缩须待尾祃过后。尤以男年来环境一样摇摆不宁，言之真是愧对大人及诸亲友，自惭亦吕自咲。此间家庭开支浩大，可俭难免，虽有媳妇及孙女等工作帮补，还应赖本人中流支撑，加以街外一切应酬，人情似债，收付时恒超乎预算，本年寄奉亲友年金只能略表寸心，请代道达诸位勿嫌菲薄，聊具千里鸿毛之意已耳，另恐届时汇款时候迫近岁晚，信件邮递有阻兹，先列寄款分抹数字，请大人届时收款后逐一送给。

计预寄人民币叁佰元

慈亲大人收十六元　木添二弟收十元

木金三弟收十元　木华五弟收十元

咏雪侄女收六元　清花胞妹收六元

清心胞妹收六元　二婶母大人收四元

三婶母大人收四元　德汉弟妇收四元

岳母大人收六元　木辉舅收二元

烈兄收八元　平嫂收八元

先此禀达，余情后肃。敬请

福安

顺颂诸位亲友大安，恭贺新禧

男哲卿拜上

媳俊卿及孙儿等随敬

乙卯年十二月初十日

爷爷归西后，大伯一直牵挂着奶奶的日常起居饮食，常在家信中请奶奶保养身体，叮嘱在家兄弟应伺候好奶奶的生活，对过年给亲友的利是钱也由奶奶代为分配，其中，他特别关心在上海第一医学院读大学的咏雪姐姐，请奶奶也分配一点利是钱给她做资助。

慈亲大人

尊前敬肃者：岁书云暮，又是一年，许久未函禀候，良以什务繁冗，勿罪为幸。近维福躬安康定符下颂港中人等均各手善请免。慈注大人年事已高，儿孙满堂，自应珍摄颐养，切勿操劳家务什事，下辈当会安排工作。至于膳食方面，现在是否由二、三、五弟分日供奉，乞希示知，苟如有所不适者，男等便当尽人子甘旨之责。平时汇寄之款，还难确知，今先预定日间寄上港币贰佰元，届时请大人留壹佰元自用，其余之壹佰元由大人安排分抹给内外亲人友好，只要如往年人人有份，聊表寸意已耳。来年如转美景，便当多寄，乞代致意询候诸位亲人戚友安好，并颂告慰佳况，近来除家信外，只有收到月初咏雪之信，而已对各亲友时在念中，关于咏雪求学，大人可抹些资助她，今随函夹去近照一张，待明春再寄与子女合照。

专肃敬叩

万福金安

男哲卿媳俊卿拜禀

十二月十二日

1976年9月，大伯中秋节寄给奶奶家用时，还表达了港人对毛泽东主席逝世的哀痛。

慈亲大人膝下

敬肃者：数月前去信，未获论复，此间亦深知邮务繁忙有以致之，而港中人亦多因生计紧迫，鲜疏修函奉禀，唯望鉴谅可耳。母康再述为是。中秋节日寄汇港币壹佰元，翌日毛主席逝世消息传来，港人莫名悲痛，今天方才写信上达。

顺叩

福安

男哲卿拜上

九月十七

（四）爷爷归西

1974年12月30日（农历十一月十七日），爷爷安详辞世，往生西方极乐世界。家中各人各自忙碌安排丧事，并拍电报告知香港的大伯及四叔。大伯即筹集一千元速寄回家中作为丧事费用，并寄回家书一封，悲痛之情，撕心裂肺，游子思亲，催人泪下；并督促弟辈办妥一切丧葬事宜。

慈亲大人尊前二三五诸弟均鉴：

噩耗传来心中欲绝，奈何生育恩情再面无期，抢地呼天悲痛无已，正思摒挡业务，预期遄归省亲高龄，乐叙天伦，适逢此间店务骤遭变故，方事调整之中。昨天下午忽接电报，是时适过银行办公钟点，今天又逢国历元旦假日，无从着手汇款，迫得须候明天重寄。近期因事而致月常家用以及先言付寄之贰佰元等等都未汇上，今在急促之间即日筹集港币壹仟元由银行电汇付上，苟勿论系补上应寄之项或月常家用之款，在收后当先料理丧葬事务，使老人家入土为安，斯乃至要也。

慈亲大人请节哀思，指点弟辈办理善后。

恕男等不孝，未能奔前成服，只得于今早当天朝拜，遵礼上孝，愿父亲大人在天之灵谅鉴耳。下笔至此，悲痛未已，哀哉奈何。

诸维

珍卫

男哲卿拜上

一九七五年元旦之夕

次月，大伯在香港九龙狮子石山慈心佛堂登记，设立灵牌位以作永久供奉，并请法师来年为爷爷念经超度，让逝者安息，生者释怀，以弥未能灵前尽孝之憾，尽人子之孝道。

慈亲大人

尊前：诸弟均此，不另。日昨接到家书，各情详悉，港中在严亲大人首七之期当天遵礼成服，恕男不孝，未能奔归故里亲视殓葬，罪孽深重，悲恸无已！本拟向在港潮安同乡会（男为该会永远会员）报告，发出讣闻，设灵奠拜，但鉴于当前人情世故，各项问题未有进行，而转向九龙狮子石山慈心佛堂（男亦为该堂成员之一），先定下严亲大人牌位追思祀拜，永久供奉，并预请法师诵经超度，一切费用约贰仟元。惟不拟讣告，外人吊拜虽则减少纸仪收入，宁可尽为子自己一点点孝心耳，原因香港中人情物理非梓中人之所能了解者也，其他详细情由，客日另行禀告。

现在时近岁晚，佛堂中人与法师无法抽出日子，经过一番嘀酌后，须要候开年正月后才能安排办理，届时当详为禀达可也。另有来信时，请写来家内诸人详细名单，以便在做佛事时开列给法师之用也。至于梓中各节如何进行，盼暇中告知，藉慰远念而明种切者。另请慈亲大人节哀，珍摄福体，并指导诸弟在服事宜。今后家中大小事件，希诸弟妥为嘀量进行……

之后每年中元节，大伯都在港中参与盂兰会，摆放爷爷牌位以表哀思。

慈亲大人

尊前敬肃者：月初由银行汇上港币壹佰元，卜早收到，港中各个区域每年夏历七月均有潮籍人士举办盂兰盛会，今年红磡区循例于十三、（十）四、（十）五日举行。先严牌位一如去年同样安置祭拜，顺笔禀知。

专此敬叩

福安

男哲卿媳俊卿拜上
中元节

每逢爷爷祭日，大伯都念兹在兹，在港举办祭拜仪式，维持终生。

慈亲大人

尊前：葭华飞白，寒露中宵，梦怀先严无任悲恻，日事商忙，为求衣食；夜动亲情，哀思不已，造化何尔忍心，空存游子报思之念尚，庆萱堂健在，恳请珍重福体慈躬，苍穹肯恤环境许可，他日回乡亲奉甘旨，共叙天伦，以娱晚景。

下旬为先严大人暮年之期，男等在港当天拜祭，兹另寄上港币壹佰元，届时办理奠拜之用，先灵有知佑我等内外平安，大小健好是耳。

此叩

福安

男哲卿拜禀
十一月初六日

（五）树大分杈

家族不论大小，长者都面临着一项困难，那便是树大分杈，开枝散叶，我家也不例外。在爷爷奶奶晚年之际，常因分家产生一些小纠纷，大伯总是劝说弟辈遵从长辈的意愿，让二老晚景和美。

双亲大人

尊前敬肃者：去月寄上禀缄并拟稍后即照汇付款项，但因有所搁阻，迄至今天绕由金城银行寄出，请收妥，示慰是盼。汇给三弟者同时付发也。近微闻俺有分家之事，本来树大开杈乃属人之常情，亦无不可。惟世事往往有如戏台演剧，每因争产而导致家庭人等发生不愉快后果，主要在尊长主事人之严正分明处理，使能大小服帖。窃恩俺家非富有，兄弟尤多，就算稍或厚薄相差亦属无几，况家中二、三、五弟等都是循规蹈矩、谦恭孝道，谅能听由大人之指示与发落者。

然此事之动机始自何人与何时耶，二弟当前环境或较困难，男份下所有可暂借予，并希二弟代为保管可也。在此情形下，则男与二弟间地方之分划须要连接一起，总之无论如何，分家之事是明确之分划，开枝散叶固属好事，但家庭中上和下睦必要一团和气，使美满之家有良好之气氛，更融洽之景象。五弟结婚在即，喜气盈庭，满门吉庆，必合家大小人人愉快，所企望者，父亲大人眼疾度早痊可矣，请多多补养，勿惜小数金钱，购买适口者佐餐也。

万福金安

男哲卿媳俊卿合拜上

十一月十三

三、结论

家族文化是中国文化的核心，中国人历来重视门楣家风的教育和传承，讲求耕读为本，诗礼传家，传统文化思想紧紧地凝固和塑造了中国民众的固有家风，形成了明礼、孝亲、忠厚、诚信、勤俭等“中国式”家风。传统家风对人的塑造和培养，促进了人们价值共识和道德的形成，深刻地影响和培育了一个文明大国应有的“国风”。

兆兴号及其家族之人之事，其实微不足道，但从这些点滴事迹可以了解到普通百姓家的生活境况和传统家风。少臣公自幼受传统教育的熏陶，讲究孝悌，身为家族长辈，承担家族生活安危的责任，其权威来自于他对家族尽心尽意的担当。他在经营上养成诚信、正义的品行，生活上自奉甚俭，乐善好施。

大伯木盛、父亲木添等受爷爷少臣公影响较深，遵循传统家风，孝顺性成，上对长辈至尊至敬至孝，下对兄弟至诚至爱至义。大伯在港经营，不论经营的顺逆，逢年过节及月间常寄来生活费孝养双亲，扶持家计，每逢年暮的家书常如是表达“来年环境好转，再行厚奉并祈致意。诸位戚好恭贺新禧，如意快乐幸福，为无量颂”。特别是爷爷奶奶去世后，他作为家族长者，一直要求在家兄弟和睦相处，在家书上言及“大家仍要亲密无间，共乐天伦”以及“随笔所之不计程序，只照真情心声表露”；父亲自幼随爷爷经商，一直顺从其意，严遵其愿。兄长在外，他承担起责任，体贴入微地照顾爷爷奶奶的晚年日常生活，让他们安享晚年。

传统家风注重对人的塑造，讲究明礼仪、孝亲老、忠厚、勤俭；而新时代更注重个性的张扬，富于激情而充满创新，更加讲求民主、平等、和谐。当传统教育面对时代需求，在约束与自由、保守与创造之间，我们的家风又该如何接招，对后辈的教育和道德的培育又该如何发展？本文通过对潮州兆兴号首饰店家长式的经营及李兆兴家族的发展变化的梳理，或许找到了答案，那就是优秀良好的家风如大国构建精神文明，需要兼容并包、开放和谐，既尊重传统又与时俱进，让后辈明礼、诚信、正直而又自由和富于创新，平等而独立，在继承和创新中培育醇美和谐的家风。

侨批：潮人优秀传统家风的历史见证

陈友义*

家风就是一家的传统作风、风尚。① 风，取自《诗大序》中“上以风化下，下以风讽上”之义，即人们借以自律正己、教化他人的良好品德风尚。家风就是一个家庭或家族长期以来形成的，能影响家庭成员精神、品德及行为的一种传统风尚和德行传承。② 家风是家庭成员成长的基石，有好的家风，才会养育出好儿女，才会有美满幸福的家庭生活。

侨批，又称“番批”，是海外侨胞通过民间渠道及后来的金融邮政机构寄回国内、连带家书或简单附言的汇款凭证。③ 一封封侨批，就是一封封家信，就是一封封深情厚重的家书。潮汕侨批记录了潮人先辈漂洋过海，身处异域而艰苦创业的苦难历程，反映了“热爱祖国、情系故里、吃苦耐劳、勇于开拓，笃诚守信”的潮人精神，④ 是潮人优秀传统家风的历史见证。

一、侨批见证了潮人忠公爱国的优秀传统家风

爱国主义就是“千百年来固定下来的对自己的祖国的一种最深厚的感情”⑤，爱国是做人的基本准则，是潮人的优秀传统家风。离乡别井到海外谋生的潮人，在寄回家里的批信中，时刻关注着祖国、民族的命运，特别是在那国家危难的时期。

1939 年 6 月 22 日，日本帝国主义侵占汕头，海外潮人心急如焚。7 月 1 日，新加坡侨胞洪家成在寄给潮安江东父母的批信中就写道：“迩来潮汕战事发，未卜俺乡情况若何否？祈列明示晓。”⑥ 11 月 29 日，泰国侨胞陈维耀之妻在寄给澄海银砂乡家人的批信中也写道：“闻得潮汕战事日甚紧张，未卜俺附近岂受猖獗，至家人岂受惊否？因交通不便，消息少通，以至（致）儿媳在外实深深怀念，日慕佳音以慰我怀耳。”⑦

---

* 陈友义，男，汕头职业技术学院潮汕历史文化研究所副教授。

① 辞海编辑委员会编：《辞海（缩印本）》，上海：上海辞书出版社，1980 年，第 1022 页。

② 杨树桐：《家风漫谈》，http://nnsg365.com/txt.asp?unid=1105，2014 年 6 月 12 日访问。

③ 杜桂芳：《潮汕侨批》，广州：花城出版社，1999 年，第 7 页。

④ 庄世平：《潮汕侨批萃编（第一辑）·序》，潮汕历史文化研究中心编：《潮汕侨批萃编（第一辑）》，香港：公元出版有限公司，2003 年。

⑤ 列宁：《列宁选集（第三卷）》，北京：人民出版社，1972 年，第 608 页。

⑥ 王炜中：《初析潮汕侨批的传统文化基因》，《侨批文化》第九期，汕头：潮汕历史文化研究中心，2008 年，第 10 页。

⑦ 王炜中：《初析潮汕侨批的传统文化基因》，《侨批文化》第九期，汕头：潮汕历史文化研究中心，2008 年，第 10 页。

面对日寇的疯狂入侵，海外潮人在批信中，表达了众志成城，抗击日本侵略者的坚强决心。有一封侨批这样写道：“内助爱鉴：启者自接回函，开眼观看，瞭然明达。在此国家千钧一发，最贵要的自然（是）经济问题，战争军备，不外于此矣。人力心力，在于人民决（坚）持。然而我们既是国家的一份（分）子，也须当努力，使解燃眉（之急）而得到胜利，铁蹄之下，中国更一跃而上天矣。”①

数以万计的潮汕侨批，凝聚着海外潮人关爱祖国，报效祖国的拳拳赤子之情，充分体现了海外潮人忠公爱国的优秀传统家风。

二、侨批见证了潮人热爱家乡，关心桑梓的优秀传统家风

泰国侨胞陈木香在寄给饶平居美乡后陈社胞兄陈木生的批信中，除了深切询问“吾兄在塘耕种，谅亦定必丰收否？不知每年米粟巧能到食”，还十分关心家乡的治安，询问“近闻战事发生，乡中巧会分乱”②？

1969年1月27日，新加坡侨胞林城弟在寄给潮阳北门外茶亭社他侄子林家荣的批信中写道：“祖国的亲戚朋友，我非常挂念，我时时刻刻都想回去看看故乡之新面貌。有办法我一定回去探望你们。”③ 字里行间，表达了对家乡的挂念，对亲人的思念。

三、侨批见证了潮人尊老爱幼的优秀传统家风

尊老爱幼，就是尊重孝敬老人长辈，关心爱惜儿孙。尊老爱幼是中华民族优秀传统美德，是一种优秀传统家风。尊老爱幼在潮人传统家风中占据重要地位。海外潮人寄回家乡的批信中，体现着尊老爱幼这一潮人优秀的传统家风。

（一）孝敬父母

孝是儒家伦理道德的内核。“百善孝为先。”翻开潮汕族谱，无论哪一姓氏，几乎都把孝敬父母长辈作为家训的第一条。潮阳陈氏家训第一条是“要孝”；揭西钱坑林氏家训第一条是“崇孝道”；潮汕黄氏把“孝双亲”作为其家训之一；潮汕翁氏强调“双亲奉养必须敬”；澄海东陇徐氏家族主张“孝敬父母”……孝敬作为一种突出、重要的传统家风，最主要是由家训“训”出来的、养成的。侨批作为海外潮人的家信，充分体现出浓郁的孝敬之道。主要表现在以下几方面：

其一，寄钱赡养父母长辈。侨批的本原就是寄钱，就是海外潮人将辛苦赚来的钱寄回，用以赡养故里的父母妻儿以及家族中其他老人。有批必有款，只是多少不等而已，或二十，或一百……铜钱显孝心，批款表真情。

其二，落款及祝词显孝敬。给父母或祖父母的批信，无不尊称“双亲大人”“父亲大人”“慈亲大人”或“祖父母大人”；都用“尊前”“膝下”“均鉴”“高堂”等充满孝敬之情的词语，自己则谦称为“不肖”“敬禀者”“跪禀者”“敬启者”，后面则是“并请福

---

① 陈历明：《侨批是一部生动的民间历史》，王炜中主编：《第二届侨批文化研讨会论文集》，香港：公元出版有限公司，2004年，第238页。

② 吴勤生主编：《潮汕侨批萃编（第一辑）》，香港：公元出版有限公司，2003年，第55页。

③ 吴勤生主编：《潮汕侨批萃编（第一辑）》，香港：公元出版有限公司，2003年，第314页。

安”“并候福安”“顺颂福安”“顺颂近安”等祝词，字字尊敬，句句孝心。

其三，关心父母身体健康。在外艰辛打拼的潮汕男儿，时时刻刻挂念家里年迈的父母亲，特别是他们的身体健康。关心父母身体健康，在侨批中比比皆是，令人感动。

泰国侨胞陈鸿程与妻子以及三个年幼儿子在海外，留下长子陈修贤与三个孙子在家乡澄海陪伴母亲。1975 年农历四月底，陈鸿程的母亲不幸摔伤，他闻讯以后心急如焚，马上写信给母亲。信中写道：“慈亲大人尊前：敬启者今天由朱锦渠邮信，内云及母于上月底不幸跌伤，势颇严重，恕儿在外未能晨昏奉侍，实深遗憾。伤势如何，祈续示知，兹付港银伍佰元，为大人留身边零用。”① 陈鸿程还写了一封信给他的长子，一再叮嘱他要细心服侍祖母。在这期间，泰国政局动荡不安，各行各业一落千丈，人心惶惶不可终日，“不知将来何日变作难民，恕难预料”②。但陈鸿程仍克服困难，先后两次寄回港币 400 元，供母亲治伤。

其四，关心父母起居。马来西亚侨胞吴镜明在写给潮安银湖乡妻子林氏的信中提到：“近来洋地炎热异常，寒暑表至百余度，回忆塘中此时亦在暑天时候，何况兼蚊虻颇多，令人怕之。余在家之日饱受其苦，回思我母之门帘破碎，彼时余在家之时因经济压迫，未有购置，见字之日切要购买，勿延为要。”③ 门帘大都是用竹条编的，既通风又挡蚊蝇，还可遮阳。镜明去到国外才想起没有买新的门帘给母亲换上，便马上写信嘱咐妻子立即购买。一张小小的门帘，体现出他对母亲的一片孝心。

其五，不仅自己孝敬，而且要求妻儿孝敬。1969 年 12 月 3 日，泰国侨胞曾哲坤写给澄海图濠乡妻子的信中多次强调：“在家宜遵慈训，不可有逆上，知侍奉老亲。”同时，曾哲坤在写给儿子镇松的批信中要求他“知之你在家一切须遵你母教训，亦应孝顺你母，不可有送为要。你亦着叫你妻遵从你母，至盼”④。

其六，为不能尽孝而自责。1936 年 8 月 27 日，吴镜明写给妻子的批信，谈及自己的母亲去世，语言十分凄切：“接来信内报，吾母于月之初九夜寿终，噩耗传来，五中俱碎。但上月接吾母信，云身得病，使吾甚为惊忧，想不致一病即与世长辞，此家门之不幸也。今后不能再见亲颜，为人子者，岂不悲乎？哀之父母生吾哺劳，生不能尽养，死不能尽哀，不能亲侍膝下，亲视含殓，子职有亏，罪孽深重。本想回家奔丧，皆因天涯远隔，况又身边如洗，两手空空，幸此次有颜坤、学祖叔、成声叔并亲戚诸人帮理，死生铭刻。来信云九月初一为与吾母修斋一事，如已进行不待言，如未进行从中磋商，进行各节事须欲与吾父亲一样做法为是。”⑤ 这表达了他对母亲的深厚感情，也为自己“生不能尽养，死不能尽哀”而深深自责，表现出他的孝心。

（二）尊重长辈

除了写批信给父母外，海外潮人还有写给祖父母、伯父叔父、岳父岳母、姑姨舅妗以及兄嫂的，其中也都充分体现了孝敬与尊敬。

---

① 王炜中：《潮汕侨批》，广州：广东人民出版社，2007 年，第 65 ~ 66 页。

② 王炜中、杨群熙等：《潮汕侨批简史》，香港：公元出版有限公司，2007 年，第 194 页。

③ 沈建华、徐名文：《侨批例话》，香港：中国邮史出版社，2010 年，第 375 页。

④ 王炜中主编：《潮汕侨批档案选编》（上），香港：天马出版有限公司，2011 年，第 104 页。

⑤ 沈建华、徐名文：《侨批例话》，香港：中国邮史出版社，2010 年，第 377 页。

（三）爱惜子女，关心子女成长

“子不教，父之过。”这句古训说明了一个基本道理——子女的成长，离不开父母的教育。关心子女，教育子女成长成才，这是潮人的一种优秀传统家风。身在异域打拼的父亲们，时刻惦记着家里的子女，关心他们的成长。这在批信中也得到充分体现。

1947 年元月 20 日，泰国侨胞郑钦桂在给揭阳桃都白石下乡妻子王清莲的批信中说：“及儿女须宜教养。”①

1951 年 7 月 18 日，曾哲坤写给他妻子的信中强调一定要调教好儿子镇松：“小儿抚养，不可有缺。”② 他在写给母亲的批信中说：“小儿入学，颇能勤读，如他所言，儿稍欢喜，但小儿宜须注意运动，使身体健康为要。”③

马来西亚侨胞蔡涌泉在寄回澄海程洋冈老家的侨批中，嘱咐儿子蔡金钱“切要谨慎从事，不可在外放荡，以免养成不良习惯”。他在给母亲的信中强调，“金钱在家或在外面，切欲学习正当事业，留心进取，不可闲游过日，以免颓唐”④。

四、侨批见证了潮人关爱家庭的优秀传统家风

家庭由婚姻产生的血缘关系结合而成，是集物质生产、生活、教育、娱乐、防卫于一体的社会基本单位。⑤ 自古以来，人们高度重视家庭，不惜一切代价，想尽一切办法，组建家庭，发展家庭，保护家庭。家庭是家风生成的前提，也是家风发展、传承的基础。关爱家庭，对家庭有着高度的责任感，是潮人的优秀传统家风。只身出外谋生的潮人，与潮汕的家的关系剪不断、割不去。即使有的在海外另立新家，但与故乡的旧家依然息息相关，对潮汕的旧家仍然十分眷恋，非常牵挂。他们想家、爱家、养家，有着高度的家庭责任感。侨批见证了海外潮人关爱家庭的优秀传统家风。

（一）关心家庭生活

1950 年正月初九，曾哲坤寄给母亲的批信中说，“奉上金圆券伍仟元，至时捡收家用？大人该款收后，速即购买米谷至要。因现在金圆（券）日见缩小，不可久延。是所至盼。”“今后儿寄上之款，无论多少，收后即买米谷为要。”⑥ 曾哲坤身在海外，心紧系家庭。

（二）关心家庭生产

新加坡侨胞庄美深写给潮安江东独树中乡母亲的批信中说，“林尾内园开年讨这木仔，何年种的，如若两畔无种，至切斩丢，以免园质有损亏。种三植但四方两畔皆种，不得已而留之”⑦。如此关心，至真至切。

① 吴勤生主编：《潮汕侨批萃编（第一辑）》，香港：公元出版有限公司，2003 年，第 84 页。
② 王炜中主编：《潮汕侨批档案选编》（上），香港：天马出版有限公司，2011 年，第 17 页。
③ 王炜中主编：《潮汕侨批档案选编》（上），香港：天马出版有限公司，2011 年，第 65 页。
④ 王炜中、杨群熙等：《潮汕侨批简史》，香港：公元出版有限公司，2007 年，第 197 页。
⑤ 陈友义：《潮汕传统家教的德育作用及其历史启示》，《南方职业教育学刊》2011 年第 2 期。
⑥ 王炜中主编：《潮汕侨批档案选编》（上），香港：天马出版有限公司，2011 年，第 2 页。
⑦ 吴勤生主编：《潮汕侨批萃编（第一辑）》，香港：公元出版有限公司，2003 年，第 215 页。

（三）维持家庭和睦

马来西亚侨胞陈克绍寄给澄海华富乡父母的批信中写道："近闻家中两人甚好各口，未卜此事岂有实否？凡人之家庭，须要和睦而后家道成矣。若不和睦，一家庭不幸。如有此事，当欲忍乃（耐）为要。"[①]"家和万事兴"，陈克绍等海外潮人深知这一浅显道理。

1967 年 3 月，泰国华侨陈曙浩寄批，教育儿媳应正确处理好家庭关系与处世立身："然儿收知：寄来邮信二封均收妥，内述各情明白，分居之事理必然也，至切不可闹意见，有无不可计较，叔婶居为长辈，应该尊敬，互相帮忙，诸弟妹应该互相友爱，和气相处为要。既往之事，言之无益，徒增恶惑，何苦为之，但人生处世立身，应以宽大为怀。凡事达观，则精神愉快，虽苦也乐……吾等旅外，俱皆相好……你等现已自立家庭，一切应刻苦安为，坚定为人，切不可乱为……"[②]

1976 年 1 月 11 日，新加坡华侨萧美泉在写给绍深、绍镇两个儿子的批信中说："兄弟如手足，互相爱护，是为至要。"[③] 他对弟弟美合也十分关心与爱护，每次寄批来都指定分发给胞弟，且数目比他人多。因把所有的积蓄都给了大儿子建新屋，无法再满足弟弟的要求，萧美泉心中感到十分对不起胞弟。1987 年 4 月 4 日，萧美泉在写给儿子的封信中说道："去年八月回家之时，在你和你叔父面前言明，把你母现住之屋送给你叔父，切勿违我之意，需知你父与你叔父是手足关系，切勿计较是要。"[④] 因一直无法给胞弟建新房，只好把一间旧屋送给他，表达了对胞弟深切的手足之情。

五、侨批见证了潮人勤奋耕读，崇尚知识的优秀传统家风

勤奋耕读，崇尚知识是潮人优秀传统家风。海外潮人大多是因生活困难而被迫"过番"的，谋生的艰辛，使他们倍感不识字的艰苦，因此把读书求进步寄托在下一代，对子女的学业高度重视，千方百计告诫子女勤奋学习，崇尚知识，知书达礼。在数以万计的侨批中，我们看到最多的是侨居海外的父母关心国内子女读书、学技能的批信。

1934 年 2 月 18 日，马来西亚华侨冯云根在寄给妻子的批信中写道："远元男须勤功读书，切不可学恶习赌博一切，至嘱至嘱。"[⑤] 叠连两个"至嘱"，可见他盼子成龙心切。在这封批信中，他还提及"福元侄就何业艺？并三兄顺元侄景况如何？"对兄弟的儿子他也十分关照，他虽然"现外面时势无甚喜色，店中生意比旧年还略差"，"手中十分拮据"，[⑥] 但仍寄来 10 银元供家用和子女读书。

香港的林七写给母亲的批信中说："俺家最大的毛病就是文化水准太低，如能够多培养一些后辈，让他们多些求学的机会，多些见见世面，心胸自然开朗。"[⑦] 在外奋斗多年，林七看出家中缺乏文化素养这一最大缺陷，立志培养下一代。

---

① 吴勤生主编：《潮汕侨批萃编（第一辑）》，香港：公元出版有限公司，2003 年，第 357 页。
② 吴勤生主编：《潮汕侨批萃编（第二辑）》，香港：公元出版有限公司，2004 年，第 177 页。
③ 沈建华、徐名文：《侨批例话》，香港：中国邮史出版社，2010 年，第 378 页。
④ 沈建华、徐名文：《侨批例话》，香港：中国邮史出版社，2010 年，第 379 页。
⑤ 沈建华、徐名文：《侨批例话》，香港：中国邮史出版社，2010 年，第 371 ~ 372 页。
⑥ 沈建华、徐名文：《侨批例话》，香港：中国邮史出版社，2010 年，第 372 页。
⑦ 沈建华、徐名文：《侨批例话》，香港：中国邮史出版社，2010 年，第 372 页。

六、侨批见证了潮人勤劳简朴的优秀传统家风

艰苦奋斗，勤俭节俭是中华民族优良传统。潮汕人以勤劳简朴的优秀品质著称。勤劳简朴是潮人优秀传统家风。侨批汇的是钱，寄的是家信。这一封封批信，无不体现了潮人勤劳简朴的优秀传统家风。

（一）热爱劳动，艰苦创业

海外潮人秉承着“铜钱出苦坑”的艰苦奋斗精神，白手起家，奋力拼搏。他们知道赚钱的艰辛，每每写信，总是告诫家人要热爱劳动，艰苦创业，切忌懒惰。

一封1936年由一位父亲写给饶平仙洲乡儿子陈道闻的批信中说：“尔卖盐割草，亦是艰难”“在家刻苦耕作，自己的盐埕园须要自己种为要。如亦冬头作不出，（可）雇工做。”① 这位严父对大儿子赋予家庭重担，既要耕田种地、割草晒盐，又要照顾弟弟读书，还要负起家中和睦相处的重大责任。

1964年1月24日，华侨陈廉中写给家乡祖母的批信中说：“孙去年卒业高中，即专修英文。不幸时因身体健康所阻，被迫辍学静养。嗣后健康复元（原），适得一相当机会，被雇为某一新筹创开采铁苗之矿业公司服务，惟公司聘用人事不多，诸事殊觉繁忙，除着管工人工作外，复得负责理些账目。只因受业之时，学校无实际之商业课程，故此遇有暇时，则自研谙簿记之借贷法则，以应时际之需，因此乃普通从商者需有之常识，亦商家切要之事项。孙无不随时当心，以图上进，决不敢违负堂上大人之厚望。目前理公司账务者，只为孙一人负责，诸事皆感不明底蕴，因有捉襟见肘、应接不暇之势。”② 从内容看，陈廉中是一位年轻的华侨，他所面临的已经不是祖辈们经受的饥寒交迫、出卖廉价劳力的遭遇，而是在现代商业社会里自己要学真本领，才能在激烈的竞争中谋取职位的大环境。我们看到了这位年轻的华侨，他继承了潮人先辈艰苦拼搏、永不服输的精神。

不怕挫折，东山再起，这就是潮人刻苦耐劳、百折不挠精神的核心。1963年闰四月十六日，侨胞英挺在写给岳亲的侨批中写道：“叻中豢养家禽计有红白鸡二仟多头，俱皆进笼生蛋，尔来因蛋价大跌，由每粒一角跌至六七分，各粒亏本将近二三分，一日产蛋千粒，每天蚀本十多元。在此两三月系大概均输本一千余元。”虽然养鸡亏本，但他仍十分乐观。他接着写道：“至于历年所得利润一事，愚创设的农场，好像工厂和商行一样，应该视行情之好坏和价格之高低而定。有时一年中可得利成万几千元，有时也能亏蚀几千元。”③ 潮商在海外社会拼搏，视胜败为兵家常事，充满了必胜的信心。

（二）勤俭持家，反对奢侈，鄙视虚荣

马来西亚侨胞洪宗道写给潮安县南桂都资国院乡祖父母的批信中说：“孙在外示知谨慎克苦勤俭，不敢忘言，请大人放心。”④

---

① 沈建华、徐名文：《侨批例话》，香港：中国邮史出版社，2010年，第214～215页。
② 沈建华、徐名文：《侨批例话》，香港：中国邮史出版社，2010年，第195页。
③ 沈建华、徐名文：《侨批例话》，香港：中国邮史出版社，2010年，第196～197页。
④ 吴勤生主编：《潮汕侨批萃编（第一辑）》，香港：公元出版有限公司，2003年，第375页。

1963年，一位老华侨写给家乡儿子的侨批中，为未能谋面的孙女取名“节坚”，其含义就是希望这个孙女既节约勤俭，又坚忍不拔。他在批信中对儿子说：“差幸我这年将半百之老牛，尚能负荷重担，不以为苦，所谓阿Q精神，聊自安慰也。”“所言多寄银项，俾便购买谷物，本该赞同，奈因近来为了前途，故再发展他业。手中十分据拮（拮据），无款可寄，希日久有良好成就，再打算。”① 当年我国正处在经济困难时期，生活十分艰苦，侨属嗷嗷待哺，故频频去信催讨。然而，华侨为了发展在海外的事业，除了自己省吃俭用以外，家属也只好跟着受点苦，道理是明摆着的。如果为了一时“放开肚皮吃饭”，那一点儿原始积累将化为乌有，无法进行再投资；无法发展，何来“希日久有良好成就”？勤俭起家，不勤俭不能起家，这是潮人发家致富公开的秘密。② 这封批信充分体现了这一代华侨刻苦耐劳、勤俭持家的潮人优秀传统家风。

有些侨属为了满足自己的虚荣心，过分索取高级奢侈品，华侨就来信予以严厉的批评教训。新加坡华侨萧美泉在一封写给儿子的侨批中写道：“对你来信所要之表，未知是自己要用或要出卖，在我看来全不合算。就出卖而言，叻中每个千外元，而你来信所言，目下塘中每个值五六百元，岂非大大亏本？如若自己要用，更不合理，因叻中所戴18K金手表，非百万富翁就是高级职员。”③ 看来这个儿子真是不知天高地厚，本来父亲带回去给他的手表已是十分高档的了，但仍不知足。老华侨心中感到无限悲愤，指责儿子“以后来信须要三思，切勿乱写”。

七、侨批见证了潮人诚实守信的优秀传统家风

“人而无信，不知其可也。”诚信是儒家思想的一项重要内容，是衡量一个人人品高低的重要标准。诚实守信是潮人优秀传统家风，侨批见证了潮人诚实守信的优秀传统家风。

在侨批的历史上，无论是“水客”还是“批脚”，他们都恪守着“人而无信，不知其可也”的准则。澄海隆都镇的许坤彬，曾是知名的“批脚”，他的职务是当侨汇安全抵达批局后，马上进行分拣，然后分区域送批。当时，许坤彬一个人负责隆都镇的后沟、前溪和潮安的堤头、山尾、寨内、溪口、岗湖等十几个乡村。由于地域比较大，每天太阳刚刚露出鱼肚白，许坤彬便要背着一把雨伞、提着一个花篮，盛着侨批，开始走村串寨投批，风雨无阻。从1940年开始到批局停业为止，他走过的人家已记不清有多少，送过的侨批更是难以计算。像许坤彬这样的“批脚”对他所负责派送地域内的侨属，了如指掌，谁家有亲属侨居海外，姓甚名谁，他都心知肚明，故有些批封仅写寄批人姓名，收批人则写“双亲大人”或“父亲大人”等，均可准确送达，从未发生过批脚吞没批款的事情。他们没有节假日，时刻整装待发，风里来雨里去，把批银送到侨属家中，用自己的辛勤汗水，换得千家万户的赞誉。

澄海樟林有一位侨批代写人——洪铭通，人称“写批洪”。据他的后裔回忆，他写回批坚持“四不写”：钱银数条不清者不写；夸大儿孙不肖引以为同情以求多寄钱者不写；伤天害理唆间人家孬话者不写；有辱国格装穷救苦者不写。从“写批洪”的“四不写”

① 沈建华、徐名文：《侨批例话》，香港：中国邮史出版社，2010年，第193～194页。

② 沈建华、徐名文：《侨批例话》，香港：中国邮史出版社，2010年，第194页。

③ 沈建华、徐名文：《侨批例话》，香港：中国邮史出版社，2010年，第268页。

中，我们看到的是他的诚实和他对诚信的执着坚守。侨批是潮人诚信优秀传统家风的历史见证。

总之，侨批是“世界记忆文化遗产”，具有极大的历史文化遗产价值，凝聚着丰富的潮人精神，真情地传递了海外潮人的家国情怀，更是充分地见证了潮人忠公爱国、情系桑梓、尊老爱幼、关爱家庭、勤奋耕读、勤劳简朴、诚实守信的优秀传统家风。我们必须采取积极有效的措施，大力弘扬侨批所承载的潮人优秀传统家风，推进潮人好家风的建设，推进美丽幸福汕头的建设。

从闽南侨批看近代中华文化的跨国传承

张 静 黄清海*

侨批俗称“番批”或“华侨银信”，是一种以“银信合封”为基本特征的特殊通讯方式，是华侨华人与国内眷属之间汇款及书信沟通的载体。清代以来，它是海外侨胞通过民间渠道及后来的金融邮政机构寄回国内并附有款项的家书及其回文，或者是有简单附言的汇款凭证及其回执以及相关文献。现存的侨批多集中于闽粤两省，而闽省侨批又以闽南厦漳泉三地居多。这些侨批的来源地遍及东南亚各地。侨批信件内蕴藏着丰富的历史内容，其民间文书淳朴的特性使其成为研究华侨华人史珍贵的一手资料，也使其成为研究近代华侨华人历史以及海内外文化交流的重要题材和资料。

近年来，随着侨批申遗工作的开展，这一珍贵的民间文书逐渐引起学者的注意，其中对于侨批业及侨批的金融作用的研究较为系统。[②] 有部分学者开始将跨国主义理论应用于华侨华人研究中，从而开始关注侨批这种具有跨国特性的研究媒介。[③] 然而，将侨批作为一种文化载体以及对于批信的文字分析则相对较少，本文专注于对于侨批批信的文字分析，希望从这种民间书信往来中体会中华文化的跨国传承。

侨批不仅仅是先人留下的珍贵文物和遗产，更是社会历史真实的见证，在文化交流史上占有一席之地。香港中文大学陈志明教授认为中华文化在海外的华人传承分为口传文化与文传文化。[④] 侨批兼有这两种文化传承功效。侨批是华侨赡养、接济亲人以及禀报平安的一种“汇款家书连襟”的寄汇，作为一种文化，它却是一种“以金融流变为内核，以人文递播为外象，以心心交感为纽带，以商业贸易为载体的综合性、流动型文化形态”。[⑤] 在资讯尚不发达的20世纪初期，书信是维系海内外亲情的重要媒介，然而，侨批“汇信

---

* 张静，女，哲学博士，华侨大学公共管理学院讲师。黄清海，男，泉州华侨历史学会常务理事。

② 参见戴一峰：《网络化企业与嵌入性：近代侨批局的制度建构（1850s—1940s）》，《中国社会经济史研究》2003年第1期；《传统与现代：近代中国企业制度变迁的再思考——以侨批局与银行关系为中心》，《中国社会经济史研究》2004年第1期；黄清海：《闽帮侨批业网络发展初探》，《华侨大学学报》2012年第4期；《解读晋商票号与闽帮侨批局》，《海交史研究》2012年第2期。

③ 参见 Adam Mckeown. *Chinese Migrant Networks and Cultural Change*: *Peru*, *Chicago*, *Hawaii*, *1900 - 1936*, Chicago: The University of Chicago Press, 2001; Madeline Hsu Yuan-yin. *Dreaming of Gold*, *Dreaming of Home*: *Transnationalism and Migration between the United States and South China*, *1882 - 1943*, Stanford: Stanford University Press, 2000; 潮龙起：《移民史研究中的跨国主义理论》，《史学理论研究》2007年第3期；陈丽园：《从侨批看跨国华人的教育与社会传承（1911—1949）》，《东南亚研究》2011年第4期。

④ 陈志明：《中华文化在东南亚：传承、变迁与认同》，《泉州学林》2011年增刊，第3~12页。

⑤ 陈训先：《论侨批的起源》，《侨批文化》2003年第1期，第41页。

合一”的特征，使其更具感情传递、文化传播的功能。当侨批抵达时，家人不仅得到了海外亲人的经济援助，了解到海外的资讯，更聆听到了游子的肺腑心声。“回批”返回时则带去了亲人的关怀、故乡的回忆和祖国的依恋，潜移默化中，中华文化就这样通过质朴的民间文书向华侨华人群体延伸与传播。

一、传统家族文化的传承

在中国传统的文化观念中，“家”的地位和意义超越个体，具有“根”的意义。“家”对于海外华侨华人群体而言具有极其特殊的含义，是他们永恒的身心居所，是维系游子与祖国母亲的最亲密的纽带，是中华文化在海外得以传承和延续的基本文化单位。

中国传统家庭伦理的核心是“孝”，它既是维系社会秩序的支柱，也是传统家庭观念的基石。中华传统文化得以在海外华侨华人群体中保存并传承，与他们对家的强烈情感密不可分。尽管身处海外，但“孝”的观念根植于他们的心中。闽南华侨远涉重洋，打拼奋斗，身在异域，却心系家园，有机会就寄信“搭钱”、寄“番银”，孝敬老人，赡养家人。在现存的大量侨批文献中，我们可以找到许多这样的例证。

例如，1898年新加坡寄永春大路头的侨批，内信写道：“此际暂为新客，百凡生疏，未得微利，先借英银贰元，寄邱铜官带回。”① 这显示了其对家人、父母的爱，哪怕是初到异国还没有赚到钱的“新客”，也要借钱先寄回家，勇于承担家庭的重担，具有很强的家庭责任感。

> 拜禀，祖母大人膝下，迩来玉体谅必起居安燕，动履吉祥，元符孙祝也。启者来信。
>
> 所云要孙回家，孙思无得利，是以难往，倘得如意必定归梓，祈勿锦介。今因刘贤之便，付去英银贰拾伍元，到可收入，内抽出伍元交姑娘，又抽出贰元交母亲收用，又付去鹿脚并虾米一珍，又卫生员四粒，有线并车线一包。其卫生员母亲若是可食，切速付信来知。在外身体平顺，勿介。前帮接邱铜官来糊衫甲仔二领，业已收明，其糊衫底后不可寄来，余不尽言并请　金安万一。
>
> 辛腊月初六　不孝孙种德　禀②

上文为1902年新加坡李种德寄福建永春家乡的侨批全文，寄信人来信问候祖母安康，除了汇来银款，还寄来“鹿脚”“虾米”等珍贵食材，以及“卫生员”等药材，嘱咐母亲试用，如若有效，则“切速付信来知”。对于祖母要求其归家一事，他认为自己出洋谋生却“无得利”，“是以难往”，要等待“如意”之时，有能力使留在祖国的家眷生活富足才能返乡。字里行间表达出一个海外游子至孝至善之心。

又如1932年（壬申年）四月廿五日祖树给其妻的信中写道：“……祖母年近古稀，如风中残灼（烛），在世日短，为下辈者务须敬奉，以享残年，方可无愧于心……”③ 这里则是嘱咐妻子，要求其赡养、敬奉长者，只有这样，远在海外的游子才能宽心。

---

① ［新加坡］李梅瑜、泉州市档案馆：《家书抵万金——新加坡侨批文化展》，新加坡：新加坡国家图书馆，2012年。

② ［新加坡］李梅瑜、泉州市档案馆：《家书抵万金——新加坡侨批文化展》，新加坡：新加坡国家图书馆，2012年。

③ 邓达宏：《闽南侨批：中华儒文化缩影》，泉州市归国华侨联合会等编：《回望闽南侨批——首届闽南侨批研讨会论文集》，北京：华艺出版社，2009年，第46页。

另外，在20世纪50年代福建诏安寄往新加坡的数封回批中，我们可以清晰地体会到一个留居故土的儿子对于远在南洋母亲的思念。侨批文字节选如下：

母亲大人敬禀者，收来港币壹佰元经已收到了，如信转分拨。母亲在外身体保重为儿女也是欢喜。儿在家对于孙儿也是照顾非常好，执请母免用挂念。儿也知母亲你在南洋非常努力，儿也是知之。请母亲回家来管顾，大细比到（按：闽南语同“较”音）桂（闽南语同“贵”音）气，也好厚待母亲（一些）日止（闽南语同“子”音）。

母年已多迈，离别二十多年并无见面，儿甚为挂念。目前家庭情形介绍母亲知之，对于家庭情形，柴米足食足用，真正好，执请母（明年）二月关请母回家，免于儿孙挂念。

另一方面翠英女儿三月间也度落月等，我母欢喜，容后再谈，切切回家，免于儿大小挂念。

儿合茂亲手写①
十二月二十一日

母亲尊前敬禀者，兹接来信港币叁拾元收到，知母在外身体健康，惟儿甚喜。但愿神天庇佑，吾母早日回家，免儿在家思念。母您吩咐儿不可放荡，惟儿尊（遵）命，努力耕作，希母在外不必挂念为要。母您来信并无言及回家，是何原因，望母后信写明来知。余无别言，并祝来年吾母身体健康，后信再谈。

儿林细槟　寄②
1957年元月21日

在这数封回批中，寄信人除了回复先前海外寄款悉数收到外，还向远在南洋的母亲细述自己以及国内亲人的状况，对于母亲的嘱咐，“惟儿尊（遵）命”更表达了对阔别20多年的母亲深切的怀念之情，希望母亲能尽快回家，“也好厚待母亲”，尽管母亲离家已久，寄信人对母亲的孝心却不为大洋所阻隔。

“修身、齐家、治国、平天下”语出《礼记·大学》，是儒学中个人修养的一个浓缩。“齐家”意为管理好自己的家庭和家族，让家族成员齐心协力、和睦相处，使家族兴盛，这正是华侨背井离乡、出洋谋生的最直接的愿望。因此，当他们将辛勤劳作的财富辗转送到亲人手中的时候，这些银钱之下的书信寄予了他们对父母的孝敬之心，对家庭和睦的期盼，对家族子弟的期望，乃至对同宗、乡邻的关怀。在不少闽南侨批中，我们能够清晰地看到孝敬父母、尊重兄嫂、抚幼恤贫等中华传统美德。

儒学重视“五伦”，其中“父子”“夫妇”“兄弟”是传统“家庭”关系的主体，并且认为人在家庭中应承担不同的义务和责任。在传统家庭观念之外，以血缘关系展开宗族观念，因此在中国传统家庭宗族观念中，家庭成员认为家庭、宗族利益高于个人利益，个人荣辱与宗族荣辱息息相关，侨批文字亦折射出了家庭宗族观念在海外华侨华人群体中的传承。如民国三十八年（1949）旧历四月二十三日新加坡许名钦寄往潮安阁外下乡东厝的

① ［新加坡］李梅瑜、泉州市档案馆：《家书抵万金——新加坡侨批文化展》，新加坡：新加坡国家图书馆，2012年。
② ［新加坡］李梅瑜、泉州市档案馆：《家书抵万金——新加坡侨批文化展》，新加坡：新加坡国家图书馆，2012年。

侨批内文：

> 家慈婶亲大人安启：
>
> 兹逢邮局之便奉去港币贰佰陆拾元，至时收下。此次闻说祖祠落成，要添神主入祠，儿想将祖父母并祖叔父母二位神主加入，用银若干，将所寄之项应用，存则家用，欠则来信通告。未知此举二位尊意若何？回音来知……
>
> 叻儿许名钦寄①
>
> 卅八年旧历四月廿叁日

上述寄信人基于强烈宗族血脉观念，对于家乡祖祠落成之事十分挂念，为尽孝道，愿意“用银若干”将祖先牌位移入宗祠，以便族人祭拜。而这番建议需尊听母亲及婶娘的意见，这无疑是寄信人遵循三纲五常这一传统社会基本行为规范的折射。

除了孝道，海外华侨华人还传承了强烈的宗族观念，因而，他们在侨批书信中除了双亲、妻子外，也充分表现出对兄弟姐妹、晚辈子弟等家族宗亲乃至邻里乡亲的牵挂。典型的例证如晋江籍旅菲华侨施能杞②的侨批书信，节选如下：

> 夹汇票伍佰元，拨交四兄一百元，锥嫂三十元，乌钗嫂三十元，二嫂拾元，三嫂、四嫂、乌客嫂、相侄、藩侄、养侄、能修、能从、维荣、颜健、家栋各分壹拾元，悦治嫂、信棕嫂、纯秀、养肇、阿报、圭侄、玖侄、郎刺、淑月女婢、笑仔各五元，孙钧二十元。以上计应分三百五十元，外付法币五元。合共除外，尚余壹百伍拾伍元，嫂可收用于年关。……嫂自己费用外，可主裁酌给邻右贫寒亲众……③

从信中可见，能杞先生身在海外，却心系家族中的每一个人，在汇款赡养、接济家人的时候做了细致的安排，将汇寄回国的银钱按身份、地位和实际需求逐一做了分配，而所分配的人数多达 26 人，并将尚余之款交由家中最具权威的兄嫂处理，并提及“酌给邻右贫寒亲众”，可见其强烈的家族宗亲观念。

二、故乡社会改革理想的印证

近代的福建拥有大批的海外华侨，其地方社会形态的变化可以说是中外文化交融的典型缩影，这其中闽侨扮演了重要的角色，他们中的仁人志士将海外所见所闻汇聚成对家乡变革的热切期望，将其他国家的现代市政模式、生活方式及先进理念带回祖国，这种中外文化交融之下的社会理想对于闽省侨乡近代化具有重要的促进作用。

著名侨领陈嘉庚在《南侨回忆录》中曾以万余字畅述中外市政建设的差距以及其对祖国城市改革的社会理想。他从卫生和住宅状况入手，将新加坡与中国的城市状况进行比

---

① ［新加坡］李梅瑜、泉州市档案馆：《家书抵万金——新加坡侨批文化展》，新加坡：新加坡国家图书馆，2012 年。

② 施能杞，字季方，福建晋江龙湖镇衙口村人，出生于经商富家。20 世纪 30 年代末至 40 年代初，为筹建故乡南浔小学校舍，受乡亲委托，南渡菲律宾，筹募经费。然而工作未及进行，太平洋战争爆发，能杞先生忧郁成疾，不久逝世，终年 56 岁。

③ 李天锡：《家书抵万金——〈施能杞先生家书〉解读》，泉州市归国华侨联合会等编：《回望闽南侨批——首届闽南侨批研讨会论文集》，北京：华艺出版社，2009 年，第 118 页。

较，认为中国市政急需改善，并将亚洲、欧洲、美洲的人民健康和城市建设概况进行概述，从而勾画出一幅具有前瞻性的中国市政改革图景。

陈嘉庚认为国人寿命之短，疫病之泛滥，首先是由于住屋拥挤狭窄；其次是由于自来水、防疫、除蚊、清洁、屠宰、垃圾处理等卫生条件的低下；再次是由于医疗水平不高，最后是由于国人缺乏体育运动。因而，陈嘉庚的市政改革方案就从这几个方面入手，借鉴了民国十年以来新加坡的全市改革计划，详述了街道拓宽、新式住宅改造、城市垃圾及粪便处理等方案。[①]除了陈述市政改革的细节，陈嘉庚还以欧美城市之发达为典范，规划了中国城市发展的远景：

> ……故宜乘兹放大眼光，将全国各城市筹备测划，预定市图，街路须横直整齐，前街后巷，阔度相当。目前先建筑二层三层楼屋，后来可以改建十层八层高楼。至公共应用地方，如政府机关，菜市，民众教育机关，运动场，游艺场，公园等等，须精密预计。若较广大城市，并加人行道及种树。工厂住宅须分区……[②]

陈嘉庚希望“一二十年之后，全国城市皆有园林之胜，居民获寿康之福矣”[③]。他的这幅改革图景正是出国华侨在中外文化交融之下的社会理想，在这样的理想驱动之下，海外华侨为近代福建城市发展作出了巨大贡献。以泉州为例，在其近代化的进程中，华侨或归侨除了对近代工商业进行大力投资之外，还直接参与了泉州的旧城改造、公路建设以及其他近代公益事业。

由于战争迭起和社会动荡，近代华侨的对华投资对于祖国以及侨乡经济的发展作用有限。但尽管如此，他们对于西方文明的传播，中西文化的融合，地方社会的变革无疑起到了积极的作用。由于国家和地方财力的不足，华侨成为闽省近代公共事业和慈善事业的主要倡导人和投资者。在城市近代化机制启动之后，近代卫生事业、市政设施、学校教育等市政建设中的许多公共事业均由华侨集资建设和维系。现代城市公共事业的引入，不仅为其他民族资本主义工商业的发展提供了基础条件，更重要的是，它们悄然改变着人们的日常生活方式。人们不再日出而作、日落而息，现代服务业开始兴盛，文化生活更加丰富多彩，卫生条件也日益改进，这一切都进一步促进了人们思维的转变，进而从根本上促进了社会的转型。[④] 可以说，华侨对于近代闽南侨乡社会文化的转型具有决定性作用。正是由于华侨对家乡的热爱，他们将自身在海外的跨国经验带回故土，并将他们富民强国的社会理想付诸实施。在内容丰富的侨批史料中，后人可以窥见当时爱国华侨的理想社会图景。

闽籍华侨对于家乡建设的贡献，最突出的莫过于闽省现代教育事业的创办或开拓。民国初年的闽省教育十分落后，陈嘉庚回忆当时教育之凋敝状况时曾记述：“见十余岁儿童

---

① 陈嘉庚：《南侨回忆录》，长沙：岳麓书社，1998 年，第 447 ~ 456 页。

② 陈嘉庚：《南侨回忆录》，长沙：岳麓书社，1998 年，第 455 页。

③ 陈嘉庚：《南侨回忆录》，长沙：岳麓书社，1998 年，第 447 ~ 456 页。

④ Zhang Jing. Aspiration for New Fuzhou：Local Print and Urban Changes，1927 – 1937. Singapore：Unpublished Dissertation，Department of History，National University of Singapore，2010.

成群游戏，多有裸体者，几将回复上古野蛮状态，触目心惊，弗能自已。”① 因而他认定兴办教育是一桩刻不容缓的事，此后，他便以办学为己任，先后创立集美学村和厦门大学，其创办的学校遍及闽省的28个市、县，为国家和社会培养了大量的人才，在很大程度上改变了闽省教育落后的面貌。

嘉庚先生更大的贡献在于开创了华侨在侨乡捐资办学的新风气，在其影响之下，闽省各地华侨尤其是闽南籍华侨纷纷在家乡兴学，使闽南侨乡的新式教育自民国以来有了较快的发展，这在民间往来的侨批中亦可得到印证。

2009年闽南旅菲华侨黄开物的一批珍贵侨批、侨信以及国内信件被发掘。②黄开物为同安锦宅村人（今漳州龙海市角美镇锦宅村），曾与其兄弟侄儿在马尼拉经营恒美布庄。从这批保存较为完整的往来侨批中，我们可以看出黄开物及其宗亲乃至其他同安旅菲华侨对在家乡捐资兴学所表现出来的热情。如1921年锦宅华侨公立学校旅菲校董会致黄开物的如下侨批：

> 开物先生电鉴：径启者，本周二日星期晚开特别团体会，宣布来函一切，俾族人周知，到会者二三十人对于建筑新校舍一事异常踊跃，均表赞成。惟日下生理更形衰败，请候时机得有巨款，想前函早已邀鉴矣。惟新校舍破漏之处先从简省修理，则开用数百元，可免春来而雨漏之患。候他南洋各岛捐款若何，岷中之人亦当预筹巨款以济矣。欣荷贤台素本热心教育为职志。此番改良校务以齐整，知劳清神，不胜抱歉之至。到本季则聘校长刘燮群先生，学界巨子为吾校效劳益力，实堪嘉许。且诸教员亦英才杰出，学生将来必受教育好现象，学校前途发达，可谓庆得人矣。据云夜学经已开课，皆农家子弟就学，甚好！昨对特别捐之项本当就紧汇去，碍因单水日涨，延望难下，故于前船太生已附去矣，计彬银431元（按：彬银120元换厦银100元），折厦银359.17元，到祈查收，先为应用。近下如何再寄一款，免介，肃此布启。敬请 大安！
>
> 旅菲校董会同人鞠躬“锦宅华侨学校”（章）
>
> 民国十年十月六日③

由上可知，包括黄开物在内的旅菲华侨不仅创办了“锦宅华侨学校”，而且成立了校董事会，尽管当时华侨自身“生理更形衰败”，却仍对现有校舍的修缮工作“异常踊跃，均表赞成”。除了捐资，旅菲校董会还对于学校管理的细节甚为关心，黄开物本人则以“热心教育为职志”，对办学各事宜亲力亲为，希望通过“改良校务”，能使学校“前途发达”。更令人敬佩的是，这批华侨捐资办学确实是以家乡教育兴盛为要，欢迎农家子弟入学，不以盈利为念。黄开物等华侨为家乡兴学的事迹可从一封关于学校事务的侨批得到反映，内容如下：

---

① 陈嘉庚：《南侨回忆录》，长沙：岳麓书社，1998年，第5页。

② 黄清海和泉州华侨博物馆刘伯孳对这批侨批有系统研究。相关论文参见《亚太经济》2013年5月增刊——《闽籍侨胞与辛亥革命论文集》和《闽商文化研究》2011年第1期。

③ 福建省档案馆编：《百年跨国两地书——福建侨批档案图志》，厦门：鹭江出版社，2013年，第122~123页。

开物、丕三、坤书列位先生电鉴：径启者，兹接台教数通，领悉种种对于教育诸问题，用心改良，皆出诸君，热诚可嘉，至所钦佩。学校前途必精精（应为"蒸蒸"）日上矣。闻对于夜学一事，亦在当务之急，若能早行兼设，使吾辈青年失学亦可补习之业，则族人子弟亦免夜游、赌博之事。敝等甚为乐观。……兹特别捐一款，敝等极力劝捐，意在多多益善。莫如此时生理各业十分冷静，虽有热心族众，居多爱莫能多助。而制操衣并修理校舍等款计捐来彬银427元，折厦银未知若干，另寄汇票详明，夹去月捐单一纸（按：指捐款清单）、特别捐单一纸，到祈察阅。并请　钧安。

旅菲校董会会员：开铸、开安、元勋、高敦、连续、赐霞、长波、启回、宗集、基总、振藩、西极、新冀、万吉、茂仲、嘉宾。

民国拾年九月廿一日仝启①

从此封侨批的内容可以看出，当时华侨投资办校不仅仅为了发展新式教育，而是以教育为契机，旨在改变家乡风貌，实现他们的社会理想。因而以黄开物为代表的校董们在创办小学的基础上高瞻远瞩地提出开设"夜学"，认为其"亦在当务之急"，尽早开设则可以使失学青年有"补习之业"，从而使"族人子弟亦免夜游、赌博之事"。这些足以证明，这批华侨的办学旨在促进风气变革、改造及振兴故乡。

三、爱国主义情感的维系

侨批是海外华侨华人移民史及创业史的生动写照，然而，它更是动荡年代中维系和巩固爱国情感的见证及媒介。

海外华人的爱国情感在辛亥革命和抗日战争期间得以凸显。据估计，辛亥革命时期海外华侨有五六百万人，到太平洋战争爆发前夕，侨居在南洋各国的侨胞就有676万多人。②在辛亥革命期间，他们中涌现出一大批革命志士，其爱国举动为今人所缅怀，然而，有更多的海外华侨默默为祖国的民族独立和国家富强奉献力量，最终却淹没在历史长河之中而未被人所熟知。"华侨乃革命之母"一语的广泛流传证实了华侨在近代中国社会变革中不容忽视的历史角色与作用。辛亥革命时期，大量身处南洋的华侨华人都积极参与到孙中山所领导的伟大变革中，涌现出一批如林义顺、张永福、陈楚楠、林文庆等海外华侨革命志士，他们不仅热心于革命理念的传播，积极参与革命具体事项的筹划，为革命筹措资金，更为革命流亡者提供庇护。③ 据统计，整个辛亥革命期间，海外华侨的各种捐款达七八百万元。④这其中无数平凡华侨虽未青史留名，却心系家务、乡里、国事，事事上心。丰富的侨批档案史料是这些无名人士伟大爱国情感的见证，这些平凡的海外华人通过侨批抒发与传递了他们对祖国母亲的热爱。

侨批书信记录了海外华侨参与辛亥革命的具体过程，更证明了他们对祖国政治革命事

---

① 福建省档案馆编：《百年跨国两地书——福建侨批档案图志》，厦门：鹭江出版社，2013年，第124~125页。

② 何启拔：《海外华侨人口的商榷》，《新中华》复刊第1卷第9期，1943年；李屏周：《南太平洋波涛险恶中的撤侨问题》，《现代华侨》第1卷第6、7期合刊，1940年。

③ 严春宝：《新加坡华侨华人与辛亥革命》，《中国社会科学报》，2012年2月8日。

④ 郑民等编：《海外赤子——华侨》，北京：人民出版社，1985年，第72页。

业的热忱。国内研究者推断，闽籍华侨黄开物为旅菲同盟会会员、普智阅书报社的成员，曾为同盟会在菲律宾的机关报《公理报》撰稿人。[①] 现已发现的其数百封侨批、侨信向今人充分展现了黄开物对家乡、对祖国的热爱。

在辛亥革命前期，海外华侨中无数孙中山的追随者在认同了民族革命主义后积极参加革命运动。在菲律宾的同盟会员们捐款捐物，并借助侨批信局渠道源源不断地寄入国内。通过侨批及回批书信，加强了海内外时局动态的沟通与联系，使得身处海外的华侨热烈参与到革命中来，支持革命党人组织起义，支援辛亥革命，力求推翻清王朝。[②] 黄开物即是其中的一位。在这批书信中即有旅菲同盟会会报《公理报》总编辑吴宗明给黄开物的信，鼓励其返乡之后应不惧牺牲，积极开展革命活动，“排满之志大，救国之心坚”，勉励其坚定革命信念。[③] 此外，多封侨批书信均证明辛亥革命期间黄开物曾回到福建家乡组织或参与过革命活动。如辛亥年（1911）林书晏从菲律宾致当时身处厦门的黄开物的侨批。书信原文如下：

开物仁兄大鉴：接来书办悉一切矣，厦事不宁，乞设法联络众情，以匡大局。至泉漳素以蛮悍著，当此过渡之时代，不能无此现象，况厦当事之人昧于时势，办理不善，原非有意程度使然也。兄当体谅，力为维持，勿存畏避，即使若何大难，亦当担当。兄具大愿，力当能转圜。幸厦漳非军事紧要地，当无大碍，所关者惟外交与治安耳。此贰点祈与诸同事注意为佳。倘有余力，募劲旅北上，尤为壮色。弟等当策励，以从诸君，前后筹款已寄万元，汇交叶君清池矣。此后当再力捐。

弟　林书晏

廿五日发

本日接来信数札均收到，要用剪发所需物件，有顺便即寄。顶咀（按：闽南语的“上一次”之意）船寄蔡普全香水一矸，毛梳 1 个，修发刀仔 1 付，到接入，余另付。

廿五日发[④]

林书晏系南安诗山人，也是菲律宾同盟会会员。信中提及的“厦当事之人”指的是在厦门活动的同盟会员，“劲旅”即指在厦（门）漳（州）组织的团练队，至于大力筹措革命资金指的是希望支援厦门的光复。书信最后一节强调国内急需许多剪发物件：上一次才寄“毛梳 1 个，修发刀仔 1 付”，现又来信继续要剪发物件，即为同盟会会员动员家人、乡人剪去短辫，以示支持革命。又如辛亥九月卅日（即 1911 年 11 月 20 日）马尼拉春景、书晏寄给黄开物的侨批，原文摘要如下：

开物仁兄足下：现下厦事如何，务祈极力进行，联络众志，一面维持治安，一面筹议后劲，万勿因循忽略。弟不能回国尽邦家之责任，负咎难言。兄当乘机大展怀抱，如款项缺乏，可秘函电，布告各南洋资助，或致函来岷各界劝捐，必

① 刘伯孳：《从跨国经验到民族主义的跨越：以黄开物的侨批、侨信为参考》，《闽商文化研究》2011 年第 1 期，第 35 页。

② 黄清海：《从林书晏侨批看菲华辛亥革命热情》，《亚太经济》2013 年第 5 期，第 70 ~ 75 页。

③ 刘伯孳：《从跨国经验到民族主义的跨越：以黄开物的侨批、侨信为参考》，《闽商文化研究》2011 年第 1 期，第 35 页。

④ 黄清海：《从林书晏侨批看菲华辛亥革命热情》，《亚太经济》2013 年第 5 期，第 72 ~ 73 页。

有可望。唐大局时势，人心如何，及内容布置，统祈示复为盼。忙甚，未尽所言……

弟春景、书晏合顿

九月卅日下午草[①]

此封侨批充分体现了海内外的同盟会员之间为推翻清王朝统治所进行的沟通与合作，以及同志之间的相互鼓励。其中提及寄钱和捐钱等事宜，可见当时海外华侨华人对于祖国革命事业的关注和支持。

中国军民全民抗战前后，在海内外都有华侨参与抗日的身影。“济南惨案”发生后，陈嘉庚除担任“山东惨祸筹赈会”主席积极在南洋筹款救济难民外，还在南洋华侨社会中发起抵制日货运动。“九一八”事变后，陈嘉庚在新加坡组织召开侨民大会，声援祖国，谴责日本帝国主义的侵略行径。1938 年 10 月 10 日，由陈嘉庚、庄西言、李清泉等组织成立南侨总会，成为海外华人的抗日救国总机关。南侨总会在陈嘉庚等爱国华侨的领导下，对祖国抗战做出了卓越的贡献。[②] 他们的功绩已经被后人广为传诵，然而在他们身后却是大批的普通民众，侨批以及书信的内容真实地反映了海外华人在民族危亡之时的情感。

1928 年 5 月 3 日，日军进攻济南，屠杀中国军民数千人，制造了震惊中外的“济南惨案”。次年，在来自菲律宾的侨批批封上就出现了抗日诗歌的印章：“奉劝诸君要记得，东洋货色买不得。如果买了东洋货，便是洋奴卖国贼。”[③]抵制日货是南洋闽籍华侨愤恨日军侵华而发出的团结抗日的号召。1931 年 11 月菲律宾马尼拉寄晋江金井刘宅的侨批封及内信封背面加盖抗日口号“抵制日货，坚持到底；卧薪尝胆，誓雪国耻”[④]。可见，“九一八”事变之后，在海外华侨心中，日本侵华战争和国土沦陷已经成为国仇家恨，他们已下了越王勾践一般的决心，立志抗击侵略者以收复国土。

另有一封珍贵批信乃 1931 年 10 月 31 日旅菲华侨林锡国给其子女寄来的侨批，详见下图。在远隔重洋的情况下，侨批往来可谓不易，可是林锡国先生在家信中主要谈的却是国事。信中对于“九一八”事变后国土沦丧、同胞在“暴日的铁蹄下”被蹂躏残杀及“身受亡国惨痛”表达了发自内心的愤慨及哀痛。国难当头，他对于尚且年幼的子女教诲“国难一天严重一天，凡是中国的国民，都要尽国民一分子的责任，同心奋斗挽救危亡”，并勉励他们“也应该努力念书，做一个替国家争气的人”，这些言辞充分表现出这位身居海外虽只是普通教员的华侨仍具“天下兴亡，匹夫有责”的爱国思想及“位卑未敢忘忧国”的赤子情怀。我们可以想象，还有许多像林锡国一样的爱国华侨也将自身的这种民族与国家的情感言传身教、代代相传。

---

① 黄清海：《从林书晏侨批看菲华辛亥革命热情》，《亚太经济》2013 年第 5 期，第 73 页。

② 曾瑞炎：《辛亥革命和抗日战争期间华侨爱国运动比较研究》，《四川大学学报》1992 年第 4 期，第 72 ~ 80 页。

③ 1929 年 10 月菲律宾马尼拉寄晋江金井蔡天元的侨批，黄清海藏品。

④ 1931 年 11 月菲律宾马尼拉寄晋江金井刘宅的侨批，黄清海藏品。

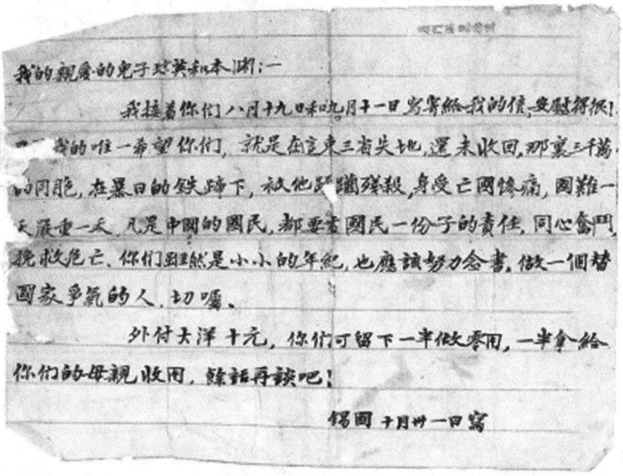

我的親愛的兒子琛英和本渊：—

我接着你们八月十九日和九月十一日寫寄給我的信，要験悉悉！

我的唯一希望你们，就是在這東三省失地，還未收回，那裏三千萬的同胞，在暴日的鉄蹄下，被他蹂躏殘殺，身受亡國慘痛，國難一天嚴重一天，凡是中國的國民，都要盡國民一份子的責任，同心奮鬥，挽救危亡、你们雖然是小小的年紀，也應該努力念書，做一個替國家爭氣的人，切囑、

外付大洋十元，你们可留下一半做零用，一半拿給你们的母親收用，餘話再談吧！

锡國 十月卅一日寫

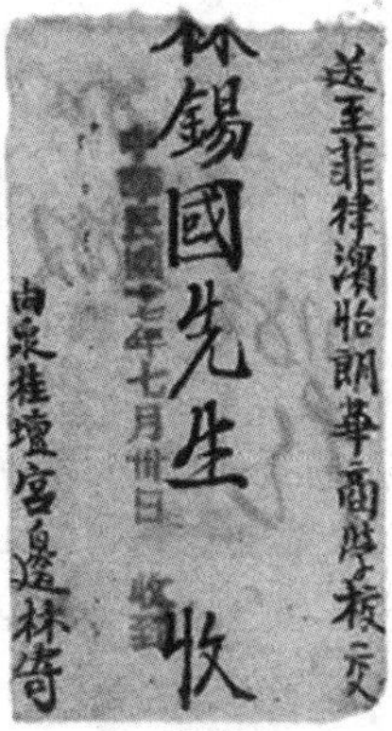

送至菲律濱怡朗華商學校 云

林錫國先生 收

中華民國十七年七月卅日 收到

由泉桂壇宫邊林寄

1931 年 10 月 31 日菲林锡国寄泉州侨批和 1928 年泉州寄菲怡朗林锡国回批①

四、结语

近代中国的历史是一段跌宕起伏的历史，在中西文明冲突、碰撞、交融中，中华民族经历了一系列的巨大变革，经受了严峻的考验。闽南侨批正是在这种历史背景和自然地理环境下产生、发展和演化，它源起于民间“草根”个体的金融与通信活动，却在民族危亡之时汇聚成一个群体的文化行为，衍生出丰富的内涵和作用。

闽南侨批记载了华侨出洋谋生的艰辛，以及他们爱拼敢闯的创业历程。侨批文字与图案记载的虽然是侨乡普通百姓的点滴生活实况，但通过系统的收集与研究，足以展现近代中国社会转型的真实历史图景，可以从中探寻鲜有文字记载的人民大众的生活状况。它填补了官方档案中对地方史料记录的某些空白，对于研究近代中国的南方社会和海外华侨华人的历史来说弥足珍贵。

闽南侨批架设起华侨与侨属双向交流的桥梁，支撑着侨属家庭的经济生活，推进了侨乡的现代化进程，更为近代中国政治变革作出了巨大贡献。在动荡的年代，侨批“银信合封”的方式将现实与情感相融合，维系了海外华侨华人与祖国亲人的关系，从而成为中华文化在海外延续和传承的支撑力。传统文化以侨批为载体，以家族宗亲理念为根基，进而形成以血缘、地缘为中轴的乡土观念，最后演化为国家主义的民族情感，中华传统文化正是在这种良性的感情交流中实现了传承与传播。

① 侨批原件由林锡国儿媳王燕燕女士提供。林锡国系泉州籍旅菲华侨，20 世纪二三十年代先后在菲律宾马尼拉普智学校、怡朗华商学校任教。

侨批投递：独特的“海上丝绸之路”

——以海峡殖民地时期新加坡批局与汕头等地的往来为例

陈汉初*

饶宗颐教授说：“侨批可以看出哪个时候潮人在那些国家及其活动，还可以从潮人活动看那个国家的经济和政治。”① 海外华人移民史，是一部血和泪的历史，他们或因战乱，集体前奔；或因天灾人祸，为求温饱而逃去。侨批档案，作为国际移民的民间文献，记录了19世纪中叶以来中国国际移民向亚洲、美洲、大洋洲等地区迁移的历史，见证并促进了华人与东南亚文明、欧美文明之间一个半世纪的密切交流，是当今国际学术界研究中国对外贸易史、中外关系史、海外移民史、邮政史等领域的珍贵文献遗产。从现在征集到的侨批来分析，可以看到早期华人足迹遍布世界五大洲，较为集中的地方为东南亚一带，如越南、缅甸、泰国、新加坡、马来西亚、印度尼西亚等国家，以及大洋洲、南美洲、欧洲和港、澳、台地区。

18世纪后期至20世纪中期，英国在马六甲海峡的殖民地，侨居着潮州、福建、广府、客家、琼州等地的华侨华人，他们与侨居地人民和谐相处，拼命拓殖，为开发这片荒芜之地作出杰出贡献。他们落地生根后，在民间自发创立了一条独特的“海上丝绸之路”——海上亲情之路——侨批投递业。

一、侨批的产生及其投递特点

华人先民最初下南洋时，多数自认是明末遗民，并以“反清复明”作为号召，这足以合理化地让他们分散到“前明诸藩国”，并有组织地开展垦荒。以后，陆续下南洋的华人，就不仅仅是历年起义失败南撤的队伍，还包括许多逃避灾害求温饱的老百姓，以及以“卖猪仔”等各种形式南下的契约华工。

“盖全国华侨出入岸，以广州、厦门及潮州之汕头为最盛。”“潮州滨海，人民早习航海生涯，清咸同间，国内扰攘，生活日戚，潮人出洋谋生者渐多，以后留暹罗与马来群岛为大部分，安南、爪哇、苏门答腊等处次之。当时交通未便，渡洋惟赖木制大甲板船，播荡海中，一往复辄经年累月。”② 这些华人移民的初衷，本是追求比国内更好的生活，但到了新环境后，他们却遭遇到难以预料的困境。如难求职、当地政府苛刻的对待、“排华”

---

* 陈汉初，男，潮汕历史文化研究中心副理事长。

① 饶宗颐：《在潮汕历史文化研究中心的潮学讲座》，《潮汕历史文化研究中心通讯》第20期，2000年，第34页。

② 汕头市商会编：《潮汕侨批业概况》，汕头市档案馆馆藏，1948年，第1~2页。

大屠杀等，面对种种灾难，没有吃苦耐劳的精神是撑不下去的。而华人吃苦耐劳的精神早已出名。德国学者李希霍芬说，在人类的所有民族中，中华民族是唯一能在所有气候条件下——从最冷的极寒地带到最热的赤道都能进行伟大而持久的行动的民族。具有顽强生命力的中华民族，只有把命保住了，活了下来，落了地，生了根，才有可能考虑到家庭、家人，以及向家乡传递音信。识字的，写几个字，算是“平安批”；不识字的，捎个口信，让家人知道自己还活着；口袋有几块钱的，掏一点捎带回家；无钱的，寄点物品，如家用的、穿戴的、供小孩玩的，请人捎回家去，也算是个平安信物。笔者的叔父陈顺昌于清末前往新加坡谋生，有一次，他托人带回一把新加坡制造的手电筒，家里人收到后十分高兴，“见物如见人嘛”。可是，此后他再也没有音信，一再打听，也没有消息。1995 年，笔者前往新加坡，逐个查询该埠电话号码本中的同名同姓者，毫无所获。

有华人足迹的地方就有侨批。18 世纪后期至 20 世纪中期，英国在新加坡、槟榔屿与马六甲三州以及暹罗转让之吉打、吉兰丹、丁加奴与玻璃市取得了统治权。这个时期，英国殖民者大肆到我国沿海各地拐骗、掠夺廉价劳工并锁上脚镣、手扣，运往该地垦殖；还把那里作为向世界各地转运华工的中转站。被贩往新加坡的，则至内山后，始得脱镣扣。当时，广东、福建等沿海人民被大量招募，并侨居其地。“马来亚之开辟草莱，我华侨劳绩不小，故在 18 世纪末叶，马来亚各地商业，除入口商外，几全为华侨所经营，而欧洲人士统治及指导于上，马来土人服务于下而已”①。这些事业有成的华人，其向祖居地通音信、寄钱赡养家人的需求，自然更为强烈、迫切。

早期华侨的侨居地，一般都由华侨商家自发开设信汇局，服务于暂无邮政开设情况下的华侨通信、汇款之需。这些信汇局，也称侨批局。1948 年，汕头市商会在《潮汕侨批业概况》一文中，给批局作如下定义：“批局原名批馆，在邮寄方面则称批信局，商业方面又称侨批局，具体业务为汇寄华侨银信而设，乃潮州特有之商业。”② 凡无信局之地，则通过回国探亲的“番客客头”或“水客”搭、寄。这种搭、寄方式，应该是早于汇信局的最原始的方式。

侨批的形成和生存业态大体经历以下五个阶段：

（1）“番客”亲友回国，无偿互相搭、寄钱物、信件。最早侨居外国的华人，拼搏一段时间后，稍有积蓄，便产生回家探亲的念头。那些暂时没法回乡的乡里乡亲，也就搭、寄些钱物让同乡带回家，并写上一封家信，这种乡里乡亲的互相搭、寄，是不必付费的，大家互相帮忙而已。这就是侨批的萌芽阶段。

（2）有偿搭、寄。后来，有一些“番客”往返于国内次数比较多，乡亲们搭、寄次数多了，也就觉得不太好意思，便开始送点钱物作为酬劳。这些经常回国的“番客”，被搭、寄的人数多了，多少收点“脚皮钱”，积少成多，也有收益了，这是侨批的雏形阶段。

（3）“水客唯利是务”与“侨批之滥觞”。久而久之，有些“番客”便以此作为一种赚钱手段，回国后遇到一些想“过番”的人，要求带他们去外面看一看，开始带一二人，后越带越多，也收点带客费，这就成了回程带物、批，返程带新客的“客头”了。这些“客头”，又有一部分人做多、做久了，就成了一种职业，便是专业的“水客”了。“水客

① 佚名：《海峡殖民地史略》，1939 年，第 578 ~ 590 页。

② 汕头市商会编：《潮汕侨批业概况》，汕头市档案馆馆藏，1948 年，第 3 页。

唯利是务，不寄款之函件，不肯代带代交，相习成风，有信必有款，有款也有信，而水客回国交款后，亦必要收款人书明回信，以交还寄款人为凭据”，此为侨批之“滥觞”。[1]“水客唯利是务”，逼使华侨自然形成“有信必有款，有款也有信”，“相习成风”，银信合一，成全了潮汕侨批的独特性。2013 年 6 月 19 日，侨批荣登“世界记忆文化遗产”名录。冥冥之中，有一种感觉，“有意栽花花不开，无心插柳柳成荫”倒成了世间事物发展的规律。

（4）侨批局之开创。“迨五口通商以后，外人争以轮船航行我国海岸，交通既便，出洋益众……请寄日多，遂有起而公开收寄。惟是蔚成今日特有之行业。”[2] 还有的较有信誉的“水客”，经过长期经营，逐渐积累一些经验，形成一套经营方略，并逐步过渡到有固定地址、固定铺户的侨批局，连“批馆”的命名，也是“水客”们原来住所的名称。沈建华、徐名文著《侨批例话》一书中说：“水客”的经验积累，“为后来创办的侨批局所继承”，所谓“无不承水客之旧例”，就是这个意思。所以说，“水客”与批局的关系是一脉相承的。至于批局的名称，亦有一个演变过程。“批局初名批馆”系潮州话土音，“谓信函曰批”。后来，潮人又改称信函曰信，“然以华侨寄信必寄款，侨眷回信必收款，与普通信函有有款与无款之分，故相沿称批而不改”。[3] 概而观之，侨批之所以称“批”，初时系因华侨信件包成总包，托班轮而寄，一个船期一批，所以潮州土音也把一批批而来的华侨信件称为批；后来，潮人又改称信函叫“信”。然而，华侨信件又有有寄款与无寄款之分，人们再也没有十分明确地加以区分而统称为批了。到了 20 世纪六七十年代，潮人已把华侨有款与无款的信件分得十分清楚，有寄钱的称批，无寄钱的称信。这就是侨批与侨批局名称中的“批”的由来。

现将华侨信件和华侨信汇称谓沿革图示如下：

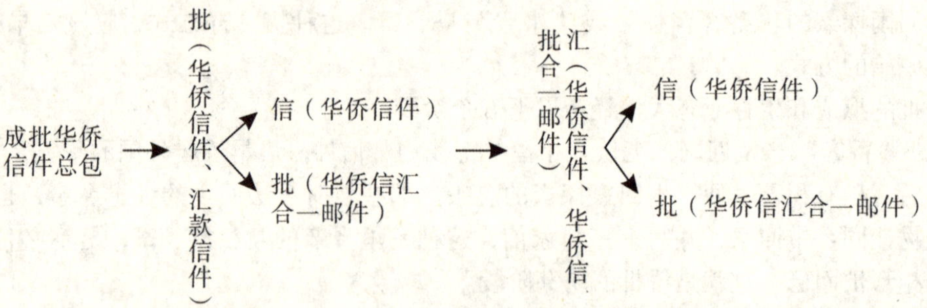

（5）国家邮政的设立。汕头因是开放商埠，邮寄函件实行甚早。清同治和光绪年间，汕头民间已有人办理邮寄商务来往信件，当时不称信，叫“书柬”。平信称“酒例”“酒力”“脚力”，已先付清款项的称“力先”，挂号信称“宝金”。现存世的最早书柬，有清光绪十八九年汕头商号寄往“汕浦”“西社”等处的书柬原件。外洋寄汕头等地的存世侨批则更早。现存世较早的有泰国许茂春先生收藏的清咸丰和同治年间从吧城寄往梅县丙村

① 汕头市商会编：《潮汕侨批业概况》，汕头市档案馆馆藏，1948 年，第 2 页。
② 汕头市商会编：《潮汕侨批业概况》，汕头市档案馆馆藏，1948 年，第 2 ~ 3 页。
③ 汕头市商会编：《潮汕侨批业概况》，汕头市档案馆馆藏，1948 年，第 3 页。

的侨批4封。清光绪二十二年二月七日（1896年3月20日），总理衙门奏准开办国家邮政，开始收寄民间邮件，并准备参加万国联邮会议。光绪二十三年正月十九日（1897年2月20日），大清邮局正式成立，邮资计费单位由银两改为银元，并发行加盖暂作邮票和正式邮票24种。清政府“谓一切民营者改为民信局，乃始有批局之名，以自别乎邮政”。1928年，国民政府交通会议决定“取消国内民信局，仍许批局存在”，制发批信局执照，故批局在邮寄上又称批信局，示与民信局不同。1931年，“全国工商业组织同业公会，批局尚未有以定其业之名称，侧近华侨，则公会混于华侨团体。专尚批信，则与已废民信局雷同，嗣由国民党汕头市党部斟酌实际情形，实名曰‘侨批业’，以各业批商号为侨批局，一时佥谓名正言顺，运用迄今不替”。① 诚然，虽然国家邮政、银行系统的运营，承接了部分侨批业务，但潮汕侨批业在民营侨批局中仍占有相当的份额。

如上所述，批馆是“潮州特有之商业”，连“侨批业”一词，也是国民党汕头市党部斟酌后确定的。潮汕侨批发端于19世纪，迄于20世纪90年代，历时百余年。但是，侨批业的形成，是有一个逐渐过渡、不断成熟的过程，即使是在批局设立，邮政、银行承接部分侨批业务后，上述搭、寄方式也并没有消失，而是一并伴随着坚持下来，这就形成了侨批业产生、发展的五个阶段和五种形式齐头并进的行业格局。20世纪五六十年代，笔者的姨母黄惠兰女士还通过探亲“番客”，从马来西亚槟城寄来钱、油、面粉等物，并附有信件，写明所寄之物如何分配。

由此观之，侨批既是侨乡潮汕侨眷的生命线，又是潮汕城乡建设的“挹注”者。据统计，潮汕地区年侨批款数额于民国十年（1921）以前约数千万元；民国十年以后，约一亿元以上；民国二十年（1931），增至2亿多元。赖侨批而生者占潮汕总人口的大多数。侨眷收到侨批，首先要备祭品，祭拜“五谷母”，祈求“五谷母”保佑在外拼搏的“衣食父母”们多寄“保命钱”。20世纪一二十年代，汕头埠的工人每月工资只有4元，潮汕年侨批总额2亿元，相当于41万多个青壮劳工的年薪。汕头商会对侨批与潮汕国计民生的关系有一段入木三分的论述：

> 目下潮汕仰望批款为生活者，既占全民之多数。而都市上大企业、大商店，以及公益交通各建设，亦多由华侨投资而成，内地乡村所有新祠厦屋，更十之八九赖侨资盖建，且潮州地隘民稠，出产减少，为入超最大地方，所以能日进繁荣而不形凋索者，无非批款之挹注，以增强地方购买力量，安定社会经济基础，其关系国计民生之巨，可以概见。②

潮人之依赖侨批，可不能埋怨他们不劳而获。这些侨属依赖侨批，大多是出于生活所迫。当年报刊曾载，有的青壮劳力出洋后，留下年老的父母、年轻的妻子、年幼的儿女，他们并无其他生活出路，只能靠侨批生活。有的一段时间收不到批，生活无着落，妻女被迫沦为娼妓，遭遇如此悲惨的侨属并不在少数，以致有的华侨在回批中曾发誓：“一息尚存，家批决无中断之理。”

侨汇是侨属的救命钱，侨批是华侨与侨属之间的亲情佳音，侨批投递是华侨自己建立

---

① 汕头市商会编：《潮汕侨批业概况》，汕头市档案馆馆藏，1948年，第3~4页。

② 汕头市商会编：《潮汕侨批业概况》，汕头市档案馆馆藏，1948年，第15页。

起来的一条海上民间信息流、金融流、货物流、劳工流、亲情流、友情流，是一股跨国亲情暖流，是一条独特的“海上丝绸之路”。

二、新加坡侨批局的生存业态

广大华侨为了与国内侨属通音信，汇款赡养家人，“寄款愈繁，带款水客大多系冒险枭杰之辈，侵蚀匿交，时所常有，难餍侨众之望。且是时侨民中，已有在各居留地创业发达者，寄款既丰，益不堪水客之侵渔，自派素养妥人专带，初时尚仅受亲友之寄托，继因同侨仰其信誉可资，纷纷向其投寄”①，遂有批局之设。侨居新加坡的华人批局有五帮：潮帮、闽帮、广帮、客帮、琼帮。

（1）潮帮。“潮侨批业公会”是新加坡“汇业成立最早之团体”，一度停止活动，“后因欲保持同业利益”，20世纪20年代初又重新组织，其经营方法较为灵活，并有不少创意。至1939年，据《海峡殖民地》一书的统计，潮帮批业公会会员共有18家。

（2）闽帮。因方言关系，闽帮还分为四系：厦门、金门、同安、南安、安溪、永春、德化、海澄、龙溪、漳浦、华安、长泰、南靖、云霄、诏安、东山、适中、漳平等18县、市人士所营者为一系；福州、长乐、福清、永泰、闽清、福安、三都溪、福鼎等8县市人士所营者又为一系；兴化、莆田等县人士所营者另为一系；龙岩、永定、上杭、长汀等又为一系。闽侨信局，第一系者最多，而第二、三、四各系次之。其经营方法均系墨守旧章，故数十年来，经营状态无甚变迁。表面看来，店数增加，似乎甚为发展，但实际上汇款分散，营业转弱，且各号竞争激烈，“卸价无异剜肉医疮耳”。闽侨信局，也有兼营放账者。“如熟稔顾客，欲寄银信，一时拿不出现款，就可与银号执事人磋商，银信先寄，然后摊还，或得领得回信时还清。”“然非信局特殊信任，不易得此优待也。”1937年，闽侨信局汇兑公会成立，有会员40多号。

（3）广帮。因广州市系较早的繁荣区域，广帮信局因邮政定章通邮，方便、快捷，开始多数信局把大批华侨信汇，包作一总包，作包裹付寄，收寄亦廉，故信局能从中赚取利润。自从邮政定章后，规定一封一信，且邮局还派专人到各信局查验，每封信都需付足邮费，“与汇款人自行寄信者无异”，故民间信局营业状况不佳，早期设立的广帮信汇局纷纷倒闭。故至20世纪30年代坚持下来的只有5家。

（4）客帮。起初，客帮并无汇兑信业，客籍侨胞寄钱回乡，“多委托以来往南洋、汕头间代客运送银信、物件或引导新客南来为专业之水客”。每年计分6期，正月、5月、9月3期为大帮，3月、7月、10月3期为小帮。每期往返，行前均至同乡常有往返的商店收取银信，收齐后即趁轮回汕转乡，按址分派，直到取回收据或回信，便即在汕头购办各种同侨应用货物，下南洋推销。同乡中有新客要往南洋的，因为程途不熟，又多托其沿途照料，“故水客多与营旅馆者联络，全盛时业此者多至百余人”。其后因水客良莠不齐，常有逃没信款事情发生，才有信局之设。客帮信局，分梅县与大埔两系。因其地域不同和彼此情感不同而区分，两系商号也很少联络。汇兑信局的营业方法又分3种：其一为汇兑局。汇款人将欲汇之款交与该局，由该局出具汇票，由汇款人自行将票寄给收款人，由收款人持票到该局国内分号或联号取款，如万裕祥、广顺昌等。其二为民信局。其营运方式

---

① 汕头市商会编：《潮汕侨批业概况》，汕头市档案馆馆藏，1948年，第2页。

是，寄款人将信及款项交该局，由该局托人按址带交收款人，如葆和堂、仁爱堂等。其三为水客，即水客兼营民信局，除代寄银信外，尚可代带人或物。

20世纪30年代初，中国银行开办后，嘉应四属县城、圩市均设有分号和代理处，对国内汇款也方便多了。故梅县系汇兑庄、民信局已相继停业。唯大埔系因历史关系，兑庄、信局、水客三者仍一并存在，但营业额明显减少。1939年，客帮汇业信局只有商号4家。

（5）琼帮。该帮民信业，“以恒裕成号与曹琪记号为嚆矢。”邮政局还未设立以前，汇信均由批客专带。那时汇信数量不多，范围很小，由海南寄叻信件，须在海口向英国或荷兰的船公司购买该国邮票，附寄该国船前往马来亚；由马来亚寄海南的民信包裹也同样如此执行。由星寄琼民信附有现款的，最初将马来亚银圆带回国，其后改购香港上海银行汇票付回国内，如能在海口或香港将汇票换成海南当地货币，香港货币可得票水5元或10元，此为一种赚利的机会，为一般顾客所不知也。

琼侨汇款回国金额多少，视南洋土产价格起落而定。1925年后树胶每担起至300元时，星洲琼侨汇款回国年达千万元以上，此为最盛时期。1929年至1936年，受世界经济不景气影响，失业者颇众，每年汇款曾降至500万元，此为衰落时期。1939年前后，大洋低落，星币高涨，又因受战事影响，国币低至每百仅需30元强，与前星币300余元始得国币100元比，恰恰相反前后相隔仅20年，其汇率价值，变动至此，诚属惊人。

20世纪一二十年代，经营民信汇业自由，后因经营的人多了，引起当地政府注意，才有领取执照的规定。1939年新颁律例，如公司生意，须由二股东署名领取执照。然而琼侨做侨批生意的，仍每年循增，20世纪20年代已达40余家，此后倒闭者与新设者数约相等，所以在20世纪30年代末，仍有40余家，不过因曾有倒闭卷逃等事发生，政府对新设汇信局执照之发给甚为审慎，非有产业抵押担保，不允发给，以后再没有新增加的。

民信汇款交收手续，甚为简便，在星方汇寄时，对于生客交到汇款，例须给据，限4个月取得回文，惟熟客则只凭“信用”二字，收款既无须据，代汇且可垫款，回据期限，平常至快需两星期，然汇至僻远地方，需一个月以上。在国内领款，在城市遇新交易者仍须担保，其办法有二，一为请熟人口头保证，一为请商号盖印于回文封后。如那些向来有业务往来的，则无须担保，甚至在部上签收亦可免除，惟汇票多注明人票两认，限定见票若干日后交款，以备有遗失时得从容挂失，如有疑问，仍须人担保之，对乡间百数十元之款，则由代理处着伴专送，信款齐交，取回收据，如收款人不认字者，可转请派信人代书回据，若汇额逾千则仅派信通知，由收款人亲到代理处领取。总之，民信局交收手续，多因人而施，故终较银行邮局行规须具完备手续更为便利。1939年统计，琼帮民信局有40家。

上述五帮在海峡殖民地经商已“亘时数百年”，“其种类原甚繁多，且多兼业……除关于种植、矿产、银行、保险、工业、输出入等业”，还有“船务、九八行、海屿郊、米业、药业、茶业、建筑、五金、杂货、京菓、国货进口、印刷、书业、当押、钟表、旅馆、酒楼茶室、咖啡、娱乐事业等”。这些事业有成的华侨商家，因不甘不良“水客”之侵渔，“自派素养妥人专带”，在原来商业网络的基础上也兼营侨批业。如上所述，新加坡的潮帮、闽帮、广帮、客帮、琼帮批局，大体是以地缘、人缘关系为帮系；闽帮、客帮中，又“因方言关系”再分不同派别；五帮批局的运营，也各有不同方式。潮帮批局成立最早，经营方式也较为灵活；闽帮批局的经营“均系墨守旧章”，也有“兼营放账者”；广州因处繁华之区，邮政方便，广帮民间信局营业状况不佳；客帮侨属多处穷乡僻壤，华侨寄钱回乡，多托水客专送。批局设立后，其营业又有汇兑局、民信局、水客三种不同方式。琼帮批信的往来，则需托英国、荷兰船公司并购买该国邮票。民信附有现款的，初则直接带款回琼，后改购香港汇票回琼。据泰国侨批收藏家许茂春先生介绍，他曾到过海南，但没买到海南侨批。直至现在，笔者也没见过海南侨批。据上述史料分析，琼帮侨批很有可能是华侨信件加现款，或华侨信件附加汇票；有研究者统计，新加坡批局大多为商家所兼营；与之连接的国内批局也大都运用原来的商业网络进行运作。

如上所述，侨批独特的业态，凸显了华侨、侨批、批脚、批局与海上金融往来、人口贸易、货物贸易之密切关系：①水客是侨批这一“海上丝绸之路”的探索者。投递侨批的“水客”，既带批，又带人，亦带货，凡有利可图者，他们都会做。所以，“海上丝绸之路”的形成和发展，“水客”有不可磨灭之功。②华侨是“海上丝绸之路”的生力军。华侨到海外闯世界，从做工、经商做起，后才有自己的企业，有自己的贸易网络，他们熟悉祖居地，自然先以与祖居地的贸易做起。③华侨企业成为“海上丝绸之路”的主要推动力。这些事业有成的华侨既经营企业又做贸易生意，亦兼营侨批，亦工亦商亦邮，是海上贸易的主要担当者。“上善若水”，亲诚惠容。侨批海上投递路线，与古代我国海上贸易路线是重叠的，其联通互惠的宗旨也是一致的。

三、新加坡与汕头等地侨批局恒久运营的经营方略

新加坡与汕头等地的侨批投递，是靠两地间的侨批局进行运营的，侨批局是这条“海上丝绸之路”的枢纽。初期批局在外洋收集侨批后，逐帮配轮运往汕头，携带自由，如同货品。自从邮政设立后，批局受限，规定侨批应转寄邮局，以总包称重计算邮资，每市公分折合平信一封邮价，大约回批每百封仅邮资数角。第一次世界大战爆发后，法国、荷兰等国家为扩充战争费用，在其殖民地提高税收，废止批信称重办法，“照平信价额每封征费一角”，东南亚国家中的荷兰殖民地的侨批系由英属殖民地转驳到汕头，无大影响，而“法属安南地方，遂被已逐封征收邮费，甚连寄往回批，法邮局亦以婉言劝导华侨逐封补贴”。[①] 这种做法，一直延续至第一次世界大战结束。有的地方则一直沿用下来，没有改变逐封征收邮费的做法。

1918 年，中华民国政府以“民业信局有碍邮政之统一，拟予取销”。“此际潮人生活，已大部分仰赖批款。批局一废，批款即停，人心惶惶不可终日。”直至 1930 年间，“率由华侨代表林金殿与交通部订定，保留批局名称，而将批信改为逐封照平信半价计费，仍以总包邮寄，邮票总贴包面，以免失脱”。“解决之后，英属邮政则照此半价办法征收。暹罗邮政竟自起取缔，凡侨批皆征足平信价额，仅回批能得半价而已。”以上执行办法，“只关系国际邮程”，国内则总包称重每二十公分纳国内平信一封邮资。“因汕头与闽属诏安，历有侨批寄邮往还，故将国内递带办法附带声明仍旧不变。”1931 年，邮局通知潮汕批局领取执照，以便享受半价邮寄。“无领照者，即从民信局看待，执行取销。”至 1932 年，所

① 汕头市商会编：《潮汕侨批业概况》，汕头市档案馆馆藏，1948 年，第 7 页。

有批局领照完毕，“邮局又宣布以后不办发照，使批局只有停歇而无新增”。[1]

民国初年，殖民地时期的海峡因与汕头的交通不甚便利，所以“于汕头间，书信往来，常须40天”[2]。到20世纪30年代，因侨批局间竞争益烈，信件往来提速，常在三十三四日即有回批。据20世纪30年代中期统计，该地潮帮批局汇款总额每年约1 000余万，每月平均达130多万，农历旧历年终高峰期时达200多万元。

侨批局在海峡殖民地所体现出来的顽强生命力，自有其特有之经营方略：

（1）“封后恒附小封及笺”的特别创意，反映了潮帮批局的服务特色。特别值得一提的是，潮帮批局有一个创意，就是在“封后恒附小封及笺”[3]，以便回批，这是其他帮批局所没有的。是时，潮帮信局考虑到潮汕华侨的家乡大多处于穷乡僻壤，买信纸、信封也是件不容易的事。所以，华侨在发信时，批局常要求他们在封后“附小封及笺，使收信人于收到时，就笺、封即复，一方藉为收据，一方藉此通音问，其法甚善也”。[4] 日本侵占汕头后，侵略者严格检查，控制华侨汇款，所以批信来往改用批条，类似现在的明信片，且因邮寄困难，经常出现丢失、搁置邮件现象，为此，批局收条和回条，都留有副条，以备查询。这个方法，后来为其他批局所效法。汕头大学收藏的一批侨批资料中，有三四百封这样的侨属回批小封。这些小封，除发往新加坡外，还有马来亚、印度尼西亚、泰国等地，还有不少是来回批成对的，甚为珍贵。

（2）既上门收批，又做华侨的思想工作，“以增进华侨之输入”。批局收寄，既手续简便，无银行之麻烦办法，又有专任收批人，亲向华侨收寄，回批到达，又登门送还，“收批人须具和蔼态度及熟悉人情为要件”，“收寄时或叙说国内一般情形，使华侨勤乡土之思，或讲述国内一般情形，使华侨思念眷属生活之苦”，遇有浪费少寄之华侨，又“以良言劝告”，“均足以增进华侨之输入”。[5]

（3）允许“寄赊”，体现批局与华侨相互信任的关系，大大拓展了侨批局的业务。开始时，华侨往内地寄批，均由发信人带款到信局付寄。因信局间竞争业务，大的信局则聘请专门人员到各商号收集汇信，遇有困难的华侨，则只收信暂不收款，而代为垫汇，待收信人收到汇款，取回批据，再向发信人收取款项。

这种批局对华侨寄批“赊账之事，名曰‘寄赊’”。[6] 寄赊的原则，一是“相知戚友可赊”，二是“有一定职业、住处之华侨，亦时予寄赊信用”。“候所寄批款在国内交妥回批抵达时，方凭回批向收寄款。”回批送达后，寄款人一时还不了，亦可候寄款人有收入“方行归还”。“而在代理收寄以至代理分发之间，亦每彼此赊账，互相信赖，盖先垫付资本，以冀批款收寄之丰，而期营业发展之速。”[7]

（4）和价收寄，确保寄款人之利益。“盖经营侨批之批局，须将种种复杂之汇驳和价收寄。寄额决定后，中间之汇水不论如何变动，皆批局负责，其盈亏不关汇款人之事。”[8]

---

① 汕头市商会编：《潮汕侨批业概况》，汕头市档案馆馆藏，1948年，第8页。

② 佚名：《海峡殖民地史略》，1939年，第578～590页。

③ 佚名：《海峡殖民地史略》，1939年，第578～590页。

④ 佚名：《海峡殖民地史略》，1939年，第578～590页。

⑤ 汕头市商会编：《潮汕侨批业概况》，汕头市档案馆馆藏，1948年，第14页。

⑥ 汕头市商会编：《潮汕侨批业概况》，汕头市档案馆馆藏，1948年，第11页。

⑦ 汕头市商会编：《潮汕侨批业概况》，汕头市档案馆馆藏，1948年，第11页。

⑧ 饶宗颐总纂，黄仲渠分纂：《潮州志·实业志》，潮州：潮州市地方志办公室翻印本，第1409～1410页。

这种服务至上的精神，使潮汕侨批局生意并不受邮政局和银行业务的影响，因而潮汕侨批业是持续时间最长的。

四、侨批投递线路畅通无阻的保障措施

据现有存世资料推断，侨批业的存在已有一个多世纪。无论是天灾人祸，还是战乱匪患，均无法阻碍其生存和发展。其中原因，除华侨眷属把它看成生命线而倍加珍惜外，也与侨批局业者们采取了极为专业和严格的安全保障措施相关联。

（1）收发批款实行代理制，保障收发覆盖范围的广泛性。批业设立初期，只能收寄其附近乡村批款，业务范围受到限制。后来，批局实行代理制，各县乡镇都设立代理批局，专代汕头批局分发附近各乡的批款，“汕头批局名之为内地代理”，“局外人则亦称为批局”。汕头批局亦有开设“外洋批局之联号，内为外洋批局代理者”，批局业务日益发展。凡外洋批局寄至，汕头批局或相互代理，或特行委托，“无论何属乡村，皆随时有人前往分发，不受途遥、款少之限制”。“而外洋收批，亦有代理收寄者，总号设于通商巨埠，代收遍及荒陬海汇，使华侨批信往返不感困难。”

（2）物色“素养深知”批脚，“送达能力远出邮差之上”。批脚就是“批局用以送交批款之人”。批脚必须具备三个条件：一是“必须素养深知”，也就是要选那些批局熟悉的有良好素养、能胜任的人充任。二是“洞悉世故”，即能了解社情和人情世故，洞悉华侨、侨属情况的人。三是“熟习地方途程人物”。所以，批局收寄批款后，马上把款送交寄款人所指定的收款人，并取得收款人回批，寄还寄款人，经确认手续完备后，“方为责任完毕”。“无论天灾兵祸，盗劫脱失，以及误交盗收等弊，皆实绝对负责。”如确因“国内无法交付，始得将款赔还寄款人”。绝对保障寄款人的利益，做到万无一失。

特别是一些书写不明确，且地处穷乡僻壤等特别侨批，批局的批脚都能设法送达。“侨眷住处，无论荒村穷巷，老弱妇孺，批面书写仅有父收、母收之简要字样，批脚皆能寻访登门，信款亲交”，“送达能力远出邮差之上”。①

（3）制定推行“保护批款办法”，使银信安全抵达千家万户。批局送侨批，须逐村逐户按址送交，并及时取回回批。批脚携带巨款，出入谷野僻乡，“难免时有劫夺之虞”。所以侨批行业组织制定了侨批保护办法：一是“凡批款遇劫，附近乡村人等能出力救护，被伤者则给予病药，致死者则给以恤金”；二是“拿获盗匪，则给予花红”，“夺回银物，则给予奖赏”；三是如果附近乡村发生盗劫侨批案情，邻村“坐视不救”，“则请政府向其究问，处以庇护之惩”；四是如果某乡村“叠生案情而不破获”，“或案情严重”，则“对该处分发空批，指一适当地点，使其侨眷自行前到收取批款”，或者“对该地方侨批，完全停止收寄”，“务以促该处侨眷之注意”，直至“协助破获匪徒为止”。有的地方还出狠招，凡抢劫侨批的劫贼，“放断脚筋”，就是把劫贼的脚后筋割断，使其成为残疾人。这一招固然不厚道，但却很有震慑力。

以上保护措施确实十分奏效，“各处侨民以批款为多数人生活寄托”，自然十分“同情爱护”侨批的安全，“且一出协助，可得奖赏花红”，“若不出救”，则要受到“官厅究办”。所以，“一遇批款被劫，附近乡民莫不戳力追捕”，“邻里响应，此兜被截”，“匪徒

---

① 汕头市商会编：《潮汕侨批业概况》，汕头市档案馆馆藏，1948年，第13页。

因之有所畏惮”。有的地方匪患猖獗，“劫夺时闻”，但匪徒却不敢轻易对侨批下手，此乃侨批保护“办法之力也”。[①]

（4）组织批业公会，抱团发展。“批局为批款出发、分送之安全，需要集合同业力量以维护”。清光绪中期，“汕头已有南侨批业公所之成立，举定司事，逐月轮流办理全业事务”。这个组织相沿到1926年才改称“汕头华侨批业公会”。1931年，又依工商同业公会法，改称“汕头侨批业同业公会”。潮属各县，“以揭阳侨批局先有组织”，1931年“即有揭阳批业公会之设立”。抗战期间，潮阳又成立了“潮阳县侨批业公会”。“各县虽有组织，仍以汕头公会为枢纽。”[②] 侨批同业公会的设立，大大提高了侨批行业力量，保护了行业利益。

（5）侨批的汇兑和批价行“裒多益寡”之义。侨批的汇兑，因清末银币复杂，每圆有重七钱，也有重七钱二分的，是时潮州通用银，又都以银两计算。所以，批银的本位，各港所寄来的批款，大多不一致。汕头开埠后，洋银流入，与银两兑换，每百圆重七十二两三钱二分。后来，新加坡潮州批局“提倡批银以洋银为单位，各港效之，批银本位，乃告划一，沿用最久”。1935年，因国内禁止白银流通，广东省发行大洋券，遂改用大洋券为本位，后又改用法币为本位。通用国币的地区，则以批银一元发还国币二元。抗战胜利后，批款本位又一律改用国币。

汕头批局在外洋收寄批款，是根据当地汇价决定批价的。汇价是华侨在侨居地寄出的钱每元值国内银圆数，“批价则以国内每元反值该地若干为计算”。“因批价之构成，系以一批往返之邮费及一切派工消费合计后，假定一批之银数平均之。”抗日战争以前，每批的银数在二十元至三十元之间。“寄款不足假定数者，多系贫侨，批局则赔亏邮工等费。”“寄款溢过假定数者，多系富侨，批局则多得其利润。”“此虽与商业定律未符，然符合裒多益寡之义。”[③] 潮帮批局的经营理念，获得了广大贫侨的拥护和欢迎，生意日旺。

侨批档案源于民间，流转于民间，这种民间文献可以弥补典籍文献的不足。笔者查阅的侨批资料，华侨在来回批件中，都或多或少提到所托批件的船次、何时收到回批，什么船因何故未停靠汕头等信息；华侨所在地的批局、侨批流转地的批局、侨批目的地的批局投递，均会在批封中留下印戳；侨批的回批、所写回批的单据、回批管理的印记、回批总包的邮资，批件信封中邮政日戳的变化，侨批专用邮戳、结汇印戳、暗批的操作方式等，亦是研究邮政史的可靠资料；特别当时当地“汇水”情况及侨居地的物价等，在不少侨批中也有提及。如1949年4月21日，锦才在实叻给女儿楚吟寄国币50万元时提到，“唐中物价比叻更溅”。[④] 信末还列明“叻中物价”（以斤计）：

> 白米八角，猪肉一元五角，海鱼八角，番薯角半，白糖七角，灰炭角半，柴枯三分半，青菜三四角，现时汇水每万元叻币五角。

这些资料，对于我们研究华侨侨居地物价史，均系不可多得的文献资料。除此，随着网络科技的发展，家书已少有人使用，旧时的家书，有的已成为珍贵的文物；尤其是侨批

---

① 汕头市商会编：《潮汕侨批业概况》，汕头市档案馆馆藏，1948年，第14页。
② 汕头市商会编：《潮汕侨批业概况》，汕头市档案馆馆藏，1948年，第3页。
③ 汕头市商会编：《潮汕侨批业概况》，汕头市档案馆馆藏，1948年，第4页。
④ 锦才：《给女儿楚吟的信》，1949年4月21日。

信件，其中不乏书法清丽、洒泼之作，是我们研究中国民间书信史、书法史和中外文化交流史的珍贵实证。

侨批引起学界重视已超过半个世纪。20世纪90年代初，饶宗颐教授就提出侨批与徽州契约价值相等的论述；2000年开始，潮汕历史文化研究中心就已着手收集、研究侨批；2004年4月，潮汕侨批馆开馆，并于2013年7月27日扩大迁址；潮汕历史文化研究中心主办的公开侨刊《侨批文化》至2014年底已出版了21期；同时，潮汕历史文化研究中心已成功举办了4次侨批研讨会，出版了《潮汕侨批集成》丛书和有关论文集，团结和培养了一支侨批研究队伍。2013年6月，侨批入选《世界记忆名录》。至此，侨批研究已成为一门显学，并正稳步向建立“侨批学”的目标迈进。

五、独特的“海上丝绸之路”留下的宝贵历史经验

历史研究的现实关怀，不仅是发现问题的重要途径，也是其重要功能之一。2014年9月15日，国务院批复同意在汕头经济特区设立华侨经济文化合作试验区，这是国家首次将一个试验区建设定位为“建设21世纪‘海上丝绸之路’重要门户”。如上所论，侨汇的流通为新时期华侨经济合作试验区的华侨金融业发展提供了借鉴。与此同时，侨批投递所体现出来的互信、包容、合作、共赢精神和拼搏意识、创新意识、服务意识、信任意识，无疑是建设华侨经济文化合作试验区的宝贵精神财富。

（1）拼搏意识。潮人面对大海闯世界，是潮人精神的精髓，笔者赞同汕头大学隗芾教授把潮人精神概括为“拼”和“品”。他说“‘拼’代表海洋文化，在大海里拼命，在商海里拼搏，不服输、不言败，这就是潮人‘爱拼才会赢’的海洋文化特征。‘品’代表大陆文化，懂得享受生活，品茶、品酒、品潮菜、品建筑、品绘画、品潮乐、品人、品物，直至品海、品涛、品潮，都是在享受‘品’的过程。在外面赚钱，回到家里品鉴生活，这才是潮人。”①

“拼”还应该体现在眼睛向外、拓宽视野上。昔年侨批经营者为保护侨批，向官府要保护，对侨批被盗坐视不救者，请政府向其究问。国家办理邮政后，侨批业者们向政府要侨批邮寄特殊政策，使侨批保持运营活力。如今，特区已不在，再也没有特殊政策可以享用，但守住树荫乘凉，是等不到“兔子”的。只有拓宽视野，敢想敢干，敢闯敢试，在试验中争取政策，才能迎来试验区发展的朗朗晴天。

（2）创新意识。新加坡潮州批局开创侨批附小封以便回批的做法，广被效法；新加坡潮州批局“提倡批银以洋银为单位”，“批银本位，乃告划一”，“各港效之”。创新是潮汕侨批运营成功的秘诀。现在，汕头已有特区、保税区、高新区等金字招牌，整合优质资源、发挥优势、开拓创新，是建设华侨经济文化合作试验区的必然选择。汕头是著名的侨乡，侨居海内外的华侨、华人都认同汕头埠之路。我们可以引导华侨华人居留地的华人庙宇与潮汕本土的庙宇建立联系，搭建“心灵之路”；以华侨华人社团为平台，搭建“乡情之路”；利用华侨华人企业，开拓“经济交流之路”；支持华侨、华人社团的文化活动，搭建“中华文化交流之路”，以国际潮青、国际潮籍博士联合会在汕头设立的博士流动站为平台，引进华人华侨青年精英科技成果，大力发展汕头会展业、文化产业、高新技术产

---

① 隗芾：《序》，陈汉初：《字纸斋品潮集》，北京：中央文献出版社，2014年。

业，让华侨华人与汕头埠携手发展，共同发展。

（3）服务意识。侨批的“批脚”是一批在华侨侨居地收批，在侨乡分批的工作人员。这些人个人素质好，“素养深知”，服务精神可嘉。上门收批，宣传国内行情，是国家的“外宣员”；遇到见异思迁的华侨，向他们告知家乡侨属的艰苦生活，争取华侨寄批，是侨属的贴心人；分批时，无论荒村僻野，还是无名信件，均能送达。批脚的合作、服务精神是侨批经营活力的生力军。建设当今华侨经济文化合作试验区应大力提倡“批脚精神”，让世界记忆遗产的所有珍贵元素溢发出来。建议在汕头经济特区评选“批脚式特区建设者”，让市民、外来工、公务员的服务意识深深扎根。

（4）信赖意识。侨批局允许实行“寄赊”，华侨寄款，可暂不付款，等回批后，再还款。代理收寄与代理分发之间，也可以“互赊”。人与人之间的“赊”，充满着互信精神、包容精神、诚信精神。这是一个和谐社会和健康商品市场所必需的。建设华侨经济文化合作试验区，要弘扬、培育信赖意识、诚信意识，大力弘扬社会主义核心价值观，以有序的运营、法制的市场、和谐的氛围，建设21世纪“海上丝绸之路”重要门户，为国家彰显周边外交政策，推进安全、经济、人文三大区域合作，搭建新平台，创造新经验。

以天一局为个案考察近代闽南侨批局信用

贾俊英*

侨批局（有时也被称之为民信局、银信局、批局、银信汇兑局）是专门经营海外华侨寄回国内的简短家书及汇款的民营机构，有着邮政局与汇兑银行两种功能。20 世纪 30 年代前后形成了功能齐全、机构完善的经营网络。有关侨批局的问题一直以来不乏学人关注，并已取得不少研究成果①，但鲜有学者从信用的角度对其进行探讨，实际上传统信用机制在侨批局中的烙印颇深，但相关的个案研究②却是空白，本文即希望以“天一局”为个案在此方面展开尝试。有关天一局的文章多为介绍性的史料，缺乏深入的史学研究。但天一局历史的发展却契合了中国近代侨批业甚至整个华商的信用发展轨迹，故笔者欲对此进行阐述。

分工、交换关系的出现，使得物品的所有权与使用权暂时分离，当物品离开它的所有者，就开始出现被他人侵占的风险。信用问题由此产生。“随着社会分工的深入，社会信用的种类也就不断增多，社会信用从最简单的个人信用发展到的组织信用（企业信用），进而到国家信用；从简单的交换（商业）信用发展到高级的现代金融信用（银行信用）”③。依据信用的内容，本文将信用划分为个人信用、关系信用、制度信用。焦建华认为随着侨批网络的发展，传统的人伦信用开始转向以普遍主义为基础的现代契约或对物的信用，传统信用机制逐渐转向同业组织的信用约束，开始近代化转型④。但就天一局的个案考察可以发现，这种转变并非是单向渐进式的。在人的信用、关系信用向物的信用及契

* 贾俊英，女，华中师范大学中国近代史研究所博士研究生。

① 例如：专著参阅：日资台湾银行1914 年所做的调查报告《侨汇流通之研究》；郑林宽的《福建华侨汇款》；张公量《关于闽南侨汇》；厦门档案馆藏《厦门侨汇材料及意见》；厦门中国银行编印《侨汇资料汇编》三辑；王朱唇与张美寅合著《闽南侨批史话》；滨下武志《近代中国的国际契机——朝贡贸易体系与近代亚洲贸易圈》。论文参阅：柯木林《新加坡侨汇与民信业研究（1945—1949）》；申显扬的硕士论文《论近代闽南侨批业》；林真的《福建批信局述论》《关于批信局发展时期的探讨》；焦建华的《近代批信局特色探源：以福建为例》《制度创新与文化传统：试析近代批信局的经营制度》《近代跨国商业网络的构建与运作——以福建侨批网络为中心》；戴一峰《传统与现代：近代中国企业制度变迁的再思考——以侨批局与银行关系为中心》《网络化企业与嵌入性：近代侨批局的制度建构（1850s－1940s）》。

② 有关信用的个案研究多为晋商研究。例如：刘建生等：《晋商信用制度及其变迁研究》，太原：山西经济出版社，2008 年。燕红忠、韩芸：《晋商兴衰的信用解析——基于历史制度分析方法的视角》，《经济问题》2009 年第 3 期。关于海外华商信用，散见于龙登高：《海外华商经营管理探微》，香港：香港社会科学出版社，2003 年。关于侨批局的信用研究，焦建华在《近代跨国商业网络的构建与运作——以福建侨批网络为中心》中对侨批网络的信用机制有部分论述。

③ 姚益龙：《市场经济中的信用关系重建思考》，《学术研究》2001 年第 9 期。

④ 焦建华：《近代跨国商业网络的构建与运作——以福建侨批网络为中心》，《学术月刊》2010 年第 11 期。

约信用转变过程中，人的信用、关系信用的作用也不应当忽视，因其带有深刻的中国传统文化与传统地域的特征。天一局从1880年组建（比大清邮政早16年）到1929年停业，历时49年，拥有36个分批局，覆盖东南亚的跨国网络。作为19世纪末至20世纪20年代末闽南地区最具实力及影响力的侨批局，天一局的历史反映了当时侨批业的发展状况。天一局发展如此迅速，这与其信用经营是分不开的。这种信用既体现在早期创办、发展的过程中，也体现在其衰落及破产整理上。从创建到最后的破产清理，天一局经历了个人信用、关系信用、制度信用的嬗变，可以说是近代侨批局信用嬗变历程的缩影。

一、基于传统道德的个人信用

个人信用源于中国传统文化中对“诚信”的要求。历代的经典作品中都可以见到关于“诚信”的论述，如“人而无信，不知其可也”①；“诚者，天之道也；诚之者，人之道也。诚者，不勉而中，不思而得，从容中道，圣人也”② 等等。诚信是个人信用的主要组成部分。人们意识到只有懂得诚信、严守信用，才能将这种信用变为资本，保证生意的长久兴隆。个人信用可以说既让天一局得以创建、发展，又贯穿了天一局发展的始终。具体表现为经营者和员工的诚信与职业素养。

侨批局的前身实际上是走单帮的水客。从15世纪开始，闽粤地区的沿海人民一批批移民海外，想方设法要将这些积蓄寄回家中赡养父母、妻儿。被委托者中有些聪明人就开始想着专做替侨胞带银信回国的生意，以此谋生，这些人就被称为“水客”，侨胞家属所给予的酒资也渐渐形成了固定价格。水客替同乡带银信，生意做得好，凭借的就是个人的诚信。水客清楚哪个角落、哪些地方住的侨胞多，家乡在哪里，因而熟能生巧，生意做得顺当。可以说，水客的这种经营方式是侨批业的萌芽。19世纪70年代以后，随着通商口岸的增多，大批华工出国务工，华侨汇款显著增加，水客经营的方式已经不能适应新情况的发展，一些富裕的水客进而设立固定机构，经营侨批、侨款的递送业务，侨批局便应运而生了。“天一局”即是其中的代表。天一局的创办人郭有品生于清咸丰三年（1853），福建龙溪县流传社人。十七岁时郭有品得到堂兄郭有德的资助，决定要下南洋吕宋（今菲律宾）谋生，经过几番周折，做起了水客行当。由于水客大多没有营业场所，只有寓所，住在小店铺、客栈或者船头行内，其业务的获得大多靠熟悉的同乡或者亲戚，因而“信用”是非常重要的。郭有品为人诚实守信，在海外接受侨胞委托带来银信，能够丝毫不差地分送到各侨属的手中，并带来华侨在外的生活近况，让眷属获得亲人的信息。不仅为侨属带来了物质生活的保障，也给他们带来了心理上的慰藉。

由于郭有品勤劳朴实、谦恭有礼、乐于助人，深得同乡侨民的信赖，他的生意逐渐扩大，并于清光绪六年（1880）③ 在故乡龙溪县流传社创办“天一批郊”（即“天一局”）。最初创办的天一局规模小、实力弱，运营风险较大，能否继续发展，依赖的是郭有品的个

① 语出《论语·为政》。

② 语出《中庸·问政》。

③ 关于天一批郊创办的时间有争议，笔者认为郭伯龄先生关于天一批郊建于1880年的分析较为可信，具体可见《漳州古今》1994年第1期，第36页。笔者收集到的1918年“郭有品天一汇兑银信局紧要广告”中显示其创办已三十多年，即为19世纪80年代。来源：《暨南杂志》，《民国珍稀短刊断刊·福建卷》第5册，北京：全国图书馆文献缩微复制中心，2006年，第2151页。

人信用。天一批郊开始时主要是经营菲律宾与闽南侨乡之间的华侨侨批汇寄业务。最初郭有品在菲律宾与闽南之间往返带侨批，天一局开办之初，每批银信也是由他亲自押运[①]。但是，在一次押运侨汇途中，突遇台风，船只沉没，郭有品幸免于难，回到家乡后，郭有品变卖家中田物，兑换成大银，赔偿受损侨属。从此，郭有品享誉南洋，深为华侨信赖。华侨的侨批都愿意通过天一局汇寄，天一局的业务日益增加。而鉴于这种风险和差点破产的教训，郭有品不再亲自往来国内外传递银信，而是借助业已开展起来的邮政和银行业务来办理侨批的承转：在菲律宾收取的侨批通过客邮寄回国，而银信则是通过汇丰银行汇兑寄送到厦门。

个人信用还表现在天一局员工的个人信用，也可以说是一种职业道德，它是侨批局存在和发展的基础。天一局员工的个人信用显得特别重要，主要表现为快速、正确地传递侨批。要做到快速传递也非易事。南洋船期的前三四天，南洋天一局就会发出通知，要求闽南各分局做好准备。船未到岸天一局就会派人划小船去大船上接应邮件，分拣侨批。为将侨批及时送达，天一局员工常常是昼夜不分地工作。1896 年以后，以总包方式寄回的信件，需由邮局打开后逐封加盖邮戳，天一局的厦门分局就需要到邮局去领取总包，然后再分拣。[②] 南洋侨批局另外将银信寄回厦门分局，并另信或电告所汇款额。厦门分局员工收到汇款通知后，登记其信件来去地址、姓名及款额。侨批由批脚[③]携带现款按地址送交各收信人，收款人收到汇款后写好回信给送批人寄回。再者，不同于其他的侨批局，天一局的组织形式是“一条鞭”机构。侨批局运作的四个阶段中，天一局都有自己的分局，普设特约、临时批脚，日夜赶工，减少解付环节，缩短解付时间。

派送的过程更是艰辛。那个时候，做批脚不光要体力健壮，更要勇敢机智，因为华侨托付的银信都要靠他们徒步携带往来，必须无所畏惧。当时闽南民军势力各霸一方，土匪也占地为王，外来行商难免被骚扰和劫抢，批脚常常独来独往，更需要丰富的知识、高度的警惕、勇气和应变的能力。为保护运送过程中侨批不受损坏，批脚也是费尽心思。比如：侨批篮的使用。国内的批脚在送批时，如遇风浪，海水难免打湿批信，为了避免或减少此类现象的发生，批脚多使用侨批篮。侨批篮用竹篾编成，做工精致，样式特别，呈多边形的桶状，上面加盖，为确保密封性好，往往有双层盖子。此外，篮子还有一副高高的提梁，方便提携或挎在身上。潮汕的侨批局也有使用侨批篮的。魏启峰批局将它称作“市篮”[④]。侨批篮的设计足见批脚护送侨批的用心程度。

批脚的个人信用还体现在对侨属侨汇及个人隐私的保密上。因侨批中的汇款往往是侨属家庭的全部生活来源，而批信内容更可能涉及家庭隐私。凡寄来大批款项时，侨眷都要掘地埋藏，只怕风声传出，惹祸上身。为确保侨批员工的个人信用，防止舞弊、盗窃行为的发生，侨批局往往选择高素质能自律的人。同时民间关于违反道德的惩戒也是对个人诚信的约束。“历史上有很多传说，凡有侵吞这类钱财的邪念，积恶立即报应。大家负责侨

---

① 据郭有品的孙子郭尚镳口述。2011 年 12 月 7 日下午，笔者于马尼拉豪门海鲜裕福酒店内对郭有品的孙子郭尚镳进行采访。以下郭尚镳口述史料出处同此。

② 王朱唇、张美寅：《闽南侨批史话》，北京：中国广播电视出版社，2006 年，第 177 页。

③ 批脚也称侨批员，基本相当于现在的信差，一般是终身职业，往来于侨批局与侨乡和海外侨居地之间，为海外侨胞及其家属办理信件往来和汇兑等。

④ 江宁：《百年魏启峰，六代侨批缘》，《侨批文化》第四期，汕头：潮汕历史文化研究中心，2005 年。

批的任务一律循规蹈矩，认真做事。”[①] 同时，华侨和侨眷也自有自己的考核方式。汇款金额往往写在批封上“外附大银×××”，批信内也往往对汇款有所暗示。有的批信正面写有“外寄××元”字样的文字被邮票遮盖，撕开邮票才能露出真相，属于暗批。有的则用暗语如“线团”“糖果”“门牌”“烟纸”等代替。如：新加坡规定华侨每月汇出款项的额度是45坡币，寄50元就会写为“门牌五十号”。菲律宾著名华人诗人施文志[②]先生说：“50年代不可写信或电话回家乡，没有侨批局，要通过各人香港转汇。那时50披索兑100港币，普通家最低汇200港币。回批用暗语，写收到线团200个，即200块”[③]。菲华侨领庄金耀[④]先生则说：“1949年以后通过香港汇兑很快。钱寄到香港，写线团××，然后香港买东西到国内。如若香港（信局）信誉不好就很久才到，他们会通过中转赚钱。20世纪五六十年代，菲律宾汇钱回中国属于非法，但仍有很多人做。会雇人坐飞机携带现金到香港。风险性很高，一旦被查到要扣钱、坐牢，但利润也高。”[⑤] 菲律宾首都银行（Metrobank）现任董事吴国蕃先生1949—1960年间曾从事汇兑业，他也说：“1949年之后，在菲律宾汇兑回中国算非法，会偷运支票到香港，若五年内退回假支票是要认账的。”[⑥] 可见，诚信是侨批业生存的根本。总之，侨批局内经营者和员工（批脚）的个人信用承载着侨批局的名誉。始终是其不可缺少的一部分，也是由于这种极其周到、细致的服务，以及其绝对的信用，侨批局深受侨胞和欢迎和信用。

二、基于血缘、地缘的关系信用

在传统社会中人与人之间的关系是以血缘、地缘、业缘关系为纽带的。在这种人际交往中，人们以传统道德为调解机制，来维护相互之间的信用关系。在一定的交往圈内，熟人社会是典型特征。也正因为此，相互之间的信任关系极易建立和保持。这种信任可以被称为关系信用。关系信用在天一局的发展中表现尤其明显。主要表现在：家族式的经营层面。

家庭是传统社会中生活与生产的基本细胞，后逐渐扩大为族人和同乡。早期因缺乏完善的法律保护而具有血缘和地缘关系为特征的企业人员，由于拥有共同的经济利益，更容易拧成一股绳，同心协力应付外界动荡不宁的环境。这在东南亚华人移民社会中表现尤为突出。基于血缘、地缘关系的职员彼此之间更加信任，往往更愿意为企业作出牺牲，从而降低生产成本，更有利于企业的再发展。在天一局的管理模式中有很深的血缘和地缘烙印，其基础就是源于血缘和地缘的关系信用。

天一局的机构由总局和分局构成。1880年郭有品在龙溪县流传社设立总局，在马尼拉

---

① 谷子：《漫谈侨批业风雨五十年》，［泰］洪林、黎道纲主编：《泰国华侨华人研究》，香港：香港社会科学出版社有限公司，2006年，第437页。

② 施文志，祖籍福建晋江。二十世纪八十年代先后加入新潮文艺社，是千岛诗社，菲律宾华文作家协会发起人之一，现为菲华专栏作家协会秘书长，在《世界日报》“小广场”、《商报》“大众论坛”、《潮流》撰写专栏。诗文作品发表在菲律宾、大陆、台湾、香港以及东南亚各地区华文报刊、杂志上。著有诗集《诗文志》《解放童年》，2011年荣获菲律宾最高文学奖。

③ 笔者2011年12月7日晚于马尼拉王彬街苏州小吃店参加“千岛诗社”聚会时，参访施文志先生。

④ 庄金耀，祖籍晋江青阳，1955年移居香港。任菲律宾晋江同乡总会理事长、菲华商联总会执行副理

⑤ 笔者2011年12月22日下午于菲律宾晋江同乡总会的办公室内采访庄金耀先生。

⑥ 吴国藩先生已85岁高龄。作者2011年12月1日于首都银行（Metrobank）会议室采访吴国藩先生。

设南洋分局。光绪十八年（1892），厦门海关建立，为方便通过海关办理业务，郭有品在厦门港仔口、晋江安海石埕街设立分号。光绪二十二年（1896），大清邮政局正式营业。清廷规定民间的信局必须到当地大清邮政机构重新办理登记注册手续，申请领取营业执照。光绪二十三年（1897）天一局依照规定以“郭有品天一局”向厦门大清邮政总局注册登记。流传局为总局，各地分局6个，后又增设香港、安南分局，之后又向东南亚各国、国内侨区辐射，至1911年，共建立了国外分局21个、国内分局7个。[①] 1911年后，天一局又增加国外分局5个，国内分局3个，网络几乎遍布东南亚，分局的规模和实力也是非常壮观的。1914年日本组织的台湾银行调查课所作的调查显示：“于西贡之信局，以悦人天一局最大约为有三十多间”；“仰光信局以天一悦人为最大”[②]。在管理上，天一局雇用郭氏家族人和近邻共556人，国内163人，国外393人。1921到1926年，每年收汇1 000万~1 500万银元。郭有品婚后育有四个孩子：大儿子用中，二儿子和中，三儿子诚中，女儿荷莲。笔者在菲律宾接触的受访者郭尚镳先生，是郭有品三儿子诚中的第三个儿子，1919年生，现为菲律宾龙同海联谊总会名誉理事长、菲律宾联联商业董事长。天一局可考的分局负责人基本都是郭氏家族的成员，如流传总局、厦门、香港等重要分局都是由郭有品的三个儿子亲自掌管，剩下的分局负责人有蔡姓和黄姓，据笔者查郭氏家谱，蔡姓和黄姓与郭氏家族联姻密切。蔡姓、郭姓联姻较多。[③] 另，黄姓在角美算是大姓，从明朝开始分布于角美锦宅、石美鼎尾埭头社、壶屿（地处角美、石美的西边）。其中石美鼎尾埭头社与郭氏流传社相隔不远。[④] 同时，到目前为止菲律宾的“龙同海联乡总会”中黄姓、郭姓仍很多，其中的领导有：黄福成任常务顾问，郭尚镳、黄绍阳任名誉副理事长，总务主任郭建通。其他领导中郭姓有一人、黄姓有六人。由前述可知，在天一局中，仍是家族企业管理模式，血缘和地缘关系在其中起了很大的作用。

如前文所述，天一局鼎盛时国内外总分局一共有36家，可以考证出负责人的有23家，在这23家中有20家分局由郭姓人负责管理，他们大都是郭有品的直系亲属，而如流传总局、厦门二盘局、香港、上海转汇局更是逐渐由郭有品的嫡亲掌管，剩下三个分局的负责人虽然是外姓人，也却是与郭氏联姻最为密切的姓氏。郭有品的孙子郭尚镳称“天一总局的员工都是家族人和流传乡的亲戚”。可以说，天一批局的管理体制完全是家族式的。其他侨批局也具有很强的乡族色彩。笔者在菲律宾马尼拉采访江南汇兑信局的郑渊源[⑤]先生时，他也表示：江南汇兑信局由其父亲郑广德创办，而自己13岁时便开始专门负责抄信。江南信局的工作人员多是亲属或乡亲。海外华侨的居住地多比较集中，以本乡、同姓为主。而如郑渊源先生所说：华侨寄批有其很强的乡族色彩。姓蔡的一般会向姓蔡的寄信，代理人每乡都有认识的，不怕你跑。

---

① 天一总局1911年各分局联合送的西洋镜贺礼，上面有各分局的名称。

② 台湾银行调查课：《南洋华侨侨汇调查》，1914年；杨建成主编：《侨汇流通之研究》，台北：“中华学术院”南洋研究所，1984年，第109页。

③ 参考《郭氏榴阳族谱》，内部文献。

④ 林殿阁主编：《漳州姓氏》，北京：中国文史出版社，2007年，第431~432页。

⑤ 笔者2011年12月于菲律宾马尼拉江南信局旧址内采访郑渊源先生。郑渊源先生为江南信局创办人郑广德先生的大儿子，笔者在菲律宾时经吴文焕先生介绍认识，并在江南信局的马尼拉旧址（现已改造为郑氏服饰公司办公楼）410 Santo Cristo. St. Binondo，Manila中采访了郑渊源先生。江南信局1939年之前是在SANTA ELENAST。郑先生目前已85岁高龄。

以血缘、地缘为基础的亲情关系使资源快捷方便地组合起来，关系信用使得侨批局管理人员之间，以及与侨胞、侨属之间能够和谐默契、信任聚合、敬业奉献，彼此间的协调能力使侨批局的交易成本大大降低，管理的简化与高效，提供了竞争和生存能力。天一局管理体制中的亲缘关系信用，在最开始确实给其带来了很多方便。但随着时代的发展，其管理弊端也渐渐地显现出来。规章制度即使很完善，也有可能令不行禁不止。规章被裙带关系所取代，管理不善、监守自盗、责任混淆不清的问题就会随之产生。所以，当菲律宾分局与香港分局联手盲目炒汇造成大量亏损时，竟无人监管，直至资金严重调度不灵时，问题才暴露出来。此时，各分局各顾各的发展和私利，关系不和谐，拖延了现金调度时间，最终发生挤兑风潮，天一局不得不倒闭。笔者在采访郭有品的孙子郭尚镳老先生时，他也认为天一局最终走向倒闭的主要原因是其家族式管理体制。他说："那时若是有现在这样先进的管理就好了。"

三、制度信用

个人信用和关系信用中，我们往往只重视特殊的人际关系和承诺，而不大注意这种承诺会不会带来更大的损害。"对于非正式制度。由于它仅取决于个人对收益和成本的计算。只要违反非正式制度的收益看起来要大于违反的成本。个人就有动力违反已有的规则。以人伦信用为主的非正式制度进行约束作用的范围缩小。客观上要求新的制度产生。以降低成本。减少交易中的不确定性。"[①] 制度信用不但规范自身信用行为。而且保障它在市场交易中的利益不受侵害。天一局随着业务的拓展，逐步建立起一整套制度信用。

信用戳作为看得见摸得着的实物，是侨批局制度信用的一个重要体现。天一批郊的信用戳是连同局名、信用、地址为一体的的戳印，现在可看到的如："郭有品天一批郊，晋南惠同安信银，设在安海石埕街，理发分信交大银，无取酒资，无甲小银。"1905 年，天一局启用的信用戳（竖排繁体木刻五行）为："本局分批现交银议酒资分毫无取交大银无甲小银若有被取或甲小银祈为注明批皮或函来示本局愿加倍返还贵家决不食言乙巳年天一再启。"在侨批上加盖"无取酒资，无甲小银"信用戳，说明当时存在邮差索要小费现象，信局加盖信戳告示，意在规范投递行为，树立信用。天一局也不代写回批，1918 还特别刊登紧要广告对此进行重申：天一局不会代写回批，所有代写回批者都是不合规矩的。如果有批伙勒写回批，请指名告诉天一局，将送官严惩。因为若批伙代写回批多次，就会摸清顾客底细，久而久之就能够以多报少。[②] 由此可见，天一局在内部监管方面也做得很不错。有些信用戳不但完整记录了批局在国内和国外的详细地址，还让人了解批局的经营风范。这种信用戳的使用，快捷又省钱，在彰显批局金融诚信的同时，也起到了良好的广告效应。这种独特的宣传方式，体现了批局经营者的智慧。

从"信"的角度看，侨批局的运作关键是其"帮号制度"和"销号制度"。帮号是侨批的管理登记办法，是批局依照帮在寄发的侨批封背面编码，登记造册，联结整个传送过程。顾客寄发侨批时，一盘侨批局的人员会当面依照"账本码"编好号数，使用"苏州

---

① 卢现祥主编：《新制度经济学》，武汉：武汉大学出版社，2004 年，第 163 页。

② 《郭有品天一汇兑银信局紧要广告》，《民国珍稀短刊断刊——福建卷》第 5 册，北京：全国图书馆文献缩微复制中心，2006 年，第 2191 页。

码字”[1] 戳印或书写在批封上，及时登记造册，副册随批封同时寄出。根据这个副本，一、二、三盘交接。帮号技术基本是使用三级组合字、帮、号，有时还会加上批局名称。每个侨批局都有其固定的客源，二、三盘局可以根据已有的登记，查询获得具体的地址。但是碰到有陌生地址，或者寄批人的地址、名字有疑问的情况时，国内的侨批员都会对资料做仔细的推敲、查询，不畏艰难，真诚查核。有时侨批局也会为固定的重要客户刻制专用的地址戳，回收回批时按照帮号盖上分发，信差到三盘局销号一次，三盘局到二盘局销号一次，一盘局送达寄批者后最后销号，一共三次。虽然在实际操作过程中耗费了大量的人力物力，但是这样的操作却基本保证了不出差错，不会丢批、漏批，一定程度上增加了企业的信用。在之后随着天一局的发展、业务的成熟，逐渐取消销号制度以节约人力，加快回批流通。因为加而强管理及培训从业人员的觉悟，也很少发生差错。

天一局的运作网络一般是在头盘局[2]的率领下按照一、二[3]、三[4]盘进行组织、运作，同时，也在上海、香港设立资金调拨机构。专营头盘即总局设在海外或大陆，国内外都有自己的分支机构，直接在海外收汇、独立经营的侨批局。天一局是纯经营头盘局的典型例子，拥有自己的头、一、二、三盘局，实行“一条鞭”式的运营模式。南洋的头盘局向二盘局解送时，信和款并不同时到达，小批款项有时已储存在二盘局，可以先行解付。南洋收进汇款，却是厦门的二盘局在支付汇款，因而两地之间产生了债权、债务的关系。当南洋发出一笔汇款，通常是只汇出数字，款未汇出，南洋批局的账面上实际就欠了厦门一笔数额的债务，这一债务关系是通过第三外汇市场来进行清算的，一旦市场冻结，债务无法偿还，照规侨批局应该赔偿或清资抵债，但是通常信先到批款未到，收款人汇票无法兑现，所以说调拨的风险是最大的。但是在港、沪、闽的三角流转中，有风险也有暴利和好处。不同货币的兑换买卖，循着两岸三角进行周转，福建各侨汇收款地对沪、港转汇，减轻了福建各地对南洋汇兑紧张状态，不至于因为侨汇直接汇入南洋过多，而导致南洋汇票供过于求而落价，南洋方面也不至于因为对闽的汇票需求过多而涨价，因而转汇地也有上海和香港有扯平汇水的作用。但是当汇兑率极其不稳的时候，炒汇水就变成了赌博，这也是我们所见的香港“有信银庄”每天打探金融行情的理由所在。[5] 资本大的信局，如天一局，常利用汇水涨落行市做买卖汇单生意，因为普通信局收到侨汇后常先利用该款周转他项牟利，批信到达国内后，信局都争相汇款，此时市面汇出款比较多，汇水行情比较涨。大资本的信局，如天一局，看准这一时机，常常反其道而行之，事先大量买入汇单，到此时汇水行情高涨时再行抛售，以此从中牟利，因此，买卖汇单也成为天一局的主要业务之一。天一局运营方式上是“一条鞭式”的，它拥有自己的专门调拨机构，即香港局和上海局，这更加节省沟通成本，利于资本积累，使得天一局在19世纪初末至20世纪业绩达到了顶峰，分局遍布东南亚。

---

① 苏州码字，也叫苏州码子，苏州码子多用于旧时的商业、手工业、当铺、金融业等一切经营活动和生活中的数字记载、契约的签订及账务的处理。其中〡〢〣〤〥〦〧〨〩十，与我们现在所使用汉字的一二三四五六七八九十相对应。

② 头盘局，直接在海外收汇独立经营的侨批局。

③ 二盘局，接受海外侨批局委托办理传递内地信款的侨批局。

④ 三盘局，专营派送内地信款的侨批局。

⑤ 陈达：《南洋华侨与闽粤社会》，长沙：商务印书馆，1938年，第84页。

正常情况下，在汇兑的三角、四角流转过程中，厦门的二盘局是掌握主动权的。因为，侨批局的书信和清单是直接寄到厦门局，批款经上海和香港外汇交易后也会转到厦门局。当厦门局认为外汇交易耽搁其解付信款时，他们会催促转汇机构，进而对转汇机构的信用造成影响，由此看来，转汇过程中制度信用即三角、四角关系之间的牵制作用还是相当明显的。但是，当一个批局其组织、运作方式是一条鞭式，管理方式是家族制时，就很容易出现问题。最典型的例子就是天一局，1928 年它因炒汇而倒闭。如前所述，天一局是一条鞭式，一、二、三局同属于一家公司，也拥有自己的转汇机构，这样如果内部管理不善，就很容易出现监守自盗、盲目炒汇的问题，而天一局的家族式管理，也使得其内部管理出现很多问题，最终不得已倒闭。同一时期的亲历者，也感慨其因炒汇而倒闭。“这种牌价起落预购汇款，有类于资本主义市场中证券交易所投机性质的买空卖空，如果掌握不好，极易垮台。我记得厦门市当年有一家“天一局”汇兑庄就因为预购汇款，随着牌价跌落亏折到一百多万元，令人咋舌。”①

四、民间组织与官方组织的制度信用约束

民间组织和官方组织的信用约束是制度性信用的重要环节。在自由市场环境下，民间组织和官方组织的信用约束能够保障市场有序地运作。“虽然信用规范主要是通过私人关系和法律制度来强化，但同业组织②也是强化信用规范和推动信用制度发展的重要力量。尤其是在法律混乱的近代中国，当法律维持不了体制化的信用时，同业组织的信用约束又因比单一会员企业的信用更佳，因此可以有效地促进会员追求建立在诚信基础上的长期利益，进而扮演着市场制度建设的主角。”③ 厦门华侨银信业同业公会 1928 年做的调查显示杨显甫为主席，此人也是厦门天一局的经理。④ 民间组织和政府组织的制度性信用约束主要体现在对天一局破产后所带来的债务整理及金融危机的处理上。

1928 年 1 月 19 日，正值年关兑现的紧要关头，天一局因资金周转不灵，补调不够及时，不得不宣布倒闭。它的倒闭给侨眷带来巨大的经济损失，损害了同业的形象，更造成了短暂的东南亚金融恐慌。资金周转不灵可以说是侨批局的大忌。中国银行也曾在银根紧张的时候，向天一信局兑现现金。1924 年 1 月 3 日，中国银行泉州支行发生兑现风潮，泉州支行现金奇缺，本票无济于事，紧急时刻，致电闽行“本日兑现九万元，库存将罄，请由明新、振华、天一火速电汇来泉各三万，一面派员运现三、五万元，以资接济，切勿延误，火速电复”⑤。此条史料，除了说明天一信局资金雄厚以外，也说明了在应对风潮的情况下，中国银行尚且如此，天一信局必然更是万分艰难。

---

① 黄鹿谷：《重洋侨汇话当年》。转引自：中国民主建国会福州市委员会等编：《福州工商史料》第一辑，福州：中国民主建国会福州市委员会、福州市工商业联合会，1984 年，第 143 ~ 144 页。

② 关于同业公会等组织的信用是制度信用，还是人际信用。有些有不同的看法。例如：史瀚波（美国威斯康新州立大学历史系）考察了 1916 年中交银行停兑风潮平息过程，认为天津商会与临时金融维持会都是以人际信用为基础的组织，而当时天津金融市场纸币的流通是以非人际信用为基础的，两者之间的矛盾，是导致金融风潮的平息未达到目的的根源。但笔者认为同业公会中主要是通过章程和条例进行约束，因而可以算作是制度信用。

③ 郑成林：《上海银行公会与近代中国银行信用制度的演进》，《浙江学刊》2007 年第 4 期。

④ 厦门总商会编：《厦门总商会特刊》，1931 年。

⑤ 中国银行福州分行行史编委会：《中国银行福建分行资料汇编》，福州：福建人民出版社，1991 年，第 57 页。

在此次天一局倒闭带来的风潮中，有大量的侨批局、钱庄相继倒闭，天一局以及这些侨批局、钱庄在平时日常经营过程中所留下的债权、债务关系亟待清理，以使债权、债务各方的利益尽可能地得到保护。民间组织如商会、钱业公会、银行团体以及政府组织如侨务委员会一起制止了这场金融恐慌，将侨属的损失尽量降低。

《申报》报道：1928 年 5 月 6 日厦门钱庄歇业三家，到 5 月中旬大小钱庄歇业八家，各商号多受到影响，金融界顿时恐慌。6 月 2 日，更有孟源、孟记、有记三家同时倒闭。于是警备司令林国赓于 6 月 3 日召集商会、钱庄公会及各银号在警备司令部开会。商讨结果是：由总商会、钱庄公会、各银行组织的厦门维持会即日成立。6 月 4 日上午，总商会开第八次执监会议，形成了如下决议：①要求银行团对商人之不动产，经金融会认为确实者，应予抵押现金；②函请官厅遇商号倒闭时，依下列各案办理：①由商会会同官厅、将该号产业、器物、账簿款项暂行标封；②由该号债权者组债权团，会同商会清理；③律师不得代倒户负清理责；④倒户如存心侵吞或卷逃者，呈官厅究办。6 月 4 日下午，金融维持会成立，开第一次会，由中南、中国、华侨三家银行行长及司令部、公安局、商会、钱庄公会代表决议：①各银行允照商会所提手续、贷予各商号款项；②现有成就产业及价证券，均得抵借；③抵押品须具担保；④届时不能偿还，由维持会商官厅立时拍卖。自金融维持会成立、银行允贷出现款后，各钱庄得到现款济急。两日来，恐慌稍减，再没有出现继续倒闭的。① 同时也制订了《抵押、借款细则》，对抵押的范围、勘查、利息、流程等都有详细的规定。②

虽然厦门总商会召集成立金融维持会，但实际性援助不容乐观。从 1928 年 6 月 9 日，厦门中南银行给总行的电告中即可看出："所有维持方法由银行团合资办理。暂以一百万元为限。中国银行摊百分之六十，南行摊百分之二十，华侨、中兴、厦门商业三行共摊百分之二十，并拟订抵押、放款条例，滋另纸抄陈。此事不过虚张其名，实际未必有事可做。其中情形外方所不能尽知，概应付一切。事先，银行团与当局均有接洽耳。至于厦行与各号所有往来，自当稳慎行事，以求营业之安全。"③ 6 月 14 日，天一局的经营者郭中和因倒闭后，各欠户向漳独四师控告，被四师捕禁。张贞元电厦侨委会，对郭产、招债权者彻查。④

侨务委员会也介入进来，办理天一局债务案，尽力保护保侨胞债权。负责办理债权登记、调取天一局置办的产业及营业账簿、查封天一局财产变为抵押物等事，与漳州独立第四师师长、海外商会及我国驻外领事、应各侨之请，商量办理此案，后来更是协助成立债权团委员会。待债权登记期满，印登记总表，分函各登记人、计六百户，定于九月二十五日开全体债权人大会，当即通过职会代拟之郭有品天一局债权人委员会组织规章草案。后删去"草案"二字，即作正式规条，又依法投票互选，举出郭龙术、郭北星、洪文淦、陈于德、庄温模、邱堇竞、邱子元七人为委员，黄协裕、中华会馆、叶攀桂花、张德炉四方

① 《申报》，1928 年 6 月 11 日，第 9 版。

② 中南银行关于天一局搁浅、厦埠金融风潮及收介等事项与厦门行往来文书，1928 年 1 月—12 月，上海市档案馆，Q265－1－153。

③ 上海中南银行关于股息及天一局倒闭厦门各钱庄搁浅等与厦门中南银行的往来函件，1928 年 3 月—12 月，上海市档案馆，Q265－1－153。

④ 《申报》，1928 年 6 月 15 日，第 7 版。

为候补委员。各委员于九月二十七日，假职会大礼堂、宣誓就职。由职会派薛一尘前往监管。嗣即由委员会呈报成立，由职会临时指导，借职会议事厅为临时办公处，驻漳州办事处也借用该会的办公处，积极办理该案。查出债权登记者计六百余户。在职会登记者，共银三十二万二千三百六十五元六角五分；在漳州师部登记者，共银二十四万三千四百八十七元六角五分四厘；在职会漳州办事处及闽侨同志会登记者，共银三万九千四百三十五元九角六分五厘；总共银六十一万七千九百八十元二角五分四厘。其后各处登记汇抄至，发现在漳州登记、又在职会登记者，派员审查，除去重复，共五十几万之款。此外，过期报请登记者，尚有八十余户，一万余元。①

1928 年，天一局主要负责人郭用中、郭和中均被刑拘。后郭和中申请保外，检取账簿，以凭清算。天一局债权委员会各推举代表参与龙溪商会代表组织清理委员会，派人监视清算。廑兢等奉令来漳查天一局账簿，并会同钧部魏副官、侨务委员会代表薛一震、施志霜，漳州商会代表林春元、黄岐山、孙邵武进行查核。但他们只拿到郭和中提交的 1927 年厦门总局日清及总簿，而各银行、钱庄来往小簿单据暨流传乡局、安海局账簿及附属单据缺失，因而很多疑点没有办法核对。但即便如此，几人仍提出了六点质疑，认为郭氏有伪造账簿、诈财的嫌疑，同时他们认为，和中等伪造诈财一定不会止于民国十六年（1927）账簿所得及其他，一方面请予依法惩办，一面责令和中等缴足最近十年之厦门、安海乡局等处账簿，并各银行、钱庄来往簿册单据，以便审查。之后，郭和中被再行扣押、候传，与其私相授受各关系人也被问话、究办。所有未经分发之银信，自应设法饬令优先分发，以免迁延。至于天一局缴来账簿一百二十四本及置案部等，径派员点照。②

债权纠纷一直持续到 1930 年。1930 年 6 月 25 日，郭有品天一局债权团委员会借侨务委员会召开债权者大会，调解达成了新的统一。具体如下："一、折数定二成半由六月十三日起七月二十二日止，先还一成。七月二十二日起十月二十二日止，再还半成，到本年底再还半成，余半成。立兴隆单，所有各期应还之款由债务人将债款交与公亲洪晓春、马厥猷、蔡雨邨，再由公亲转交侨委会同债权团委员发还各债权。二、由公亲洪晓春、马厥猷、蔡雨邨担保，债务人不得逃避。如债务人照约履行，则全案作为了结。倘债务人违约，由公亲交出债务人移送法院办理，至漳码流传所封产业，候第二期款项清还后由双方面函请法院启封，交由公亲拍卖摊还第三期之款。但债务人如能提出确实担保，准予先行启封。三、赔偿债权团损失费八千元，由洪晓春先生负担二千七百五十元，又由马厥猷先生负担四千二百五十元。以上两条最迟于和中释放后二十日内交清，尚有一千元由丁永庆先生立商店凭条于两星期内交清。四、郑大益和黄懋昭两案上告损失费及债权团内另案起诉，如李清捧等所有一切费用暂行保留。由公亲会同债权团委员及债务人解决赔偿数目。五、债权团以外诸事由债务人自行解决之。六、其余条件照十八年三月九日会议草案第一和第六两条办理之。七、以上条件经债务人签字承认，公亲签字负责后发生效力，但债权方面须由债权大会通过方为有效。"③ 七条决议虽已制定，但其执行却不如人意。这在债

---

① 《天一局债权事》，《江声报》，1928 年 10 月 30 日。

② 戴金华、庄银安、林国治：《公牍：天一汇兑局倒闭案：福建侨务委员会函知天一局债权委员会代表报告查核情形请查照函》，《福州侨务公报》1928 年第 4 期，第 23 ~ 24 页。

③ 《郭有品天一局债权团委员会启事》，《民钟日报》，1930 年 7 月 8 日，第 3 版。

权团委员会之后几个月的《致公亲函》与《复函》[1] 中可以看出来。

附本会致公亲函

晓春、厥猷、雨虾先生均鉴：径启者，查六月十二日荷蒙先生等在侨委会会同调解郭有品天一局刁值一案，当经议决条件七条，迄兹已逾个多月．对干无（首）期一成还款，系规定由六月十三日至七月廿二日止。现届期各债权纷纷到侨委会询取款项，竟无以应。该债务人亟宜即日备足款项交先生等转交侨委会，会同敝团委员发还各债权。至于赔偿，敝团损失费八千元，尤应即刻交清。根据条件，依约履行，相应函请通知债务人查照，毋再延宕，以重债款而守信约是荷！

七－廿一

附公亲复函

敬复者，顷接大函，备悉一是，当即转迟债务人郭和中兄弟查照履行。随据复称，当然应守信用，但和解而后，二十日始行保释，犹预期间，债权谅解，准就保释日起限，在侨务委员会和解各条件，法院不准保释，迟延至七月乃属法院所误，应请转告各当应负责履行等语。据称前情，相应复请查照，俯如所请，实纫公谊。此复。天局债权团委员会公鉴！

马厥猷　签

洪晓春　印

蔡雨邮　印

中华民国十九年八月四日

在债务处理达成一致之后，民间组织和政府组织的使命也基本完成。但是债权人却仍无法得到满意的赔偿结果。这也是同债务人的个人信用分不开的。

天一局实实在在的信用戳、精确的帮号制度、便捷的“一条鞭”式运营制度、信用支票山票的使用，作为制度信用使得天一局的发展达到了顶峰。但也正是这种制度信用的不完善最终让天一局黯然倒闭。民间组织与官方组织的制度信用则在天一局债务处理及保障侨胞利益中发挥了作用。

五、总结

伦理道德、血缘、地缘关系是传统社会人们之间最基础的信任关系，在侨胞之间这种信任关系表现更盛。天一局在兴起和发展的过程中尽可能地利用了基于道德和论理的个人信用与关系信用。但前者却无力支撑其较大规模和较大范围的商业治理，随之而生的就是各项制度信用。制度信用的各项措施和机制使得天一局达到了事业的顶峰。可以说天一局历经了个人信用、关系信用、制度信用的嬗变，是侨批局信用变化的一个缩影。但纵观其发展历程，我们也可以看到，这种嬗变并非是直线性取缔型，而是在制度信用发展中传统的个人信用、关系信用一直都伴随始终。侨批局的发展很大程度上是个人信用、关系信用与制度信用共同约束、相互作用的结果。天一局的倒闭既是制度信用的缺失，即内部监察

① 《民钟日报》，1930 年 8 月 5 日；《洪晓春传略》，翔安区嶝山洪氏宗亲恭迎六桂始祖理事会编，第 61 ~ 62 页。

机制的缺失，也是个人信用、关系信用丧失的结果。虽然其有相应的约束机制，但是这种约束机制与个人信用是相伴随的，一旦离开了个人信用约束机制实际上就无法很好地运行，而没有了机制的约束，拥有更高权力的管理层在采取了失信行为后，其后果就是不可估量的。同时，在倒闭后债务处理的过程中，除了民间组织、政府组织制度上的约束，也有经营者个人信用与良心的考验。当制度信用真正地根植、融合于中国文化的深厚土层与积淀中时，我们才会真正拥有市场交易中的自觉、自省和自信。

探索寮国批信局的经营方式

——以林炳林家批为例

沈建华*

寮国，现称老挝，又称“万象之国”，位于中南半岛北部，是东南亚唯一的内陆国家，北邻中国，南接柬埔寨，东接越南，西北达缅甸，西南毗连泰国，境内80%为山地和高原，这些地方多被森林所覆盖，有“印度支那屋脊”之称。

中国与寮国相邻，山水相连，两国人民很早就有往来。但是于由寮国地处内陆，交通不发达，消息闭塞，经济比东南亚其他国家落后，人民生活水平较差，因而移居寮国的华侨远不如东南亚其他国家多，直接移民的华侨多数来自云南、广西；间接移民来自越南、柬埔寨和泰国。1910年法国殖民当局在寮国发放居民身份证时仅有华侨68人，1921年增至6 710人，20世纪30年代锐减至3 000人。寮国华人大多数从事商业、服务业，他们一方面推销工业品，一方面收购农产品，在穷乡僻壤充当走贩货郎，在市镇建立商业街，经营中国传统商业，如丝绸店、饭馆、茶馆、洋杂货铺、服装店等，以及当地的土特产、水果、木材等，另有云南马帮在山区长途贩运土特产和生活用品，因此，华侨华人在寮国经济发展中始终占有重要地位，促进了城乡商品流通和商品经济的发展，为寮国经济和社会发展作出很大的贡献。

二次世界大战后，迁往寮国的华侨逐年增多，约有6.5万人，占该国总人口的2%，1954年法国撤出印度支那时，移居寮国的华侨华人急剧增加，林炳林也是在那个时候从柬埔寨金边移居到寮国的。20世纪60年代大批美援流入寮国，促成了商业兴盛和经贸发展。此时又吸引了大批华侨移居寮国，达10万人，其中祖籍潮汕的居多，约占七成。于是，侨批局便应运而生，在永珍（即万象）有7家，其中最大一家、也是历史最长的一家是林炳林后来当司理的寮中批局（后改名为南中批局），从1951年开业，至1960年停业；接着，林炳林为坚持收侨批，冒着生命危险，将批局改头换面，设立荣发杂货店侨批代理处，转入地下暗地里经营侨批业，1960年开业，至1969年停业，为接济家乡的侨眷、增加祖国的外汇收入、发展家乡建设做出了杰出的贡献，他为侨批事业鞠躬尽瘁，给千千万万的家庭带来了幸福和安康。1963年国庆节期间他被中国政府邀请回国参加北京观礼活动，最后他为侨批业献出了宝贵的生命，成为寮国最后一位侨批局的司理。寮国的华侨少，侨批也很少，存世量就更少了。著名侨批收藏家邹金盛收藏了林炳林180封家批，为我们研究寮国侨批业提供了宝贵的史料。

---

* 沈建华，女，潮汕历史文化研究中心特约研究员。

下面笔者以他的家批为例，探索寮国批信局的经营方式。家批从 1953 年开始至 1966 年止，正是寮国政局最为动荡、纷乱的时期，解剖这一时期的侨批为我们了解寮国的华侨史提供了翔实的史料；同时，林炳林本人是侨批局的司理，他在批中多处提及有关侨批的运作与运作中所遇到的艰险，使我们能够更加深刻地了解到寮国侨批业的特殊性。

一、寮国侨批的走向行程

由于寮国是印度支那三国中华侨华人人数最少的一个国家，早期侨批业难以发展，往往是在寮国收到侨批后转至越南或泰国的批信局再发往中国。

林炳林所在的批信局原名是寮中批局，后改名南中批局，该批局老板名郭春德，原籍潮阳县南洋村，在永珍开办“南丰隆金行”，兼收侨批，他的二女婿吴华是林炳林的表弟。林炳林也是潮阳人，原在郭春德的店里当杂工，后来被发现识中文，有一定的文化素养，而且写得一手漂亮的小楷，经过多番考察，1958 年 11 月郭春德决定聘林炳林为批局司账兼司理，以图在侨批业大干一番。在这之前，郭只是零零散散地收侨批，然后转至泰国批局代寄。

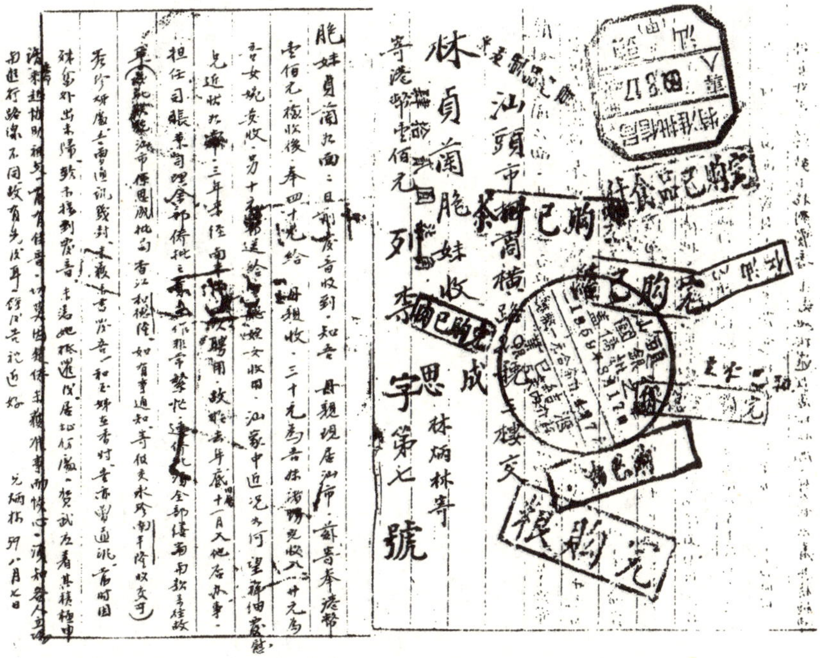

图 1

如图 1 所示：“三年来经南丰隆四次聘用，故于去年十一月入他店办事，担任司帐兼司理全部侨批之责，工作非常繁忙，连侨批须全部缮写与款来往故耳（该批联号汕市系思成批局、香江和德隆，如有事通知，寄彼交永珍南丰隆收交可）。”批信上只盖有“思成”的印章和汕头中行的结汇戳、汕头特准批信局的印戳，并没有香港和德隆批局和寮国南中批局的任何印记，因为当年从寮国寄往香港、再由香港转往大陆的侨批都是总包封，印戳都盖在总包上。

这样看来，寮国侨批款在20世纪50年代已直接寄至香港，再由香港转入国内；批信则由寮国批信局的司理缮写后寄至香港，再由香港总包寄回国内。林炳林所在的批信局充分利用了香港这个国际金融中心，既能及时了解外汇行情，又能避开寮国政府不允许汇款到中国的风险。

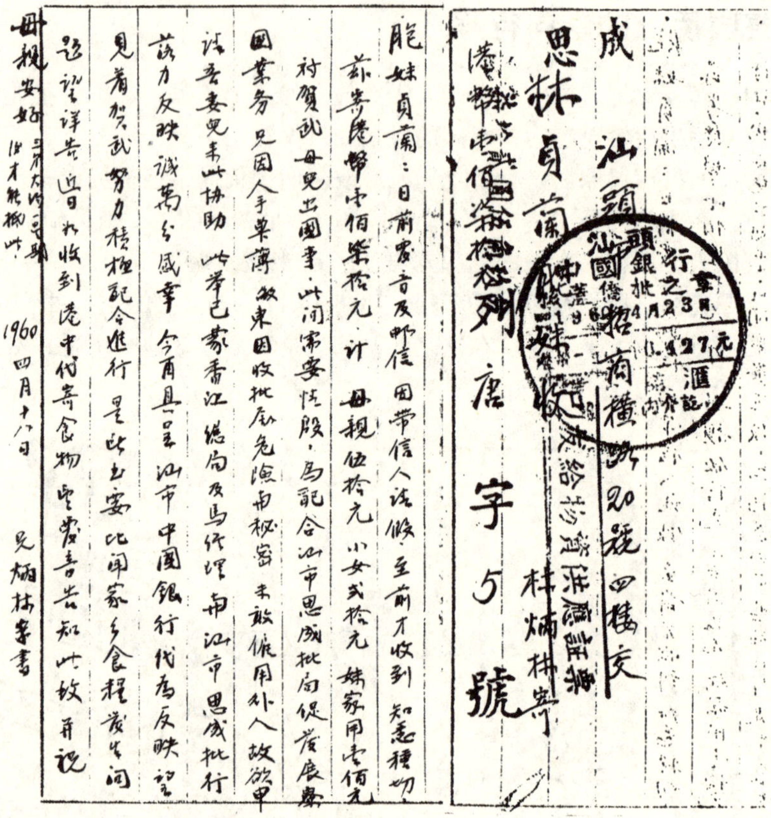

胞妹贞兰：日前实音及邮信，因带信人请假，至前才收到，知悉种切

并寄港币佰柒拾元，计 母亲伍拾元 小女弍拾元 妹家用壹佰元

衬贺啟 母儿出国事，此间需要帮忙，为配合汕市思成批局促发展寮

国业务，兄因人手单薄，敝东因收批属危险与秘密，未敢雇用外人，故欲申

请吾妻儿来此协助，此举已费香江总局及马代理向汕市思成批行

该力反映，诚万分感幸。今再具呈汕市中国银行代为反映，望

见着贺啟努力积极配合进行，是所至要。比闻家乡食粮发生问

题，望详告。近日我收到港中代寄食物，见当善告知，此致 并祝

母亲安好

1960 四月十八日

兄炳林亲书

图2

寮国南中批局的侨批是由专人带至香港的。如图2所说：“因带信人请假，至前才收到。”带信人是何人，林炳林在他的批信中一直没有提及，但必定是一个经常乘飞机往来于寮国与香港之间、非常可靠而且固定的人，因为该批信中有说明其原因：“为配合汕市思成批局促发展寮国业务，兄因人手单薄，敝东因收批属危险与秘密，未敢雇用外人。”可见，寮国本身受地理条件之限制，不具备直接向中国寄达侨批的条件，且自身侨批业务亦不发达，故只能经由第三方代理。

二、批信和回批到达所需要的时间及列号方式

由于寮国20世纪50年代初还没有直接飞往中国的航班，只能通过香港中转，使来回批的时间大大延长。如图3所示：“航空邮函极快，八九天即可抵此，银批信寄往大约廿天唐中收到，覆函十天，约共一月。”一个月才能使侨批走个来回，时间也的确够长的，但作为赡家侨汇，每月能收到一笔款，也算不错了。

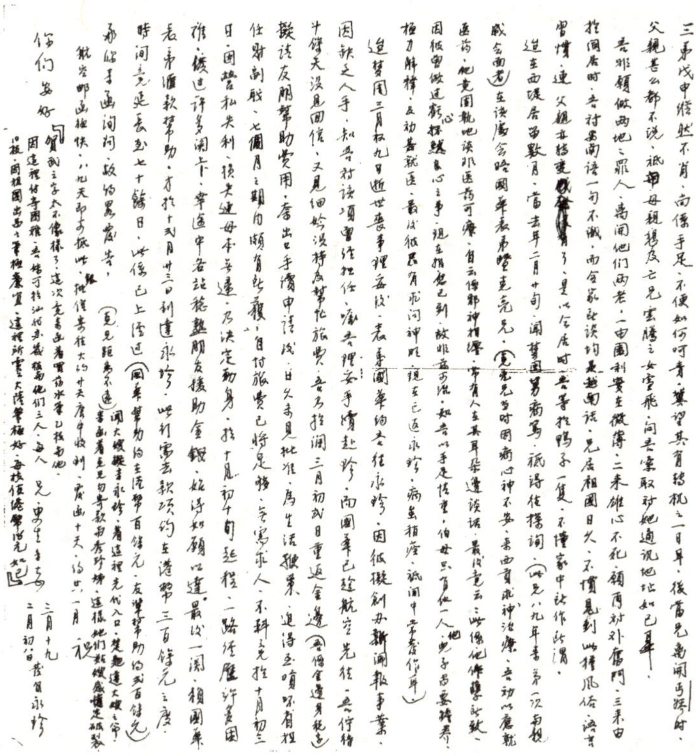

图 3

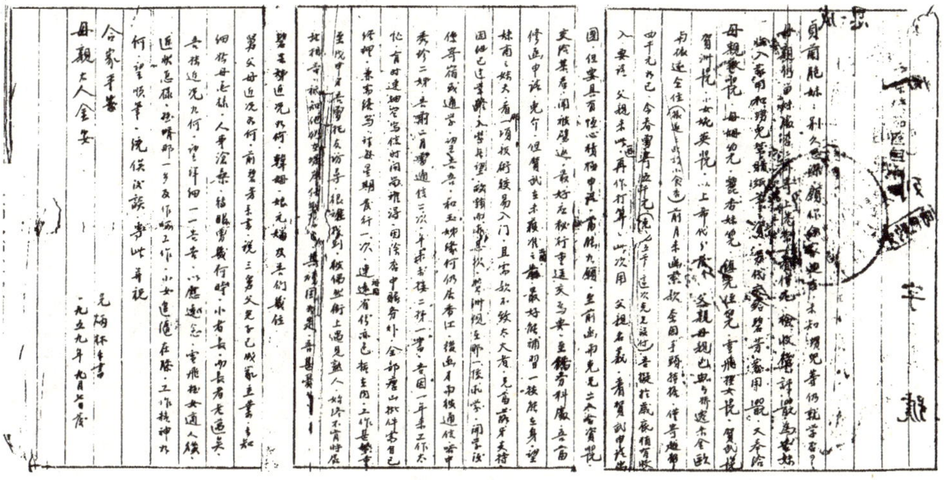

图 4

到了 20 世纪 50 年代末，随着航班的次数增多，寮国的侨批也改为每周寄批一次。如 1959 年 9 月 7 日林炳林在写给胞妹贞兰的批信（图 4）中写道："除店中账务外，全部唐山批信件需自己经理，兼需缮写，对每星期发行一次，连祖国远省份亦包括在内，工作甚繁重。"而且为了减轻侨批的重量，批局改变过去用信封套信的形式，变成信封与信连体式薄纸侨批，信封一面印有固定的文字，供寄批人填写收批人的地址、姓名、所寄款额及侨批列字编号等信息，另一面供写书信。

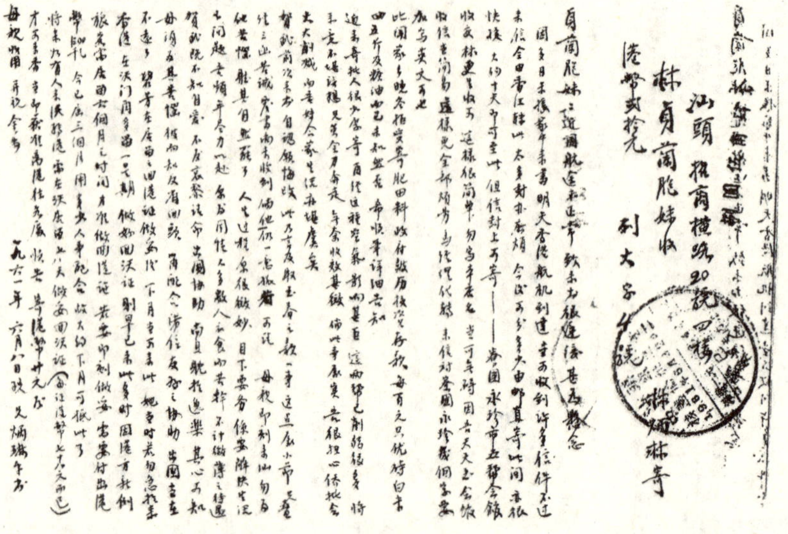

图5

20世纪60年代初，信件可直达寮国。1961年6月8日有林炳林写批信（图5）给胞妹贞兰说："因多月未接家中来书，明天香港航机到达，当可收到许多信件，不过来信全由香江转此，太多封，亦麻烦；今后可分多少由邮直寄此间，亦很快捷，大约十天即可至此。"回批从国内直接寄至寮国需10天，一定不是飞机，仍是轮船，只不过不用由香港批局转，省去许多麻烦，但香港寄来的信件是航空，如图6所示："兄此间地僻，消息迟滞，且每周仅有港航机一次，每逢星期四来回航。"该批写的时间是1962年5月31日，也就是说，寮国的侨批和回批都是搭乘这班每周一次的航班的，再加上香港至汕头来回航班（至多两天）及送批、收回批的时间，大约20天便可以完成一个来回，比原先加快了10天。

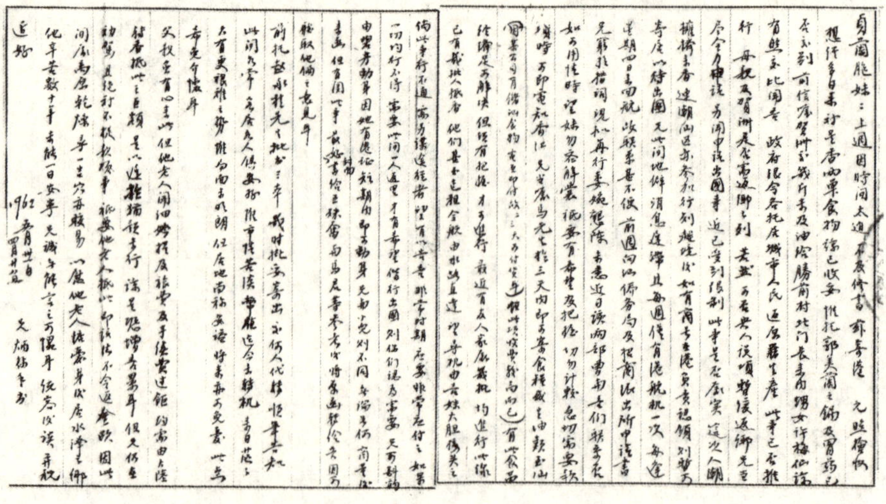

图6

寮国的侨批仿照泰国侨批局的做法，每帮侨批以《千字文》的一个字列帮次，再写明该批信在该帮中列第几号，排号有的用阿拉伯数字写，有的用中国“菜字号”。如林炳林于1960年4月5日、4月12日、4月17日、4月26日、5月3日、5月10日、5月17日、5月24日分别列“器”“欲”“难”“量”“墨”“悲”“丝”“染”等字，正是《千字文》中“器欲难量、墨悲丝染”一句。

又如林炳林于1962年9月22日、9月29日、10月9日、10月24日、10月31日、11月7日寄出的侨批分别列“形”“端”“正”“谷”“传”“声”等字，也是《千字文》中第55、56句“形端表正、空谷传声”，中间缺了两字，也许是林炳林这两帮没有寄家批，也许是收藏收漏了。它们每封相隔时间约7天，而这两封与上封相隔了10多天。

三、寮国侨批款兑换方式

寮国侨批要汇往中国，必须先兑换成美元或港币，汇到或带到香港时再兑换成人民币汇入国内。寮币折换为美元的兑换率，随着各个时期的政局动荡而起落。如1955年3月林炳林在给胞妹贞兰的侨批中写道：“每百港币寄寮银1780元。”1960年8月9日寮国发生政变，两个月后林炳林寄侨批（图7）给胞妹贞兰，里面写道：“尤以自政变以还，市况益见冷落，交通停顿，幸香港线照常，但港汇率提高很多。”这封批信没有具体讲清楚兑换率是多少，只是说提高很多，但还能兑换到。

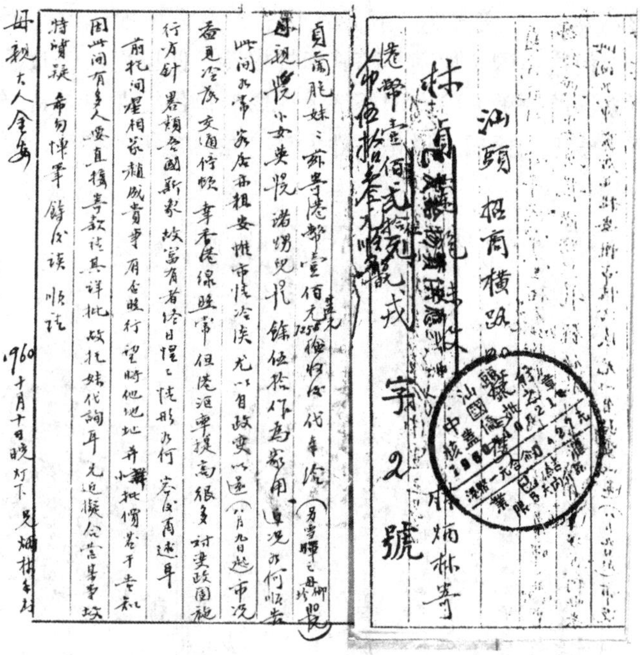

图7

一个多月后，即1960年11月22日林炳林又在批信（图8）中写道：“此间钱币日见贬值，由每港元13元，现跌至每元22元，商情惨淡，生活日用品受因封禁，日日高昂，银币又缩小，来路茫茫，真不堪设想耳。”即是说，每一百港币从兑换寮币1 300元一下子涨至 2 200 元，涨幅 69%，这对必须兑换成港币的侨批业是一个致命的打击，故此林炳林感到未来前途十分渺茫。

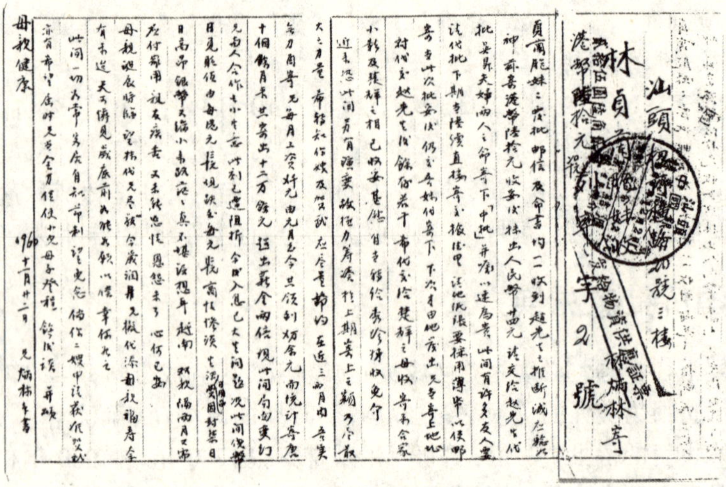

图 8

更加严重的打击还在后头。1962 年元月 18 日林炳林在家批（图 9）中写道：“本周十几天来因受美援暂停发给，致经济大波动，兄亏蚀不少，本埠其他商号亦然，致一星期停发批信，对年关影响颇大。”美国为了挤压中国、控制东南亚，向印度支那越、柬、寮等弱小国家提供美援，但这些国家如稍不随其指挥棒转，便以停发美援惩治。这次，因中寮建交，美国停止对寮国的援助，使寮国经济大受影响，侨批业更是首当其冲，停发了一个星期，这对于靠侨批吃饭的侨属来说是一件大事，尤其是年关将至，更是雪上加霜。

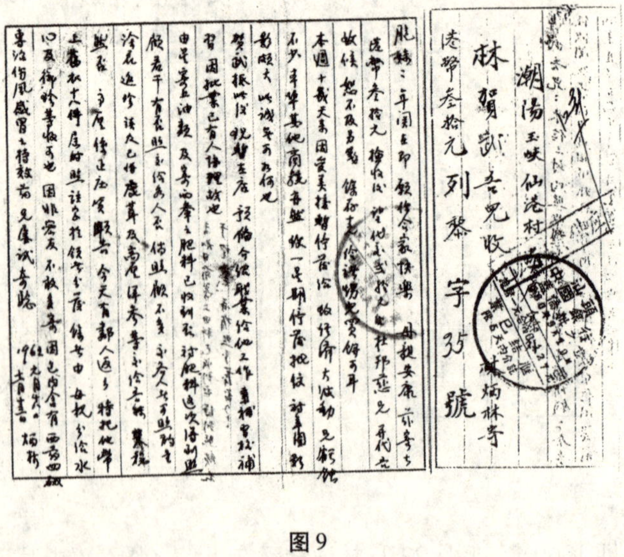

图 9

两个月后，林炳林又在家批（图 10）中写道：“因美元停援，黑市激增，先后仅一个月，此间币值之贬削，已少去三分之一了。如这样继续下去，大有步关金与国币之后尘，人心不安，吾侨案件亦大受影响了，如情势仍恶化下去，前途真有不堪设想耳。”林炳林由寮币的狂跌联想到中国20世纪40年代关东金和国币大幅贬值的悲惨情景，真是不寒而栗。

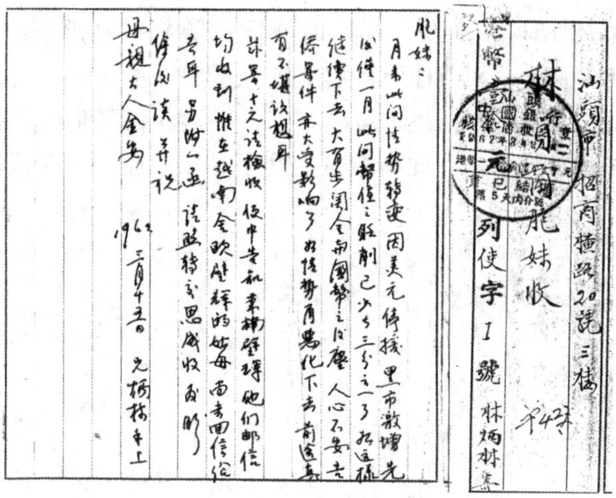

图10

接着，在下一封家批（图11）里他又说道：“凡与外埠有来往的，需要外币的人，均皆吃亏，因本币空前贬值也……此刻外币价值太高，须多付近一倍之寮币。”在短短的几天里，币值从下跌1/3到1/2，其下跌速度比当年国币有过之而无不及。凡是从事侨批业的人都清楚，侨批业不是靠收取手续费来赚钱，而是利用外币兑换的差额来赚取少许的利润得以维持，而寮币的空前贬值，使林炳林束手无策，更使他意想不到的是无法兑换到外币。这种情况一直延续到第二年林炳林即将出发到北京参加国庆观礼的时候，他所收到的侨批无法兑换成外币，而因寮币贬值使他所经营的侨批业亏损的窟窿也越来越大，压得他几乎喘不过气来，最后在中国银行的帮助下才得以解决。

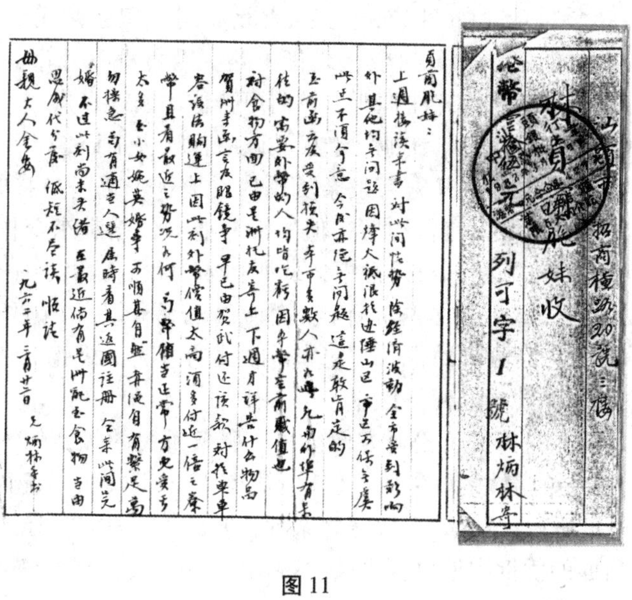

图11

四、寮国侨批业是服务性行业，具有很大的危险性

林炳林在家批中多次提到经营侨批业佣金低微，如果不是想到父老乡亲满怀希望、翘首企盼的样子，他早就不干了。1960 年 7 月寮国局势越来越严峻，7 家侨批局已关掉 6 家，只剩下林炳林所在的这一家，他感到肩上的担子更重了。1960 年 11 月 28 日林炳林在家批（图 12）中写道："此间局面虽未澄清，但吾不避任何艰难与牺牲一切，尚能按期配出批件，支援祖国各地侨眷……（此间本有七间字号做批业，现在仅存本号一家，由此可见其概）。"（图 12）

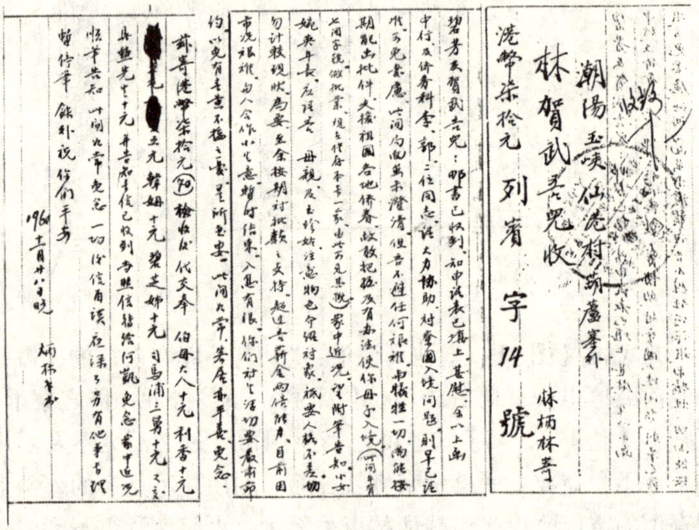

图 12

为了给祖国多创外汇，林炳林还千方百计拓展业务，企图扩展通过金边和泰国甚至中国云南等路线，开拓侨批业。如图 13 所示："此业属于鸡肋之劳，只可服务，全无前途……兄现极谋人手协助下，才可向金边线打出路。因目没有外币，所收批件则无法配出，因寮币已濒于遗弃边缘，故现在批业，较前更苦恼，困难多多。"

他的拓展计划屡遭失败，并且在他的老板被政府传唤去加以警告、勒令停止侨批业经营时，他毅然搬出批局，自己在开办荣发杂货站店的掩护下仍坚持接收侨批。如图 14 所说："兄于上月底已迁出店中，自行租屋，但一部分业务仍与敝东合作，当时因此项业务发生危险，故迫得外迁耳。"在这封侨批中，林炳林还为我们提供了一个信息："克兄每次嘱寄信，很少言及寄给母姆，兄常先斩后奏，然后才告诉他。"在国外侨批业经营中经常出现先为华侨垫钱寄批、后收到回批时才向华侨收钱的情况，故此，林炳林必须和他的老板合作，先借些本钱才能开始经营侨批业。

"先垫钱，后还款"是海外侨批业方便侨民、服务侨民的优良传统，因为大家都是信得过的好兄弟和亲如兄弟姐妹的好邻居，但也不排除极个别赖账不还的，那侨批局就要亏本了。如图 15 上侨批所写："兄每次代寄之家批，亦已三个月未理还，由此可知其为人之如何冷血耳。"在后面的侨批中他也曾提及"振川欠 250 元，至今分文未还"。

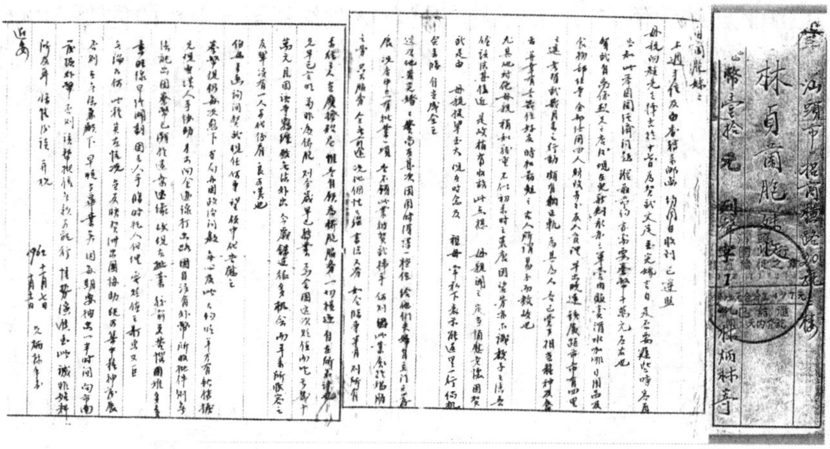

图 13

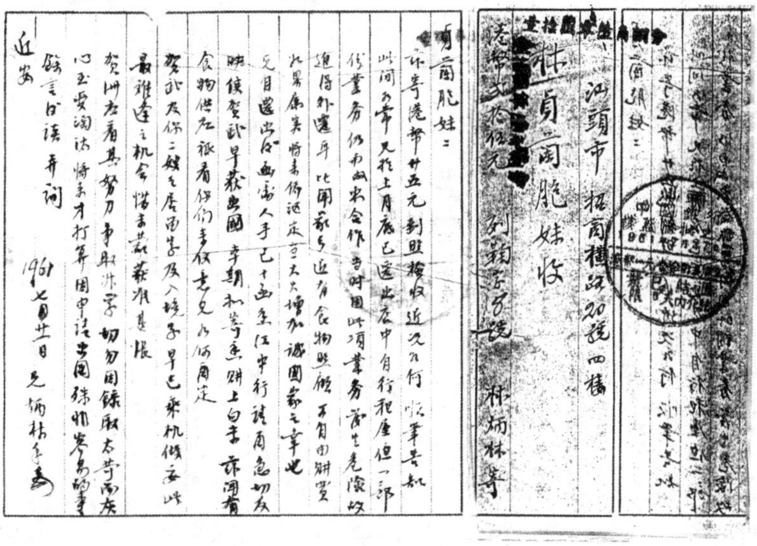

图 14

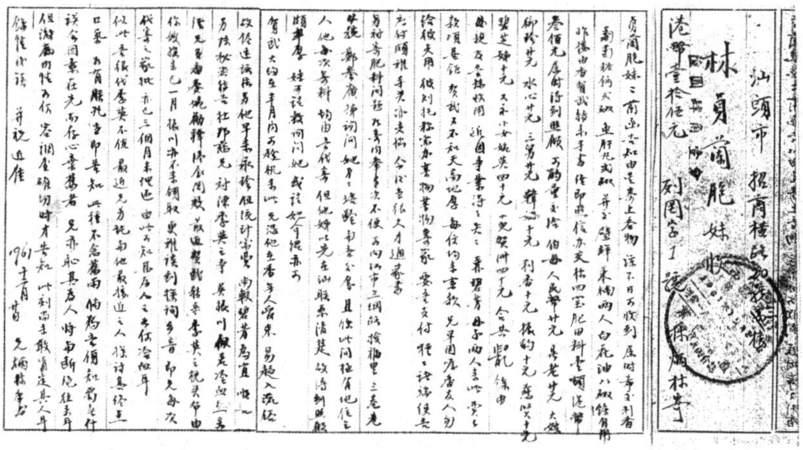

图 15

林炳林以满腔热情为侨户服务，自己却冒着被监禁甚至被杀头的危险。1966 年，他去北京参加国庆观礼和暗中收寄侨批的事被人家向政府告密，被寮国军区第五特别部（即特工情报机构）抓去严刑拷打，以致遍体鳞伤、奄奄一息，但他宁死不屈，等到当地华侨联名保他，中国驻寮国大使馆出面，才被送到医院抢救，但不久便去世了，他为寮国的侨批业献出了宝贵的生命，其可歌可泣的经历令人肃然起敬。

侨批定义刍议

曾旭波*

2013年6月19日，联合国教科文组织世界记忆国际咨询委员会评审会议在韩国正式举行，宣布侨批档案入选世界记忆遗产名录，至此，历时六年多的申遗工作画上了完美句号。

然而，有关侨批的定义，在史学界至今似乎仍然没有一个统一的界定。侨批定义存在不确定性或多样性，自然会给侨批研究的方方面面带来诸多障碍甚至误读误解。有鉴于此，本文试图从梳理现有各种侨批定义入手，结合笔者所了解的侨批相关历史及实物文献史料，重新对侨批定义进行审视和讨论。

一、“侨批”一词的产生

侨批，民间习称为番批、批。经营此项业务者，最初是水客，之后才有了批局、批信局或信局。作为主要以广东和福建两省劳工移民海外的产物，侨批曾被断为自明代以降便已产生。然而，自明代至清代中前期，由于统治者不断实行海禁政策，能自由移民海外出卖劳力的劳工，出现的可能性极低。到了19世纪初、中期，英、荷等殖民主义者开发东南亚，需要廉价的劳动力，清朝政府此时也解除了海禁政策，我国东南沿海的广东、福建两省的劳工，才开始移民东南亚从事出卖劳动力的工作。第二次鸦片战争之后，特别是1860年汕头开埠之后，机器轮船代替了红头船，航行于东南亚与汕头港之间，大量的劳工得以出洋，为侨批业的形成创造了必要的条件。①

华侨，是指侨居国外的中国公民。“华侨”一词，以字面解释，有两种含义：“华”表明国籍，指中国人，用以区别外国人；“侨”表明居住情况，指离家乡客居外地。华侨一词出现比较晚，据说，清光绪二十四年（1898）旅日横滨华商创办了一所子弟学校，名为“华侨学校”，华侨一词始为后人沿用。②

那么，将“侨”和“批”组成“侨批”一词又始于何时呢？

芮诒埙《有信银庄（批局）琐忆》中这样写：“民国后，此项生意，渐为海外一些客

---

* 曾旭波，男，潮汕历史文化研究中心青年委员会常委。

① 据汕头市人民政府侨务办公室、汕头市归国华侨联合会1990年合编《汕头华侨志》（初稿）载，自1869年汕头开埠到1948年，据不完全统计，这段时间经汕头港出国的华侨有585.55万人次，回国的有396万人次，出超189.55万人次。见该书第24页。

② 黄重言：《研究华侨史的几点意见》，《华侨论文集》第一辑，广州：广东华侨历史学会，1982年，第24页。

栈业所注目，寻面经营金银首饰业之金铺，亦有不少插手兼营者，后来始有专业出现，称侨批局。民国十七年（1928）全国交通会议决定取缔民信局，撤销各国客邮，因侨批局系服务于华侨，特准存在，但需向所在地邮局登记，转请邮政总署申请领取经营侨批牌照，并规定每年换照一次。当时南京邮政总署，以‘批’字不典，改侨批局为侨汇庄；但海内外无论城乡，都仍沿旧说，称侨批局。”[①] 显然，这段文字并没有具体回答“侨批”一词产生于何时，不过，因它成为之后一些文章观点引用的依据，还跟下面另一段文字的描述或可互相对照，故还是把它摘录于此。

饶宗颐总纂《潮州志》中，对侨批业的经营历史及现状曾作简略的介绍：“溯批业之源起，乃由水客递变。潮州对外交通，远肇唐宋，昔年帆船渡洋，一往复辄须经岁，华侨信款，率托寄于常川来往水客，其信函俗名曰批。……现时批业……无一不循水客之旧惯……批馆之名仍不变也。迨我国加入联邮公约，政府设立邮政局，其民营带信者曰民信局，批馆属民营而专带侨批，故又称批局，以别乎民邮二者。民国十七年全国交通会议决定取消国内民信局唯以批局系服务华侨仍许存在。初拟将名称改特种邮寄代办所，因批业之反对乃改为批信局（制发有批信局执照，批局之名遂成定称）。二十年全国工商业组织同业公会，以批局旧有组织系以华侨批业为名，易混于国内之华侨团体，删去华侨字样则批字嫌于不典或难明其业务实际，乃当局定名曰侨批业，各业批商号曰侨批局，沿用至今。”[②]

从上面这些描述中，我们得到了一个重要的讯息，即民国二十年（1931）全国工商业组织同业公会成立时，改“批信局”为“侨批局”，“侨批”一词才被确定为官方对批信的正式称谓。[③]

顺便说一说，饶老《潮州志》中的这段有关“批字嫌于不典”的描述，原是针对“华侨批业公会”若去掉“华侨”两字变成“批业公会”而言，“不典”是指意思不明确，而不是嫌其“俗”。所以最终只是去掉一个“华”字，成为“侨批业公会”。一些文章专门以此论述“批”字之典俗，实属误读。

二、将侨批业作为侨汇业去研究者，并未回答“侨批”是什么

笔者在阅读相关文献时发现，从民国至今，国内外学者对华侨汇款虽已有相当多的关注和研究，但他们更多的是从经济、金融、社会等角度去观察、分析和研究。滨下武志《近代中国的国际契机》[④] 一书中，华侨汇款便被放在其“朝贡贸易体系与近代亚洲经济圈”理论中去解读。林家劲、罗汝材等《近代广东侨汇研究》[⑤] 研究的对象是近代以来广东省的整个侨汇业，从侨汇方式、侨汇种类、侨汇政策到对侨汇的评价、侨汇的功能与变化乃至对侨汇的影响等作全面系统的论述。同样未涉及什么是侨批这个问题。

---

① 政协汕头市委员会文史资料研究委员会编：《汕头文史》第四辑，1987 年，第 94 页。

② 饶宗颐总纂，黄仲渠分纂：《潮州志·实业志·商业·侨批业》，潮州：潮州市地方志办公室，2004 年，第 1309 页。

③ 陈训先《论侨批的起源》中，讨论侨批的“批”字之俗、典问题，有一引文：“民国二十三年，南京邮政总署，以批字不典，改侨批局为侨汇庄”。标注为引自饶宗颐《潮州志·实业志·商业·侨批业》沿革章，笔者查该章，并未有该段文字之描述。有关“批”之典、俗问题，唯见上引之芮文。

④ ［日］滨下武志著，朱荫贵、欧阳菲译：《近代中国的国际契机》，北京：中国社会科学出版社，2004 年。

⑤ 林家劲、罗汝材等：《近代广东侨汇研究》，广州：中山大学出版社，1999 年。

对于侨批业本身的专业研究也少之又少，最多就只是对批局一些简单的操作流程作介绍。姚曾廕的《广东省的华侨汇款》[①]，主要是对广东省内各地的华侨汇款机构及其汇款数量与流布的研究，其中有对潮汕及海南批信局经营侨汇情况的描述，但文中并未对“批”下定义，其对批信局的解释是：“批信局简称批局，是汕头海口及厦门以及南洋各地便利侨汇的一种特殊组织。”[②] 杨建成主编《三十年代南洋华侨侨汇投资调查报告书》[③]虽然是以调查报告方式对20世纪30年代南洋华侨侨汇作数字式的报告和简略的文字分析，书中亦回答了“信局”是什么的问题，但仍然没有对“侨批”是什么作正面的解释。

三、相关论著对“侨批”的定义

1987年，政协汕头市委员会文史资料研究委员会编辑出版《汕头文史》第四辑，收录了芮诒埙先生的文章《有信银庄（批局）琐忆》，文中对“批”的解释是：“时人称寄款为寄批，回执就称为回批。‘批’之一字，为闽南语，漳（州）、潮（州）同源，沿以相称。”

20世纪90年代侨批业基本结束之后，侨批被作为收藏品进入收藏领域，“什么是侨批”这一问题才被正式提出来讨论。

1993年，广东省集邮协会和汕头市集邮协会联合编印出版了一本侨批研究文集——《潮汕侨批论文集》[④]。该书的作者，有集邮界的侨批收藏者，亦有多年从事邮政工作的邮政工作者，还有曾经从事侨批经营的批局从业者。书中有从历史、邮政等方面的研究，亦有对当年批信经营的回忆。书中的作者，对侨批是什么作了各自理解性的描述。这些描述成了之后侨批研究过程中一些观点形成的参考或依据。为了方便后文的分析，笔者将书中几个较有代表性的侨批定义摘录于下：

A. “侨批”，即华侨之家信。闽南、琼州及潮汕地区方言将附寄款项的家信叫“批”，也称“批信”。[⑤]

B. 一些文章指出：闽南话把“信”叫做“批”，但潮州话虽类同闽南话，却是“信”和“批”的概念有异，只是把从南洋来的与汇款有关、由批局的人送上门的侨信称为“番批”。批信的到埠也和邮件不同，故侨信成批到达收埠而异于汕头至潮州的邮政信件，每天均可到达。故“批”之称谓，还应该有“成批到达收埠”的意义。[⑥]

C. “侨批”的“批”字来源于闽语。福建人称书信为“批”；潮语的“批”字则专指附寄款项的信件，回信称“回批”。[⑦]

2000年之后，特别是2004年，潮汕历史文化研究中心成立了侨批文物馆，先后召开了三届侨批文化研讨会，出版了《侨批文化》专刊，侨批研究蔚然成风，一批研究文章和

---

① 国立中央研究院社会科学研究所丛刊第十八种，商务印书馆印行，民国三十二年（1943）四月初版。

② 姚曾廕：《广东省的华侨汇款》，重庆：商务印书馆，1943年，第17页。

③ 杨建成主编：《三十年代南洋华侨侨汇投资调查报告书》，台北：“中华学术院”南洋研究所，1983年。

④ 广东省集邮协会、汕头市集邮协会编：《潮汕侨批论文集》，北京：人民邮电出版社，1993年。

⑤ 杨起亮、周林：《潮汕“侨批邮戳”之沿革》，《潮汕侨批论文集》，北京：人民邮电出版社，1993年，第22页。

⑥ 蔡木雄、蔡绍彬：《侨批馆的创办年代和侨批名称的由来》，《潮汕侨批论文集》，北京：人民邮电出版社，1993年，第70~71页。

⑦ 常增书：《广东潮汕地区侨批信局的形成和作用》，《潮汕侨批论文集》，北京：人民邮电出版社，1993年，第2页。

论著陆续得以出版。在这些论著中，亦有对侨批是什么作了回答。为了讨论的方便，同样请允许在此将几个较有代表性的定义摘录如下：

D. 潮汕的“侨批”，专指海外潮人通过民间渠道寄回国内，连带家书或简单附言的汇款。①

E. 侨批，俗称之“番批”，以“银信合封”为基本特征，是早期出洋谋生的华侨通过民间渠道及后来的金融、邮政机构向国内眷属提供生活、生产费和支援祖国革命、侨乡建设及兴办各种公益文教事业的费用，同时连带书信或简单附言的汇款凭证。②

F. 侨批就是海外侨胞通过民间渠道及后来的金融邮政机构寄回国内、连带家书或简单附言的汇款凭证。有学者进一步把它概括为“银信合封”，即“汇款与家书连襟”的民间寄汇。③

G. 侨批，是海外侨胞通过民间渠道及后来的金额邮政机构寄回国内、连带家书或简单附言的汇款凭证。④

前面摘录的有关侨批定义的描述，归纳起来有如下几个方面：

①侨批的“批”字，源于闽南方言称信为批。持此观点者有芮诒埙及 A、B、C 项，即前四个定义均包含此观点。

②侨批是华侨之寄款，只有芮诒埙一家之说。

③侨批是华侨之家信，批款是附寄，持此观点的有 A、B、C 三项。

④侨批是华侨汇款，家信是连带，只有 D 一项。

⑤侨批是银信合一（银信合封）的汇款凭证。持此说法的是 E、F 项。

⑥侨批是连带家书或简单附言的汇款凭证，持此说法者是 G 项。

再总结之，说侨批是信，批款是附寄者，基本都认可“批”是因闽南方言称信为批的说法，持此观点者主要是集藏界及福建学者。在当前对侨批的各种宣传媒介中，大量出现的主要是⑤和⑥这两种观点，即侨批是银信合一（银信合封）的汇款凭证。那么，侨批究竟是银还是信？还是银信合一呢？让我们逐一讨论。

四、“批”是银还是信？

一提到“批”的读音，许多人马上就把潮汕方言跟福建闽南方言联系起来，以说明两者的读音是一样的，并推之其义亦一致。其实，福建闽南地区的方言与潮汕方言还是有很大的差别。以书信为例，福建人把写信称为“写批”，寄信也称为“寄批”。潮汕人则不然，信就是信，批就是批，“寄信”绝不会称为“寄批”。同样，潮汕华侨在海外，寄信就是寄信，寄批就是寄批，不会混淆。

那么，侨批的“批”字，是不是从闽南方言将信称为“批”而来的呢？侨批是指银还是指信？是以银为主连带家信，还是以信为主附寄银？这些问题确实值得继续讨论。

先来看一件东西，这是一件清代的邮驿信件（见图 1）。邮驿在清朝是官方机构，专

① 杜桂芳：《潮汕侨批》，广州：花城出版社，1999 年，第 7 页。

② 王炜中、杨群熙等：《潮汕侨批简史》，香港：公元出版有限公司，2007 年，第 1 页。

③ 王炜中：《潮汕侨批》，广州：广东人民出版社，2007 年，第 3 页。

④ 潮汕历史文化研究中心侨批文物馆编：《潮汕侨批文化图片巡览》，香港：公元出版有限公司，2011 年，第 1 页。

为各级官员传递公文、书信，有时甚至代带银项。此邮驿信件，寄于清光绪二十年（1894）正月二十三日，由两淮盐运使寄给兵部侍郎兼都察院右副都御史江苏巡抚部院官员收的这件邮驿信，信件正面上下各盖两淮盐运使官印，自右至左竖书“右呈/头品顶戴兵部侍郎兼都察院右副都御史江苏巡抚部院奎”；信件背面上中部竖书：“光绪二十年正月二十三日呈”，然后在书写日期的中间盖上两淮盐运使官印，官印的四周自右而左写上“内一件/照验”。信封右下部同样盖两淮盐运使官印，并在官印上书“委员赍呈”。同时，就在“内一件”三字下面，又书“外银批”三字。“外银批”，意即在寄这件官信的同时，还附寄一件银批。这件邮驿信件上所书写的“外银批”，给我们传递两个重要的信息：其一者，称寄银为“批”者，并不是福建和广东两省独有；其二者，“银批”的“批”字，意思很明确，不是指信，“银批”翻译成现在的意思就是“银单子”。

冯梦龙《醒世恒言》第三十一卷《郑节使立功神臂弓》中，有一段对话：“张员外被他直诈到二十两。众员外道：‘也好了。’那厮道：‘看众员外上罢，就求便赐，趁早回去。’张员外道：‘没在此间，把批子去我宅中质。’”① 这里的“批子”，就是指支取银钱的条子。冯梦龙是明朝文学家，今江苏苏州人。

在清末潮汕的报纸上，同样有登载“批”跟“银”相关的报道。如光绪二十八年（1902）六月二十七日汕头《岭东日报》“潮嘉新闻”载：“惠属花会赌场，其开厂出字者曰花会馆，暗受赌字而不开厂者则曰坐批”。郭马风老师在《何谓批?》一文中，同样有举例说以前花会的一些专用名词如代庄家收集赌资及代送中码的马仔，“这种马仔代赌众写花会字压码，叫写批，其人就被称为批脚、批仔”。②

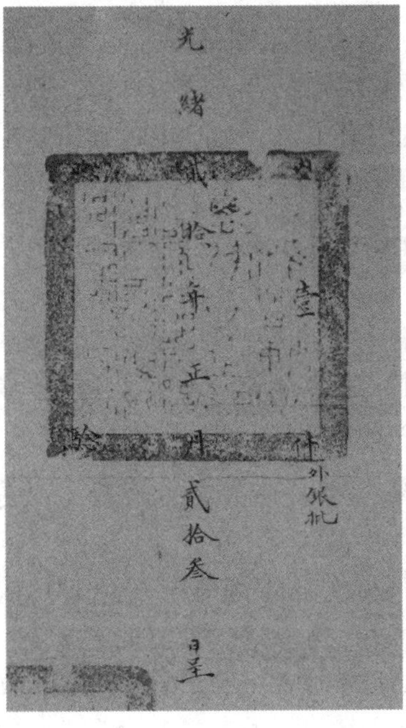

图1

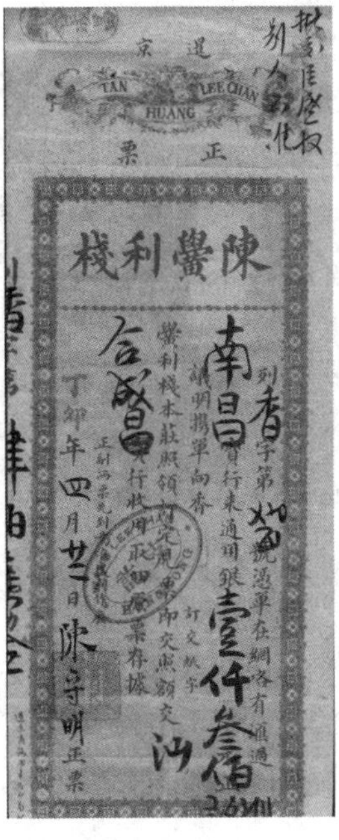

图2

图3

① 冯梦龙：《醒世恒言》，北京：人民文学出版社，1956年，第662页。

② 潮汕历史文化研究中心等编：《首届侨批文化研讨会论文集》，2004年，第218页。

图2是泰国陈黉利栈汇票。该汇票是泰国南昌信局（批局）寄给汕头合成昌批局的侨批汇款。汕头合成昌批局收到该汇票后，签妥背书，将其转给香港臣盛公司，以套回现金。合成昌便在汇票右上端写“批交臣盛收，别人不准”（见图3）。“批”字，可作动词，也可作名词，因此处后面的“交”字是动词，若此处“批”字作动词解，则变成两个动词重叠，故此处“批”字应该作名词解，“批”代指汇票，即汇票交臣盛收之意。

综上所述，“批”字明显是跟“银”有关系。银单子、支银的条子、写赌资、汇票等，均可称为“批”。而且这种叫法是具有全国性、是古往今来均有的。故福建闽南方言中将信称为批，只能视为个例，不具备普遍性，至少在目前未有更好的例证以证明国内其他地区也有此种说法的情况下是这样。而其跟潮汕人将华侨寄批的“批”亦称为“批”者，似乎更像巧合。

至于定义B中，认为“‘批’之称谓，还应该有‘成批到达收埠’的意义”，有些失之牵强。因为在潮汕方言或是闽南方言中，作量词解的“批”，称为“帮”而不称为“批”。如“第二批”称为“第二帮”，“这帮（潮音读‘扮’或bai摆）茶比上帮茶口感更佳”。

近现代华工移民海外，目的是出卖劳动力以换取养家糊口的银钱。在一般情况下，他们首先想寄回家的，自然是银钱。但他们亦想念家乡的亲人，家乡亲人同样亦想念出洋在外的他们，同样只能以书信互通信息。故在一般情况下，侨批以寄银为主，有时或亦附带书信。

五、侨批是“银信合一”（银信合封）吗？

在华侨历史研究中，人们都相信，当年出洋的华工中，绝大多数都是文盲或半文盲，识字的只是极少数。而在侨批研究过程中，人们亦都奇怪地相信银信合一这一理论，即有银便有信。换句话说，当年每个劳工每月寄批回家，必然均附有书信，最少也得有简短附言，果真如此吗？芮诒埙《有信银庄（批局）琐忆》中有一段描述：

> 新加坡各个较大批局，职司招揽寄批员工，例皆自备一本小册子，详细记录其所经手大户，每年分寄家乡亲友批款的人名、地址、金额，甚或有详细记录其姻亲、朋友关系称呼者，每届年梢，便登门招揽。寄户或有遗漏，则当面补上，或在征得寄批人同意时，代为开列名单，一般豪商巨贾，事冗心繁，大多莞尔一笑，交易立成，旬日之后，回批送还，才向收账，咸称妥便。①

可见，当年就连豪商巨贾，寄家批也未必就“有银便有信”。下面让我们看看几件实物图：

图4为泰国万兴昌银信局预印格式批笺，列“恬”字176号，寄潮海邑（潮安）鹤塘（乡）长永楼（村）陈添合收。批笺寄国币一千元，由泰京姆母寄。批笺的“附言”空格内并未附言，批笺亦没有注明收寄时间。不过，我们从所寄批款一千元，可知道其收寄时间是在1946年前后。

图5是一件用一张长约12厘米、宽约6.5厘米的白纸写成的批笺。批笺只写“密

① 芮诒埙：《有信银庄（批局）琐忆》，《汕头文史》第四辑，1987年，第96页。

（字）144（号）海秋溪长远楼村陈添合第（收）国币额五百元　陈维明”。同样没有收寄时间，亦未写明国别和批局名称，不过联系上图，可知应该亦是从泰国寄出，时间在 1944 年至 1945 年。批笺上同样未见有附言。

图 6 是汕头洪万丰批局印制并填发的批笺，列“正”字 2927 号，海（潮安）南桂横江乡双亲收，寄款港币七十五元，寄款人姚应镇。附言处空白。批笺上加盖汕头中国银行红色圆形结汇章，时间是 1956 年 12 月，未知寄发国别。

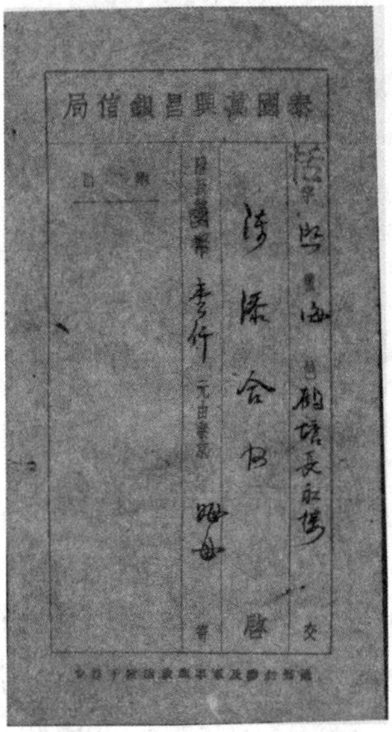

图 4

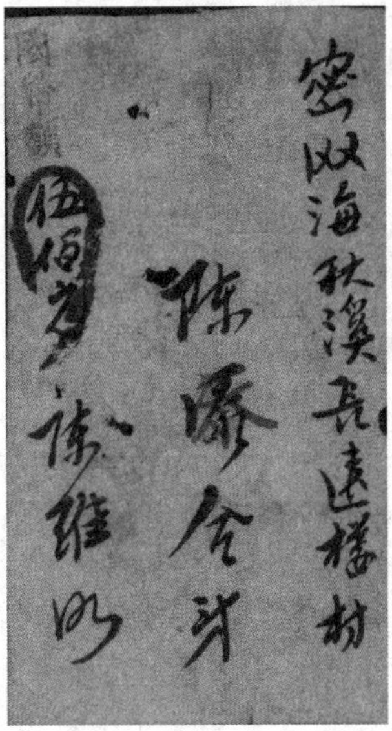

图 5

图 6

上面三件批笺，均由批局填发或抄写，其中图 4 由泰国批局填发，图 6 由汕头投递批局填写，图 5 未知由谁抄写。可见，当年上述三位寄批者，均未附信，就连简短附言也未写。揽收批局或投递批局只能依据其基本资料信息代为填写批笺，以便投递给其家人签收。

曾经有文章称，当年不识字的劳工要寄批，可到市上花钱请人代写，亦可请亲友代写，有时批局出于竞争，也有免费代写批信的服务。这其实是给研究者一个错觉，即当年寄批者每次寄批必须写信。他们把“可以”当成“必须”，没有设身处地地想一想，当年许多劳工不是身处埠市，而是身处荒山僻壤的矿山、农场、新垦区，寄批时，批款常常由批局派揽收业务人员到农场、矿山或垦区揽收。批局业务员虽然可为寄批者代写书信，但每到一处，寄批的劳工少说几十人，多则成百上千，一个业务员又能替几位劳工写批信呢？最实在可行的办法，就是每位劳工先把自己的家庭、住址、姓名等基本情况报给批局的业务员，登记在册①。每次寄批，除了有事非写信不可者，一般只要把银交给批局业务员，数额登记并发给收据，其余的便由批局打理了。让我们再看看下面这几件实物图：

① 参见芮诒埙：《有信银庄（批局）琐忆》，《汕头文史》第四辑，1987 年。

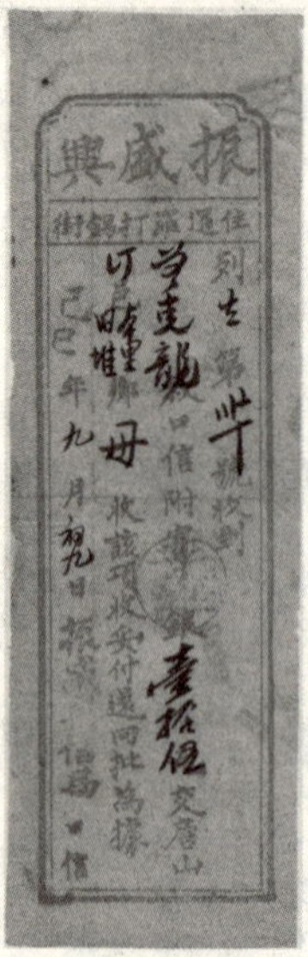

图 7

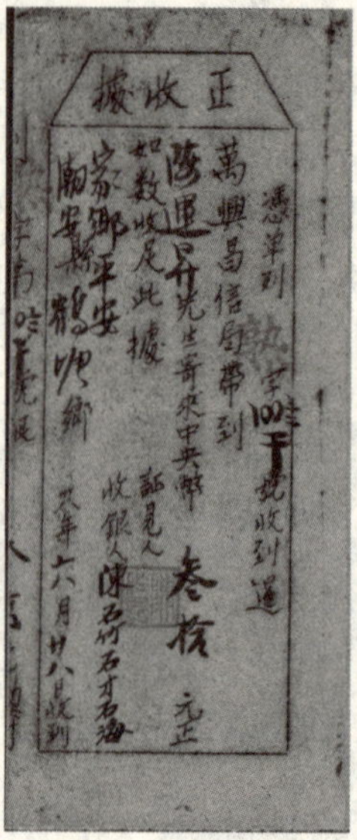

图 8

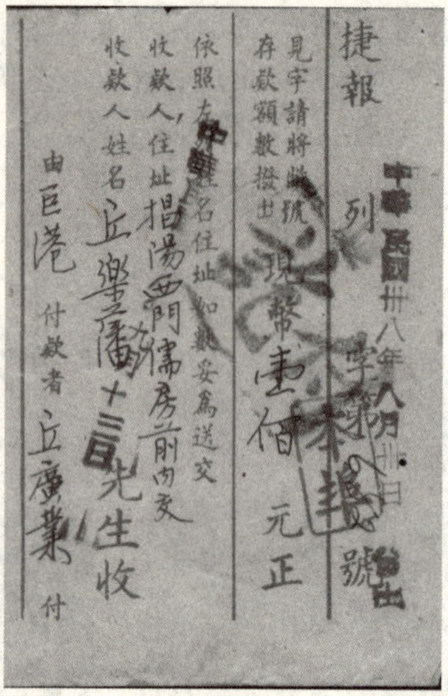

图 9

图 7 是暹罗振盛兴批局的一件“口信”。口信文字：振盛兴/住暹罗打锡街/列（生）第（36）号收到/（曾克龙）叔口信附寄（银壹拾伍）元交唐山/（澄）邑（本里旧堆）乡（母）收该项收妥付还回批为据/（己巳）年（九）月（初九）日振盛兴信局口信。

图 8 是一件“正收据”。此收据由万兴昌批局印发，收据文字：凭单列（熟）字 1008 号收到暹/万兴昌信局带到（陈运昇）先生寄来中央币（叁拾）元正/如数收足此据　证见人（印鉴）/收银人陈石竹、石才、石海/（潮安）县（鹤塘）乡 /（廿八）年（六）月（廿八）日收到。

图 9 是一种存款寄批。批笺文字：捷报（ ）列（ ）字第（682）号/见字请将敝号存款额数拨出现币（壹佰）元正/依照左列姓名住址如数妥为送交/收款人住址（揭阳西门儒房前内交）/收款人姓名（丘乐藩）先生收 /　由（巨港）付款者（丘广业）付。批笺上另盖有发出日期、收到日期和“本埠”“付讫”等印章。

图 7 这件寄于 1929 年的所谓“口信”，就是口头嘱咐。寄批者到批局寄批，没有附信，只寄银钱。批局便用此种“口信”便条填发。不过，从该“口信”实物看，批局并未预留给寄批者简短“附言”空间，根本谈不上为“信”。

图 8 之“正收据”，是批局一种特殊凭单，俗称“赊批”。即是寄批者未先付批款，亦没有附信的情况下，批款由批局先为垫付，批局同时用此种联单填写（最少三联），寄达侨户交收时，还需有见证人签章及收款人签收。然后一联交收款人、一联向寄客索款，一联由批局存底。

图 9 之批，是印度尼西亚巨港华侨委托批局（银行）在其存款中拨出一定数量的金额寄给国内家人，批局将其称为“存款寄批”。印度尼西亚在“二战”后，严格限制侨汇寄华；新中国成立后，甚至实行对华禁汇政策。此种由批局（银行）委托寄批业务，可通过第三国或地区的批局（银行）代为寄批，但批笺上很难看到是哪国（地区）寄出。此批笺手填“巨港”，只能说明是巨港的华侨所寄。

上述三件实物图，分别说明了东南亚批局在不同时期的三种不同寄批业务。但它们有一个共同的特点，就是都没有批信，甚至连附言都没有。

以上六例，笔者只是从不同时期批局不同业务类型中选取部分例证，并不是所有例证。相信当年实物不在少数，只是因此类没有附信没有附言的侨批单子（笔者称其为批笺）因无信件内容而常常未被侨户保存，对比于有信封保护的侨批封，也更容易受损，因此能留存下来的不是很多，在侨批研究中，更常常因没有书信内容而被忽视。

六、余论

侨批，民间称为“番批”，此称呼似乎更为生动贴切。按字面意思来解释，“侨”字并非华侨专有，只因全世界当年只有华侨在寄批，所以也就不会产生歧义。有些人曾说：香港、澳门及台湾都属于中国，因此那里寄回大陆的批信，不能称为侨批。不过笔者发现，就是在文化大革命的敏感时期，汕头侨批服务社仍然照常接收从台湾转香港寄入的批信，而无论台湾或香港同胞寄的批，仍是按侨批对待，批信上盖同一式样的侨批名称戳记，并未因是同胞而另有区别对待。新中国成立特别是1955年万隆会议之后，旅外华侨大部分在加入了居住国国籍的同时，放弃了中国国籍，成为华人而不再是华侨①。但他们仍然继续在寄“侨批”给家乡的亲人。如果按“侨”就是华侨这种理论，华人寄的批，还算是侨批吗?

侨批业已经成为历史，留存下来的这些批信，亦成为记录那段历史的宝贵文献。我们研究侨批，不仅要研读那些批信，亦要研读收寄那些批信背后当年的批局业务以及相关的方方面面的历史。

① 中华人民共和国外交部网站，http：//gb. cri. cn/3821/2005/04/06/1062@506169_ 1. htm。

中华邮政处理海外批信欠资及补资邮封研究

——兼谈经汕头转寄国内各地的侨批邮封

蔡少明*

一、前言

侨批业溯其起源，是由“水客”演变而不断发展起来的。十八世纪以来，我国沿海民众往东南亚各国移民创业、打工谋生的人数逐年增多，其后形成热潮。这些常年在外拼搏的侨民，勤俭节约、积蓄银钱，多欲寄回家乡赡养家眷。然而由于早年海上交通渡洋往返不便，侨民委托“水客”携带银信返回家乡，不但拖延时日，而且还有安全之忧虑，甚不保险。如遇不法“水客”，侵吞侨民批款之事也时有发生。可以说，“水客”携带侨民银信的年代，是侨批业喜忧参半之时期。

随着历史的发展和海上交通事业之发达，轮船时代的到来，以及各国邮政、银行等新式金融机构的产生和继起，海外侨批业迎来了发展的时代，东南亚各国由华人经营的侨批信局纷纷设立。尤其是我国加入万国邮联公约之后，形成了我国与东南亚各国邮政的通信网络，为侨批信局收寄及银信的输送提供了便利条件和安全系数，这也是侨批业依附于邮政得到迅速发展的关键原因。由于侨批信局是专门为国内侨眷及侨居于海外各国的侨胞输送银信之专业通信金融机构，关系到侨乡民众的生存，其作用和地位十分重要！因此，侨批信局有别于国内设办的民信局，其原因是两者的服务对象及性质不同，所以在民国十七年（1928）的全国交通会议上做出了取消“国内民信局”的决定之后①，唯独特准专门为华侨服务的民营“侨批信局”得以保存及经营。但对于侨批信局的名称问题，初拟将“侨批局”改名为“特种邮寄代办所”，随后因批局的反对而作罢，乃称之为“侨批信局”或“批信局”。

在批信的传递方面，批局在邮政未设立之前，由海外批局向侨胞接收后，逐帮逐批配交轮船运往汕头，携带自由，有如运送物品一样方便。自邮政设立以后，各国侨批信局接收的银信，必须汇总后交由批信局所在国家的邮政局转寄入中国。资费的收取方面，每重25公斤合一封平信的邮资交付邮寄资费。第一次世界大战爆发之后，法、荷等国为提高属地税收，补充战争经费，废止批信按总批秤重收取邮递资费的办法，改为按逐封批信收取一个平信的方法来收取邮寄资费。虽然各国侨批信局的批信输送在成本上较前增加，但对于庞大的侨批业之操作影响不大。

---

* 蔡少明，男，汕头市集邮协会常务理事。

① 广东省集邮协会、汕头市集邮协会编：《潮汕侨批论文集》，北京：人民邮电出版社，1993年。

在国内方面，民国十七年全国交通会议之后，侨批信局得以保留，准许继续经营。但为了加强对民营性质的侨批信局之管理，规定批信局必须向所在地的中华邮政局领取挂号执照，才能经营侨批业务。而对于国内批信局邮寄批信的“回批”往海外各国，仍按原先的“总包邮寄”的方式办理，但以每封回批逐件计算邮资（即每封回批交纳一个国际平信的邮寄资费）后合计将邮资用邮票贴于回批总包封上①。

经由海外民营侨批信局所接收的侨批邮封是通过各国（地区）之邮政机构寄运至中国侨区的跨国转递邮件。因此，侨批邮封上除了记录有民营侨批信局的收寄印记痕迹外，还有大量的邮政传递信息，成为邮政历史类邮品所具有的功能和特点。如常见的侨批邮封，多数加盖有收发国和国内中转局、到达局的邮政日戳，有邮政业务的宣传邮戳、侨批邮件专用邮戳、邮政检查邮戳、邮政检验封条和邮政人员姓名印章以及各种形形色色的邮政戳记（标签），为起源于民营侨批信局的侨批邮封增加了难得的邮政信息，成为邮政历史类课题的重要组成部分②。所以，一部民营侨批信局史，也包含着一部完整的邮政发展史。

在各种具备邮政迹象的侨批邮封中，欠资侨批邮封是一道亮丽的风景线，这些最具有深厚邮政痕迹的侨批邮封，因为封上加贴有各时期发行的欠资邮票、加盖有邮政戳记，又具有记录不同时期的邮政资费之功能，因而邮政信息及邮政史料色彩浓厚，同时也是侨批邮封中最罕见、收集难度最大的邮封之一。所以，欠资侨批邮封的收集和研究，历来格外引起集邮界和邮史学家及侨批收藏者的关注与重视，更是邮政历史类邮集中不可欠缺的重要邮封。

本文以侨批欠资及补资邮封为题，首先，主要展示和探讨各时期的侨批欠资邮封的形式，从中了解各个时期的侨批欠资邮封的面貌和不同的补纳或罚取邮资之各种方式，以期对侨批欠资邮封有更进一步的了解和认识。其次，在海外寄至国内汕头的侨批邮封中，还有一部分是经由汕头转发往国内各地的侨批。这些由汕头经转的侨批也是经过汕头邮政局通过邮政渠道寄运，转寄时也需另补交国内互寄的邮政资费，但由于转寄时需采用总包寄递的方式，批信的邮资系总包纳资。因此，这类经由汕头转寄的侨批邮封上便不必逐件再加贴邮票，但其补纳国内互寄邮资费用的史实也是值得重视和研究的。对此课题，以往未见专门的论文深入探讨研究，故本文欲以相关邮封进行展示和论述。

二、侨批欠资及补资邮封实例举证

对于侨批欠资邮件，中国各时期的邮政总局均有明文规定，即侨批邮件如果走漏或未纳邮资者，均按欠资邮件“欠一罚二”的方法处理。纵观大多数已被发现的侨批欠资邮封实例，大部分是依据“欠一罚二”的原则处理收取邮资。可是，侨批邮件是民营侨批信局接收及投递的作业方式，所以各个时期的邮政局对侨批邮件的收寄方法或交纳邮资的标准，或多或少都有政策上的优待，如航空邮资不优惠，则从信函邮资给予优惠纳资。因此有的侨批欠资邮封，虽有收取欠资邮费，但不一定是按“欠一罚二”的原则收取，而且各邮局有时对侨批欠资邮封的资费收取，有其操作的灵活性，可从下面展示的各时期侨批欠

① 蔡少明编：《中国潮汕侨批史》（第一章第二节），北京：人民邮电出版社，1993 年。
② 蔡少明：《侨批邮史之邮资、邮路、邮戳特例》，《集邮》2013 年第 22 期。

资封中得到体现和印证。

1. 补纳国际邮资例

图1[①] 侨批邮封是1907年4月4日由印尼吧城寄往广东大埔县三河镇大麻乡的，该件邮封途经汕头邮政局时，因所贴邮资不足而被汕头邮局按欠资邮件处理，封面加贴有清代欠资邮票面值一角一枚，其时国际信函邮资为一角，此封未按欠一罚二处理，只是补纳一个国际信函一角的邮件资费。本件侨批邮封为邮寄批信的侨批总包封，编列为第四号总包封。台湾集邮家何辉庆先生在其邮史专著中收录有编列为第五号的总包封，另台湾世界邮展大金牌奖得主王丰铨先生也收藏有编列为第六号的总包封，该两件总包封也同样因欠资而补纳一个国际信函一角的邮资，也同样贴清代欠资邮票面值一角一枚并盖销汕头邮政日戳。由此可见，汕头邮政局对侨批欠资邮封只按补纳一个国际邮资的处理方式并非个例。

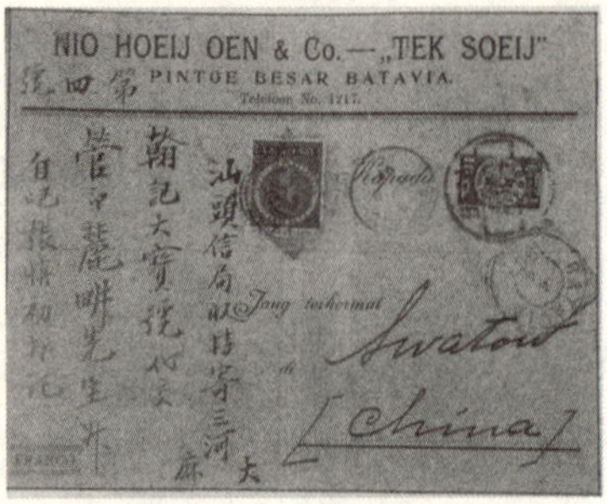

图1

2. 补纳国内邮资例

图2侨批邮封是1934年1月15日由泰国曼谷寄往广东潮安县笔山乡，邮封采用当时曼谷邮政局发行的蓝色面值15士丁国际邮资封，不存在欠资的可能，但此件邮封内暗藏有另一件规格略小的信封（图3），且信封的收信人与邮封寄交的收件人不一，是属于典型的封内夹寄他人信件的侨批邮封。

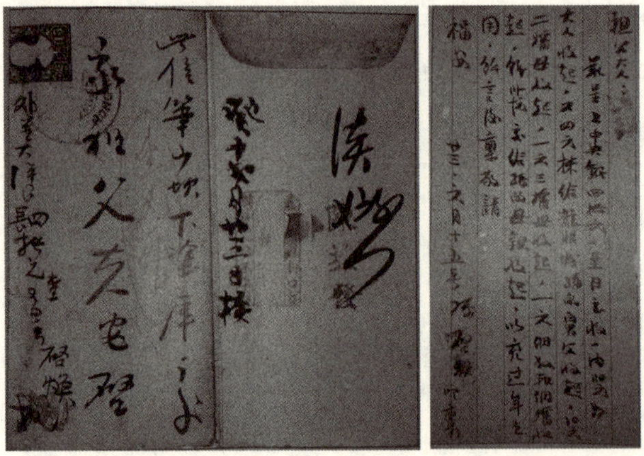

图2

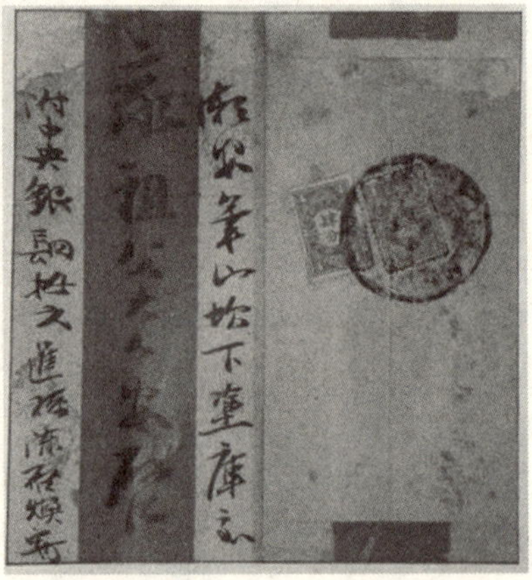

图3

此封至汕头邮政局时，被邮局人员检查发现，并以欠资邮件处理补收邮资，于图3封之背面加贴有中华邮政欠资邮票面值1分及4分各一枚，合共邮资5分，并用当时邮局使用的“立券报纸”大圆邮戳盖销，同时又在内装夹带的信纸上加贴一条手批有“5分”的

① 图1以及下面的图8、9、10、11、12、13，均收录于许茂春编《东南亚华人与侨批》（曼谷：泰国国际邮票有限公司编辑部，2008年）一书中。

签条，说明欠资的对象，非常明确，见图4。

从此封的处理形式及所补收的欠资邮费来看，该封并未按国际欠资邮件来收取欠资邮费，而是只补收一个国内平信函件邮资5分的邮费，即收取该件夹寄邮封从汕头至潮安县的邮资。此种处理方式，也即补收国内邮资，非常少见。如按邮政规定，此种封内夹寄他人信件的走漏邮资行为，一经查获，均要加倍处罚。但此件邮封汕头邮政局不但未按国际邮资加倍处罚，也未按国际邮资补收，而是按国内信函的邮资费进行补收其从汕头至投递地潮安县此段邮政资费，体现了邮政局对侨批邮件的特殊照顾和灵活的处理方式，虽有违国家的邮政法规，却是对民营侨批信局的收批侨属的利益之维护。

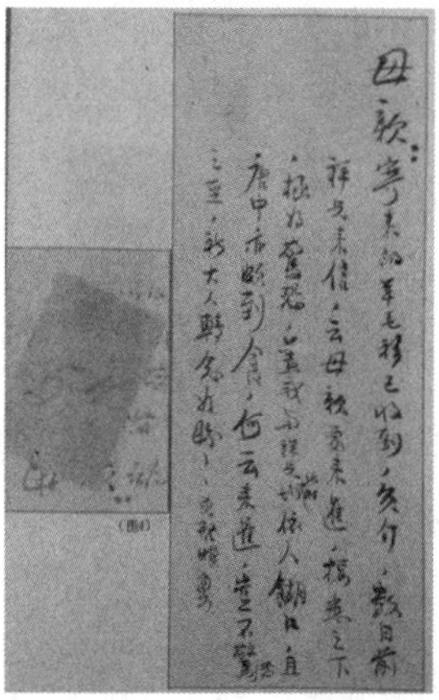

图4

笔者以前还曾见过一件侨批邮封，该邮封内夹带有一张印刷品的宣传广告单，被汕头邮政局查获后，补收一个印刷品邮件资费。可惜当时未留下该欠资封影印件，所以现在此处无法展示介绍。现只能举例记录于此，作为侨批邮封补纳国内印刷品邮资费用的方式记录之，以便日后发现同类邮封时有所印证。

3. 补纳航空的邮资例

图5侨批邮封是1941年7月17日由印尼寄往广东大埔县，该封在印尼交寄时是采用“航空信函”的邮件种类交寄，但封上所贴的邮资费55荷兰先令，其中的航空资费只够交纳从印尼至中国香港此一路段，按照此封所交纳的邮资费用，该件批信寄抵香港后，其航空邮运的待遇便已终止，后面从香港至内地大埔此一路段的邮运应改为“水陆路邮件”的方式输送。但是，由于此封寄至香港后，其时正逢抗日战争，水陆邮路受战时的影响，经常受阻，且邮路输送极为困难，邮期也无保证。对此，为了确保信件的安全和迅速输送，批信在经由广州邮局分信处时，邮局继续将批信的输送采用“航空邮件”的种类寄运，于封面加盖一枚竖直式“此件应补收国内航空资费，广州分信处”说明戳记，同时又在批信上加贴一张专印的邮政通知单，见图6。

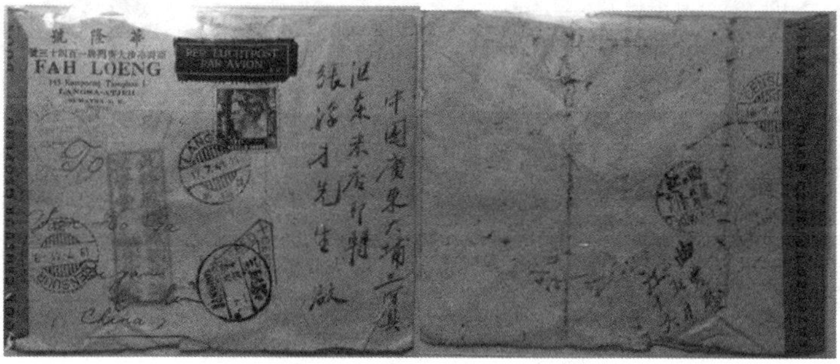

图5

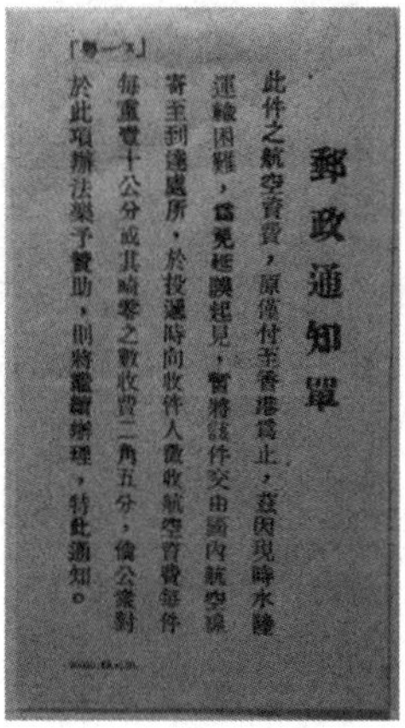

郵政通知單

此件之航空資費，原僅付至香港爲止，茲因現時水陸運輸困難，爲免延誤起見，暫將該件交由國內航空線寄至到達處所，於投遞時向收件人徵收航空資費每件每重壹十公分或其畸零之數收費二角五分，倘公衆對於此項辦法樂予贊助，則將繼續辦理，特此通知。

图6

该通知单内说明批信继续以航空邮件输送的原因，内容全文为“此件之航空资费，原仅付至香港为止，兹因现时水陆运输困难，为免延误起见，暂将该件交由国内航空线寄至到达处所，于投递时向收件人征收航空资费每件每重壹十公分或其畸零之数收费二角五分，倘公众对于此项办法乐予赞助，则将继续办理，特此通知”。从此张专印通知单中可知，其时国内航空邮件的邮寄资费为国币 2 角 5 分，本件批信系采用盖戳补收航空邮资之补资处理方式。

图 7 侨批邮封是 1941 年 11 月 4 日由印尼寄往广东揭阳县，该封也是与前面之批封一样从印尼以航空邮件的方式寄发，邮资费用同样只交纳至香港此一路段之航空资费。批信寄抵香港转口发往广东揭阳县此一路段仍然以航空的方式输送。但是，此件批信的航空邮资的补收处理方式则与前面盖戳收取资费的方式不同，当批信到达揭阳邮局之后，邮局补收 2 角 5 分之航空邮费的方式是用中华邮政孙中山像邮票面值 2 角 5 分一枚加贴于批信的封面，再用邮政日戳盖销，批信投递时才向收批人补收此一航空邮资。

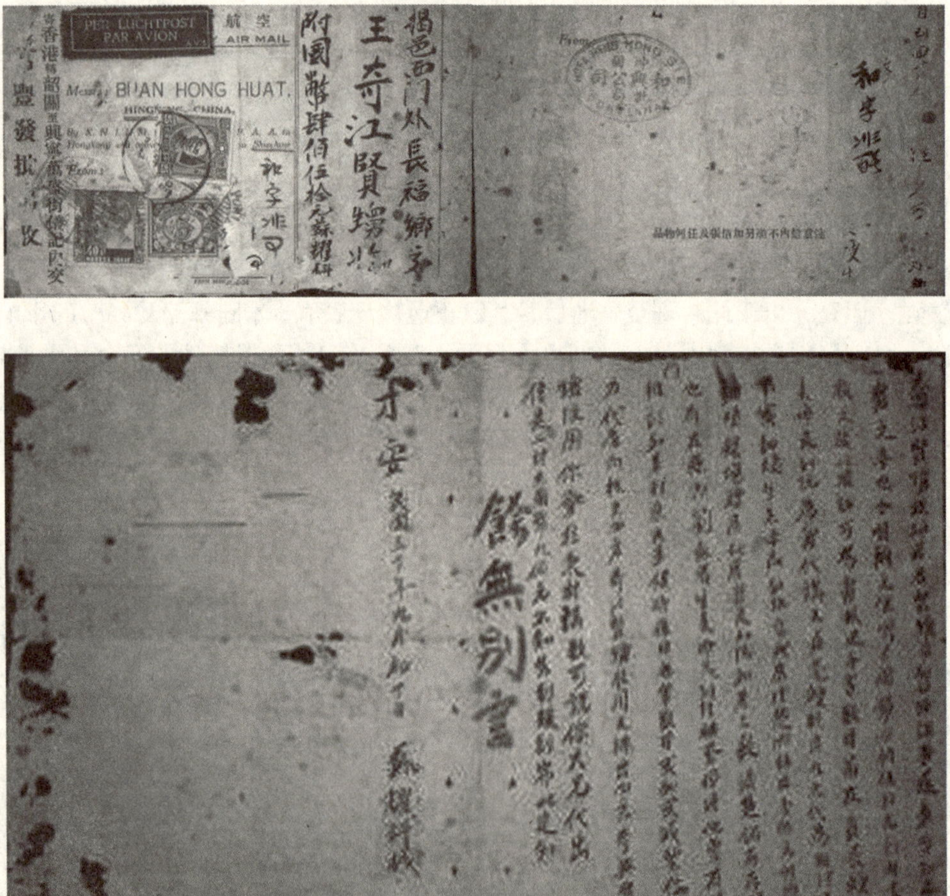

图 7

以上两种补收国内航空邮资的批信，补资的原因及邮资费用相同，但一件是用盖戳收取邮资，另一件则是用加贴邮票补收邮资，处理方式各异，反映了邮政局补收邮资的操作方法灵活，同时，也为此类侨批邮封增添了不少异彩和研究内容。

4. 欠一罚二邮资例

图 8 及图 9 两件侨批邮封是 1928 年从安南河内寄往福建厦门东界社，两件邮封因封上未贴邮票交纳邮费，寄抵厦门邮政局时，被邮局人员检查后按国际欠资邮件处理，其时国际信函邮资费为 15 分，按欠一罚二处理合共是邮资 3 角，两封均各贴有一枚中华邮政欠资邮票面值 3 角，并销有邮政日戳。

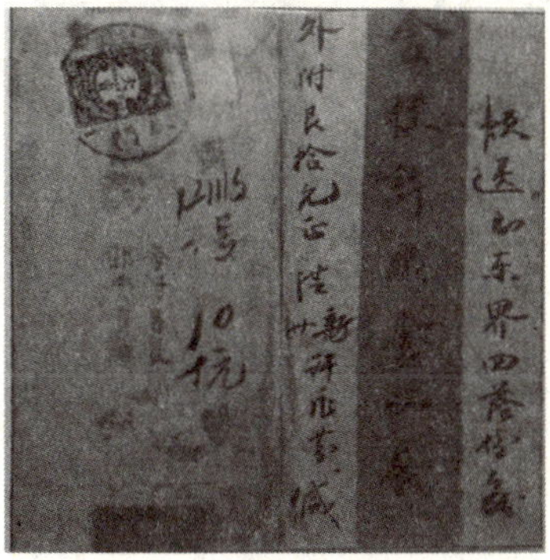

图 8

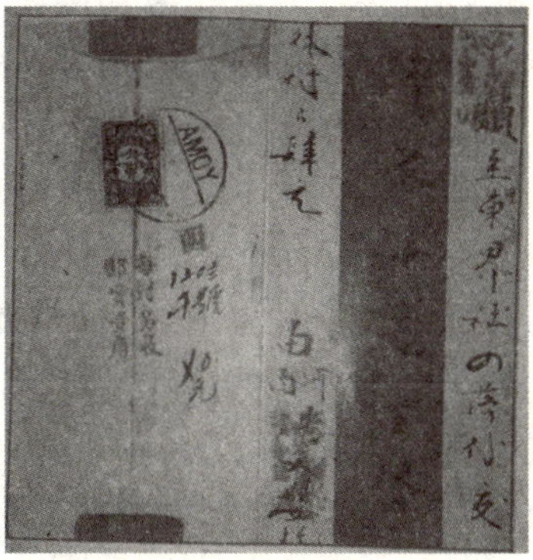

图 9

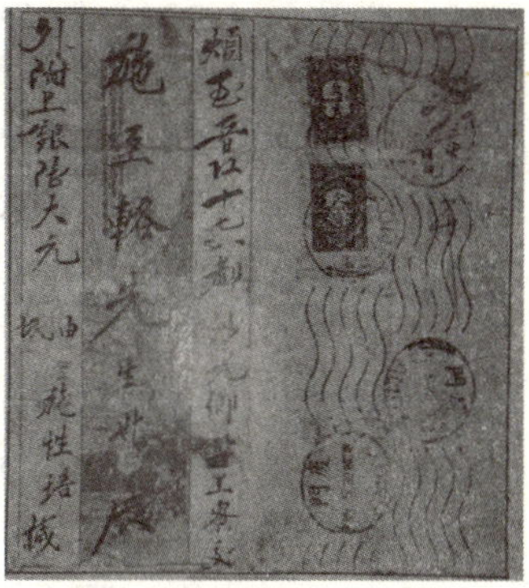

图 10

图 10 侨批邮封是 1930 年 5 月从菲律宾马尼拉寄往福建晋江县十七八都沙光乡。批信于 1930 年 5 月 9 日抵达厦门邮政局，该封未贴邮票交纳邮资而被厦门邮政局按国际欠资邮件欠一罚二处理，其时国际信函邮资 15 分，欠资邮件应收取资费 30 分，封背加贴有中华邮政欠资邮票面值 1 角及 2 角各一枚，并用机盖邮政日戳盖销。

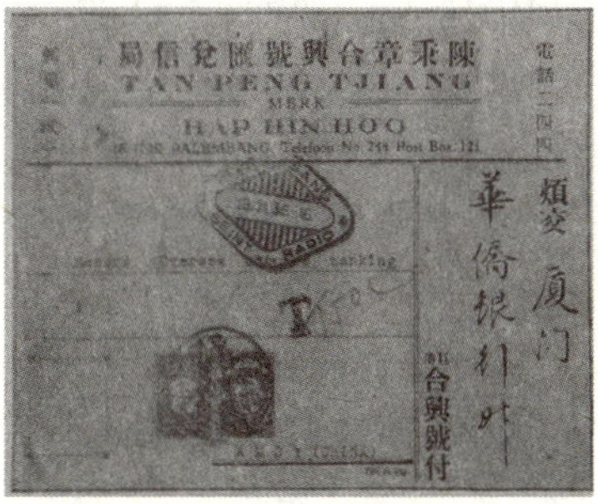

图 11

图 12

图 13

图 11 侨批邮封是 1935 年 11 月 19 日从印尼巨港寄往福建厦门华侨银行。该封在印尼邮寄时未交纳邮资，抵达厦门邮政局时被查出，按国际邮资欠一罚二处理，其时国际信函邮资为 20 分，欠资应收 40 分，封面加贴有中华邮政欠资邮票面值 20 分两枚，合共邮资 40 分，并销厦门（思明）双地名邮政日戳。

图 12 及图 13 两件侨批邮封同于 1935 年 3 月 3 日从泰国曼谷寄往广东梅县升头街。两封都使用泰国邮政局发行的面值 15 士丁邮资信封但都因封内夹带批信一件，被邮局人员检查发现而按国际欠资邮件处理。其时国际信函邮资每件 25 分，按欠一罚二处理共应补收欠资邮费 50 分，两封各贴有中华邮政欠资邮票面值 5 分各 10 枚，并加盖梅县邮政局 1935 年 3 月 17 日的邮政日戳。

图 14

图 14 侨批邮封是 1947 年 5 月从泰国曼谷寄往广东澄海县樟林乡，批封从泰国寄发时漏纳邮资，寄达汕头邮政局时被检查发现，邮局人员按国际欠资邮件处理，其时国际信函邮资费是 1 100 元，按欠一罚二处理合计应补纳欠资费 2 200 元，封面贴中华邮政欠资邮票面值 200 元及 2 000 元各一枚，合共邮资 2 200元，销有欠资戳记。此封是迄今发现的侨批欠资邮封中加贴有欠资邮票的所见日期最晚之邮封，非常难得。

以上展示的荷属东印度、法属安南、美属菲律宾、泰国等国家（地区）在不同时期寄至中国各个侨区的侨批欠资邮封及补资邮封，体现了依据不同时期的补收或处罚所收取的欠资费，显示了多种不同的欠资和补资形式和具体的操作方法。相信读者对此课题的发现和研究已有了初步的了解，也相信随着未来在实物方面的挖掘和发现，可以对此课题的深入研究有新的补充和认识。

三、对一件珍罕侨批邮封的解读

对于海外各国侨批信局邮寄至国内的批信，中华邮政当局有专门的管理方式及规定，如海外寄至国内的批信已纳足海外至中国的国际邮资，则由国内批信局自行携带分赴各县投递。但如果国内批信局欲将批信交由邮政局改寄往国内其他地方，则批信局应为所改寄的批信再补纳一个国内平信的信函邮资，邮政局才予以邮寄。照此方式，就形成一件批封上既纳有海外至中国的国际邮资，又纳有国内各地互寄的国内邮资之两次纳资的特殊情况。但由于海外各国寄中国的批信，历来均是按各个侨区分别邮寄（例如寄往中国潮汕地区批信，均是汇总后寄到汕头批局，再由汕头批局接收后带至潮汕各县投递；寄往中国闽南地区的批信，均是汇总后寄至厦门批局，再由厦门批局接收带至闽南各县投递，其他如兴梅地区、海南地区的批信，其接收地分别为梅县及海口），因此，这种海外批信抵达国内后，再在国内交由邮政局改寄异地及补纳国内互寄邮资的侨批邮封，向来十分罕见，可以说是侨批邮封中的珍罕品。笔者收集侨批邮封多年，也仅仅是有幸才获得一件，方能填补此一侨批邮史之空白，现予以介绍如下：

图 15 之侨批邮封，是由侨居在泰国的侨胞李岳母（潮汕籍）于 1930 年 3 月 31 日所书写，即“庚三月初二”（见图 16），此封除内信之外，外附寄有“光洋银拾贰元”正。批信的国内寄达地是“澄海秋溪都铁铺巷”，批信的接收人是“陈财榜贤壻”。

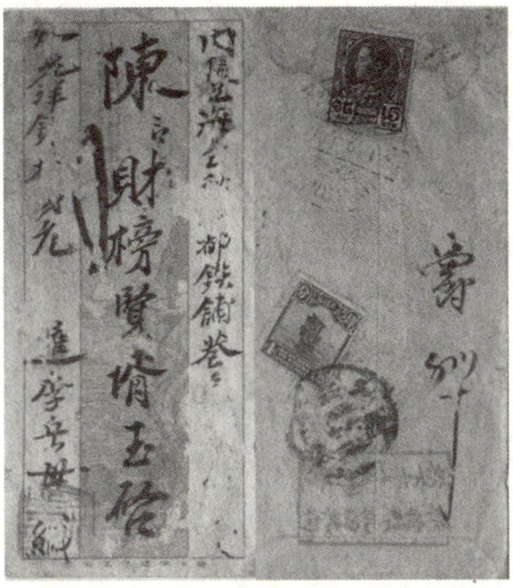

图 15

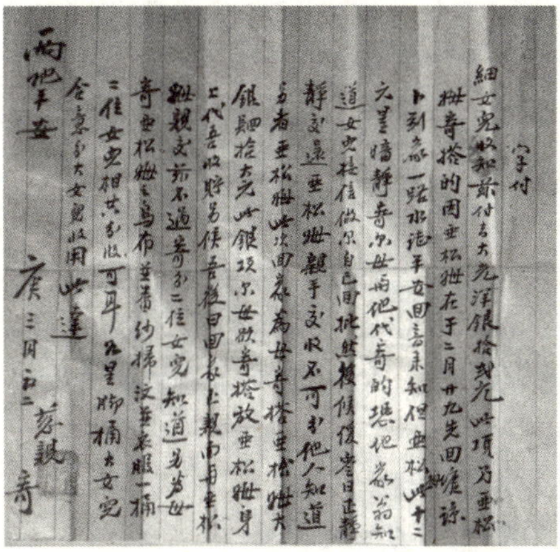

图 16

此件批信随后经由泰国曼谷的侨批信局接收，信局将该批信编列为“爵”字第 53 号，并于 1930 年 4 月 1 日交由泰国曼谷的第八邮政局寄往中国汕头，封背上部贴有其时泰国寄中国的邮资费 15 士丁邮票一枚。销有第八邮政局的“30 年 4 月 1 日”大圆形邮政日戳。在正常的情况下，本件批信寄达汕头后，交由汕头市的侨批信局，按照批封正面右边的地址将批信及所寄的批款“光洋银拾贰元”投递给“澄海秋溪都铁铺巷陈财榜”接收便可以完成该批信之投递。倘若如此，本件批封也就是一件再普通不过的侨批邮封了。但是，由于这件批信寄达国内汕头时，该批信的接收人已从居住地澄海秋溪都铁铺巷迁移到潮汕地区以外的兴梅地区之大埔县松下市，致使此件批信及所寄之批款无法投递给收批人而必须转寄往大埔县（侨批封正面残留有变更地址的纸张痕迹）。因此，汕头侨批信局将这件批信通过汕头邮政局改寄往兴梅地区大埔县松下市的发利侨批信局，交由发利侨批信局代为投递给收批人陈财榜接收。根据中华邮政当局的规定，海外寄达国内的批信，如欲改寄外地，批信必须再行补纳一个国内信函平信的邮资，所以该件批信在汕头邮政局改寄时，封背下部依照规定加贴了“国内平信信函邮寄资费四分”的说明，该邮资符合自 1925 年 11 月 1 日起至 1932 年 4 月 30 日期间实行的资费标准。贴用中华邮政帆船图邮票面值四分一枚，并加盖了收寄当日的汕头邮政局之 28 毫米实线英汉三格式“汕头十九年四月十八日（即 1930 年 4 月 18 日）中文日期邮政日戳，说明该封已按邮政之规定补纳了批信在国内改寄之邮资费，汕头邮政局也已经接收了该件批信的改寄。按照其时泰国寄中国汕头批信的邮寄时间，一般 10 天便可到达，本件批信在泰国曼谷寄发的日期是 1930 年 4 月 1 日，正常情况是 4 月 10 日前后便可抵达汕头，但由于汕头侨批局对此件批信的投递无着之后进行处理，花费了数天的时间，延至 4 月 18 日才交由汕头邮政局改寄往大埔县，是在情理之中的。随后，批信寄发大埔县松下市的发利侨批信局后，该局将批信投递时，又在封背下部加盖有该局刻制的竖直形“祈持原批回批向松下市发利取银”之说明印章（见图 17）。

图 17

此枚发利侨批信局的印章，除说明本件批信是由汕头侨批局通过汕头邮政局改寄至大埔县松下市发利侨批信局投递给收批人陈财榜顺利接收之外，还说明该批信所附寄的“光洋银拾贰元”是要收批人陈财榜亲自携带本件侨批应交付的回批到发利侨批信局领取批银，这也是兴梅地区侨批局发放批银的作业方式，此种方式有别于潮汕地区侨批局银信齐交的作业方式。在一件原本邮寄投递到目的地潮汕地区澄海县的批信上，出现了兴梅地区侨批局批银发放的作业方式，也是甚为特殊的。

纵观本件侨批邮封，其特点如下：①先从泰国曼谷寄至汕头，由于收批人居住地点的变迁，又再从汕头改寄至大埔县松下市，批信在国内跨越潮汕地区及兴梅地区两个侨乡；②批信先纳泰国寄汕头的国际信函邮资费，后又再补纳国内互寄信函邮资费，使一件批信上既纳有国际邮资，又纳有国内邮资，既贴有泰国邮政局发行的邮票，又贴有中华邮政局发行的邮票，即销有泰国邮政局使用的邮戳，又销有汕头邮政局的邮戳（在这一时间段，泰国寄汕头的侨批封上多数是不销汕头邮戳的）；③批信邮寄日期清楚（泰国 1930 年 4 月 1 日），国内改寄日期明确（汕头 1930 年 4 月 18 日），邮路运转输送信息翔实，批信投递费时曲折，记录了中泰两国民营侨批信局与中泰两国官办邮政局协力合作完成批信投递的史实；④批信上加贴的国内改寄邮资费，充分体现了中国邮政当局对海外批信在国内改寄异地侨区应补纳国内邮寄资费的规定这一史实，这也是本件邮封的亮点和其珍罕难得之所在。

四、汕头转寄国内各地的侨批邮封实例举证

根据笔者多年收集的实例整理情况来看，海外寄至汕头再转往国内各地的侨批邮封，计有汕头转寄福建厦门和福州，汕头转寄广东广州市，汕头转寄上海等地的侨批邮封。这些侨批邮封多数寄自泰国和新加坡，抵达汕头后均通过汕头中国银行办理了所寄批款的结汇手续，批封上加盖有汕头中国银行的侨汇结汇证明印章，然后才以邮件总包交纳邮资的方式从汕头转寄往国内各地。

1. 汕头转寄厦门侨批例

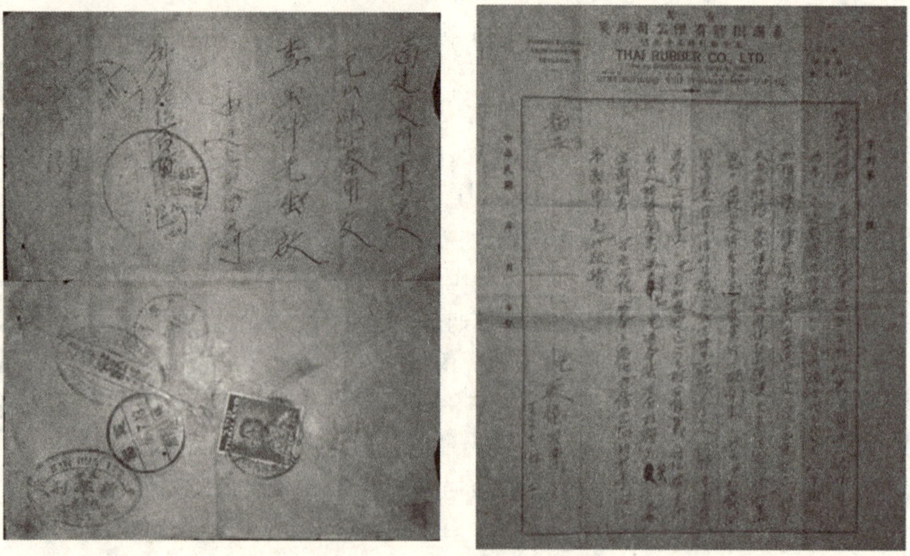

图 18

图 18 侨批邮封是 1956 年由泰国新华利银信局寄往福建厦门集美，批款交寄港币贰佰元正，批信编列“权”字第 137 号。批信由泰国寄至汕头，封面加盖有汕头中国银行办理批款结汇的“汕头中国银行核盖侨批之章”。随后批信从汕头转寄往福建厦门集美。封背加盖有福建同安县 1956 年 7 月 24 日中转邮政日戳，后于 7 月 28 日寄达厦门市集美邮政局，另盖有当日福建厦门集美（侨）字邮政日戳。

图 19 侨批邮封是 1956 年由泰国荣丰利银信局寄往福建厦门集美，批款交寄港币贰佰伍拾元，批信编列“女”字第 185 号。批信由泰国寄至汕头。1959 年 5 月 16 日抵达汕头邮局加盖有当日侨批邮戳，批信经由汕头中国银行办理批款结汇手续时，封面加盖有“汕头中国银行核盖侨批之章”。随后批信从汕头转寄福建厦门集美，于 1956 年 5 月 26 日抵达福建同安县，封背加盖有同安邮局（侨）字邮政日戳。

图 19

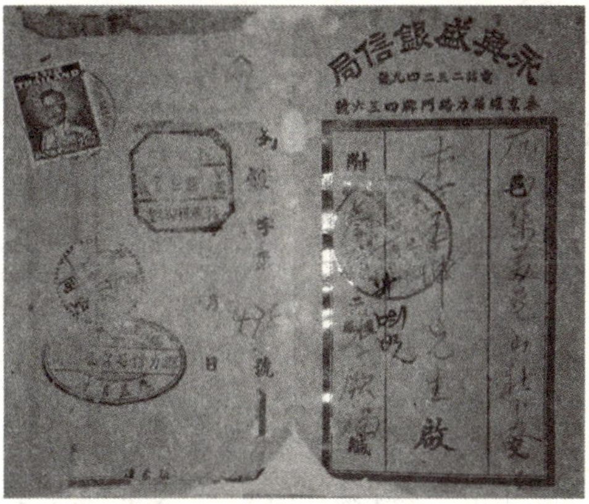

图 20

图 20 侨批邮封是 1957 年由泰国永兴盛银信局寄往福建厦门集美，批款交寄港币叁佰元整，批信编列“饭”字第 478 号。批信由泰国寄至汕头，封背加盖有汕头邮政局 1957 年 3 月 12 日侨批邮戳，封面另加盖“汕头中国银行核盖侨批之章”。批信随后从汕头转寄福建厦门集美，于 1957 年 3 月 17 日寄达福建同安县邮政局时封背加盖有到达邮戳。

以上三件由泰国寄汕头转发福建厦门的侨批邮封，分别由泰国的“新华利银信局”“荣丰利银信局”及“永兴盛银信局”共三家不同批局所收寄，时间是在 1956 年至 1957 年。

2. 汕头转寄福州侨批例

图 21 侨批邮封是 1957 年由泰国永兴盛银信局寄往福建福州，批款交寄港币壹佰伍拾元，批信编列“因”字第 465 号。批信从泰国寄至汕头经由银行结汇时封面加盖有“汕头中国银行核盖侨批之章”和汕头邮政局的侨批邮戳。批信随后从汕头转寄往福建的中国银行福州支行，封面上端另加盖有“中国银行福州支行侨汇证明章”及长条形业务印章。

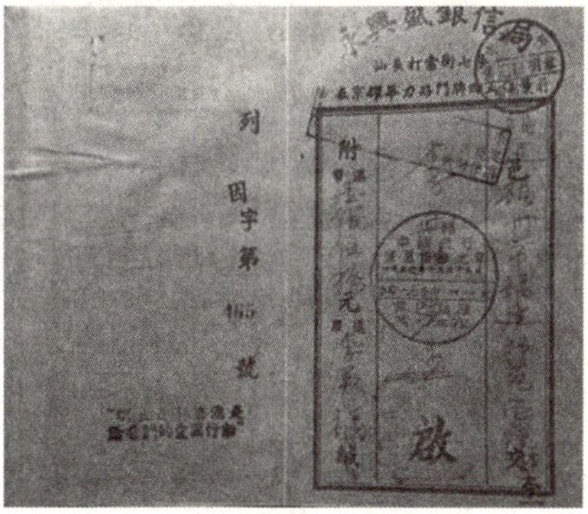

图 21

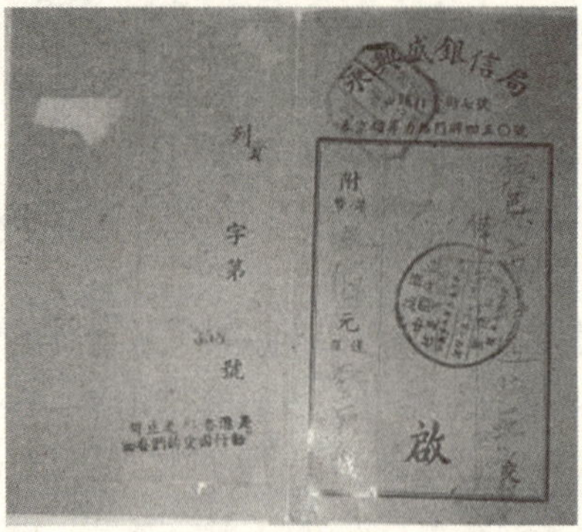

图 22

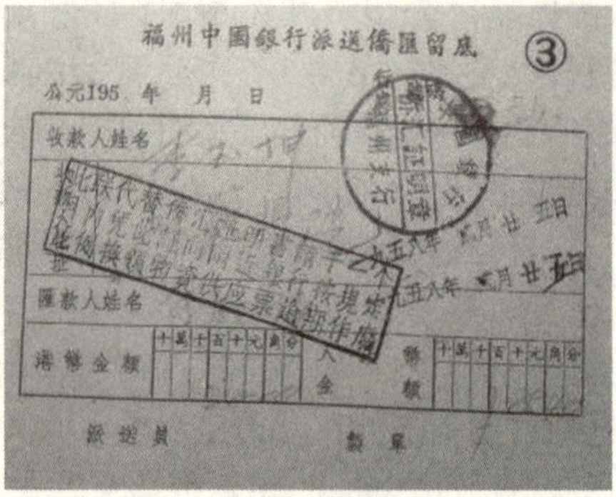

图 23

图 22 侨批邮封是 1958 年由泰国永兴盛银信局寄往福建福州市，批款交寄港币贰佰元，批信编列“贡”字第 355 号。批信由泰国寄至汕头，封面分别加盖 1958 年 2 月 19 日的汕头邮政局侨批到达邮戳及“汕头中国银行核盖侨批之章”。批信随后从汕头转寄往福建的中国银行福州支行，批信寄达时封面虽未加盖有福州支行的业务印章，但批信附有福州支行的批款侨汇证明书，两件完整保存，侨汇证明书上加盖有“中国银行福州支行侨汇证明章”及业务说明印章，见图 23。

以上两件由泰国寄汕头转发福建福州的侨批邮封，均由泰国的永兴盛银信局于 1957 年至 1958 年期间寄发，由于两件批封均是在汕头中国银行办理了批款的结汇手续后，又从汕头寄至福州的中国银行福州支行分发投递，封上又再加盖有福州支行的侨汇证明印章或附有福州支行填发的侨汇证明书，故批封的运转信息和银行交接手续更加详细明确，也反映了国内银行与银行之间收转侨汇批款的手续和作业方式，这一点是在其他的侨批邮封上所无法体现的。由此可见，对国内转寄侨批的研究是十分必要和值得重视的。

3. 汕头转寄广州侨批例

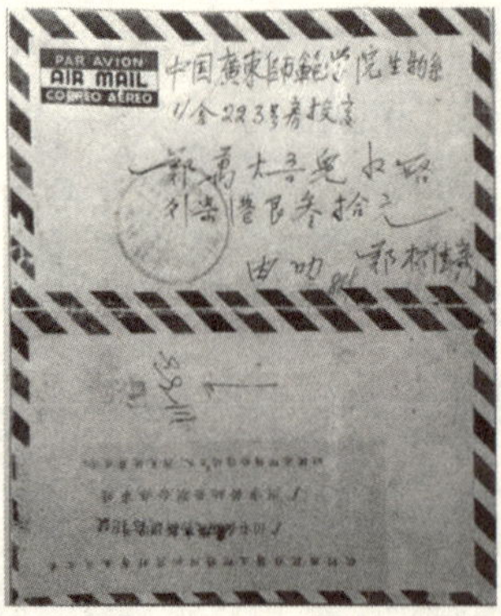

图 24①

图 25

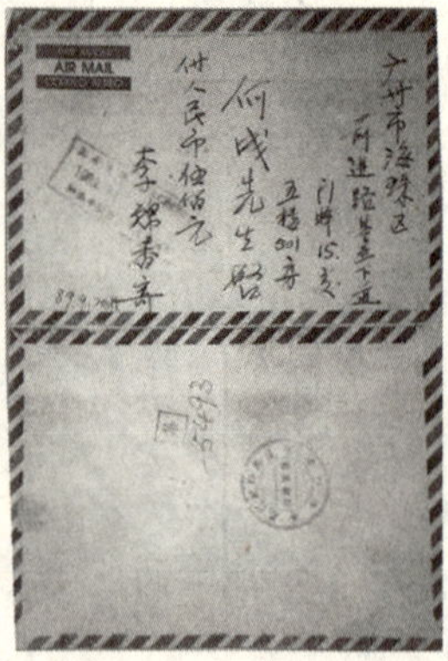

图 26

① 图 24 以及下面的图 25、26、27、28，均收录于纪觉英编《香港特区集邮年刊》（香港：中国香港特区邮学会，2009 年）。

图 24 侨批邮封是 1963 年由新加坡寄往广东广州师范学院，批款交寄港币叁拾元，批信编列“裕”字第 3155 号。批信从新加坡寄至汕头，封面加盖有“汕头中国银行核盖侨批之章”结汇印章。批信随后从汕头寄往广州市侨批业联合办事处，又交该办事处分发投递收批人，封背投递时加贴有该办事处印制的专用标签，内容为“收到汇款后请立即回批写好寄来或交来广州市新堤路 18 号广州市侨批业联合办事处，以便速即转给你的亲人，避免使其悬念”等文字。从封上所贴的此张专印标签所显示的说明文字可知，此类在国内汕头市转寄的侨批，其回批之交寄是由侨批改转他地的投递机构所接收，并由该投递机构寄返海外的寄批人。

图 25 侨批邮封是 1964 年由新加坡寄往广东广州市，批款交寄港币肆拾元，批信编列“裕”字第 6546 号。批信从新加坡寄至汕头，封面分别加盖汕头邮政局 1964 年 5 月 25 日侨批到达邮戳及“汕头中国银行核盖侨批之章”。批信随后由汕头转发到广州投交收批人。

图 26 侨批邮封是 1989 年由新加坡达华祥记信局寄往广东广州市海珠区，批信交寄批款人民币伍佰元，编列“华”字第 5493 号，封背加盖有收寄局圆形“新加坡达华祥记信局保家银信”名章。批信由新加坡寄至汕头，封面加盖 1989 年 9 月 8 日汕头中国银行长方形侨汇印章。随后批信从汕头转发广州投递，封面下端手写有 1989 年 9 月 20 日收的日期。其时海外寄国内的侨汇侨款，多以汇寄港币批款为主，抵达国内后才由银行结汇兑换成人民币，兑率按当日的银行牌价。但也有在海外汇寄时将批封先兑换为人民币后汇寄的情况，此件便是汇寄人民币。此种汇款方式称为“原币汇款”业务。

以上三件从汕头转发广东广州的侨批邮封，均由新加坡的批局寄发，时间跨度从 1963 年至 1989 年。

4. 汕头转寄上海侨批例

图 27 侨批邮封是 1957 年由新加坡宝昌泰信局寄往上海，批款交寄港币肆拾元。批信编列第 40 号，封背加盖有竖直式无框“宝昌泰”信局名章。批信由新加坡寄至汕头。批信于 1957 年 11 月 20 日寄抵汕头邮政局，封背加盖有侨批邮戳，批信当日经由汕头中国银行办理批款结汇手续，所寄批款港币肆拾元总共换得人民币 17.80 元，封面加盖“汕头中国银行核盖侨批之章”结汇印章。随后批信于当日从汕头转寄上海，封背又再加盖汕头邮局的 1957 年 11 月 20 日机盖邮政日戳。从此封可见其时此种经由汕头转寄外地的侨批邮件办理之迅速，当天寄达汕头后便完成批款结汇手续及转发外地之邮寄手续，批信的寄达日期和结汇日期及转寄日期均在批封上所加盖的邮戳印记中得到体现。

图 27

图 28

图28侨批邮封是1961年由泰国曼谷福达信局有限公司寄往上海金陵东路，批款交寄港币叁拾元，批信编列“眠”字第15号，封背加盖有收寄局椭圆形“福达信局有限公司”名章。批信随后从泰国寄至汕头市，封面加盖“汕头中国银行核盖侨批之章”结汇印章。随后批信由汕头转寄往上海投递。

以上两件从汕头转寄上海市的侨批邮封，分别来自新加坡和泰国的侨批信局，时间分别是1957年和1961年。

上面介绍展示的此类从海外寄往汕头转发的侨批邮封，其出现多数是由于批信的收寄局在国内只有与汕头的侨批局联号，而所收寄的批信之寄达地又未有设立联号批局，故无法将批信从国外直接寄至批信的寄达地。因此，国外收寄局只能先把批信寄至汕头的联号批局，再通过汕头的批局转发往批信的寄达地。因而才产生了此种泰国和新加坡收寄往国内厦门、福州、广州、上海的批信经由第三地汕头转发的异地接力转寄的侨批邮封。而此种侨批邮封在寄达汕头时，均通过汕头中国银行办理了所寄批款之结汇手续后，才由汕头转寄往投递地，批信上所加盖的汕头邮局之到达侨批邮戳和汕头中国银行办理批款结汇时加盖之侨批结汇印章，又正好记录了批信是经由汕头转发的史实。由于此类批信在汕头通过邮局转寄时，是采用总包付邮资的方式交寄，封上便未能体现国内互寄的邮资费用，故属于隐形纳资的侨批邮封。

五、结语

本文以侨批邮封在邮政传递中所产生的邮政资费方面之欠资或补纳邮资为研究课题，反映了民营侨批信局不采用原始的“水客”自带批信，而改用新式邮政通信机构的输送网络邮寄批信，既便利迅速，又安全稳妥。而且从批信的邮寄资费的交付核算，其费用也要远远低于批局自带输送批信所要付出的费用，可以说邮政机构为侨批信局的业务发展提供了便利条件。邮政机构作为有偿的服务性行业，对批局交寄的侨批邮件收取邮寄资费并提供相应的服务，两者构成业务需求关系，如若侨批邮件在邮寄的过程中发生走漏或欠缺应纳的邮政资费的状况，邮政部门对其进行处罚或补收邮资的处理，也在其权属范围之内也。

百余年以来，海内外民营侨批业为促进侨批信局的发展和批银输送带动国内侨乡的经济做出了难以磨灭的贡献，虽然时代的发展致使民营侨批业最终被银行机构所代替，但保留下来的侨批邮封，却永久地记录着侨批信局与邮政那段相互合作、依赖与管理的岁月，存世的侨批邮封身上记录了侨批史和邮政史，对它的解读和研究仍然有着深远的历史意义。

侨批档案与闽粤近代金融史研究

——基于史料比较的分析框架

张林友*

尽管地处中国东南沿海，又是最早开埠的通商口岸所在地，但在近代金融史的区域研究中，因为资料限制，闽粤等地并没有引起学者们太多的关注。地域性史料的挖掘、梳理对区域金融史研究的价值，从山西晋商文献以及上海、天津等地银行账册那里不难发现。在族谱、民间契约之外，侨批成为闽粤最具特色的地域文献，因为具有独特的金融属性，其于区域经济史尤其是金融史研究的价值逐渐为学界所重。笔者从侨批与区域金融史研究文献的比较入手，归纳侨批的价值与优势，在此基础上借鉴金融学的相关概念，讨论侨批资料应用于金融史研究的领域，尝试构建以侨批文献为中心的区域金融史分析框架。

一、区域金融史研究的史料：方志、文史资料等与侨批的比较

方志、文史资料和当时的报刊是区域金融史研究常用的史料。方志资料是记录地方历史最系统的资料，近代以来各地方志编纂更趋完善，从中可窥探一地金融之概貌——主要的金融机构、货币流通情形、政府的金融管理等。但有关金融的信息大多仅限于此，方志中很少涉及地方金融市场和金融行为，前者如利率、汇率、金融风潮、市场波动，后者主要是企业、家户以及个人的投资、借贷等。信息过于简略是方志资料另一个主要的不足，限于篇幅，方志对某一时期金融机构或货币的论述较简单，具体到某一机构或某种货币的记述更是寥寥可数，而民国中期以前所版地方志中很多甚至没有关于金融业的论述。

与方志资料的简略、宏观不同，丰富而具体是文史资料的特色，其多为当时各金融机构从业者或金融事件亲历者所作，会透露很多细节甚至隐情，为其他任何史料所不及。以福建省银行史料为例，《福建文史资料》第13辑收录福建省银行工作人员严家理先生对陈仪主闽时期福建省银行内部人事变动的权力倾轧内幕，有些甚至是陈仪亲口言说。此为其他所有省银行出版物所不可能记载。然而文史资料既多为亲历者所作，难免溢美或隐晦，对同一问题不同主体叙述亦不尽相同，史料征引自应谨慎，但文史资料仍可与其他资料相佐证，而且文史资料多涉及基层乡村的通货状况，对私票、农村高利贷等微观问题的研究很有价值，大量关于商店、企业参与金融活动的个案资料，于宏观史料确属有益补充。

在全国性的金融史研究中，官方或其他方面的调查统计资料十分重要，而区域性的统计资料却极其匮乏，这主要是因为近代地方的官方统计机构的建立一般要迟至20世纪30

* 张林友，男，江苏大丰人，历史学硕士，福建江夏学院图书馆助理馆员，研究方向为中国近代金融史。

年代，此前仅有海关对特定项目（主要是金银货币的进出口）的简单统计，且在20世纪40年代以后，由于政局动荡，系统的统计调查很难进行，因此区域性统计资料往往集中于20世纪30年代中后期的少数年份。

以上是对区域金融史重要史料特征的简要论述，自是挂一漏万，却也不难发现金融史的区域研究在资料征引方面的困难及相关研究对新史料的需求。侨批作为闽粤沿海地区特有的文献，与其他史料相比，有独特的优势。要而言之，其优势表现为以下方面：

（1）侨批是专业的金融文献，侨批之所以不同于普通侨信，主要是因为它同时伴随赡家银款的汇寄，批封、批信和汇兑单据无不包含丰富的货币金融信息。

（2）侨批文献存世量大，所涉时间极长。侨批伴随闽粤沿海居民的海外移民而产生，水客兼营的华侨汇款最早可追溯至17世纪，现今所见侨批，少数属于清末，主要集中于民国尤其是20世纪30年代以后直至20世纪80年代。百余年来大规模的移民积累了大量的侨批文献，尽管更多的文献保藏在侨眷和华侨手中，但仅从档案馆和私人藏家的收藏情况看，闽粤两省的侨批就有数十万件，相关研究机构已经开始侨批文献的整理出版。

（3）侨批多涉及微观史料。前文提到，方志、统计资料、报刊资料大多失之于略，文献资料是否属实又难确定，侨批作为亲朋故旧间的往来，一般无所隐晦，文献可信度较高。且家信所述一般为个人事情、家长里短，甚为具体，包含很多信息，如家庭收支、私人借贷、乡间圩市的货币流通或物价水平、地方市况等（图1），对经济史、金融史研究十分重要，一般文献也很少有对县以下地区金融市况的记载。

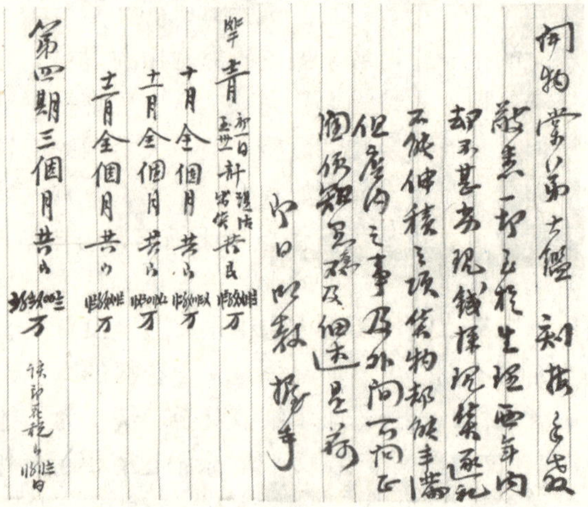

图1　1913年黄以敖致堂弟黄开物之批信，对1912年所营货物之逐月估出情况所列甚详（黄清海藏）

（4）侨批中多涉国际金融信息。侨批资料记载和见证了近代以来华侨资金的国际流动过程，体现了金融业在跨国层面的信息，如不同区域和国家金融机构间业务合作、国际金融网络的形成与运作、不同货币的汇价变动、各国政府对国内金融及资金跨国流动的监管等。国际性（丰富的跨国金融信息）是其相较其他金融史文献的独特优势，侨批可谓是最集中的国际金融史资料。

二、侨批档案在金融史研究中的应用

专业性、微观性、国际性及时间跨度、文献规模等是侨批文献资料区别于其他区域金融资料的主要特征，也体现出侨批于金融史研究的独特价值。侨批资料的应用不仅可以拓展区域金融史的研究领域，而且也可与其他资料相互印证。基于侨批资料的独特属性及其所载信息的基本特征，可以尝试讨论侨批文献应用于金融史研究的具体领域。笔者根据侨批的文献特征，借鉴金融学范畴的概念和学者们已有的研究成果，认为侨批至少可以在以下层面助益近代金融史的区域研究，即金融机构、金融市场、金融监管和金融文化层面。

（一）金融机构层面

对侨批经营机构的研究是侨批研究的基础，这里不仅包括头盘、二盘、三盘局，还包括早期的水客。就目前来看，对个体侨批局的研究很少，基本是回忆文章，关于个案系统研究的欠缺主要因为资料条件的限制，侨批局为传统私营金融组织，财务资料不尽完善，且头盘、二盘局是收批机构，业务重在国外搜集侨汇，资料更难获得。这使得侨批局研究与大量基于个案的银行史研究形成对照。学者们研究侨批局的组织形态和经营特色，也主要从宏观出发。在侨批局外部关系研究方面，受滨下武志对东亚贸易史“网络化”分析范式的影响，对侨批局外部网络的研究包括从外部关联视角研究侨批局不同时期的组织特征①，对水客时代同乡网络重要性的研究②以及从侨批局的地理分布及业务开展的情形描述侨批局的空间网络特征③等。侨批局与其他金融机构关系的研究略显薄弱，侨批局与银行、钱庄甚至商号的具体代理关系有待进一步研究，这需要具体实物的挖掘和实证（图2）。此外，票号、钱庄、银行与侨批局的比较研究刚刚起步，比较研究有利于解释20世纪30年代以后批局相较其他传统金融机构所具有的更好存续状态。④

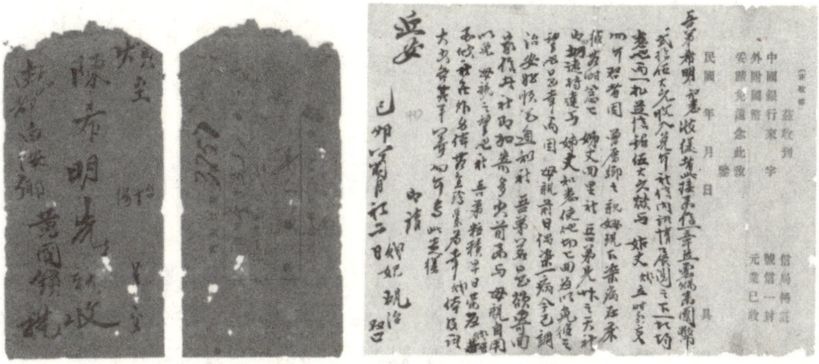

图2　1939年南安寄马来亚怡保回批。当时怡保没有中国银行机构（1940年12月才成立），泉州中国银行即与马来亚怡保信局联袂办理侨批业务（黄清海藏品）

---

①　黄清海：《闽帮侨批业网络发展初探》，《华侨大学学报》2012年第4期，第51～60页。

②　郑一省：《水客与近代中国侨乡的金融网络及移民网络——以闽粤侨乡为例》，《东南亚研究》2006年第5期，第78～82页。

③　焦建华：《近代跨国商业网络的构建与运作——以福建侨批网络为中心》，《学术月刊》2010年第11期，第136～143页。

④　黄清海：《解读晋商票号与闽帮侨批局》，《海交史研究》2012年第2期，第65～83页，第115～126页。

（二）金融市场层面

在货币市场研究方面，学者们主要通过批封和批信上所载币种研究汇出地与汇入地不同时期的通货变化（陈璇珠、沈建华，2004；陈景熙，2004；陈瑛珣，2010），币种频率分布的简单统计在这里是常用方法。从汇寄币种与国内法定币种间的差异可以看出不同时期政府币制改革的外部效果。“废两改元”与法币改革的迅速推行、广东政府推行广东币抵抗法币改革、金圆券与银券改革中群众的抵抗与损失、新中国成立后华侨对人民币的不信任等情况无不从汇寄币种中体现。从汇寄与实际交付币种间的比较和批局汇费的收取情况，可以得到汇率和汇率信息。

在外汇市场上，侨批局利用侨批资金头寸进行实物或金融交易，积极利用各种金融衍生工具——远期、期货、互换等，并将其拓展到国际金融市场，侨批局成为国际金融市场的重要参与者。侨批局频繁而熟稔地参与国际贸易、套利及套汇交易，巨额的头寸的流动影响着从汇出地到汇入地的每一个交易节点。因此，金融市场层面的侨批研究不应停留在币种和汇兑方式的变化方面，应该将其扩展到侨汇所经的口岸金融市场的具体变化，这需要国内外学界的合作与资料的共享。

（三）金融监管层面

与侨汇有关的金融监管，首先是国内外政府对侨批局及侨汇直接的管理以及侨批业的具体应对。这方面的议题较多，其中有关国民政府对侨汇的限制，国家银行、邮政对侨汇业务的参与等课题等已经形成了一批研究成果，近来新中国成立后政府对侨批业的社会主义改造也引起了研究者们的重视。与此相对应，东南亚、泰国、越南等侨居国在特定时期对侨汇的限制以及侨批局变通（如暗批的采用，图 3）却仍显得扑朔迷离。在更广泛的意义上，侨汇的金融监管研究还包括战争对侨批业的影响，如抗战爆发与侨批业的急剧衰退、侨批局集聚形态的变化（迁址）、侨批线路的改变等，具体例子有抗战以后福建批局向泉州永春等地的迁移，广东侨批界“东兴汇路”的开辟等。

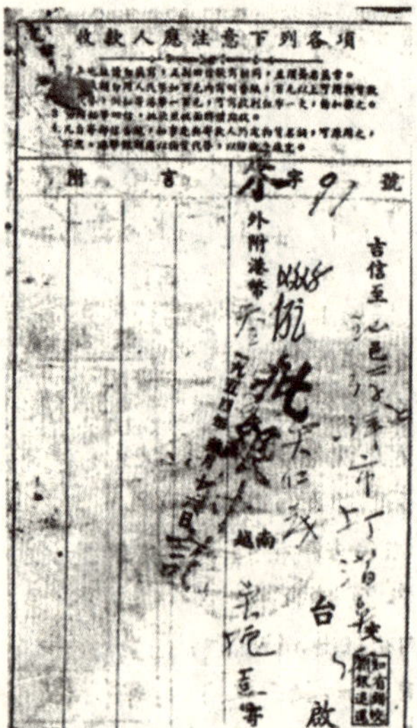

图 3　越南当局禁止华侨寄批时，汕头马合丰侨批局在分发单提醒收款人写回批时应注意事项，以与暗批相合（资料来源：《真实的原始记录　侨批例话》第 311 页）

（四）金融文化层面

从文化层面研究侨批的学者认为，侨批文献是海洋文化的衍生物（罗则扬，2004），它集中体现了闽粤金融从业者的守信、创新精神及其独特的国际视野①。对侨批金融文化的考察，必须立足于其他层面的研究，侨批的金融文化属性通过其组织管理、市场运作等方面具体体现。侨批业将信用原则贯穿于其业务运作的每一环节，业务的创新与市场的拓展促使侨批业进一步成长，也使其更好地适应市场、应对风险。汇寄环节的嬗变、组织机构的扩张、同业间相互规范无不展现其创新精神。深度参与国际市场的经历又使其在不断创新的同时具有更开阔的视野。侨批业的企业文化保证其长久的生命力，侨批局向现代银行的转型造就了一批具有国际影响的侨资银行。这些侨资银行企业文化在现代世界的彰显，使其成为国内外金融业借鉴的范例，一定意义上，这是侨批文化的现代价值。

与区域金融史研究的其他文献资料相比，侨批档案独具优势，以微观信息为主，不仅规模大、时间跨度长而且包含大量国际金融信息。从侨批档案的属性来看，其在区域金融史研究中的应用是多维的，可从金融机构、金融市场、金融监管及金融文化内涵等层面展开（图4）。当然，相关研究都需要侨批资料与其他资料相互补充、印证与参照。

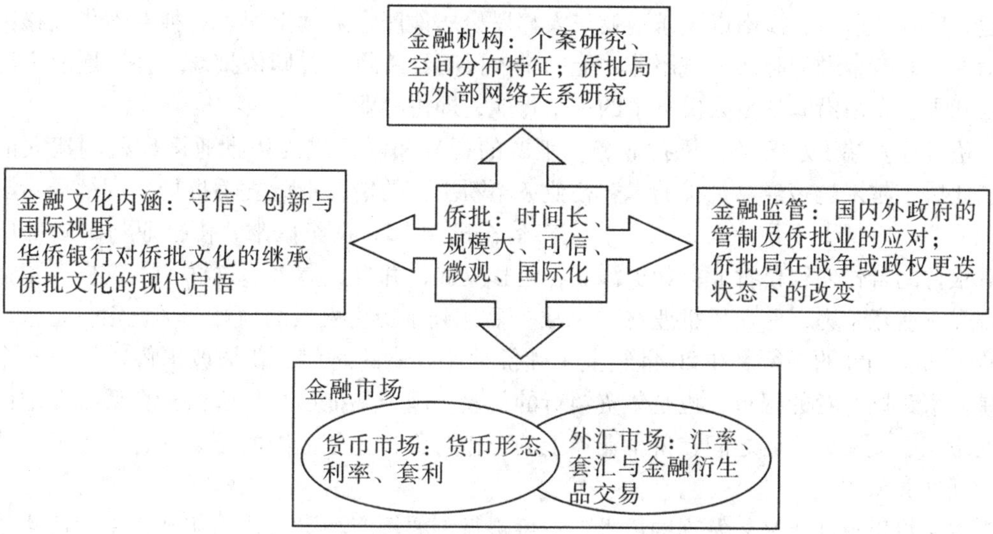

图4　以侨批文献为中心的区域货币金融史分析框架

① 晏露蓉、黄清海：《侨批：中国信用文化之珍品》，《征信》2013年第10期，第1～5页。

华侨银行的侨批业务经营

刘伯孳*

明清以来，伴随着西方国家对东南亚的殖民开发，中国东南沿海地区的福建和广东向东南亚的移民规模逐渐扩大，在东南亚的马尼拉、巴达维亚、巨港、马六甲、槟城等地渐渐形成了华人社区，并不断向其他地区延伸和发展。这些移居东南亚的移民与他们尚留在家乡的亲友保持着密切的联系。汇款和通信是维系这一联系的基本途径与手段，并最终由此形成了一个连接着东南亚华人移民聚居地和中国移出地，为华人移民解送信、款的跨国市场。早期的水客在这个市场中扮演着重要角色，并使之成为一个华人从事的行业。随着市场的不断成熟和市场需求的扩大，侨批局也就随之出现。19 世纪中期中国东南沿海的福建、广东、广西、海南以及东南亚华人移民聚居地区，陆续出现了一种专为华人移民递解信款，兼有金融与邮政双重服务功能的华人民间经济组织，即侨批局，并发展成为海外华人和中国东南沿海侨乡人民从事的一个行业，即侨批业。

侨批业发端于水客经营侨批业务，水客的帮号和戳记成为侨批业运作机制建立的基础。此后，越来越多经营侨批的水客在业务不断扩大的情况下设立侨批局，侨批局渐渐在侨批业务中占据了主导地位，并逐步完善运作机制。20 世纪以来，侨批业与邮政部门和华资银行的合作使得侨批业务如虎添翼，迅猛发展，并自成体系。这样，不仅提高了运作效率和行业竞争力，并使侨批业在“二战”后达到了历史发展的顶峰。华资银行是指以华人资本为主创办的银行。在 20 世纪上半叶侨批业兴盛的时代，新加坡华侨银行与和丰银行是两家跨国经营的银行，也是华资银行的代表。闽帮侨批局与华资银行在侨批业中的经营网络互有交叉，两者之间在侨批业务上的合作与各自业务范围的差异并存，形成经营网络的互补关系。①

本文将以近几年来新发现的侨批、华侨银行汇票等实物资料作为例证，来说明华侨银行的侨批业务经营及其特点，以及促进新马及周围地区与中国之间的资金流动和侨批局资金调拨银行化进程，并展示侨批业务开拓海外华资银行直接经营侨批业务的先例。

一、关于华侨银行

李光前家族控制的南益集团在 20 世纪的橡胶业界的成绩和贡献自不待言，然而，对

* 刘伯孳，男，泉州华侨历史学会副秘书长。

① 刘伯孳、黄清海：《浅析闽帮侨批局与新加坡华资银行之间网络互补关系》，《闽南》2011 年第 1 期，第 45 ~ 46 页。

于华人企业而言，更具有影响的是李光前家族控制的华侨银行对银行业的贡献。20 世纪上半叶，在华人企业筹集资金的困境中，华资银行对华人企业的融资产生重要影响，其中作为跨国银行的华侨银行在这方面起主导作用，影响了星马地区华人企业的融资。

华侨银行（Oversea Chinese Bank Ltd.）为新加坡华资银行，1912 年由林文庆、林义顺、黄仲涵等合作创办，实收资本叻币 500 万元。林文庆任首届董事会主席，谢仲宜任总经理。20 世纪 20 年代分别在槟城、仰光、吉隆坡、马六甲、吉兰丹、占碑及厦门等地设立分行，1929 年受世界经济危机的影响，业务衰退。为抵御经济危机对银行的冲击，1932 年与新加坡华商银行、和丰银行合并成立华侨银行有限公司（Oversea Chinese Banking Corporation Ltd.），资本总额为叻币 4 000 万元，实收资本叻币 1 000 万元。① 同年，李光前出任董事会副主席。1937 年至 1954 年，李光前担任董事会主席。② 据笔者收集的实物资料，该行在新加坡的小坡（S. G North），马来亚的吉隆坡（Kuala Lumpur）、安顺（Teluk Anson）、巴株巴辖（Batu Pahat）、吧生（Klang）、槟城（Penang）、芙蓉（Seremban）、哥达巴鲁（Kota Bharu）、亚罗士打（Alor Star）、麻坡（Muar）、马六甲（Malacca）、新山（Johore Bahru）、怡保（Ipon），印度尼西亚的吧城（Batavia）、泗水（Surabaya）、占碑（Djambi）、棉兰（Medan）、巨港（Palembang），缅甸的仰光（Rangoon），越南的海防（Hai Phong），泰国的曼谷（Bangkok）设有机构；在香港、上海、厦门设立分行。华侨银行在 20 年代开始在厦门设立分行。厦门的分行有两个分理处，一个在鼓浪屿，一个在厦门中山路 1 号。位于厦门中山路 1 号的华侨银行至今仍然在营业。

华侨银行的经营网络分布于东南亚的大城市，新加坡、吉隆坡、曼谷、西贡、仰光、马尼拉等等这些首都是海外网络的枢纽；接下来就是二线城市，如槟城、马六甲、宿务等等；再小的市镇则较少涉及，但在马来亚有一些例外，如新加坡华侨银行在马来亚的麻坡、峇株吧辖等小市镇设立分行。其间应有三个原因，首先，马来亚柔佛等地为橡胶盛产之地，橡胶产业有融资需求，而华侨银行的大股东南益集团的主要业务之一是橡胶；次者，这些小市镇有华侨银行股东经营的其他产业；再者，橡胶产业需要大量来自华南地区的普通劳工，他们需要与家乡的亲人保持密切的联系，把钱款寄回家乡，维持家乡亲人的生活。

从目前发现的实物资料中看到，华侨银行在 20 世纪 30 年代开始经营与侨批业有关的业务，主要体现在为侨批业务调拨头寸和直接经营侨批业务两方面。

二、华侨银行经营侨批业的头寸调拨

侨批局的早期经营者常常直接把银元运到家乡的经营场所，再进行进一步分拣，由批脚分发给侨户。如王顺兴信局就是以这种形式从海外调拨侨批款项到国内，但必须在海外经水路才能到达目的地。在当时的交通条件下，时间周期较长，不利于与同行在时间效率上竞争。有些侨批局就利用华侨银行的海内外经营网络的广泛分布来调拨侨批地款项到国内。下面具体举一些国家和地区调拨头寸的实例来说明。

---

① 梁英明主编：《华侨华人百科全书：经济卷》，北京：中国华侨出版社，2000 年，第 182 页。

② 林孝胜：《李光前的企业王国（1927—1954）》，《亚洲文化》第九期，1987 年，第 5 页。

1. 捷兴信局通过吉隆坡华侨银行调拨头寸

图 1 所示为 1929 年由华侨银行吉隆坡分行汇往华侨银行厦门分行的汇票，收款人为“捷兴号”（即捷兴信局），汇票背面有“捷兴号”章和经理李成田私章、“顺成汇兑信局”业务章、“华侨银行”的钢印业务章。该汇票账面为 1 000 厦门元，厦门元是指当时在厦门流通的银元。该汇票从当年的 1929 年 12 月 20 日发出，1930 年 1 月 16 日厦门华侨银行盖章支付，时间周期为 27 天，在当时的交通和信息条件下不算快，但这张旧式汇票并不能显示其到账厦门华侨银行的时间，只能显示支付时间。这张汇票说明了在合并之前的华侨银行已经为侨批信局提供头寸调拨的业务。

捷兴信局主要经营新马的侨批业务，由南安芙蓉人李引贵开设，1927 年因经营不善而停业。1927 年，其子李成田、李成埔重新组织复兴原有信局，易名为“源兴信局”，主要经营新加坡、马来亚侨批业务。但从此汇票可以看出在处理海外业务时还使用“捷兴”的局名。

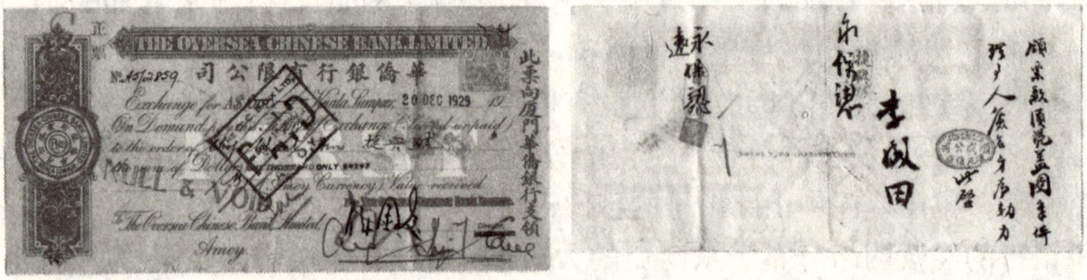

图 1　1929 年吉隆坡华侨银行汇票

图 2　1936 年吉隆坡华侨银行汇票

图 2 为 1936 年由华侨银行吉隆坡分行汇往华侨银行厦门分行的汇票，收款人为“捷兴号”，汇票背面有“捷兴号”章和经理李成田私章。该汇票账面为 1 000 厦门元。该汇票从当年的 9 月 18 日发出，9 月 28 日厦门华侨银行盖章支付，时间周期为 10 天，在当时的交通和信息条件下还算快捷。这里使用的是合并前华侨银行的汇票，只是加盖了一行黑色的公司名（Oversea Chinese Banking Corporation Ltd.），以示区别。这说明了合并之后的华侨银行继续为侨批局提供头寸调拨的业务。

2. 正大信局通过新加坡华侨银行调拨头寸

图 3 所示为 1934 年通过新加坡华侨银行汇给厦门鼓浪屿华侨银行的汇票，收款人为正大信局，汇票背面有正大信局的公司章和周经理私章，汇票账面金额为 400 元。从当年的 4 月 6 日发出，至 4 月 16 日厦门华侨银行签章到账，时间周期为 11 天，以当时跨国银

行间的结算来看相当快捷，为侨批信局节约了宝贵的时间。这里使用的是合并前华侨银行的汇票，只是加盖了一行桃红色合并后的公司名（Oversea Chinese Banking Corporation Ltd.），以示区别。正大信局是一家经营东南亚侨批业务的侨批信局，规模大、网点多。作为闽南侨批业的代表，正大信局的网络由海外网络和国内网络组成，有机地构成了一个自成体系的范例。其海外网络不仅涵盖了东南亚的主要大埠头，如马尼拉、新加坡、巴达维亚、吉隆坡、仰光、金边等主要城市，而且马来亚的太平，印度尼西亚的梭罗、孟加锡等类似的小地方也设有网络，这些小地方是东南亚华资银行在经营时所较少涉及的，这也正是侨批局的优势所在。其国内的网络则几乎涵盖了闽南地区的主要侨乡。[①]

图 3　1934 年吉隆坡华侨银行汇票

3. 南通和记信局通过华侨银行调拨头寸

1937 年南通和记通过吉隆坡华侨银行电汇二千零五十元到厦门的南通和记分局。

图 4 的汇票显示正大、捷兴、南通和记等侨批局利用了华侨银行在新加坡、吉隆坡的网络来进行头寸的调拨，即是华侨银行开展侨批信局头寸调拨的例证。

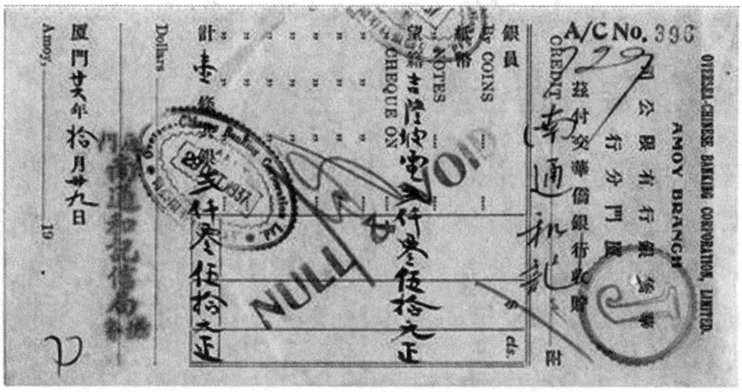

图 4　1937 年华侨银行电汇单

---

① 叶芬蓉、刘伯孳：《闽南侨批业运作机制和自成体系的论析》，《“中国侨批 · 世界记忆国际学术研讨会”论文集》，福州，2012 年。

4. 印尼漳合兴信局通过华侨银行转驳款项给正大信局

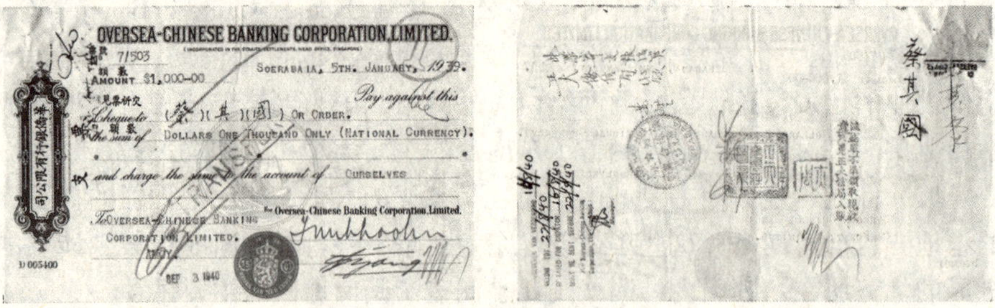

图5　印尼泗水华侨银行的汇票

图5所示为印尼泗水的漳合兴信局通过印尼泗水华侨银行转驳款项给在厦门鼓浪屿的正大信局。漳合兴信局于1930年8月在印尼泗水开设，经理是郭志汉。[①] 这张汇票正面收款人为蔡其国，应该是正大信局的经理，汇票背面盖漳合兴信局、正大信局的业务章，并盖正大信局的经理周夹的私章、“注意：此单不准领取现款，只凭正大信局入账”章。这笔款项于1939年1月5日发出，1940年9月3日才收到，说明了当时日本的侵华战争影响了海外与中国之间的金融和通信往来的效率。背面还签署“此票寄交鼓浪屿正大侨信局收领。廿九、八、六”，说明此时的正大信局在鼓浪屿营业。

很可惜的是，到目前为止，没有发现在菲律宾的侨批局通过华侨银行来调拨头寸的汇票。例如泉州著名的王顺兴信局就是直接从马尼拉发银元，水陆交替地运到王顺兴信局在泉州王宫的信局，经分拣、整理再分发给侨户。[②] 一方面，这是因为华侨银行的业务在菲律宾开展较少；另一方面，也是因为菲律宾的侨批局通过在菲律宾的钱庄，如炳记钱庄，把侨批款项调拨到国内，这也是一种较为便捷的途径。

三、华侨银行直接经营侨批

华侨银行在经营跨国的侨批局之间的头寸调拨中，发现经营侨批是一项涉及面广的经营业务，于是在1932年设立民信部经营侨批，并与中国交通部邮政储金汇局合作，规定凡在中国国内通邮并设邮政分局的地方，均可代为转交，同时接受侨批局的委托，代为解付侨批款，递送回批。图6为1938年华侨银行增设民信部时刊登的一则广告，其通汇范围遍及广东、福建、广西诸省。

---

① 依据福建省档案馆馆藏（1945）56－5－2004档案。

② 陈如榕：《王顺兴信局访寻拾遗》，泉州市归国华侨联合会等编：《回望闽南侨批——首届闽南侨批研讨会论文集》，香港：华艺出版社，2009年，第39～44页。

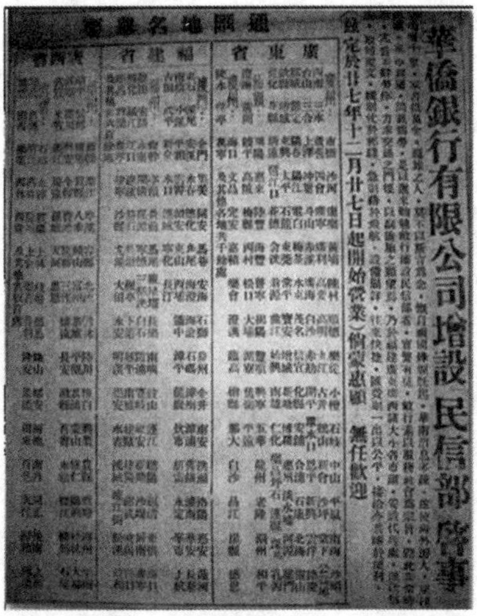
華僑銀行有限公司增設民信部啓事

（定於廿七年十二月廿七日起開始營業）倘蒙惠顧 無任歡迎

通匯地名錄

廣東省

福建省

廣西省

图 6　华侨银行有限公司增设民信部启事

华侨银行在太平洋战争期间的直接侨批业务因交通受阻而趋于停顿。战后立即恢复直接侨批业务，并进入了经营的高峰时期。华侨银行于 1946 年规定汇率国币每万元收叻币十五元八角，另每封邮资叻币四角。侨批局这时的汇率一般比银行规定的低，保持在十四余元，很少超过十五元。①

1. 设立收信汇兑部经营个人汇款

华侨银行于 1932 年设立收信汇兑部（即后来的民信部）经营华侨个人汇款并收信发往中国。这就是华侨银行直接经营侨批业务的发端。图 7 为 1932 年 6 月华侨银行收信汇兑部所经手的汇票正票和副票，副票背面盖“华侨银行收信汇兑部”的椭圆形业务章。

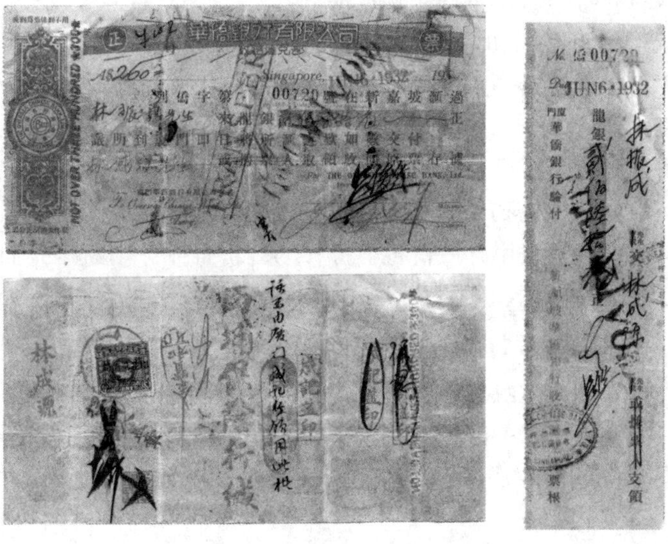

图 7　1932 年华侨银行收信汇兑部的汇票正票和副票

① 柯木林：《新加坡侨汇与民信业研究（1945—1949）》，氏著：《石叻史记》，新加坡：新加坡青年书局，2007 年，第 167 页。

2. 华侨银行与侨批信局经营合作开展业务

图 8 是一封 1945 年由马来亚马六甲寄往福建同安马巷曾厝社的侨批，批封正面字样为“陈满水收/外附国币壹万捌仟元，呷由陈恩温椷”。呷即马六甲。

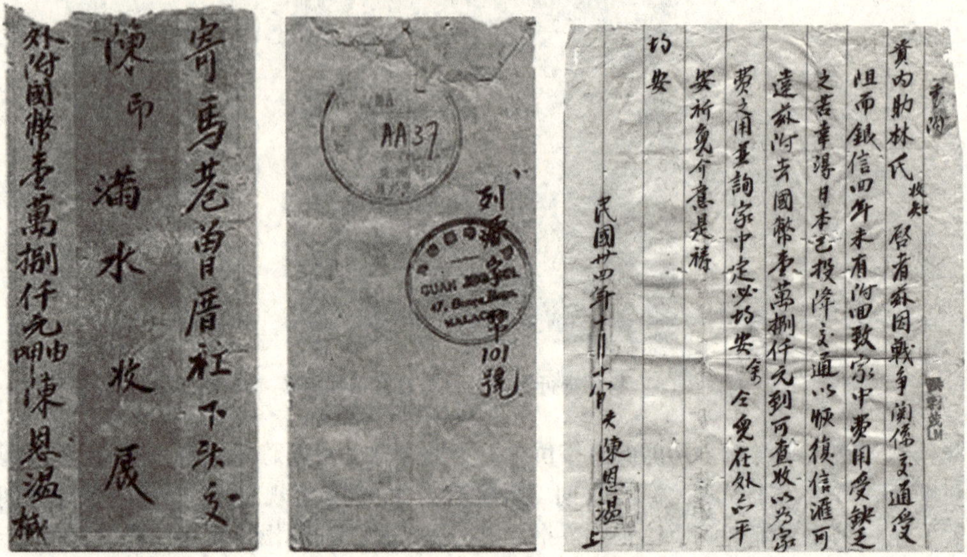

图 8　马来亚马六甲华侨银行办理的侨批

该侨批封的背面，盖马六甲源裕兴信局（GUAN JOO HIN）紫色受理圆形章，列源字一帮 101 号，再盖马六甲华侨银行（O. C. B. C. MALACA）紫色受理章，理款号为 AA37。“O. C. B. C.”是 Oversea Chinese Banking Corporation Ltd.（华侨银行）的缩写。该侨批封是华侨银行在马六甲直接经营侨批的实物见证。

该侨批封显示了华侨银行和侨批局之间的合作。侨批和批款由马六甲源裕兴信局接收，源裕兴信局再把批款转给马六甲华侨银行，由马六甲华侨银行转到厦门，可惜该批没有在同安分发侨批的印迹。

该批上所示寄出时间是民国三十四年十月十八日，即 1945 年 11 月 22 日，距离日本投降才三个多月，故内信中提到“日本已投降，交通以顺复，信汇可达”，说明了华侨银行在日本刚刚投降时即在马六甲开展侨批业务，为因侨批业务中断三年而处于艰难生活困境中的侨眷带来了亲人的消息和生活费。

3. 缅甸仰光华侨银行经营侨批业务

图 9 所示是民国时期通过缅甸仰光华侨银行作业的福建同安灌口的侨批。该封背面有“仰光华侨银行”、“蓝磅和利民信部”的业务章，是仰光华侨银行直接经营侨批业务，并与缅甸的侨批信局合作经营的例证。“仰光华侨银行”业务章最上一格的 RA 是 Rangoon（仰光）的缩写。

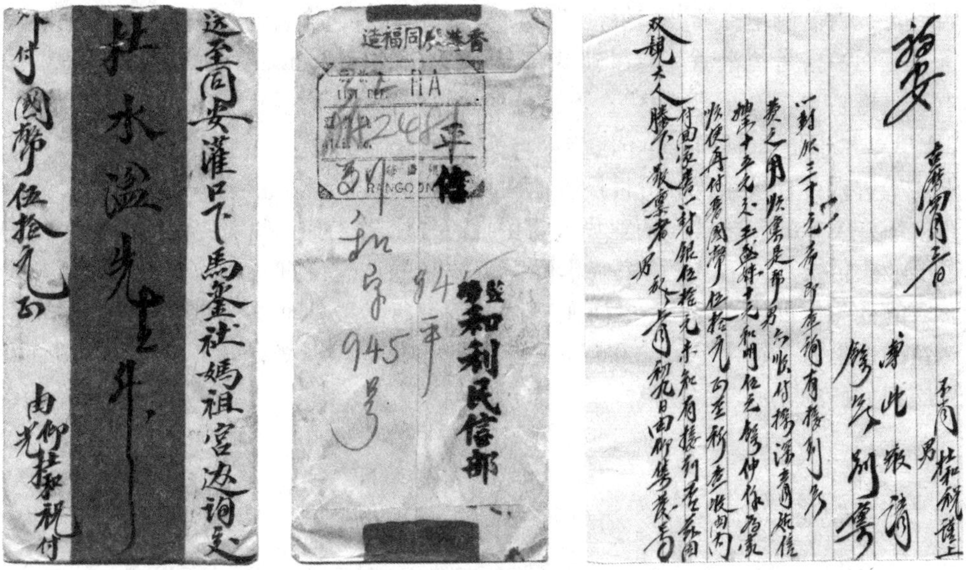

图 9 缅甸仰光华侨银行办理的侨批

4. 抗战时期越南海防华侨银行办理侨批业务

图 10 是 1940 年 1 月 17 日由越南海防寄往福建同安马巷的侨批，侨批封的背面盖海防华侨银行的椭圆业务章，可作为华侨银行在越南直接经营侨批的例证。该侨批正面盖越南海防的邮戳，说明是通过越南海防的邮局寄到福建。在该侨批的内信中提到“近因战争爆发，对于生意十分困苦”，可见日本的侵略给华侨造成了很大损失。

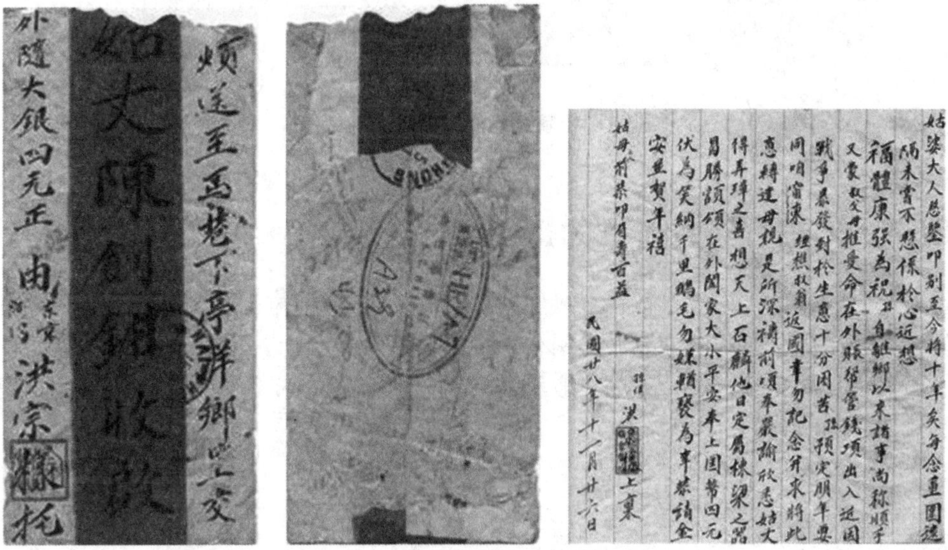

图 10 1940 年越南华侨银行办侨批

5. 吉隆坡华侨银行直接经营侨批

图 11 是 1959 年 1 月 15 日由吉隆坡华侨银行转驳的侨批，由吉隆坡寄到厦门海沧，寄

港币四十元，内信使用吉隆坡华侨银行的便笺。侨批背面盖吉隆坡华侨银行的三格长方形业务章。上面一格是“汇款表、LIST REF、KL”其中 KL 是 Kuala Lumpur（吉隆坡）的缩写；中间一格是“汇款号、A13”；下面一格是“吉隆坡华侨银行、K. LUMPUR”，其中“K. LUMPUR”也是 Kuala Lumpur（吉隆坡）的缩写。

上述华侨银行直接经营的侨批接收地均为福建，其时华侨银行业务辐射范围包括福建和广东，在许茂春的专著《东南亚华人与侨批》一书中，有一些实例说明由新加坡华侨银行转驳的汕头侨批[①]、由马来亚槟城华侨银行转驳的江门侨批[②]、由印度尼西亚泗水华侨银行转驳的汕头侨批[③]、由印度尼西亚吧城华侨银行转驳的汕头侨批[④]。可见，华侨银行直接经营的侨批业务包含了福建和广东，而侨批信局受经营规模和业务网络分布的限制，不能发展到如此的业务覆盖规模。

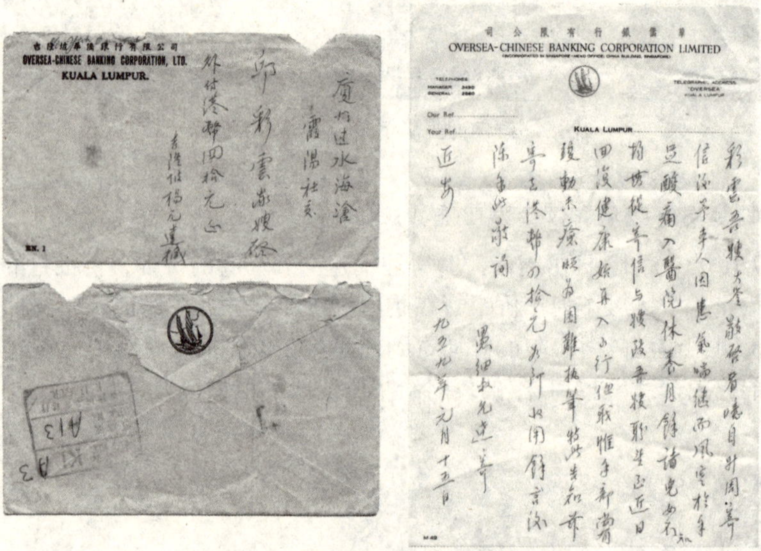

图 11　吉隆坡华侨银行转驳的侨批

四、华侨银行经营侨批的运作方法

据上述侨批显示，华侨银行在直接经营侨批时，是与海外的侨批信局合作，这些信局在海外有客户来源、在国内拥有派送网络。在具体运作方法上，华侨银行与海外有一定业务基础的侨批信局互相合作，完成一般所需要的运作流程（批款收集、头寸调拨、承转、派送解付四个环节）。

---

① ［泰］许茂春：《东南亚华人与侨批》，曼谷：泰国国际邮票有限公司编辑部，2008 年，第 212 页。
② ［泰］许茂春：《东南亚华人与侨批》，曼谷：泰国国际邮票有限公司编辑部，2008 年，第 249 页。
③ ［泰］许茂春：《东南亚华人与侨批》，曼谷：泰国国际邮票有限公司编辑部，2008 年，第 332 页。
④ ［泰］许茂春：《东南亚华人与侨批》，曼谷：泰国国际邮票有限公司编辑部，2008 年，第 332 页。

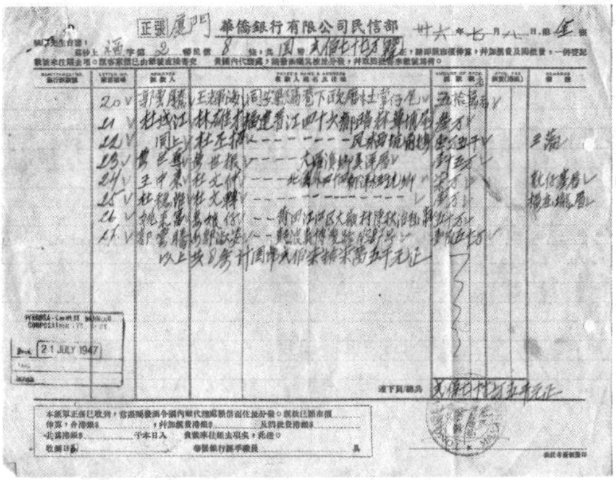
正張 厦門 華僑銀行有限公司民信部

21 JULY 1947

图 12 华侨银行民信部的帮单

图 12 所示为“华侨银行有限公司民信部”民国三十六年（1947）七月八日的帮单，列福字 2 帮，共 8 条，涉及批款 227.5 万元。8 个侨户分别来自同安、晋江、南安、莆田、鼓浪屿等地，右下角盖“印尼锡江同成兴华侨银信部”的业务章。从该帮单可看出华侨银行在经营侨批业务时，使用的业务流程与侨批信局相同，记录交易项目采用侨批信局常用的某个汉字作为总帮号，再以数字分出次帮号。

在该单据的第二行开始为“执事先生台鉴：兹抄上福字第 2 帮民信 8 条，共国币贰佰七十七万五千元正，请即照市价伸算，并加汇费及回批费，一并登记敝号来往账去项。回客家信已由敝号直接寄交贵国内代理处，请发函嘱其按地址分发，并取回批寄来敝号为荷。”

可见，华侨银行在业务流程中负责头寸调拨和转承，而“印尼锡江同成兴华侨银信部”则负责批款收集、派送解付（含回批收集寄回华侨银行）两个环节。

五、结论

从目前掌握的资料看，华侨银行经营侨批业务中涉及新加坡、马来亚、缅甸、越南、印度尼西亚等国家和地区，国内涉及福建的闽南地区和广东的潮汕地区、江门地区。华侨银行的领导层如李光前等人来自闽南侨乡，深知侨乡与海外华侨联系频繁的必要性和现实存在，而侨批在华侨银行实际的业务操作中，作为海外华侨和家乡之间重要的情感和经济纽带，其作用显而易见。华侨银行为众多的侨批局从海外转移资金到国内提供了相对便捷和安全的平台，也为普通的个体华侨与家乡亲友的联系提供了与侨批局相似流程的服务，适应了华侨在侨批局寄批的习惯和形式，并与侨居地的侨批局合作经营侨批。

华侨银行控股股东李光前的南益集团总部设在新加坡，而其经营的另一项重要产业橡胶业的主要橡胶园基地就在马来亚，马来亚的橡胶园里有众多的劳工和管理人员以及其他小橡胶园主经常需要与家乡保持联系并汇款回乡赡养亲人，华侨银行在马来亚经营侨批业务具有近水楼台先得月的优势。

以跨国银行的形式来经营侨批业务，体现了作为华侨银行经营者的远见和敏锐的市场眼光，不仅为华侨银行拓展了业务范围，而且促进了侨批业向现代企业经营管理方向发展。同时，造福了广大的华侨和侨眷，为不同历史时期侨乡发展急需资金的输送提供了方便。

让侨批资料在数字化世界实现真正的团聚

——侨批全文数据库建设实践

金文坚*

侨批，俗称“番批”“银信”，以“银信合一”为基本特征，是指海外侨胞通过民间渠道及后来的金融、邮政机构寄回国内的连带家书或简单附言的汇款凭证。[①]

侨批是草根文献，每个侨批都是独一无二的，没有复本，具有真实性、唯一性、不可替代性、罕见性和完整性等特性，其内容直接来自民间，是历史的真实记录，涉及经济、政治、文化、交通、国际关系以及社会生活等领域，是研究华侨移民史、创业史、邮政史、国际关系史及广大侨胞对所在国和祖国经济社会发展所做的贡献的珍贵历史档案文献资料，被誉为华侨历史文化的“敦煌文书”[②]。2010 年侨批档案入选《中国档案文献遗产名录》。2012 年 5 月侨批入选《世界记忆亚太地区名录》。2013 年 6 月 19 日备受全球华人关注的侨批档案“申遗”成功，入选《世界记忆名录》。联合国教科文组织的专家埃德蒙森对侨批的价值非常肯定，他说：“侨批中所涉及的人群是一个成千上万的人群，他们作为国际移民，承载着东西方的交流并持续了数个世纪，留下了丰富的档案。这些文件并不仅仅属于他们自己，也属于一个时代，属于世界。”[③]

这十多年来，在饶宗颐先生的倡导下，“潮汕侨批是研究海内外潮人经济政治史的一项世界性课题”已成为学界的共识，学界对侨批资源的使用需求与日俱增。而侨批资料的收藏、整理、再生性保护、开发利用等问题，也成为一个迫切需要研究解决的课题。

一、侨批资料的收藏状况分析

（一）侨批的收藏情况

据保守估计，目前潮汕侨批资料的存世量约有 20 万件，其中很大部分在潮汕地区，集中在几个收藏机构和民间收藏者手中。目前收藏机构中做得最好的是汕头市潮汕侨批档案馆，该馆自 2000 年着手潮汕侨批的收集、整理、展出和研究出版等工作以来，至今已征集到侨批约 10 万封，其中侨批原件 3.6 万多件。汕头大学图书馆也收藏有 2.6 万件侨

* 金文坚，男，汕头大学图书馆特藏部主任。

① 王炜中等：《潮汕侨批简史》，香港：公元出版有限公司，2007 年，第 8 页。

② 王炜中：《饶宗颐潮学研究的新建树：着力倡导侨批文化》，《潮学通讯》2007 年第 1 期，第 15～16 页。

③ 孔令源：《侨批申遗，唤醒“世界记忆”》，《广东档案》2012 年第 2 期，第 26～27 页。

批原件。民间收藏者主要有邹金盛、许茂春、张美生、麦保尔、曾旭波等收藏家。目前汕头市档案局正在组织相关的普查工作，届时会有一个比较准确的统计数据。

（二）现存侨批文献的状况

从19世纪前期到20世纪70年代，侨批的时间跨度有一个多世纪。由于纸质介质不易保存，随着时间的推移，侨批文献也难逃老化的宿命。侨批文献本来就是草根文献，其纸质载体是普通的纸，制出以后就在普罗大众手上辗转，保存条件极其有限，加上侨批盛行的地方均为沿海地区，气候潮湿温暖，所以我们现在见到的侨批资料有相当一部分是破损的，有些更是原始信息缺失严重。

（三）侨批批封批信分离情况

在侨批资料整理过程中，我们发现大量的侨批只剩下批封，或只有批信，还有不少批封、批信同存但内容不对应的情况，这些信息缺失给侨批整理和研究带来了很多不便和遗憾。为什么会出现这种状况？经过田野调查，我们认为是以下几种原因造成的：①隐私原因。侨批的主人在转卖侨批时，考虑到批信的内容会涉及家庭的一些隐私，为了保护隐私，他们会把批信抽出另行保管或销毁，甚至有连地址或姓名都用墨涂掉的侨批。②侨批的价值认定原因。在收藏界最早关注侨批的是邮票收藏者，当时关注的是旧邮票和与邮路有关的东西，买卖的主要是批封，批信却没人关注，认为是没价值的东西，或被抽掉另放或随手处理掉，所以后来有时还能发现有整批都是批信的情况。当侨批的价值被关注、侨批课题研究被学界重视后，收藏机构开始大量征集收购侨批。由于将批信也当成一件侨批进行收购，受利益的驱使，出现了人为拆封、将一件侨批分离成封信两件进行交易的现象。

以上情况给侨批的利用和研究造成了很多不便和困难，如何解决这个问题呢？随着科学技术的高速发展，计算机网络技术、信息化技术、数字化技术在各个领域得到广泛应用，大容量、低价格的信息存储设备的诞生，给信息的保存、传播和利用带来了革命性的变化。在这种条件下，将侨批资源进行数字化处理，建立侨批全文数据库成为可能，也将是大势所趋。侨批数据库的建设将大大促进侨批资源的保护、整理和开发利用。

二、侨批资源数字化建设的意义

（一）有利于侨批资源的再生性保护

侨批是一种不可再生的原生态的纸质草根文献，每件侨批都是独一无二的，没有复本。时间的推移、收藏环境的变化以及触摸使用频次的多少等客观因素均会对侨批的文物、档案属性产生破坏性影响，所以保护成为侨批收藏机构的首要问题。但如果因怕破损、遗失而限制读者借阅，将其束之高阁，藏而不用，那侨批资料也就失去了它的使用价值。如何藏用并重，这是每个收藏单位所面临的问题。

从这个意义上来说将侨批资源数字化、建立数据库、对侨批进行再生性保护是十分必要的，且具有重要的意义。侨批资源数字化以后，在使用上一般就不提供原件，读者可以通过阅读电子版侨批资源来查看所需资料，从而避免因直接接触而造成侨批原件损坏、遗失等问题，从而可以使珍贵的原件得到完好保存，有利于文献的保护。数字化后的信息方便贮存、传输、检索和复制，可以被多人重复使用和同时利用，这很好地解决了侨批资源藏与用的矛盾。

（二）有利于充分满足读者需求

资源数字化是为了快速、准确地向读者提供有关信息。所以，依托计算机、互联网等现代信息技术，可以在更广的范围内使更多的读者快捷地共享资源，以充分满足读者的需求。将侨批资源信息以数字化形式保存之后，读者通过网络能对其进行访问、利用，并可以按照寄批人、收批人、寄批地、收批地、年代、批款等关键字进行检索，从海量的侨批资源里迅速获得想要的讯息，这将为读者提供极大的方便，满足了更大范围读者的使用需求，极大地提高了人们获取有价值的侨批资源的效率。

（三）有效地促进侨批文化研究

侨批是具有很高历史文献价值的“海外潮人的百科全书”，被誉为“侨史敦煌”。国际汉学大师饶宗颐教授曾经说过：“侨批等于徽州的契约，价值相等。”近年来，“潮汕侨批是研究海内外潮人经济政治史的一项世界性课题”已成为学界的共识，具有深远的意义。侨批资源数字化建设对促进侨批文化、华侨移民史、创业史、邮政史和国际关系史等领域的学术研究将起到极大的作用。

（四）有利于实现侨批资源共建共享工作

侨批资源主要分布在我国广东省、福建省、海南省，大部分收藏在这几个省的收藏机构和个人收藏者手里。收藏的分散给研究工作造成了一定的困难。侨批资源数字化建设的主要目的是更有效地利用和共享，把各具特色的侨批资源进行数字化转换，开发成特色侨批资源数据库，通过网络技术，使各个地区的收藏机构间的侨批资源可以相互利用，并在技术手段、人力资源上相互合作，在真正意义上实现各个地区、各个收藏机构、个人收藏者之间侨批资源的共享。

（五）有利于扩大地区知名度和塑造地方品牌，发挥侨批价值

侨批的内容直接来自民间，是历史的真实记录，涉及经济、政治、文化、交通、国际关系以及社会生活等领域，它在一定时期内集中反映了侨乡地区的文化传统和笃求诚信的精神品格，是研究华侨移民史、创业史、邮政史和国际关系史及广大侨胞对所在国和祖国经济社会发展所做的贡献的珍贵历史档案文献资料。侨批资源数字化开发将促进其价值的更大发挥，有利于扩大对本地区政治、经济、文化等方面的宣传，对提升地区知名度、发展人文经济、弘扬地区文化、促进旅游开放、促进地区经济与文化交流的进一步发展、塑造地方精品和品牌具有重要意义。

综上所述，把珍贵的不可再生的侨批资源进行数字化是非常必要的，它不仅能达到长期保存和再生性保护侨批的目的，而且能极大提高侨批资源的使用效率，满足学界日益增长的研究、阅读需求。笔者作为一名侨批全文数据库的建设者、亲历者，愿意将我们的实践体验与大家共享，求教于方家、同行。

三、侨批数据库建设实践

（一）侨批资源的征集工作

资源是建库的基础，资料征集工作是建设数据库的重要工作。侨批资源散藏于民间，所以发动宣传征集侨批是一条很好的路径，社会上总会有一些热心人愿意将其所有的资料以无偿捐赠或有偿征集的方式提供给我们，他们缺少的只是我们的需求信息。所以我们可以通过各种媒体发动宣传，或走出大门到“田野”去，亲自走街闯巷，相信会有收获。

这几年，随着侨批的申遗，开始出现大量相关的媒体报道和宣传，侨批价值被广泛认可，但也催生了许多错误的认知，许多侨批的拥有者、掮客经常一张口就冒出一个远超其本身价值的大价钱，这给传统的征集工作带来很大的困难。在这种情况下，走联合开发、资源共享是侨批资源征集的另一条行之有效的途径。我们通过跟侨批收藏者合作，为他们的藏品提供数字化服务，共享数字化文件，最后会为藏家开通我们建设的侨批数据库，达到共享资源的目的。

（二）侨批资源的分类整理

侨批资源的分类整理，是数字化工作的基本前提，整理得好会为以后的数字化工作减少很多麻烦。我们的做法是将侨批原件先按寄批地分拣，然后将同一寄批地的侨批再按收批地分拣，最后将前两项相同的侨批再进行第三次分拣，尽量使同一户的侨批能集中在一起。侨批的原件基本上都是手写体，在录入时容易辨认不清或产生辨认差异，分拣工作能让同户侨批集中在一起。碰到上述情况时，可以从同户侨批中相互印证，提高数据录入的准确率。分拣完的侨批由资深的工作人员对其进行典藏主标识命名，各个收藏单位有不同的命名规则。我馆的典藏主标示命名规则如下，仅供参考。

汕头大学图书馆馆藏侨批的典藏主标示由以下部分组成：

收藏机构代码（自定义1位，数字0~9）+寄批地（采用国际通用2位国别英文简称）+收批地（县及县以上行政区划代码，阿拉伯数字，4位）+流水号（5位）

其中，收批地按侨批原件上地名的现今所属行政区划归类；广东省内县及县以上行政区划代码取后四位数字；收批地为广东省外地区的，取行政区划的前四位数字，也就是只区分到市一级。

例：汕头大学图书馆收藏的一封从新加坡寄往汕头澄海的侨批，可编号为：

0SG051500001=0（汕头大学图书馆）+SG（新加坡）+0515（广东05+15澄海）+00001（流水号）

（三）将纸质侨批资源转变为电子侨批资源

图书扫描是一个通过图像扫描将实体的书转换成数位影像或电子图书（e-books）的

过程。侨批资源属于片纸文献，扫描时不需要考虑翻页的问题，一般建议用平板扫描仪来完成扫描工作。为了减少对文献人为的损伤，我们建议使用冷光源的扫描仪进行扫描，如果有条件的话，我们建议扫描工作由专业公司处理。

为了更好地反映侨批的原貌，我们采用光学分辨率600dpi彩色精度扫描，扫描内容包括侨批封面、侨批封底、内信三部分，每封侨批的扫描件经过纠偏、剪切后存入以典藏主标示命名的文件夹里面，每封侨批形成一个文件夹。

（四）侨批元数据规范及著录规则研究

标准化是数字化建设的生命，是建设高质量特色数字化资源的根本保证，它不仅保证了可靠性、系统性、连续性、完整性和兼容性，而且有助于资源在不同平台上互相调用。只有按标准建立起来的数字化信息资源，才能更好地实现资源共享。

由于侨批是极具地方特色的草根文献，在我们进行侨批数字化建设时，国内外尚没有开展侨批元数据标准规范及著录规则的相关研究，没有现成的元数据标准规范及著录规则作为我们进行数字化建设的依据。为解决这个制约侨批数据库建设和利用的瓶颈，我们专门成立了课题组，对侨批元数据规范及著录规则进行研究。经过侨批实物调研、手工著录试验、专家咨询会、开放试验、结题验收等工作流程，历经草案、初稿、修订稿等多个版本，逐渐完善并形成了成果——《侨批元数据著录规则》。《侨批元数据著录规则》于2011年7月5日通过了专家评审，2012年5月16日完成了验收。下表就是我们确定的侨批的15个著录项目。

侨批元数据著录项目表①

DC核心元素			侨批个性元素		
元素	元素修饰词	必备性	元素	元素修饰词	必备性
题名	正题名	必备	批款	（批）封款	必备
	交替题名	有则必备		（批）信款	可选
主要责任者	寄批人	必备		暗款	有则必备
	析出寄批人	可选		实付款	可选
主题	主题词	可选	批路	寄批地	必备
	关键词	可选		析出寄批地	可选
次要责任者	收批人	必备		寄批局	可选
	析出收批人	可选		列字编号	可选
资源描述	摘要	可选		寄批地邮戳	可选
	附注	可选		途经批局	可选
日期	写批日期	有则必备		收批地邮戳	可选
	析出写批日期	可选		收批地	可选

① 杨剑等：《侨批元数据著录规则研究》，《图书馆规则》2013年第4期，第82~85页。

（续上表）

DC 核心元素			侨批个性元素		
元素	元素修饰词	必备性	元素	元素修饰词	必备性
资源形式		必备	批路	析出收批地	可选
		必备		收批局	可选
语言		必备		收批地邮戳	
资源标识		必备		水客递送	可选
相关资源	回批	有则必备	收藏信息	收藏单位	必备
	票根	有则必备		典藏主标识	必备
	侨批业档案	可选		数字化日期	必备
权限管理	访问权限	可选			
	下载权限	可选			

（五）侨批元数据著录模板的确定

完成侨批元数据著录规则研究后，就要进行侨批元数据著录模板的制作，著录模板是数据库建设的工作平台，经过专家的指导和工作人员的实践，我们确定了侨批元数据著录基本模板（见图 1），经过建库的实践，它基本满足了数据库建设的需要。

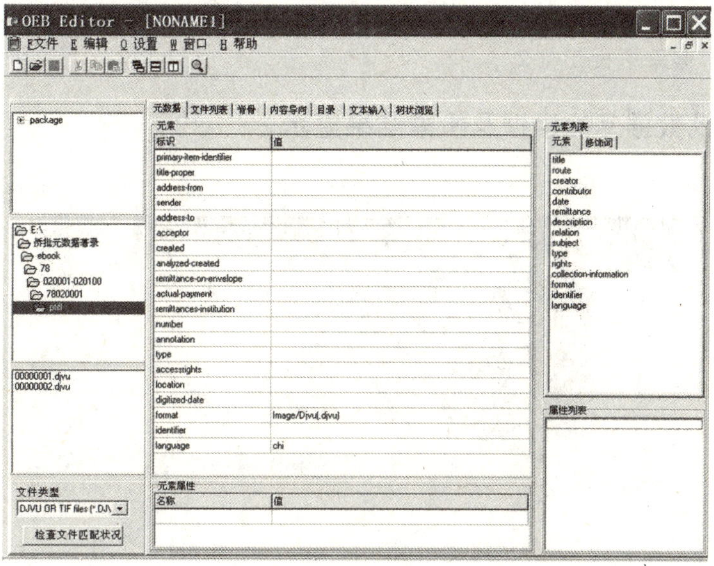

图 1

（六）侨批资源全文数据库建设

以上准备工作完成后，我们就开始进行侨批全文数据库建设，以每一封侨批为对象将侨批上的信息元素如实地根据著录模版要求一一对应地照录。

侨批元数据的著录有其特殊性，如天干地支纪年的转换、佛历纪年的转换、商码的转换、异体字的转换、地名的改变规范等等，为做好此项工作，我们对著录人员进行过数次培训，并多次邀请校外侨批专家到馆讲解，解决在著录中发现的问题。在工作中建立著录团队的QQ群，群成员在著录过程中碰到不能确定的问题，随时可以提交到QQ群上一起讨论，形成统一意见，这样更好地保证数据的准确性。

为了保证数据的严谨性，我们坚持每条数据都要按如下流程去做：工作人员著录→资深工作人员质检→质检完的数据再通过计算机程序机检→数据总校人员抽检。经过这四道程序后的数据才打包存储入库，再由技术人员发布，这样我们就可以通过我们的侨批检索平台开始向读者提供服务。

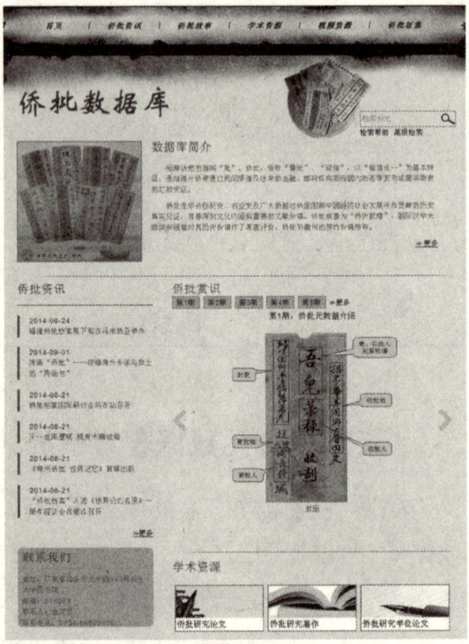

图2

四、侨批数据库平台的开发和利用

为了侨批数据库能更好地为读者利用，我们专门建设了侨批数据库网页，为读者提供一个更直观、更方便的利用平台。页面上设置有侨批数据库介绍、检索平台、侨批赏识、侨批资讯、学术资源（包括侨批研究论文、侨批研究著作）、侨批故事、视频资源、侨批征集等相关栏目，供读者使用。侨批数据库主页如图2。

（一）侨批数据库检索框及检索结果显示

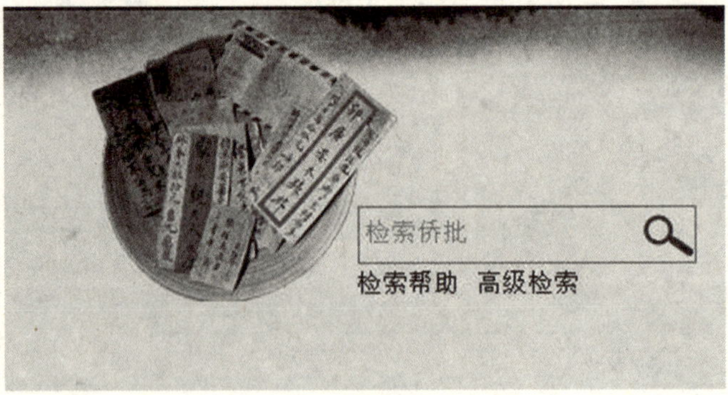

图3

数据库支持元数据全文检索，在检索框中输入"关键字"，就可以在"题名、寄批人、寄批地、收批人、收批地、写批年、批局、批（封）款"等元数据中检索与关键字相匹配的侨批。想要得到更为精确的检索结果，可使用检索结果页面上的"缩小范围"功能，或直接选择"高级检索"。高级检索提供1～3组条件组合检索，其中写批年可以包含年份范围。检索结果显示如图 4。

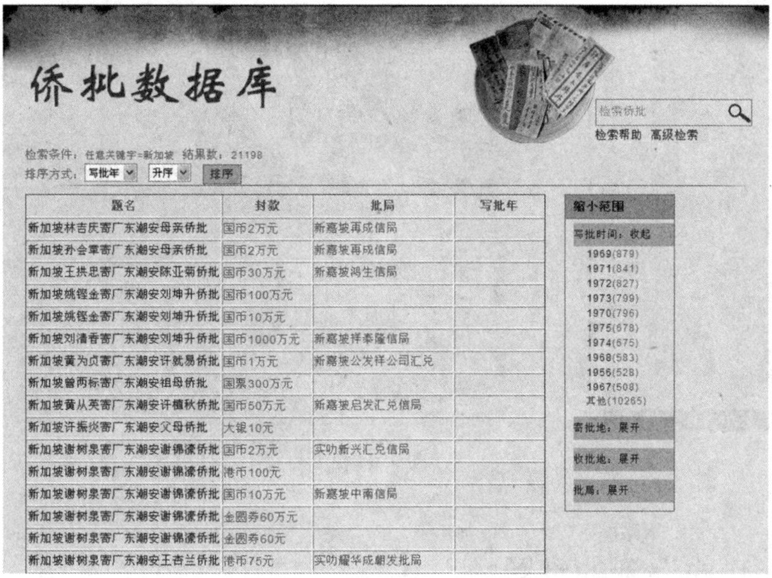

图 4

（二）详细信息展示

数据库中的侨批记录由“元数据”和“扫描图像”构成，如图 5 所示，单条记录显示页面右边为元数据信息，左边为侨批扫描图像，单击图像可放大浏览。

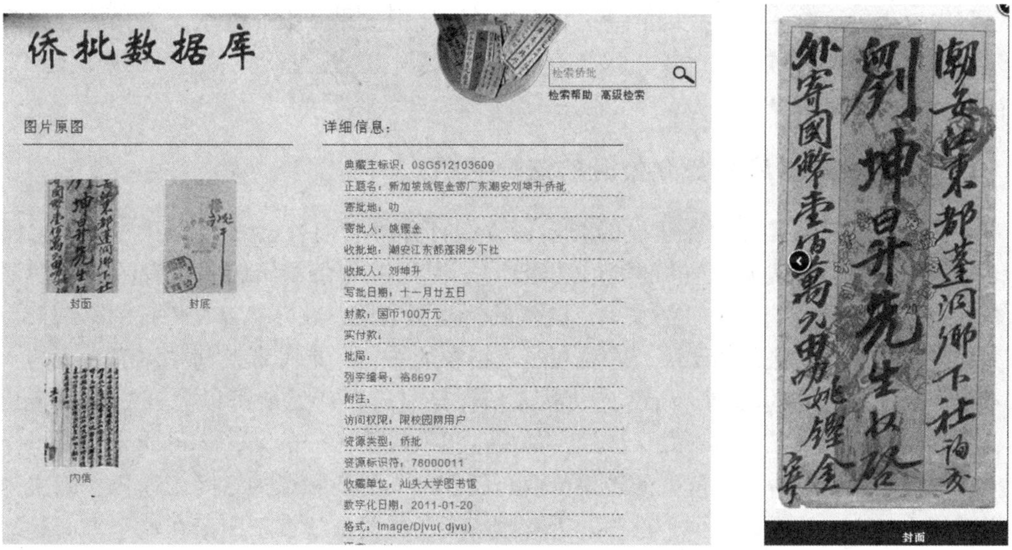

图 5（1）

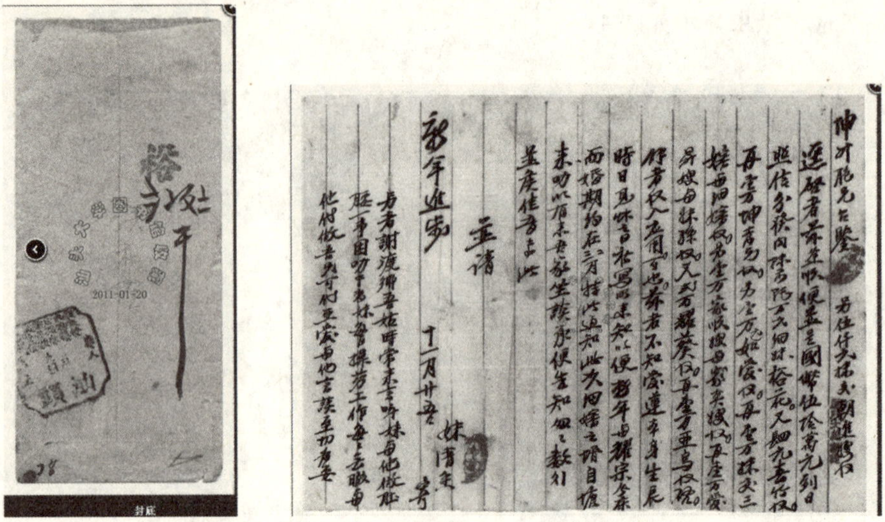

图5（2）

五、工作中遇到的难题

（一）批信批封比对归一

在建库的过程中，我们发现有不少侨批的批封跟批信是不对应的，为了保持数据库数据的准确性，我们只能把批信移除出去，另存备用，只将批面跟封底的数据收录到数据库里，这个现象应该跟我们后来征集时要求侨批完整（信封＋内信）有关，有人为了凑齐而人为拼凑。为了给这些批信"找到家"，就只能将批信拿到数据库里一一比对。我们在建库过程中也进行比对，替一些批信寻找对应的批封，但效果一般。这个问题只能等到数据库建设到比较完备时再进行比较，才能有更好的效果。这也是一个艰巨而且繁琐的工作，只能等将来再予以解决。

（二）侨批数据库对公众公开的法律问题

在侨批数据库完成阶段性建设的时候，我们打算将它向社会大众公开并提供无偿使用。学校的法律顾问认为："侨批又称'银信'，是海外华侨寄给国内侨眷的书信与汇款的合称，是一种'银信合一'的家书。既然其性质属家书，就必然存在侨批的寄信人、收信人的隐私问题。在法律的层面，隐私权是人格权的一种，是民事权利主体应享有的一项基本权利。我国目前的法律，尚没有'私人信件经过若干年后就可以公开'的规定；相反，法律对公民的隐私权是予以保护的，如果侵犯他人隐私权的话，将可能导致承担相应的民事责任。如何破解利用侨批的历史价值与做好他人的隐私保护之间的矛盾，确实是当前需要解决的一个难题。而这个难题能否有效解决，其关键就在于国家在这个方面必须有明确的立法。"对此法律顾问提供了两个建议：

第一，对于能够找到侨批寄信人、收信人（或其有决定权的后代）的侨批，建议应在取得其同意公开的书面文书后，才能对外开放该侨批。

第二，对于无法找到侨批寄信人、收信人（或其有决定权的后代）的侨批，建议在国家有该方面的立法后，再视情况考虑是否对外开放。

在当前的条件下，这两个建议都很难实现，所以到目前为止我们都在想办法，看看该如何在不违法的情况下将侨批数据库推出，无偿提供给大众使用。

六、结语

建立侨批全文数据库，使侨批解决了藏和用的难题，但这只是侨批资源数字化系统工程中的第一步，我们的目标是建立区域性侨批数字图书馆，把各个收藏单位的侨批资源通过网络汇集在一起，实现共享，让分散各处的侨批资源在虚拟的世界里实现真正的团聚。

试析潮汕侨批断代的意义及方法

杨 剑*

侨批起于明清，盛于19世纪至20世纪中叶，是广东、福建与海南三省的华侨先辈们早年前往东南亚等地区谋生存、求发展过程中通过民间渠道及后来的金融、邮政机构寄回国内的连带家书或简单附言的汇款凭证，以“银信合一”为其基本特征。①

华侨在书写侨批时，通常会在批信结尾处留下写批日期，但日期落款本身没有十分严格的要求。有些采用干支纪年的侨批，写批日期仅有天干而无地支；还有的侨批写批日期仅有月日而无年份，难以确定其具体的写批年。

一、侨批断代的意义

侨批断代就是要确定侨批的写批年，主要是针对那些写批年不明确或者因纸张破损、字迹模糊、缺少内信等而无法辨别其写批年的侨批。

（一）侨批断代是侨批研究的需要

侨批是华侨移民史、创业史及广大侨胞对侨居国和祖国经济社会发展所做贡献的历史的真实见证，有着深刻文化内涵和重要的文献价值。

侨批是原生态的草根档案文献。2010—2013年，在有关机构的推动下，“侨批档案”先后列入《中国档案文献遗产名录》《世界记忆亚太地区名录》和《世界记忆名录》。伴随着侨批“申遗”工作的展开，了解侨批的人越来越多，学界对侨批的研究也日渐深入。不同时代的侨批，无论是批封还是批信，文字均呈现鲜明的时代特色。研究侨批，不能脱离其反映的历史背景，写批年的正确判定有助于侨批文化研究。

（二）侨批断代是侨批收藏的需要

侨批除了有档案文献价值外，因为存世数量的稀缺性，有的还有一定的文物收藏价值。近年来，单封侨批的价格日渐走高。作为一种收藏品，侨批的年代是决定其市场价值的重要因素之一，比如清代的侨批，只要品相完好，件件价格不菲。

写批日期中只有天干的侨批，年份会因为地支的不同而至少相差10年。即便是天干地支齐全的侨批，断代不准也可能出现前后一甲子（60年）的误差。

---

* 杨剑，男，汕头大学图书馆副研究馆员。

① 王炜中：《潮汕侨批》，广州：广东人民出版社，2007年。

对侨批进行科学断代，就可以尽量避免人为地将写批年“提前”的现象，从而减少争议，有助于侨批市场价格的正确定位。

（三）侨批断代是数字化建设的需要

侨批的数字化建设无论对侨批原件的保护还是研究都有着积极而深远的意义。2010 至 2012 年，我馆负责的潮汕侨批数字化建设获得“大学数字图书馆国际合作计划”（CADAL）立项资助。在侨批数据库的建设过程中，日期是一个必备的 DC 核心元素。如何确定某些侨批的产生日期（写批年）是我们经常面临的一个难题。如果元数据著录人员掌握一定的侨批断代方法，将有助于提高标引的质量。

二、侨批断代的方法与结果

（一）侨批断代的方法

侨批断代的方法是通过侨批本身在书写或投递过程中留下的种种时代痕（印）迹（如各种日期、批款币种、结汇章、批局、特殊印章文字等）、批信的文字内容、批封款式及用同一户的其他侨批进行佐证等客观线索，再加上判断者本人的文史、地理及金融等方面的知识背景进行综合推断的。

（二）侨批断代的结果

侨批写批年的确定，根据不同情况一般可以得到两种结果：一种是把写批年限定在某个较小的年代区间内，另一种则直接确定到某一年。

三、侨批断代的具体方法探讨

如上所述，侨批写批年的确定涉及诸多因素，下面概述几种确定侨批写批年的方法，抛砖引玉。文中出现的侨批实例（或截图）均取自汕头大学图书馆的侨批数据库①。

（一）利用侨批上出现的写批日期之外的其他日期确定写批年

侨批在投递过程中，除了写批日期外，还可能出现发批日期、寄批地邮戳日期、收批地邮戳日期、银行结汇日期、侨眷收批日期等各种日期印迹。这些日期可以帮助我们较为准确地确定侨批的写批年。

1. 发批日期

侨批发批日期，是指批局收揽侨批后集中打包寄批的日期，一般由批局写在批封背面中间的位置，多采用干支纪年（见图 1）。侨批早期一般通过海运（邮轮）寄送，每逢船期，海外批局便会通过各种方式提醒华侨寄批。因此，发批日期一般较为接近侨批的写批日期。

---

① 侨批数据库：大学数字图书馆国际合作计划（CADAL）二期参建项目之一，由汕头大学图书馆负责承建，主要收录东南亚寄往潮汕地区的侨批 5 万封。侨批扫描实物封分别来自汕头大学图书馆、汕头市潮汕历史文化研究中心、澄海收藏家邹金盛先生的藏品。

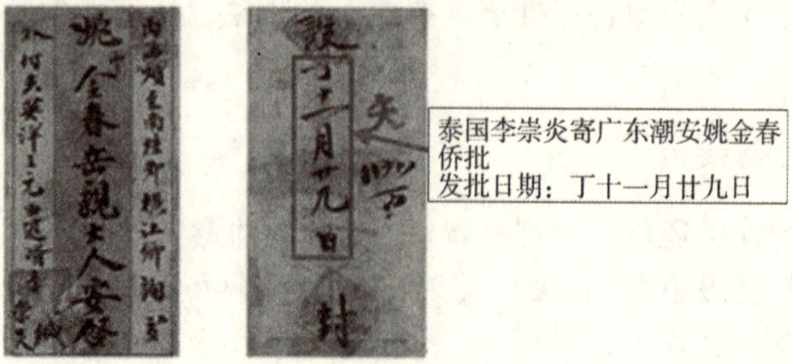

图1

图2

2. 寄批地邮政日戳日期

东南亚各国邮政机构诞生后，对侨批采取不同的管理方式，1927 年后寄回潮汕地区的侨批有些就贴了邮票并盖有寄批地邮政日戳①。

以泰国侨批为例，20 世纪 30 年代泰国曼谷（旧称“暹京”）寄回潮汕地区的侨批封上就加盖有第八邮政局的小印戳（见图2），其上可以看到明确的寄批年月日。

3. 收批地邮政日戳日期

国内侨批业纳入邮政管辖后，通常会由当地邮政局在侨批上加盖到达日邮政日戳，日戳上的年份与写批年也比较接近。汕头邮局在 1947 年至 1969 年间使用侨批专用邮戳，并先后出现过不同的款式②，图 3 是 1947 年至 1949 年间使用的邮戳，需要注意的是，上面的日期是民国纪年。

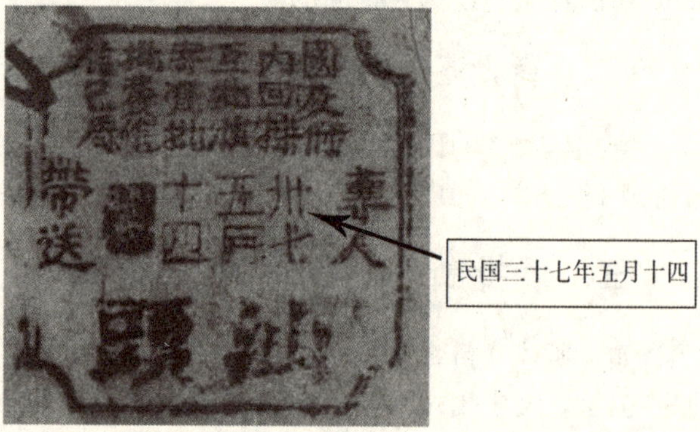

图3

4. 结汇日期

新中国成立后，华侨寄回国内的批款，需要有关机构加盖结汇章，兑换成人民币（1949 年 10 月至 1950 年 1 月曾用南方券）再付给侨眷。各款结汇章上均有明确的结汇日期，也可作为判断侨批写批年的依据之一。

5. 侨眷收批日期

华侨寄批主要是力尽赡养家（族）人的义务。有的侨眷在接到侨批后有在批封上记下当天日期的习惯，因此也可以根据侨眷记下的收批日期来推算写批年。

（二）利用批款币种确定写批年的年代区间

在侨批业运作过程中，先后出现了银元、法币（民国时期的一种货币）、金圆券、银

① 曾旭波：《侨批丛谈》，香港：天马出版有限公司，2010 年。

② 蔡焕钦：《汕头侨批专用邮戳的演变》，王炜中主编：《侨批文化》第七期，汕头：潮汕历史文化研究中心，2007 年，第40～42页。

元券、南方券、港币、人民币等多种批款币种。在不能用上述方法确定侨批的准确写批年时，可以参考批款的币种来确定写批年的年代区间。下面对各币种的特点及其主要使用年代进行说明，并在表1（见后文）中归纳总结了不同年代所使用的主要币种。

1. 银元

1860年汕头开埠后，对外贸易日渐繁荣，外国银元流入潮汕，以墨西哥的鹰洋（也称“英洋”“英银”）最为常见。1889年，中国清朝政府自铸银币“光绪元宝”（俗称“光绪龙”）。1910年，清朝政府颁行《币制则例》，正式采用银本位，以“元”为货币单位。1912年中华民国成立后，仍维持着银两、银元并行的货币制度，直到1933年4月，国民政府实行“废两改元”（包括1914年北洋政府的“袁大头”以及1927年国民政府发行的“孙小头”），银元才成为单一的主币，并一直持续使用到1935年11月。

2. 法币（国币）

1935年11月4日，国民政府实行法币改革，废除银本位，禁止白银流通，并将白银收归国有，实行纸币制，集中货币发行权，发行国家信用法定货币（即法币，也称“国币”）。

当时割据广东的军阀陈济棠，为了与中央抢兑白银，在广东推行“广东法币”，当时的潮汕侨批除直接寄广东法币（见图4）外，寄其他币种的侨批也大多约定以广东法币支付，如加盖“订交广东法币”戳印（见图5）。直到1936年7月，广东还政于中央，才开始推广法币（见图6）。

图4

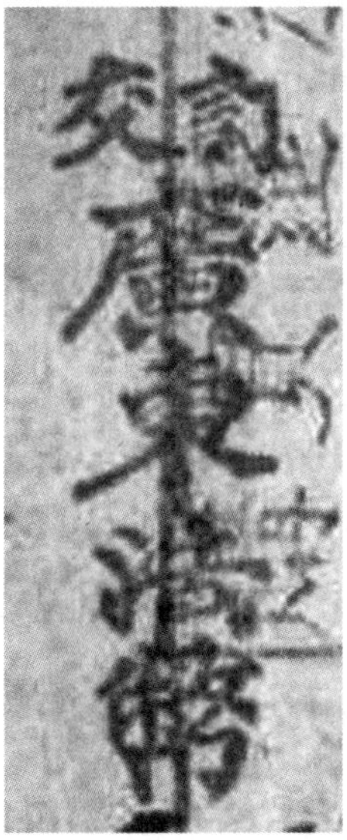

图5

图6

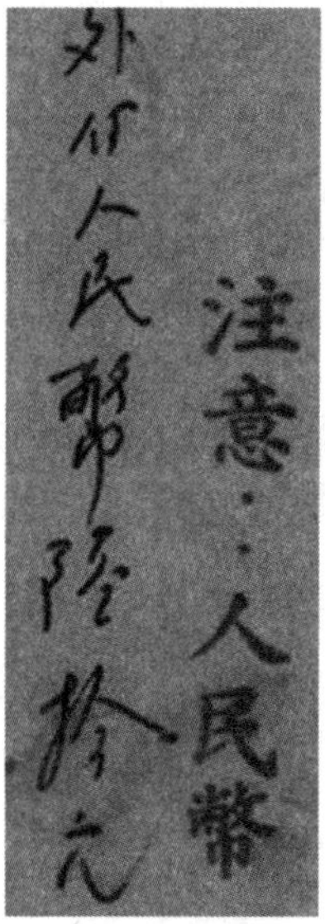

图7

3. 储备券

1941年汪精卫的伪南京国民政府发行“储备券”，1942年3月强迫沦陷区人民使用①。抗战结束后，储备券旋即停止使用。

---

① 王琳乾：《汕头大事记》，汕头：汕头市地方志编撰委员会办公室，1988年。

4. 金圆券

抗日战争胜利后，国民党发动内战，引起物价疯狂上涨，法币急剧贬值，1948 年出现了上亿法币批款的侨批。为挽救其财政经济危机，维持日益扩大的内战军费开支，国民政府决定废弃法币，于 1948 年 8 月 19 日发行金圆券。金圆券推出后也很快贬值，仅维持一年便宣告作废。

5. 银元券

1949 年 7 月，国民政府恢复使用银本位，发行银元券取代金圆券。因国内时局发展，海外寄潮汕的侨批极少有直接写寄银元券的。少数侨批以银元为基数寄批，如批款为基数 12 元，即指银元 12 元。此外尚有大多数经香港中转的侨批，以港币汇入潮汕地区。

6. 南方券

1949 年 7 月 8 日中共华南区在今广东揭西县的河婆镇成立了“南方人民银行”，发行流通货币“南方券”。1949 年底，南方人民银行改组为中国人民银行华南分行，以人民币 250 元比 1 元回收南方券，而对寄入的批款统一用南方券兑付至 1950 年 1 月止。

7. 港币

海外华侨使用港币寄批，始于 1949 年 6 月左右金圆券急剧贬值时期。自 1950 年 2 月起，中国人民银行规定，海外批局一律以港币寄批，批款寄入中国后，经由中国银行折算为人民币后交付侨眷①。在这之后，虽仍可见批款币种为“大银”“银”的侨批，但其实寄的都是港币。

8. 人民币

1970 年前后，开始正式出现批款币种为人民币的侨批，直接寄人民币的侨批上有时会加盖：“注意：人民币”字样印戳（见图 7），以提醒结汇人员。

9. 暗款

暗款是指以隐秘的方式（如暗语等）来表示所寄的批款。使用暗语的时期主要出现在新中国成立后至 20 世纪 80 年代。笔者检索到的暗款侨批最早在 1952 年，最晚为 1988 年。据不完全统计，使用暗语所寄的侨批约 75% 来自新加坡。

---

① 张美生：《潮汕侨批赏析》，香港：天马出版有限公司，2011 年。

表 1 批款币种与写批年代

币种	主要称谓	年代	备注
银元	英银（大英银）、英洋（英洋银、大英洋）	1860—1932	
	大洋银	1923—1933	
	龙银（大龙银）	1919—1931	多指“光绪元宝”①，以 20 世纪 20 年代居多
	光洋（大光洋、光洋银）、光银（中光银、大光银）	1927—1935	
	大银、大洋、银	1920—1935	
法币	法币（中央、中央币、中央票、中央银、中央纸、中央法币、中央银票、中央纸）	1935. 11—1941	
	广东法币	1936—1937	含实付款为广东法币
	国币（国票、中央国币、中国币银）	1935. 11—1948. 7	1939 年起，批款中“国币”开始占主导，到 1942 年基本上都使用“国币”称谓了
储备券	储券、中储券、新币、新国币	1942. 3—1945. 8	存世的寄储备券或实付款为储备券的潮汕侨批实物极少
金圆券	金圆、金券、国币金圆券	1948. 8—1949. 7	
银元券	基数	1947. 7—1949. 9	
南方券	南方人民券	1949. 7—1950. 1	含实付款为南方券
港币	港纸、港纸银、香港银、香港币、香港券、香港票、香币	1949. 6—	
人民币	人民券	1970—	数量不及同时期寄港币的侨批
暗款	烟纸、片、门牌、饼干、码、芬纸、港丸、港米、白米、纸烟、新米……	1952—1988	马来西亚侨批 1973 年起不见暗款

（三）利用侨批上的结汇章款式确定写批年的年代区间

结汇章分为银行和其他机构两类，其中由银行加盖的结汇章主要有七种②。如果我们

① 陈景熙：《潮汕侨批与近现代汕头货币史》，王炜中主编：《首届侨批文化研讨会论文集》，汕头：潮汕历史文化研究中心，2004 年。

② 马裕雄：《侨批上的戳和章》，广东集邮协会、汕头市集邮协会主编：《潮汕侨批论文集》，北京：人民邮电出版社，1993 年。

了解每一款结汇章的使用时间，即便结汇日期模糊到无法辨认，也可以根据结汇章的外观形状确定侨批的年代区间。下面举例说明各种结汇章的名称，并总结其使用年代。

1. 汕头中国银行侨汇兑讫章

自 1949 年 11 月起，汕头中国银行在已结汇的侨批上，盖上结汇日期章（无框）、汇率（无框）和汕头中国银行侨汇兑讫限时送达章（限时先后出现过“3/5/8/12 天”不等，见图 8）。

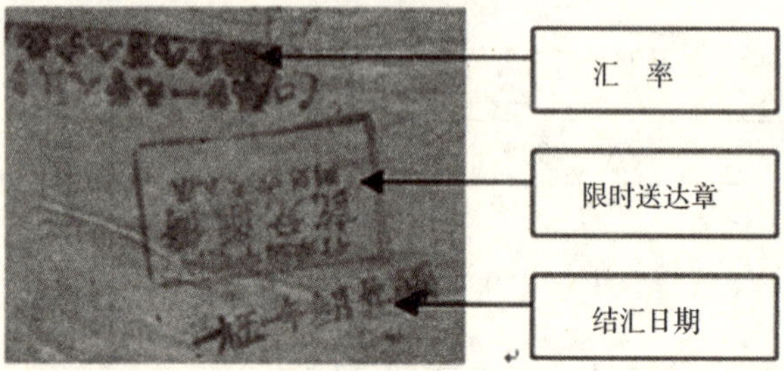

图 8

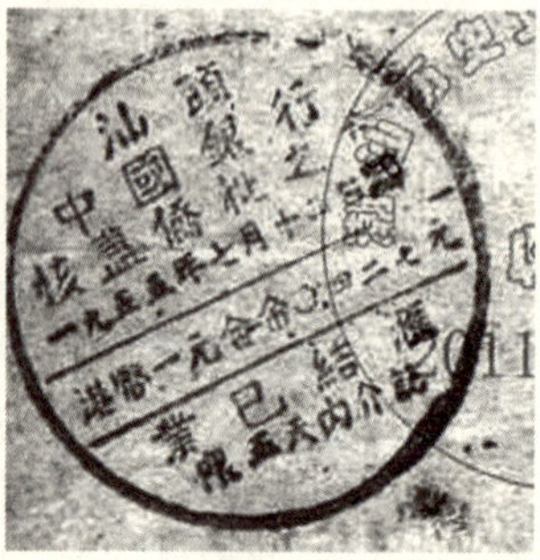

图 9

2. 汕头中国银行核盖侨批之章

1952 年 10 月，结汇章改为圆形，集结汇时间、汇率、限时等内容于一章，限时也固定为五天，除 1958 年下半年由部分批局自行结汇外，这款结汇章一直使用到了 1966 年底。其中，1952 年 10 月—1958 年 3 月结汇日期使用中文数字（见图 9），1958 年 4 月起日期改用阿拉伯数字（见图 10）。

图 10

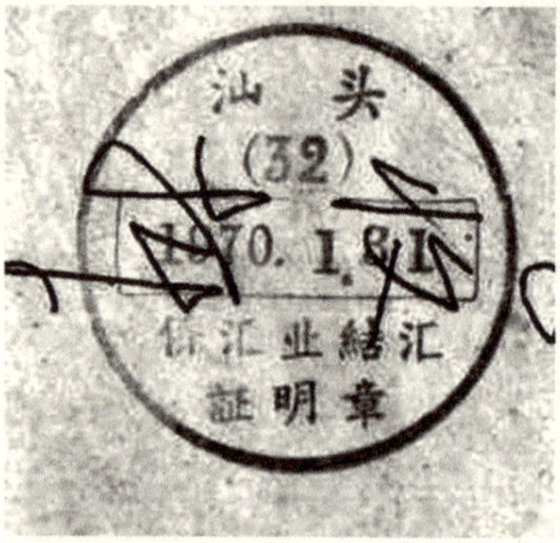

图 11

3. 汕头侨汇业结汇证明章

1967 年 1 月起，银行结汇章改用“汕头侨汇业结汇证明章”（见图 11），由“汕头”“章的编号”“结汇日期”“侨汇业结汇证明章”几部分内容构成，不含“银行”字样和汇率数字，此章使用到 1972 年底。

4. 汕头侨批业结汇专用章

1972 年 12 月，银行开始启用“汕头侨批业结汇专用章”（见图 12）。章内由“结汇日期”“港汇牌价每百元”“年月日”“汇率”“汕头侨批业结汇专用章”组成，此章使用到 1974 年 3 月。

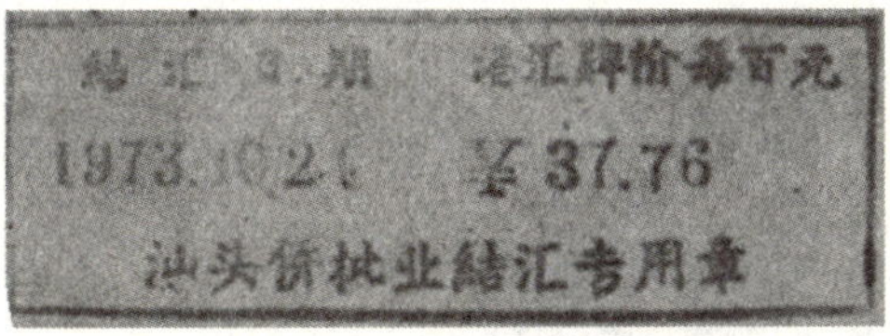

图 12

图 13

5. 汕头侨批服务社结汇专用章

从 1974 年 3 月开始使用，到 1975 年 4 月结束，此章外观上与“汕头侨批业结汇专用章”相似，只是将章内文字“结汇日期”“侨批业”分别改为“托介日期”和“侨批服务社”（见图 13）。

6. 汕头中国银行外汇结汇章

1975 年 2 月起，又一款结汇章投入使用，章内文字也重新出现“汕头中国银行”字样，对日期的表述，先后有“托介日期”（见图 14）和“结汇日期”（见图 15）两种，该款结汇章沿用至 1985 年 5 月。

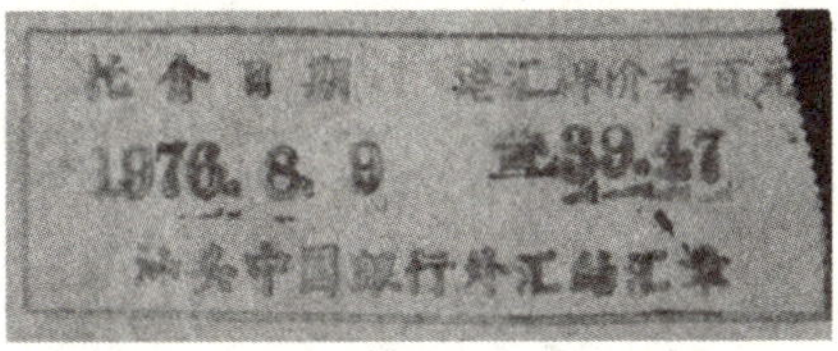

图 14

图 15

7. 汕头中国银行侨汇专用章

1980 年 1 月，在“汕头中国银行外汇结汇章”仍在使用的情况下，最后一款结汇章“汕头中国银行侨汇专用章”（见图 16、图 17）面世，并与前者并存使用了较长时间。笔者见到最晚盖“汕头中国银行侨汇专用章”的侨批结汇日期是 1993 年 4 月。

图 16

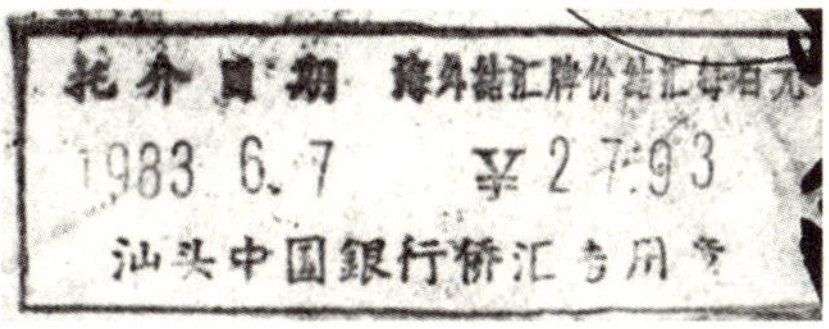

图 17

8. 批局自行结汇的结汇章

1958 年，汕头侨批联合服务部成立，实行批局集中合址办公，方便中国银行领导和管理。1958 年下半年至 1959 年 1 月，银行一度把侨批的结汇权短暂下放给批局自行结汇。

据统计，当时汕头有十九家批局自行结汇[①]。结汇章（见图 18、图 19）内刻有批局的名字，年份采用两位阿拉伯数字，无汇率。

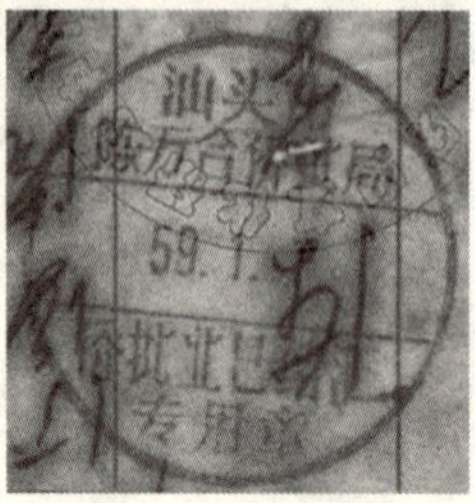

图 18

图 19

表 2　结汇章名称与使用年代

名　称	使用起止年月	汇率	备　注
汕头中国银行侨汇兑讫章	1949. 11—1952. 9	有	
汕头中国银行核盖侨批之章	1952. 10—1966	有	1952. 10—1958. 3 日期为中文数字 1958. 4—1966　日期为阿拉伯数字
汕头侨汇业结汇证明章	1967—1972	无	
汕头侨批业结汇专用章	1972. 12—1974. 3	有	
汕头侨批服务社结汇专用章	1974. 3—1975. 4	有	
汕头中国银行外汇结汇章	1975. 2—1985. 5	有	托介日期：1975. 2—1977. 12 结汇日期：1978—1985. 5
汕头中国银行侨汇专用章	1980. 1—1993. 4	有	海外结汇牌价港汇每百元　1980. 1—1982. 9 海外结汇牌价结汇每百元　1982. 10—1993. 4
批局结汇章	1958. 7—1959. 1	无	印章包含批局名称

四、综合利用已知线索确定写批年

本文简单分析了侨批上出现的与写批年相关的线索各自产生的时代背景，结合侨批实物，笔者借此初步总结归纳了各条线索出现的大致年代区间。下面举一例说明。新加坡郑岳耀寄广东潮安母亲侨批，批信上写批日期为："戊四月廿三日"，批款为："国币 1 000 万元"。从批款来看，币种是"国币"，数量是"1 000 万元"，见本文关于金圆券产生背景的表述，如此大额的币种为国币的批款，可以初步推断写批年为 1947 ~ 1948 年；从批信写批日期是"戊四月廿三日"来看，经查万年历，1947 ~ 1948 年间干支纪年中的年份天干为"戊"的只有戊子年，即可确定此侨批的写批年是 1948 年。

在实际应用中，要善于对已知线索加以综合分析，从而进一步缩小年代区间，争取精确到具体的某一年。

① 蔡少明：《中国潮汕侨批史》，北京：人民邮电出版社，2012 年。

侨批研究应有新思维

［新加坡］柯木林*

2013年6月19日，在韩国光州召开的联合国教科文组织“世界记忆工程国际咨询委员会”（IAC）第11次会议上，由中国国家档案局申报的“侨批档案”顺利通过评审，成功入选《世界记忆名录》，侨批正式成为世界文化遗产中的记忆遗产。

一、侨批的魅力

此前，侨批在侨乡与海外华人的历史上已存在了至少150年的悠长岁月。侨批退出历史舞台，是个缓慢的过程。换言之，这种海外华人与家乡亲人来往的“银信合一”的书信，在沉寂若干年后才引起学界的关注。为什么会这样呢？这就是侨批的魅力！

侨批“申遗”成功给予我们的启示是：好东西是经得起时间考验的。侨批内容多姿多彩，形式不拘一格，国事家事天下事，都能在侨批中体现。它草根性强，虽“土气十足”，但却非常朴实，真实反映了寄书人的处境及历史背景。许多官修正史没记载的内容，却能在侨批中见其身影，补正史之不足。侨批的诞生，体现了海外华人的智慧。19世纪中叶，当清王朝没有能力保护其子民时，居住在中国沿海的闽粤两省人民，凭借勇敢冒险的精神，面向海洋，到海外寻找机会，担负起养育侨乡的重任。纵然身处异乡，他们仍然通过特殊方式，在情感上、文化上、经济上与国内侨眷保持联系。这种特殊的联系渠道，可以说是海外华人特别雇用的邮差。

伴随侨批而来的侨汇，不仅养活了侨眷，也丰富了侨乡的教育系统。2013年6月9日在泰国中华会馆、泰国潮州会馆、泰国福建会馆、华侨崇圣大学联办的“侨批‘申遗’声援大会”上①，笔者曾建议将侨批“申遗”成功之日定为“感恩日”，借以纪念侨批对侨乡的贡献，并宣扬中华文化中“饮水思源”的美德。这一观点提出后，福建省社会科学院研究馆员邓达宏先生特为文记录此事（文中写的是“孝亲日”）②。2014年6月，在“《晋江侨批集成与研究》暨‘福建侨批’入选《世界记忆名录》”一周年纪念座谈会上，侨批收藏与研究者黄清海先生亦做出相同的呼吁③。

---

* 柯木林，男，新加坡宗乡总会学术主任。

① 大会在曼谷的泰国中华会馆二楼“中山纪念堂”举行，主题为：“声援侨批申列世界文化遗产 见证华侨爱国爱乡历史”。大会同时与福建省档案局联合举办“百年跨国两地书——侨批档案实物与历史图片展”，参阅2013年5月21日（星期二）《亚洲日报》“A1 泰国新闻”的预告。

② 邓达宏：《福建侨批“申遗”后的思考》，《福建艺术》2014年第2期，第35页。

③ 《侨批申遗成功日设中华“孝亲日”》，《福建侨报》，2014年7月4日。

海外华人汇款回乡办学的事例不胜枚举。新加坡富商陈嘉庚就是一个典型的例子。陈嘉庚“倾资兴学”的精神，令人钦佩。他一生办学，究竟投入多少①，很难算清。他的挚友洪丝丝（1907—1989）认为，陈嘉庚一生花在教育上的钱，如果当时用来买黄金，估计相当于现在的一亿美元左右②。澳大利亚佛林德斯大学（Flinders University）杨进发博士认为，陈嘉庚投资新马与闽南的教育费用，估计共20 000 000 叻币（新加坡旧时货币）。

侨批从涓涓细流到侨汇洪流，凸显了中华民族的乡土观念与中华文化中饮水思源的美德。从1937 年下半年至1941 年，全世界侨汇数额如下：

抗战时期的侨汇数目（1937—1941） （单位：国币元）

年份	汇款数额	汇率（国币：叻币）
1937（下半年）	300 000 000	1: 0.52 元
1938	600 000 000	1: 0.44 元
1939	1 100 000 000	1: 0.22 元
1940	1 500 000 000	1: 0.15 元
1941	1 800 000 000	1: 0.12 元

资料来源：陈嘉庚：《南侨回忆录》，福州：集美校友会，1950 年，第345 页。

1937 年下半年至 1941 年的四年半期间，世界侨汇数额总计为国币 5 300 000 000 元（折合叻币 1 103 000 000 元），每年平均数为 1 060 000 000 元（约合叻币 20 000 000 元）。在这里，新马所占的数额，大约是七分之一，即每年 151 400 000 元（约合叻币 29 400 000 元）。若以中国对外贸易入超（贸易逆差）数目而论，1938 年的入超总额是 123 558 000 元，则移新马华侨的汇款挹注，尚有余裕③。由此可见新马侨汇对于中国经济的贡献不小。即使在抗战期间，中国面临 75% 的交通运输线、90% 的工业、100% 的港口都落入敌手的情况下，为了援助侨眷，“东兴汇路”另辟侨批渠道，完成这项艰难任务④，“东兴汇路”可谓是侨批的“滇缅公路”⑤。

---

① 陈嘉庚投资办学的数额，可参阅 C. F. Yong：“*TAN KAH-KEE*：*The Making of an Overseas Chinese Legend*（*Revised Edition*）”（Singapore：World Scientific Publishing Co.，Pte. Ltd），Table 4. 1（Donations to Schools in China）& Table 4. 2（Donations to Schools in Singapore，1907 - 1941），pp. 105 - 106。

② 方雁：《倾资办学：坚定的“外行”教育家》，《福建人》第 9 期。

③ 柯木林：《新加坡侨汇与民信业研究（1945—1949）》，柯木林、吴振强编：《新加坡华族史论集》，新加坡：南洋大学毕业生协会，1972 年，第 169 ~ 170 页。

④ 东兴是广西的边镇。1941 年 12 月，日本发动太平洋战争，全面封锁海上通道，东南亚至潮汕的侨批业务被迫中断。上百万倚赖批款接济赡家的潮汕侨眷由此身陷困境。时任越南海防市“和祥庄”侨批局经理的陈植芳，冒着生命危险，在中越边境几经探寻，终于在广西省边镇东兴寻得突破口，并将侨批试汇成功。随后他迅速到南、北越各地联系组织侨批商号，在战火中开辟了一条疏通侨批的秘密通道“东兴汇路”，凭此将数以千百万计的批信批款成功地输送到潮汕地区。日本投降后，历时三年半的“东兴汇路”终于完成它的历史使命。参阅陈胜生：《从抗战后期的“东兴汇路”试析侨批的世界意义》，http：//blog. sina. com. cn/s/blog_5d869feb0101ekqb. html 。

⑤ 滇缅公路是抗日战争时期中国西南后方一条历时最久、运输量最大的唯一的国际通道。滇缅公路起点为云南省昆明市，终点为缅甸北部的小城腊戍（Lashio），全长 1 153. 1 公里，中国境内段长为 959. 4 公里。滇缅公路于 1937 年 11 月确定了线路，12 月即征工赶修，1938 年 8 月 31 日全线通车，随后又进行了改善和加固。

二、成也“申遗”，败也“申遗”？

侨批“申遗”成功，令人喜忧参半。“申遗”成功以后，侨批身价百倍，从此侨批既有历史价值，也有市场价值，这是喜的一面。然而，一些有实力的收藏家会不惜一掷千金，收购精品侨批。长此下去，侨批就成了私人收藏者与国家文物单位竞相争夺的对象。

历史告诉我们，凡事都是辨证的。文物一旦被过分重视，并不是好事。王羲之的《兰亭集序》不就因为唐太宗的喜好而消失于无形？侨批会不会出现这种现象呢？令人担忧！

私人收藏家对书画珍品都有独占心理，自己欣赏可以，拿出共享往往是拒绝的。因此，私人收藏家所珍藏的侨批精品很难公开让研究者翻阅，其理至明。国家档案馆或文物局的资源财力有限，无法收购精品侨批，也是可以理解的。私人收藏者与国家档案单位对侨批征集的博弈，其矛盾不易协调。如果处理失当，侨批“申遗”成功对侨批而言反倒可能是一种“伤害”！

再者，侨批的整体性本身就不易求得，侨批收藏者不一定是研究学者，他们重视的是侨批的市场价值，而侨批的市场价值往往与侨批品相有关。品相好的侨批市场价高，如此一来，侨批的整体性很容易因品相问题被打散。这对研究学者而言也是一个损失。

我们不能祈望私人收藏家毫无保留地公开精品侨批，这是不现实的幻想。我们只能借助国家档案单位的力量与私人收藏者的胸襟，将精品侨批有系统地扫描出版，便于研究。

三、侨批研究应有新思维

侨批是特殊时代的特殊产物，也是近代中国社会转型过程中的实物史料。如果把侨批的研究放在中国大历史的范畴与海洋文明的视野上看，它凸显了闽粤沿海人民的网络关系，也代表了沿海人民从大陆文明走向海洋文明的超越。

侨批既是中国社会转型的产物，也是海洋中国的产品，因此侨批的研究，不要太纠缠于定义及传统的研究课题上。侨批研究单靠收集与保存侨批档案、汇编资料是远远不够的。侨批档案必须研究利用，才能发挥其价值，否则档案馆或研究中心只不过是仓库而已。为便于研究，侨批档案就必须分类、解读、数码化及出版。

譬如，近代中国所发生的重大历史事件如辛亥革命、抗日战争等，均可在侨批中见其“踪迹”。把这些与近代中国历史事件有关的档案资料分类、解读、数码化，列为《南洋侨批与近代中国》丛书出版，将有利于研究工作。

普及侨批最有效的途径，就是利用现代科技，便于研究者或对侨批有兴趣的人们接触与理解侨批内容。由于不少侨批文字潦草，错别字多，又没有标点符号，读起来颇为费劲。侨批的特殊用语，其中不少是闽粤地区方言，如金手指（金戒指）、邮局保家（挂号信）、度落月（妇女产后坐月）、卫生员（一种补品）、臭丸（樟脑丸）、桂圆干（龙眼干）等等，对不谙这些地区方言的学者是一大挑战。图书馆、档案馆或研究中心可以集合一批人，组织“侨批专题小组”（小组成员含专家学者及义工），深入侨乡收集侨批档案，合力编辑《侨批辞典》，作为研究者的工具书。

除前文所述的解读与数码化外，侨批信件中有不少感人的家书，图书馆、档案馆或研究中心可选出其中的精品，分类制作一系列三分钟左右的“侨批档案”影视短片，如此不仅可普及侨批知识，亦可提高侨批知名度。

侨批“申遗”成功，引发了学界的“侨批热”，学者们热烈参与讨论与研究，壮大了侨批的研究队伍，这是好事。然而，仅靠单枪匹马，力量是单薄的。“侨批专题小组”必须发挥团队精神，分工合作，只有这样，侨批研究方可再创新高。

隆都可营造成“侨批文化生态保护区”

——汕头市澄海区隆都镇田野调查报告

王炜中*

2014年9月，以揭阳市政协原主席陈德辉为顾问，王炜中、陈胜生、王汉武、陈伟钿等组成田野调查组，到汕头市澄海区隆都镇进行了专题田野调查。此前，调查组成员曾三至隆都，对当地侨情有较深入的了解。此次再至隆都，就形成更为明晰的共识，隆都有条件营造成“侨批文化生态保护区”，其中的陈慈黉故居还可申报为“中国侨乡第一宅”。

一、问题的提出

文化，按联合国教科文组织《世界文化多样性宣言》的解释，是“某个社会或某个社会群体特有的精神与物质，智力与感情方面不同特点的总和；除了文学和艺术之外，文化还包括生活方式、共处的方式、价值观体系、信仰和传统”。文化作为人的社会实践的产物，总是在一定的环境中发生、发展的，不是孤立、封闭的客观存在。于是，以人类创造文化过程中与天然环境和人造环境的相互关系为研究对象的“文化生态学”宣告问世。刘登翰、陈耕在《论文化生态保护》一书中进一步阐明，文化物种（指不同的文化族群、事象、文象等）和文化环境（包括自然、人造环境）是构成文化生态系统的两大要素。然而自然灾害、战争以及盲目开发等行为破坏了自然环境和社会文化环境，人类数千年所创造的文明成果有毁于一旦的可能，因此引起了联合国教科文组织的关注，1972年先后通过了《联合国人类环境宣言》和《保护世界文化和自然遗产公约》。1992年，联合国教科文组织启动了“世界记忆遗产”（也称“世界记忆工程”）的保护项目。它和非物质文化遗产、世界遗产名录同属保护文化遗产的项目。1997年包括阿炳创作的名曲《二泉映月》在内的传统、民间音乐录音档案，成为中国首个入选《世界记忆名录》的项目。2006年中国启动了第一个“文化遗产日”，足见国家对记忆遗产的重视。

潮汕地区保有量很多的侨批，是一个特殊的文化物种。侨批发轫于民间、流转于民间、经营于民间并收藏于民间，是一种原生态、草根型的档案文献，民间特色尤为鲜明。内容丰富多彩，生动地反映出小到社会“细胞”的家庭，大到国家、国际的具体状态，涉及金融、政治、经济、文化等诸多领域，从中不仅可以解读出海外侨胞和家乡、家庭的家情，海外侨胞家乡的乡情，海外侨胞祖居国和侨居国的国情，以至海外风云变幻的世情，而且能感受到海外侨胞对家国、亲人的亲情，可谓是华侨华人社会的“百科全书”。其记载系统翔实，从清代、民国、中华人民共和国成立至20世纪末，各个历史时段的经济社

* 王炜中，男，潮汕历史文化研究中心顾问。

会状况，在侨批中都得到真实的反映。侨批的跨国属性非常突出，不仅在跨国环境中产生，而且侨批业是在跨国渠道中运作，信息是在跨国网络里交流，堪称跨国越洋的“两地书”。所以，它使研究工作者能从这个与典籍文献完全不同的视角去了解时代变化和历史演进的过程，对典籍文献来说无异是一个重要的补充。它不仅能与典籍文献互为印证，而且可修正典籍文献某些不实之处。所以世界记忆工程国际咨询委员会委员、世界记忆工程亚太地区主席埃德蒙森到潮汕考察后高度评价：侨批中所涉及的人群成千上万，他们作为国际移民承载着东西方的交流并持续数个世纪，留下的丰富文献不仅仅属于他们自己，也属于一个时代，属于世界。正因为如此，包括收藏数量最多的潮汕侨批在内的“侨批档案”，在2010年和2012年先后入选《中国档案文献遗产名录》《世界记忆亚太地区名录》的基础上，2013年完成“申遗”的“三级跳”后终于成功地跃上有“文化刻度”之称的《世界记忆名录》。截至2013年，共有100个国家的299份文献入选《世界记忆名录》，其中我国占有9份，“侨批档案”得其一，与法国的《人权宣言》，马克思、恩格斯合著的《共产党宣言》以及《资本论》第一卷和我国的《本草纲目》《黄帝内经》等齐名。既然侨批有如此重要地位和文化价值，那么更应该精心呵护，即不仅对作为文化物种的侨批本身，而且须在侨批所处的文化环境上下功夫，形成立体的生态保护体系，以保证它“延年益寿”，不致“失忆”，实现文化的良性传承和发展。侨批的文化环境，就包括侨乡屋宇、侨批局旧址等建筑，因为建筑是文化价值最直白的表现。《保护历史文物建筑及历史地段的国际宪章》（简称“威尼斯宪章”）进一步指出：“一座文物建筑不可以从它所见证的历史和它所产生的环境中分离出来”，“保护一座文物建筑，意味着适当地保护一个环境，任何地方，凡传统的环境还存在，就必须保护”，进一步明确文物与环境的不可分离性和保护的整体性。于是，建设侨批文化生态保护区，以求对这一珍贵的世界记忆遗产进行整体呵护，便顺理成章地提到重要的议事日程上。

二、主要的依据

文化生态保护区，是指以保护文化遗产为核心，对历史文化积淀丰厚、存续状态良好、具有重要价值和鲜明特色的文化形态进行整体保护后设立的特定区域。符合上述要求的侨批文化生态保护区，要选择何地建设？经过多次调查、比较，笔者认为澄海的隆都镇比较合适，其主要依据如下。

隆都是我国著名的侨乡。有侨才有批，潮汕地区海外移民大约始于宋，元、明、清时呈发展趋势。如今，海外潮人有1 000多万，跟潮汕本土人口相当，分布在世界五大洲的40多个国家和地区，故有“凡有潮水的地方就有潮人”之说。而隆都则是潮汕侨乡中的重镇，在侨乡中颇有代表性。早在清乾隆年间，便有隆都先民远涉重洋到海外谋生寻求发展。全镇15个村（居委会）均有大量海外侨胞，总人数最高时曾接近于全镇总人口的两倍。侨眷占全镇总人口的72%，其中的上北后陈村的侨眷占全村总人口的98%。如此高的比例，在潮汕乡镇中并不多见。隆都籍的海外侨胞分布在世界五大洲，大多数在东南亚各国。虽身居异邦，但“根”的意识非常强烈，长期以来仍与家乡保持密切的联系，侨批便成了他们与家乡之间的重要纽带。海外侨胞除了参加侨居国的潮属、澄属社团组织和各姓氏宗亲会外，还组织隆都各乡村属下的乡亲会、联谊会、家族会等等，其中包括樟籍、后沟、前沟、后溪、前美、前埔、后埔等乡。这些海外社团经常组织其成员回故里认祖归宗。该镇于1959年正式成立归国华侨联谊会（侨联），各村也相应设立侨联领导小组，积极做好侨胞回乡的接待工作。据统计，仅1979年至2010年间，镇侨联先后接待100多个海外隆都籍的回乡侨团组织和5 000多位返乡探亲、观光及参加庆典活动的海外侨胞（包括港澳同胞），镇侨联主席（1995—2000年在任）许守质被国务院侨务办公室、中华全国归侨联合会评为“全国归侨侨眷先进个人”。

海外侨胞怀着感恩之心托寄回隆都的批款（后称“侨汇”），促进了家乡经济建设的发展，如卢厝村的旅越侨胞林福潮参与印度尼西亚华侨张榕轩、张耀轩筹资创建潮汕铁路，开近代中国民办铁路的先河；前美村的旅泰侨胞陈慈黉家族，斥资500多万两银子在汕头市中心兴建了400多座新楼房，约占当时汕头楼房总数的1/10。各村侨胞在隆都镇政府驻地店市投资兴建的铺屋达128间。1979—2010年由该镇海外侨胞兴建的侨资企业达30家。侨胞还创办了轮船公司，往来于汕头、香港、泰国、新加坡、马来西亚及缅甸之间。海外侨胞还慷慨捐资在家乡创办学校和各项公益事业。1907年陈慈黉创办了盛德学校，并资助县立中学和苏北中学；后溪明诚中学和隆都中学则获得侨胞和143家商号的资助，有效地提高家乡的教育水平；近30年来全镇由海外侨胞及港澳同胞捐资兴建的中小学近20所。同时，海外侨胞还捐资在家乡修路建亭，兴建电厂、自来水厂和老人活动室等。据不完全统计，截至2012年，隆都籍的海外侨胞回家乡捐资兴办学校、医院、电厂、自来水厂、修桥铺路、赈济灾民等公益事业的款项在一亿元左右，占全镇乡村建设、社会福利总支出的80%左右。

隆都依然传承着底蕴深厚、本土特色鲜明的潮汕传统文化。这里保存着“下山虎”“四点金”“驷马拖车”等大量明清时期民居、府第。潮汕唯一的状元林大钦高中之后，为自己盖建“状元府”之前，就先为其师请益，请皇帝下旨敕建“状元先生第”，其屋至今保存完好。这些建筑几乎涵盖了潮汕地区的传统建筑风格，荟萃了潮汕的木雕、嵌瓷、金漆木雕等优秀传统工艺，潮剧、纸影（铁线木偶）、潮乐演奏等传统艺术和木雕、潮绣、灯笼、竹艺制作传承至今。该镇同时保留着风格独特的侨乡文化，其中有“阿铅”（铁线）、“动角”（拐杖）、“龟啤”（咖啡）、“罗的”（饼干）等外来语；“番畔钱银唐山福”（海外侨胞挣钱寄回中国赡家）等海外侨胞俗语；“火船驶过七洲洋，回头不见我家乡，是好是劫全凭命，未知何日回寒窑”等反映海外侨胞生活、情感的歌谣；还有“送顺风”“接番客”“寄批报喜”“妈祖神诞”和“演顺风戏”等侨乡特有的习俗。总之，隆都的侨胞为生活所迫，冒着生命危险远渡重洋谋生，在异邦辛勤劳作，事业有成后不忘报效桑梓，是广大海外侨胞奋斗历程的缩影，充分体现出刻苦耐劳、坚忍不拔、勇于开拓、锐意创新、情系家国、知恩图报、团结相护、笃诚守信等可贵的侨乡文化精神。由此可见，隆都完全符合侨乡的四个必备条件，即海外移民和家乡眷属多，海外移民与家乡眷属关系非常密切，侨汇、侨资带动了当地经济大发展，文化教育水平相对比较高。

隆都保存着侨批文化的重要基因，主要是大量收藏于民间的侨批原件，具体数量难以准确统计。仅在潮汕历史文化研究中心编辑出版的《潮汕侨批集成》第一辑第14—21册中，海外侨胞寄给隆都46个自然村的侨批就有5 589封之多，占整个澄海县（现为区）2.5万封侨批的1/5强。潮汕历史文化研究中心从收藏的寄往隆都的侨批中精选出470多封，编成《潮汕侨批萃编》第2辑，即“隆都专辑”（全书共三辑）。这些侨批大多寄自泰国，小部分寄自新加坡、越南、老挝、柬埔寨及香港等国家或地区，时间跨度从1925

年至1979年，历时半个多世纪。

同时，隆都至今仍保存有与侨批相关的史迹。由于隆都是著名的侨乡，故侨批业也相当发达，据说鼎盛时期全镇有17家侨批局。按《隆都镇华侨志》（2012年出版）提供的数据，仅1906年至1956年开设在隆都的批局就有：1906年开业的潘合利银信局、1910年开业的陈宣气批馆、1913年开业的万兴昌银信局、1920年开业的许福成批局等11家，都是属于投递局，即大多是到汕头有关批局解付侨批回隆都派送，再把回批送到汕头批局；有的是直接派送泰国批局的侨批；有的与其他批局联号派发。1893年至1979年隆都籍业者去泰国及香港开设的批局，按开业时间先后排列有许泰万昌批局、潘合利银信局、万兴昌银信局、许福成批局、陈黉利批局等11家，大多与隆都的批局对应（注：银信局、批馆、信局等都是侨批局在不同历史时段的不同称谓）。1906—1977年隆都的侨批业者在汕头开设的批局有潘合利银信局、万兴昌银信局、许福成批局和进兴昌银信局4家。另据1948年统计，汕头共有602人在46家批局领取了《批伙证明书》（批伙：即侨批派送员，俗称“批脚”），其中隆都籍的有109人，在13家批局任职，占当时批伙总人数的1/6。隆都至今尚存的批局旧址还有11处：潘合利银信局、陈宣气批局、老泰万昌批局、新泰万昌批局、许福成批局、集成发批局、余广顺批局、林荣利批局、万兴昌银信局、林成记批局和陈黉利批局，在店市有一段仅30多米长的小街就有3家批局旧址。

隆都还有一批侨批历史见证人和侨批文化传承人。堤兜村年届九旬的潘得勤仍健在，他的祖父、父亲及两位哥哥和他都曾从事“批脚”这一职业，三代人几十年如一日为潘合利银信局分发递送侨批。潘合利银信局本号设于泰国，中转局设于汕头市，再在隆都店市设投递分局，还与汕头市的马德发、光益裕、有信、裕益、宏通、永安、泰成昌、郑顺成利等批局联号，协作互送批信。

万兴昌银信局的许允楷、许允田、张福佳、赵能裕等人都是批局司理的亲属。抗战时期任汕头侨批公会理事长的万兴昌银信局司理许自让，曾组织一支几十人的护批队，从广西东兴武装押解侨批回潮汕。

年逾八旬的陈钟富，一家几代人都“过番”谋生，至今整个家族有上百人。1921年他的二叔就是背着潮汕的竹编“市篮”往泰国当船工，几年后又背着这市篮回到家乡成亲，28岁时又奉母命依然背着这市篮返归故里。现在这只市篮被主人找到了最完美的归宿——成为侨批文物馆的展品，向大家诉说它几次见证潮人“过番”的艰辛历程。

上北后村80多岁的金昂莹和下北乔梓里村80多岁的陈维坤都目睹了太平洋战争爆发后，批路中断，当地的华侨眷属过着的悲惨生活。此外还有侨批业从业人员和众多海外侨胞在家乡的后代。

隆都有关机构还编撰出版了《隆都镇华侨志》，不仅真实地记录了当地的侨情，而且专辟一章来阐述侨批文化，对侨批的起源——海外移民和侨批局作了简要的介绍。同时隆都镇还创办了“潮汕侨批展览馆”，通过图片和实物展示出隆都乃至潮汕地区侨批的历史以及侨批的贡献和文献价值。香港爱国实业家陈伟南先生特地题写了馆名。

以上所述表明：隆都可谓是侨批文化的“历史橱窗”，有条件营造侨批文化生态保护区。

三、建议

为了将隆都营造成特色鲜明的侨批文化生态保护区，而不是一般的侨乡文化生态保护区，建议加强以下几项工作。

其一，除了政府重视，还要努力获得隆都籍海外侨胞和各方热心人士的支持。这样，侨批文化生态保护区的建设才有可靠的物质保证。能使天下归心的是文化，族谱、家乘则是中华传统文化的组成部分，为此必须认真梳理族谱、家乘，进一步明晰海外侨胞在家乡的“根系”。“参天之木，必有其根；世间之人，必有其祖。”“寻根”是人类的天性，也是中华文化中的优良传统。通过对族谱、家乘的整理，便于海外侨胞查对、承接，更加准确地认祖归宗，增强对家乡的认同感和亲和力，进一步激发出他们报效桑梓的热情。如福建莆田通过族谱查证发现世界华人首富李嘉诚祖籍地是莆田白塘镇洋尾村，李嘉诚得知后表示：“我们祖先有几代在福建莆田居住生活过，可以说我是半个福建人。”莆田市便积极组团到香港拜会李嘉诚。漳州是台湾同胞的主要祖籍地之一，台湾现有人口中有35.8％祖籍漳州，有100多个姓氏迁台肇基。该市为了进一步发挥“祖籍地”优势，促进两地宗族、世系等血缘文化的全方位对接，精心编撰出多达178万字的《漳州与台湾族谱对接指南》，深受台湾同胞的欢迎。隆都不妨借鉴这些成功的做法，发挥文史工作者的专长，编写《隆都与海外侨胞族谱对接要览》，详细介绍当地海外移民历史、迁移海外姓氏的概况、族谱对接提要和宗祠、神社对接等方面的内容，使海外寻根者能系统了解本家族源流、播迁繁衍的历史，能迅速找到联宗对谱的渠道。在此基础上建立族谱对接网站，设置“在线族谱”“姓氏资料”“对谱联宗”“在线交流”等栏目，建设成为侨胞寻根谒祖、联宗对谱方便快捷的服务平台。

其二，要着眼长远、统筹兼顾，精心制订出具有前瞻性、全局性的保护区建设总体规划草案，然后送至海外侨胞的社团，广泛、虚心地倾听他们的意见，认真修改后再付诸实施。

其三，通过海外侨胞和家乡热心人士集资，建设一座“归宗堂”。厦门集美籍的爱国侨胞陈嘉庚，在家乡建起“归来堂”供返乡省亲的海外乡亲住宿。隆都也可以参照建设一座“归宗堂”，采用潮汕传统的“驷马拖车”建筑形制，专门接待前来探亲的海外乡亲，让他们就在故里住宿、用餐和宴请家乡亲人，不必住在远处的宾馆、酒店，同时为海外侨胞约见自己亲属和祭祖、扫墓提供服务。里面的商场出售家乡的土特产品和工艺品，并为海外侨胞提供租赁车辆、购买车、船、机票以及办理物品采购、包装、托运等服务。

其四，在陈慈黉故居可设民俗文化馆。馆内展示纱灯、抽纱、刺绣、剪纸、香包、雕刻等民间艺术作品，并由传承人现场演示。同时成立民俗文化表演队，表演《陈三五娘》《柴房会》等潮剧经典剧目以及折子戏、纸影（皮影）戏和蜈蚣舞、鳌鱼舞、双咬鹅等民间广场舞蹈。开设灯谜台，会猜灯谜，体现澄海“中国民间艺术之乡”的实力和风采，让海外侨胞在陈慈黉故居就能饱享潮汕传统文化“大餐”。此外，可设陈慈黉家族发展史陈列馆，彰显“潮汕现代华侨第一家族”的爱国爱乡精神，以激励后人。

其五，竖立隆都侨界精英的半身塑像。同时，在半身雕像的基座正面刻上他们的简历和业绩，背面刻上他们的座右铭、人生格言，这是对海外侨胞的充分认同和肯定。江门华侨博物馆就通过竖立侨界精英的塑像，使他们感动不已，更为家乡的发展尽心尽力。以上这些，目的在于进一步凝聚侨心、激发侨力，为建设侨批文化生态保护区打下基础。

其六，做好口述历史工作。抓紧时间采访已届耄耋之年的侨批历史见证者和传承人，通过录像、照相、录音、笔记等方式，留下完整的口述历史资料。

其七，丰富“潮汕侨批展览馆”的内容，并在馆外竖起世界记忆遗产——侨批的标志，既立足隆都，又放眼世界，以增强潮人的自豪感。同时可考虑设立“隆都侨史展览馆”，充分肯定海外侨胞艰苦奋斗的创业精神和他们对家乡、国家的贡献。可选择保存比较完好的许福成批局旧址，通过组塑再现当年侨批局的内部格局和运作情况。

为了丰富隆都侨批文化生态保护区的文化内涵，不致过于单调、“平面化”（仅有单独的侨批），可在前美村开设“侨乡风光游”的旅游项目。前美村始建于元末明初，距今已有600多年的历史。这里远山近水，韩江支流贯通村落，绿色的田野环绕其间，加上全国少有的明代风格建筑群，堪为山清水秀、古朴幽雅的小桃花源。村中除了闻名遐迩的陈慈黉故居，还有清廷内阁中书陈廷光建成于雍正年间的城堡式建筑“永宁寨”，小巧玲珑、洋溢浓郁潮侨历史韵味的“文园小筑”“大夫第”“太守第”“儒林第”等。为此，前美村先后获得“广东历史文化名村”“广东最美乡村”以至“中国历史文化名村”等美誉。这个项目，可让海外侨胞和各地游客尽情地领略侨乡的风情韵味。

同时，可进一步提升“岭南第一宅”——陈慈黉故居的档次，向有关部门申报开辟成为“中国侨宅第一宅”。首先它的建筑规模恢宏，由“康寿里”“善居室”及“三庐”别墅构成的建筑群，占地总面积2.54万平方米，建筑总面积为1.65万平方米，大小厅房为506间，据说一位专管开关窗户之职的佣人每天从清晨到中午、午饭后到天黑，才能打开、关闭全部窗户。这样大的建筑规模在我国侨乡实属罕见。其次，该故居是潮汕传统文化与西方海洋文化和谐交融的典范。建筑群是当地传统的“驷马拖车”形制，装饰的木雕构件以花鸟虫鱼和潮汕民俗风情为主要题材，有沉雕、浮雕、通雕和圆雕各种表现形式。石雕构件则工艺细腻繁密、玲珑剔透，嵌瓷、金漆木雕等其他传统工艺也都运用其中，可谓集潮汕传统工艺之大成。同时，不乏西方海洋文化的“基因”：建筑物的墙壁、封檐采用来自意大利的釉面瓷砖；窗顶装饰有欧洲文艺复兴时期的图案；廊柱是古希腊多立克柱式与爱奥尼亚柱式的综合体；拱门洞上的檐梁花饰，则将英文字母缀入中式花纹之中。“潮韵”“海风”既各显其特色又互相包容，取得相得益彰的艺术效果。故居里的书法石刻中，有清末榜眼朱汝珍的手书石刻5幅。题写“寿康里”三字的是曾参加康有为“公车上书”的陈景仁。还有光绪三十年（1904）进士陈元楷等书法石刻。这些书法石刻几乎涵盖了楷、行、草、隶、篆等字体，不论是阴刻还是阳刻都形神兼备，在艺术形式的运用上相当得体。因此，该故居本身就是高雅的艺术殿堂。陈慈黉家族在海内外影响深远，陈慈黉之父陈焕荣幼时家贫，几经奋斗成为樟林港红头船的船主。陈慈黉29岁前往泰国创办“陈黉利行”，为家族事业奠定了良好基础。经其后辈的继续努力，在“二战”前就成为泰华八大财团之首而“富甲南洋”。他的次子陈立梅是暹罗中华总商会的发起创办人之一，曾任第1—3届副会长及第4届会长。1930年，陈立梅在曼谷病逝，他的次子陈守明连任泰国中华总商会第13、14届主席。陈慈黉家族数代都投资家乡、造福桑梓，积极行善，并乐育英才、培养后代，充分体现了侨乡的文化精神。由此可见，从文化建筑规模到文化内涵，从社会影响到家族精神的角度来看，陈慈黉故居都可申报“中国侨乡第一宅”。

艺术史视野下的潮汕侨批书法

陈嘉顺*

侨批是海外侨胞通过民间渠道及后来的金融邮政机构寄回国内，连带家书或简单附言的汇款凭证，是研究中国近代史和华侨史的重要文献。饶宗颐先生认为，潮汕侨批的史料价值足可与徽州的契据、契约媲美。2013 年 6 月，侨批档案入选《世界记忆名录》，侨批因此被视为华侨历史文化的“敦煌文书”，使其研究更引人关注。

通过对学术史的回顾，可以看出从艺术史角度研究侨批，还有很大的研究空间。现在收藏侨批最多的机构是潮汕历史文化研究中心侨批文物馆和汕头大学图书馆，共收藏有十多万件。而潮汕知名侨批收藏家邹金盛、张美生也分别珍藏了数以万计的侨批。笔者近年对以上侨批多有浏览，希望从艺术史的角度，讨论潮汕侨批书法的艺术魅力。为集中焦点，本文将以张美生先生编著的《潮汕侨批赏析》① 为中心展开研究，该书收录的侨批最早年限为清末，大多数系民国侨批，寄出地基本上是东南亚各国。

清末民国的书法是中国书法史上的一座艺术高峰，在大量的书法作品中，我们大致可以将其分为两大类：名家书法与民间书法。名家书法的书写者为社会知名人物，代表着这一时期书法艺术的最高成就；而民间书法则是民间写手所书，其创作主体源自于社会底层的百姓，如工人小贩、账房先生、普通医生以及其他有一定知识的下层民众。与名家相比，他们身份低微、文化程度不高，但经过长年累月的书法实践，练就了一身过硬的本领，成为民间书法的主体，代表着非主流却又是最为广大的群体。近二十年来，民间书法越来越受到关注，侨批书法作为潮汕民间书法的代表，重新进入了研究者视野，其所具有的独特艺术特征及审美价值，为书法艺术研究展示了一个新的空间和视野。

一、清末民国的基础书法教育

一个书法家是不能够脱离他所生活那个时代的风格的，民间书法也势必依循当时流行的体式，名家与民间书家笔下所流露出来的这种审美差异，固然有多方面原因，但他们所接受的书法基础教育应是一致的。

依据光绪二十四年（1898）五月颁布的《钦定学堂章程》，潮汕地区府县的书院一律改为小学，而民间没有祀典的祠庙也一律改为小学堂，所有官立、私立、族立书院均按《钦定学堂章程》办理。目前可知的当时学校书法教育的资料如下②：

---

* 陈嘉顺，男，中山大学历史系博士研究生。

① 张美生：《潮汕侨批赏析》，香港：天马出版有限公司，2011 年。

② 陈振濂：《现代中国书法史》，郑州：河南美术出版社，1997 年，第 203 ~ 205 页。

资料名称	公布时间	与书法有关的内容
《钦定小学堂章程》（即《壬寅学制》）	1902 年	第二章《功课教法》第一年课程有“习字”项，内容为“今体楷书”，到第三年才“兼习行书”；高等小学堂第二年课程始有“习字”，内容为“楷书、行书、兼习小篆”。
《奏定高等小学堂章程》（即《癸卯学制》）	1903 年	第二章《学科程度及编制章》中有“习楷书”条，在“中国文学”科内。
《奏定中学堂章程》	1903 年	《中国文学》课程中，在一二三四年级中的“相间习楷书行书”“同前学年，兼习小篆”。
《教育部订定小学校教则及课程表》（即《壬子学制》）	1912 年	第三条《国文要旨》有二则：1. 书法所用字体，为楷书及行书；2. 遇书写文字，务使端正，不宜潦草。
《教育部公布国民学校令施行细则》	1916 年	第四条《国文要旨》有“书法所用字体，为楷书及行书”条。

可以看出，这一时期的小学生都必须接受书法教育。清末民国在东南亚的潮人，大多数是成年后才“过番”的，他们如果在中国国内接受教育的话，书法即是他们的必修课。而即使是在海外出生的华侨，他们也有机会接受书法教育。以新加坡为例，随着清末民国的新加坡潮人社会的不断发展，文字的应用日见广泛，对于知识的学习也更显重要，潮籍华侨先后创办了端蒙、植哲、醒华、陶蒙等华文学校。这些学校大部分使用中国国内通用的教材，学生的学制也几乎和国内的一致。这样，在新加坡毕业的学生纵使回中国继续升学，亦能和国内的教育程度、课程衔接，继续更高层次的学习。

端蒙学校创办于1906年，是潮人在新加坡自办的第一所学校，在该校建校二十五周年纪念册中，《总校教务概况》记录的《课程分配表》，将书法列于国语学科的教育中，而美术、工艺则单独列为一学科。《国文科教学概况》第三部分《我校教学概况》中对书法课有详细的介绍，原文如下①：

> 二年级只规定一小时，六年级的全付缺如，阅者或许要怀疑我对于书法是过于忽视，其实是不会的。二年级那一小时书法课，是专事指导儿童执笔的方法，及矫正写字时候的姿势。横直钩点，孰先孰后的指导，是在读法时间课授，一个个呼唱笔顺过，儿童们都已充分明了，练习时间也不会少：我校学生的习惯，每日上午八时左右便都到校，而四年级以下各级的第一课，是在九时才开始。在这上课前的时间，他们作的是写字、温习和预习。习字的时间总有一半，因为他们的习字簿间日必要受一次检查。
>
> 六年级的书法，虽没有正式练习时间，但在课余之暇，总要自行练习，每周并须缴交大楷小楷若干张以备审查其优劣的：这样，似也可以说不会没有充分练习了。

在后来对端蒙学校的介绍中，也证实了书法是当年端蒙学校的强项，端蒙学生在书法

① 王韶生：《端蒙学校廿五周年纪念刊》，新加坡：新加坡潮州端蒙学校，1931 年。

方面有优异的表现，学校也因促进书法文化发展而著称。

东南亚与潮汕地区之间在小学教育方面同样重视书法的学习。虽然这种书法的学习只是一种实用的写字训练，并未进入纯粹的艺术教育范畴。但是，这种训练又是非常重要的，是书法不可缺少的基本功，所以说书法在小学教育中的价值不可小视。

二、侨批书法与名家书法的比较

与名家书法相比，潮汕侨批书法存在着较大的审美差异，而正是这些差异性，使我们领略到了民间书法散发出的独特艺术魅力。

侨批书法是先辈生活实践的产物，不可避免地带有随意、稚拙的特性，但这种随意自由却使“作品”呈现出无拘无束、率真自然的天趣。这可以从用笔、结体和章法表现出来。

首先是用笔。名家注重用笔，善变古法，善学理论，对笔法特别重视；而民间书家的用笔则显得随意，在他们看来，笔法是一种没有实用意义的累赘。名家笔下，笔画趋于规范新研，精巧灵动且富于变化，线条简洁明快。民间书法则凝重质朴，横画起笔露锋，竖画上粗下细，撇画尖细遒媚，捺笔异常粗重，耐人寻味。

其次是结体。从流传下来的名家笔迹看，不论是篆隶还是楷行草，都试图将各体化于一炉，或是化古出新，创立新的审美规范而引领时风，布白匀称，体势雄浑，具有端庄威严、雍容朴厚之气象。而侨批书法则不拘定法，散发着稚嫩质朴的气息，字势方广平正，往往左疏右密、左轻右重、左高右低、左弱右强，显得不甚协调。行书结构繁简混杂，拙秀互见，尚无疏密之致，然而正是这些的不完美，却收获了古厚天真的书法审美意韵。

再次是章法。名家书迹在章法的安排上具有一种中和、雅致之美，不激不厉，风规自远。他们把各种对立因素，如粗细方圆、奇正欹侧、疏密藏露、动静刚柔等和谐地统一于作品之中。与名家书法相比，书写在侨批上的书法，是一门实用的艺术，其最大目的是为生活服务，无暇精心设计安排布局，书者也不会如名家一样精研书法理论。侨批书法在这方面体现出自由化特点，字形或大或小，字距或疏或密，行笔或疾或迟，并无规范可言，全凭个人主观意绪，缺乏统一的基调。笔画挺劲、笔势灵动，字形大小参差，结字疏密相间，字势正斜相映，体态俊逸自然，在众多的字数里，首尾都是和谐统一的。

因此，这些民间书家的笔下书写便显得或轻松自然，或草率急就，流露出“创作”的本真一面，并不在乎是否符合书写法度规范。在这些民间写手的笔下，显然没有对点画、造型、章法等书法元素的自觉的审美追求，率性、天真、质朴是他们“作品”中流露出来的“非功利”意识，给人们带来了另一种迥异于名家笔下严整俊美的视觉审美效果，那便是质朴古拙。而文人书家在追求精巧布局、妍美造型的同时，以韵相胜，在理性中流露出自身的人格之美。力求与他人迥异，笔底流露出丽质天姿、不施粉黛、飘逸自然的艺术风貌，就达到极致之美，名家在追求线条弹性、力度的基础上，注重了外在形态的美观，无论从用笔、结体、章法还是风韵角度来审视，都是妙不可言。侨批书法虽不及名家书迹那般俊逸清雅，却在质朴的点画和率真的造型中显示出古拙之美，具有一种自然而然、水到渠成的天然之趣。

简单分析，可以看出名家书法与侨批书法之间的差异是多方面原因造成的。

在清末民国，不论是出身显贵的官僚望族，还是通过努力晋身上层者，他们接受的信息远比一般民众多得多，能学习书法的机会也较多，为书法的教育和交流、收藏奠定了良好的物质基础。他们所具有的社会地位也决定了他们能得到更多的关注与认可，并且能够迅速地转化成社会效仿的时风，保障了名家书法形成所必要的基础和有效的传播渠道。民间书家生活于社会底层，虽然有跨越重洋的远游经历，但物质条件相对落后，有时连书写的纸张都没有，缺乏书法实践最基本的物质基础，艺术水平便受到制约，更无法言及对书法艺术的审美追求。因此，不论在书法实践或艺术提升方面，名家有着明显优于民间书家的物质条件。

民间书法更注重实用功能。民间书家处于社会底层，缺乏对书法形式美的追求，因此民间书法中出现了很多不求工整的作品。同时，名家书法往往通过作品标新立异，注重书法带来的社会效应，不断提升创作水平，使作品不断朝向唯美发展。民间书法极少事先对作品布局做严密规划、统一安排，也极少慢条斯理地对字形点画精雕细琢，因此笔下流露出点画稚拙、古意淳厚的特点，形成与名家创作审美走向的差异。另一方面，民间书法却是创作最本真、最纯净的一面，他们笔下的楷行草书不求规范，完全是自由发挥，任意而发，并不在意笔下的点画是否精到细致、线条是否合乎法度、章法是否统一协调，使内心情感的率真得到发挥，创造出区别于名家书法的全新艺术样式而愈加令人玩味，造就了民间书法发展的勃勃生机。

在研究中国书法史的文章中，研究者针对清末民国的书法现象多有不同观点，但有一点是公认的，其时人们对书法的认识是较为客观和公允。正如孙洵所述："（民国时期）所有政治家不论其政治主张、立场如何，本人书法素养高低，都能身行士卒地带头弘扬书法艺术。"①

国家领袖喜爱书法并终身修习，上倡下行，各级官员也均如此。他们在名胜古迹、报刊杂志的题字、题词或为学人著作题签，来往信件、公文等也都不离书法。这种风气对社会有极强的号召力，汕头档案馆、图书馆和收藏家处多本民国时期刊行的纪念册，汇集了汕头埠各界的题词，有政坛人物，如汕头市历任市长王雨若、萧冠英、陈箇民、范其务、黄子信、翟俊千等；有乡邦朋辈、学界名流，如张竞生、吴贯因、温丹铭、翁辉东等均在列，足可证明这一点。就全国范围内而言，举办艺术品展览，社团林立，照相、印刷、出版业的发展，新的书法形式（甲骨文、西北竹简）的考古发现等与书法有关的重要活动，都是促进书法发展的因素。

相比之下，民间书家在书法学习方面仅是小学时打下的基础，以及通过临写名家范本来学习，书法教育及交流接受程度明显不足，使其在审美能力和眼界深度、广度都受到局限。

三、侨批书法对当代书法的启迪

名家书法和民间书法构成了中国书法传统的两大系列。名家书法经过加工提炼和逐步完善，树立了自身的审美规范，并经学习而衍生为流派，引领时风。而那些游走于边缘的书法，为时代所忽略的各种风格面貌，时过境迁，便成了民间书法。

名家书法在书写中的丰富变化和字形结构的审美效果，给书法创作和研究提供了最佳也是最真实的参照对象。名家笔下的书法特别是在楷行草今体书法方面无疑是最令人瞩目的革新派，他们使处于新旧交替中的书法突破了旧的模式的羁绊，变古为新。它所体现出

① 孙洵：《民国书法史》，南京：江苏教育出版社，1998年，第5页。

来的审美倾向左右了在此之后几乎所有书法家的审美取向，之于技巧层面更是如此。

侨批书法呈现在面前的却是一个与名家书法审美走向迥异的丰富多彩的艺术世界，一些作品与名家尺牍置于一起，也毫不逊色。其中重要的原因，便是创作一任真情自然，毫不矫揉造作，书写只自然地推进，轻松自如，并无来自审美心态上的逼迫。古人注重于自然性情流露，这种自然而然的原生态创作值得今人借鉴。反观当下书坛，书法创作多带有外向性特点，首先是书法活动的外向性，各类大赛、书展等活动充斥着书法生活，书家的创作多为参赛参展或是应酬，期许着以此获得认同，提升名气，因此创作带有很强的目的，而非自然的性情宣泄；其次是书法创作的外向性，为了能够获得好的参赛参展成绩，书家往往一件作品反复创作百遍、千遍，不仅将技法表现发挥到极致，更在于形式方面给予强烈关照，大幅创作、染色做旧、印章装饰等手法成为书家书写之外的一项必要技能。这种外向性的书法创作对于主体创作心态而言，失去了自然而然，背离了书法本质，而现代书坛中人则多竞于物而不安于恬退了。书法创作功利意识的强化，必然在一定程度上破坏书法创作本质属性——情感的本真表达。相反，作为书坛的重要组成部分，民间书法家虽然技法不精、刊刻粗糙，却能信手拈来、不择纸墨，笔底真切流露出自然而然的创作心境，虽无精湛的表现技巧与华丽的形式渲染，却让人领略到书坛中的那股天真烂漫、清新淳厚自然之风。

当然，作为社会底层拥有最广大基础的民间书法，不免存有部分粗陋草率的成分，偏离传统审美规范过远甚至缺乏美感。借鉴民间书法，必须做到去粗存精，而非全盘拿来，这就涉及对民间书法的阅读问题。民间书法家所创造的书法形象，在尚未得到读者学习之前，还只是一个私家的文书，其价值和意义多体现在历史学方面；而只有接受过书法训练的人的阅读，才能使书法形象由私家文书变成作品。由于接受过书法训练的人本身存在着文化层次、审美情趣等方面的不同，因而对同一作品的阅读便出现差异，这使得其美学结构与价值始终呈现不稳定状态。因此，只有经过慧眼的甄别，才能使一件普通的书迹转化为有生命力的艺术品，许多普通的书法风格也从而变得耐人寻味。我们把审视的目光转移到民间书法上来，从这些精芜杂陈的作品中领略到区别于名家书法的审美风格，这是时代多元、创作多元的需要，也是书法观念变革发展的需要。

传统帖学一直将名家书法的“雅”“逸”作为书法艺术的最高规范，形成一套系统的技法理论、创作规范及艺术语言，对于“拙”“朴”则不屑一顾。随着帖学理论影响力的加强，书法家所受到的约束日益严重，因此帖学发展到清代逐渐走向偏狭和僵化，直到清代碑学的兴起，才使得日趋靡弱的帖学书风得以转捩，书法艺术从媚弱走向雄强，从衰飒走向繁荣。从此意义上说，民间书法是碑学的发展。今天，民间书法的价值正愈来愈多地被认同，为人们提供丰富多彩的取法借鉴，它以无比强烈的反差性，激发着各种艺术观念的冲撞，促进着书法艺术的多元发展，成为书家进行艺术创新的动力。

四、余论

当今文化早已面临纷繁复杂、绚丽多彩的新异世界，新奇的样式正越来越多地受到关注。相反，循规蹈矩、四平八稳的事物却有时在不经意间受到漠视，那些质朴、带有原始意味的事物更容易激发我们的想象力和创造力。名家书法尽善尽美，无论清雅或是雄强、秀逸或是端厚，经过发展，在风格的表现上都已达到一种极致，其再发展完善的空间变得异常狭小。这种书法的审美样式一旦确立，其表现形式便逐步走向凝固，其点画、结体和章法等各个方面演绎出的诸多技法在树立典范的同时也给人以束缚，使人笼罩在其耀眼的光芒之下的同时，发展余地也受到限制。民间书法虽有稚拙粗率之弊，但这并不妨碍我们对其整体价值的肯定，站在艺术史角度来看，正是由于意随笔走的“无意识创作”，稚拙朴茂中充满奇思妙想，给清新古雅的书法传统增添了一种迥然不同的新韵，这样的作品与名家书法存在着巨大的差异性，启发着人们新的创作灵感。因此，我们有必要将取法的眼光从名家书法扩大到民间书法，使其成为书家取之不尽、用之不竭的创作源泉。

潮安东凤张捷谦家族的侨批与口述史研究（1906—1986年）

吴榕青[*]　李利鹏　王丽莎

潮汕侨批原本数量很多，但由于历史久远与各种因素影响，大多数散佚，从而变得稀有珍贵。潮汕历史文化研究中心1994年开始进行侨批的征集、收藏、整理、存档的工作并建立侨批文物馆，2003年出版《潮汕侨批萃编》三辑，2007年出版《潮汕侨批集成》巨编，使侨批资料从过去个体的、分散的收藏状态，逐步提升到集中整理、公开出版、嘉惠学人的水平。但是，仍有数量众多的侨批珍藏于私家，需要有心人去探访、发掘、研究。

本次关于潮汕侨批的收集与海外移民个案的调研，笔者及合作者从2013年3月24日至2014年10月6日，陆续访问张氏家族共6次，录音时间共23小时。本文主要以尚存留两百多封（具体数量不详）原始侨批的张氏家族①为案例，通过对张氏侨眷母亲及两兄弟的采访，结合其家族侨批，将口述史料与实物史料结合起来，探讨其家族发展史。张氏家族支系庞大，在明代已有族人“过番”到越南和柬埔寨②；后来有一些人前往新加坡，创立业茂商行和垦殖橡胶园，接下来的世世代代都有所发展。该家族的移民史源远流长且有迹可循，而与海外移民的流动和国内家族成员的交流互动紧密相关的“草根”文献——侨批也在其中扮演着极其重要的桥梁角色。

一、张氏家族的总体概况

（一）诗阳村的地理、历史概况

诗阳村位于今广东省潮州市潮安区（原为“潮安县”）东凤镇镇中心，原名“西洋”，因方位而得名，意为韩江西面之平洋。后以谐音取雅称为“诗阳”村。村中原有黄、韦、张、阮诸姓聚居，后因故他迁，遂为纯张姓居住。该村地势平坦，村域呈长方形。村全面积1.5万平方米，呈方形分布。1985年全村有552户，2 672人，计男1 346人，女1 326

* 吴榕青，男，韩山师范学院中文系副教授。张家庆先生及叶文芳、杨洁芳、林家豪、林素敏、林晓蕾、林婉琼、罗东芳同学等对本文亦有贡献。本文为2014年教育部人文社会科学研究青年基金项目“文化记忆视角下的潮汕侨批文书研究”，项目编号：14yjc85002。

① 为尊重、保护张氏家族成员的个人隐私，以下名字除张家庆先生外，其余皆为化名。本文中其他几个移民个案的受访者及其家族提及人员皆为化名。特此说明。

② 此问题尚待更原始的文献记载来印证。

人；耕地 1 070 亩（其中水田 1 044 亩），果园 104 亩，池塘 105 亩。[①] 改革开放以来，劳务输出迅速发展，全村常年有 30% 的劳力到广东深圳、珠海、梅县和福建等地从事劳务或经商。明清时村人始漂往南洋群岛从事工贾，据 1964 年国内调查居住在新马、印尼、印度及西欧的有华侨 202 户，1 302 人是华侨。[②] “镇内侨居国外赤子，汇款回家赡养亲眷，已成习惯。”[③] 在诗阳村流传“金诗阳，银下桥”的说法，即是因为这边华侨多，经常寄侨汇回乡供养家人的生活。[④] 华侨们的祖根意识都很强，一直往家乡寄大量的侨批。

当时的侨批寄送时间大概是十来天，与船期差不多，但如果是寄去比较远的马来亚，就需要两个月的时间。有托水客、批局寄的，还有一部分侨批是托家乡那些需要往返两地的人带的。寄的东西除了家书和钱外，还有一些生活用品，如面粉、油、钢铁锅、衣服等。在外的华侨也经常往家乡汇款，来支援家乡建设，如修祠堂、修路、建学校等。

（二）张氏家族近代移民的具体过程

接受小组采访的张家庆先生与其兄张家扬先生自幼生活在诗阳村。按照张家扬、张家庆两兄弟回忆，其父张贞瑜说其家族这一支在他（指张贞瑜）之前的五代先人，全部都漂洋过海谋生，足迹遍及新加坡、柬埔寨、越南、美国、法国等国家。

1. 张氏家族近六代人即十八世祖到二十三世祖的关系介绍

张氏家族的十八世祖荣昌生有二子，大儿子叫振盛，小儿子叫振成。振成也有两个儿子，大儿子名捷谦，小儿子名瑞谦。

大房的张捷谦生于光绪十年（1884）前后，活了 70 多岁。他一生娶了三个妻子，共有三个儿子一个女儿。早年他娶了许氏，许氏三十多岁便早逝了。后捷谦在家里续弦娶了陈氏，生有一子叫智清。等到捷谦大概在光绪二十三年（1897）“过番”后又娶了“番婆”杨氏，并生了两个儿子一个女儿。大儿子叫鉴清，小儿子叫裕清。

捷谦长孙，即智清长子，乳名叫孟深，书名是贞瑜（1926—2012），他于 1948 年娶了妻子陈氏（即批信里提到的陈华，1926—）。贞瑜夫妇生了三男一女。长子名家桂（1949—）、次子名家扬（1952—）、女儿名爱丽（1959—）、幼子名家庆（1963—）。陈华女士与家扬、家庆即是我们调查访问的主要对象。家桂的儿子叫荣忠，家扬也有一子叫荣聪，家庆生有一女。

二房的张瑞谦生有二子，长子乳名新清，书名运通（即张家庆的二叔公），娶了陈氏，生有一子名贞益。幼子乳名锐清，书名为运俊，娶了许氏[⑤]，生有一子乳名孟钊，书名贞声。

---

① 东凤镇志编写组：《东凤镇志（上册）》（内部），1988 年，第 11 页。

② 以上资料摘自网页 http：//baike. so. com/doc/4252270. html。

③ 东凤镇志编写组：《东凤镇志（上册）》（内部），1988 年，第 148 页。

④ 报告人：张家扬，1952 年出生，毕业于潮州金山中学，时间：2013 年 10 月 20 日，地点：潮安县东凤镇诗阳村。

⑤ 以上出现人名补充信息：荣昌为乳名，家神牌名：可继公。振盛为乳名，家神牌名：以彬公。振成为乳名，家神牌名：以琳公，即受访者张家庆、张家扬的高祖父。捷谦为乳名，书名：隆勋，即张家庆的曾祖父。瑞谦为乳名，书名：隆蔼。智清是乳名，书名：运良（生于 1903 年），娶林氏。鉴清是乳名，书名为运猷，即张家庆的四叔公。裕清是乳名，书名不详，即张家庆的五叔公。张运俊即张家庆的三叔公，因三叔公五行缺水，故有时“俊”写作“浚”。许氏即批信里提到的许娟。

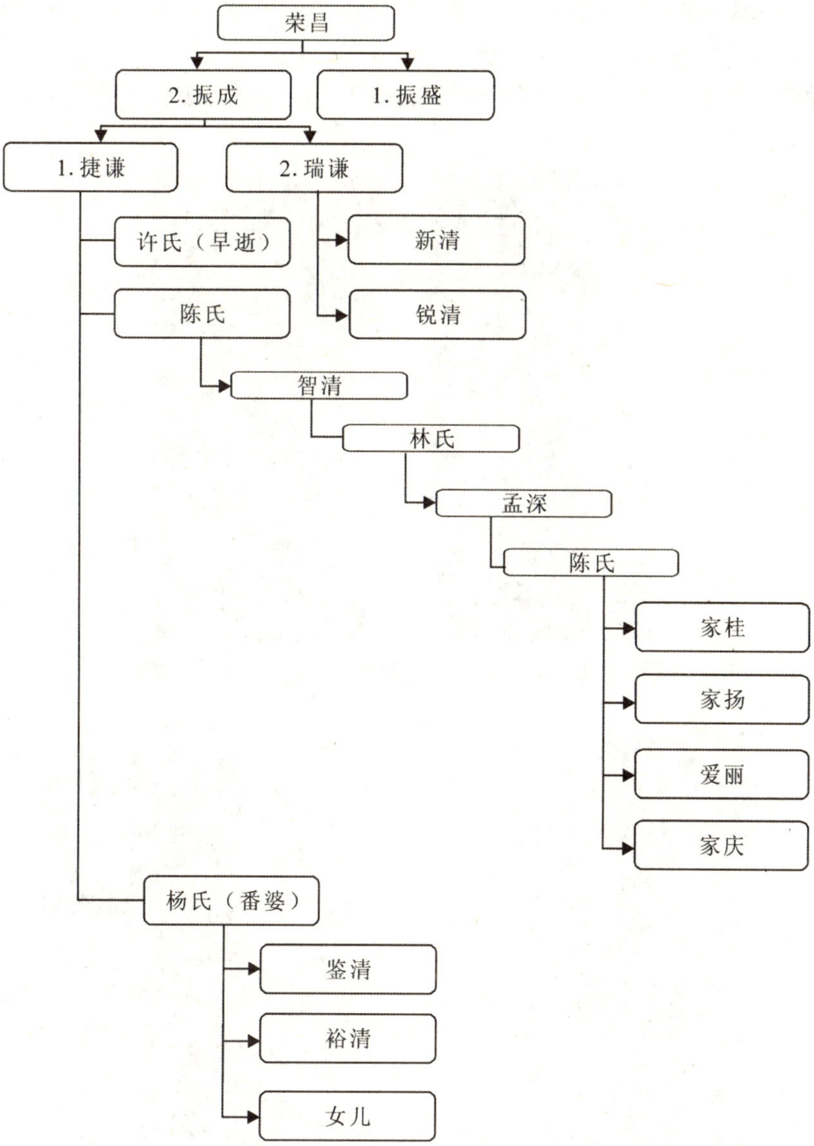

图 1　张氏家族近六代世系图

2. 张氏家族祖辈移民历程

据张家庆介绍，其家族的十九世祖张振盛、张振成（张家扬的高祖父）兄弟就在新加坡发展，而曾祖父即捷谦公、祖父智清公在越南的西贡（今胡志明市）、柬埔寨的金边等地均有大批产业。①

张家庆的曾祖父张捷谦，先是读书考取功名，当了举人，成为县官的候选人，但是后来没有被选去当官。捷谦在家里与妻子陈氏生了儿子智清后，大概于 1896 或 1897 年因生活拮据“过番”到安南。他在国外的经济条件有所提高时，便寄了大量侨批回家。这段时

① 该段由张家庆口述介绍，具体来源尚待考证。

间有侨批封可为证。后又在安南娶了“番婆”杨氏，生有两子一女。据张家扬所述，1907年张捷谦带着与杨氏所生的两个儿子鉴清、裕清回到家乡让他们读书。当时鉴清9岁、裕清7岁，他们在诗阳的通德学校念书，直到鉴清21岁、裕清19岁才回到安南。①

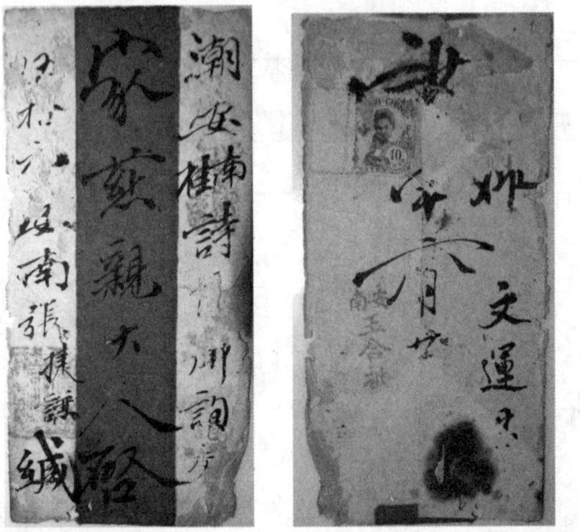

图2　张捷谦从安南寄给诗阳乡的母亲（正面、背面）

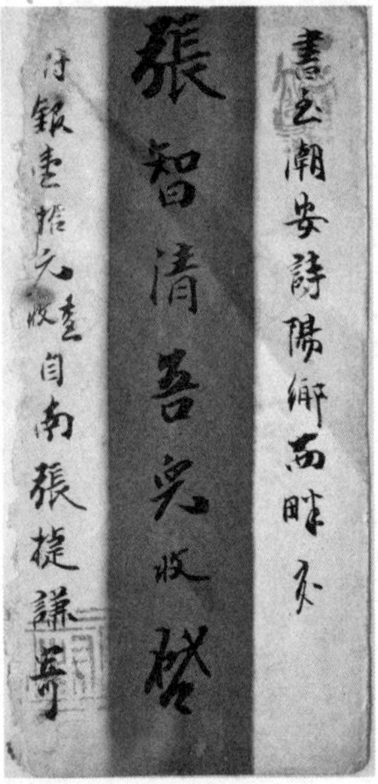

图3　张捷谦从安南寄给儿子张智清

图4　张捷谦从安南寄给儿子张裕清

张智清1903年出生，但一生没有生育后代，张家扬、张家庆的父亲张贞瑜是张智清从弟弟那里过继来的，换言之，张贞瑜是两户共有的儿子。张智清是在成年之后“过番”的，他在新加坡的轮船公司工作，后来因为在行船时发生意外而受伤，大概在20世纪二

① 该段文字由张家扬口述，常年待在家里的他听老一辈的亲人经常向他讲述祖辈的“过番”史而得知。

三十年代就回家养伤了。

张家庆的父亲张贞瑜出生于1926年，于2012年离世，享年87岁。张贞瑜一共生了三个儿子，除了张家扬和张家庆两兄弟，还有已过世的老大张家桂，此外还有一个女儿爱丽。

新中国成立前，当时正值抗日战争和国内战争，兵源大量缺乏，政府到处抓壮丁去当兵。张贞瑜条件正符合，家里只好卖了三亩田，雇别人代替他去当兵，而他自己则“过番”去了柬埔寨。张贞瑜是潮州金山中学毕业的，所以去了柬埔寨之后，就在一家报社做一些文章校对的工作。但是他只在柬埔寨待了一年左右，大概1950年就回来了。张贞瑜回来之后因为一直没有找到革命的同志，就去了汕头税局工作，后来又担任了汕头市人大办公室主任等职务。据张家庆的母亲陈华所述，张贞瑜在汕头工作不久，因工作表现积极又被调到梅县物资局工作，之后工作地点又有变动。如1983年3月21日，张贞声从新加坡寄侨批给张贞瑜，提到：“瑜兄你上日来信我已收到，你现在调在汕头工作，□□家较之过去方便可慰。清明在即，我寄去之项以作祖先祭拜之用，诸你照用。”

按陈华的说法，丈夫张贞瑜在六十多岁时因表现良好被调到潮州上班，在潮州工作了几年后便退休了。缘由是“文革”期间，张贞瑜与一位叔父的同学被误当为“三青团”[①]反革命组织的成员，遭到拷打、逼供。审问的人逼他说出自己的同党，此人招供有张贞瑜、叔父还有其他同学。当时加入这些反革命组织其亲友要受株连，据张家庆和陈华所知，张贞瑜被叫去“学习”了几个月共产党的理论政治，后经审查，发现张贞瑜是“三青团”成员一事是莫须有的。

张贞瑜赚的钱大多为自己所用，较少寄钱回家，对此张家庆表示理解父亲赚钱不多的难处。张家庆认为，海外华侨的总体文明素质较高，他从父亲以及自己接触到的海外华人身上看到了正直、单纯、无私的美好品质，如张贞瑜看到一块地方不干净就会去清扫，不管这块地方是公共的还是私人的。

二叔公张通，大概生于1903年，有一个儿子叫张益。在国内“抓新兵”的时候，因为他只有这一个儿子，所以为了保住这代香火只能卖了两亩田，也雇别人代替他去当兵。张通在新加坡帮一些行铺做着会计、财务的工作，而张益则在柬埔寨做生意。1955年前，张通的妻子一直待在家乡，所以他就在这期间不断地寄侨批回家。1955年，他妻子也“过番”到新加坡跟家人团聚，离开故里便把家乡的房子借给自己的外甥女住着，让她帮忙看管，每次寄侨批过来也是寄给外甥女让她代收。1967年张通夫妇返回家乡，张通妻子在当年去世了，儿子张益就把张通带去了柬埔寨，1968年他又重回新加坡。1975年，因柬埔寨政变而无法保持通讯联系，张益一家便失去了音讯，二叔公张通就一直由一同在新加坡的弟弟即三叔公张俊照料，直到去世。

张益生于1930年，他在柬埔寨生了十一二个女儿和一个儿子。他在柬埔寨主要是做布行生意，发展得很不错。在1969年去新加坡时，一个亲戚问他要不要考虑拿些钱在新加坡投资，他只拿了一小部分资金投资开了一间铺子而已。后来他儿子的生意发展得不景气，还得入股他这个铺子，依靠些分红过日子。在1975年柬埔寨发生政变之后，国内与

① 即“三民主义青年团”，简称“三青团”，原是由中国国民党领导的青年组织，于1938年7月9日在武昌正式成立。三青团的性质和作用，在不同时期有所变化。内战后成了国民党反共的工具。

柬埔寨便无法取得通讯联系。据张家扬的姑母说，张益一家逃难去越南时到海边坐了一条小船，从此就再也没有人看见他们的下落。

三叔公张运俊，生于1905年，在1930年前后就去“过番”，“过番”前已在家乡与许娟结婚，并生有独子张贞声。张运俊在新加坡的大巴洋一带也与张通一样做着财务、会计一类的工作。他在三家行铺里面当经理，帮忙打理财务方面的工作。妻子在家乡期间，他一直寄侨批回家，于1982年过世。

张贞声生于1927年，他在家乡的学校读书，直到小学六年级毕业，毕业后就在张氏祠堂里教低年级的学生读书。张贞声在20多岁的时候也遭遇了“抓新兵”，于是他就“过番”去了柬埔寨，但后来因为在那边没有什么发展，便去了新加坡。张贞声在新加坡给三家行铺做财务工作，饮食起居方面的问题也是在铺头解决，直到他的母亲许娟在1955年去了新加坡跟他在一起生活之后，才算正式有了一个家。那个时候他本来已经打算要跟行铺老板的女儿结婚，但是因为他母亲的思想比较传统，认为彼此门不当户不对，所以就没有同意，而张贞声是个很孝顺的人，担心母亲跟老板的女儿在相处中闹矛盾，于是就没有结婚。一年又过一年，张贞声一直没有娶妻，所以也没有后代，他的母亲便希望从张贞瑜家过继一个儿子给他，保住这代香火。原定人选是张家庆，但是因为那个时候张家庆选择要留在国内继续读书，所以张贞瑜便把当时已经成家生子、33岁的张家扬过继给了张贞声。到了1983年，张贞声的母亲许娟回家乡安度晚年，只剩下张贞声一个人在新加坡。许娟回乡后跟张家扬一家一起生活，张贞声也一直寄侨批回来赡养自己的母亲，大概是每个月寄五百元，过年时会多寄一百给张家扬一家，到1985年张贞声过世才停止。

张贞声自从年轻去“过番”之后，直到1985年在新加坡过世，再也没有回乡。他喜欢喝酒，心脏也不好，在其母亲回国之后，便更没有了约束，经常与朋友相约去喝酒，导致身体每况愈下。1984年，因接到政府关于修路的通知，张贞声必须去把祖父张捷谦的墓迁走。他身体本来就比较虚弱，也甚少干体力活，因而在迁坟的过程中元气大伤。在当年的年底，他就开始身体不适，正月初一住进了医院，正月十五日过世，年仅58岁。在他过世的那年，家人在正月里一直在等他的批信，可是正月过了还一直等不到。一直到了二月初的时候，他的雇主戴良智才寄信回来告知他过世的消息。1986年，戴良智还寄了100元的供职金给许娟。而许娟到1992年才去世。

四叔公张运猷，也是在年轻的时候就“过番”去了柬埔寨，他一共生有一子四女。早年他原本是在开行铺的侄子张毛那里帮忙记账的，但在1975年发生政变时，因为害怕受政变的牵连，所以跟着别人一起逃往柬埔寨文山避难，后又辗转逃难到了美国。此后他与家乡失去了联系，没有往家乡寄过侨批。张运猷拥有很深的爱乡情怀，临终时嘱咐子女一定要回乡认祖。后来他的一个女儿回了国内，凭借着父亲告诉她的关于乡里的辈序和其他信息，几经波折找到了张家庆家，认祖归宗。张运猷现在有一个在美国读医学博士的孙子，因为自幼在国外长大，所以不太会说潮州话，去年春节时还专门回国学家乡话。

至于五叔公和六叔公，张家扬、张家庆这一代人对他们“过番”的事情知道不多。据张家庆说，家族里的说法是他们去了越南当将军，现在应该都不在人世了，也没有了联系。

在张氏一族里，这些年发展得最好的是张家扬、张家庆的伯父张毛。张毛刚开始“过番”的时候，境况很一般，后来娶了一个有钱人家的独生女，经济状况才逐渐好起来。他在柬埔寨有很多产业，有丝绸厂、五金厂等，还有很多行铺。他一共有二子三女，都入了柬埔寨国籍。

张毛的大儿子张驹于1940年出生，张毛秉持着家族传统，把他送回家乡读书，在他十八岁成年后，即1958年才接回柬埔寨继承家业。张毛把其他四个子女都送去法国读书。1975年的柬埔寨政变使得当时的华侨经济受到极大冲击。张毛的工厂、行铺都被封，一家人移居到法国，与家乡失去了联系，一直到近年才互通音讯。张驹已经过世，在笔者访问的前段时间，张家扬的堂兄张家齐还打电话回来，说会找个时间返乡探亲。

3. 张氏家族发展史特点

张氏家族在海外谋生的有几百人，而实际在潮州居住的只有张家庆一家人而已。张家庆提到海外的亲人都公认张家庆一家是张氏家族在国内的正统继承人。而张家庆在研究自己家族的发展历程时，发现家族的每一代都采用“半迁”（即分散而居）的方式确保“代代相传”。将近十代在海外出生的孩子必须回家读书，和家里老人建立感情，成年后再返回海外继承产业。

20世纪30年代，张家扬、张家庆的叔公们读书毕业时才二十岁左右，年轻力壮，就去“过番”了。张家在诗阳有一大排屋子，大家都是同一祖先，其中四、五、六叔公们在家乡住的屋子已有将近一百年的历史了，都是张家扬代为管理的。张氏家族以前人口多，可是分到的地少，一些人只能去外面发展。他们在那边找到工作后便将家乡亲朋好友带出去，有了一定的积蓄后，就自己开铺子、办工厂等，在需要人手的时候，就回家乡招揽更多人过去。

关于1975年的柬埔寨政变，张家扬谈起了自己关于这方面的见闻，据那些从柬埔寨逃出来的人说，华人受到很大冲击，被驱逐出城市，有不少人伤亡或失踪，产业也被侵占。在1975年以前，潮汕人在金边有六十多万人，可是这一年过后，就只剩二十多万人了。在政变后，张氏家族在那边的产业基本上都没有保存下来。

二、张氏家族移民个案分析

“金诗阳，银下桥。”作为潮州市潮安县东凤镇诗阳村人，张氏家族强烈的族根意识促使海外谋生发展的亲人虽然远离家乡，但从未中断家族情感，仍然心系亲人，源源不断地将大量的侨汇寄往家里，供养家人的生活。笔者不揣浅陋，立足于受访者张家庆以及其兄张家扬、母亲陈华的口述，结合拍摄整理出来的侨批原始文本内容，采用图片和口述相结合的方法，试图从当时的政治、文化思想、社会经济、教育等时代背景出发，拟将该家族自清末至新中国成立后的移民史中的一些经历梳理清晰。以1949年为界限，分别对1949年之前与1949年之后的侨批往来展开讨论，剖析张氏家族的婚姻、宗教信仰心态、教育思想、汇款金额分配等方面的情况。

（一）国内政治背景下的家族“过番”发展

在采访中笔者了解到，张氏家族自明代后期便有族人“过番”至安南谋生，后足迹遍及多个国家，现结合当时国内的政治背景，分析张氏家族在20世纪中的移民与国内侨胞往来的情况。

1. 抗日战争的影响

1937 年日本开始全面侵华，中国工农业经济损失惨重，而交通运输业遭受的破坏更甚于工农业。当时日本封锁了中国海陆交通线，截断中国从国外获取物资的通道。1942 年，日军攻进缅甸，切断滇缅运输线，中国大后方的对外交通几乎完全断绝，陷入全国物资严重匮乏的阶段①。在此情形下，许多海外华侨寄往家里的侨汇也被迫中断。据张家庆所言，从 1939 年 6 月下旬潮州沦陷时开始，直到 1945 年 8 月 15 日日本宣布投降，这段时间他们家族的侨批都是中断的，而国内亲人单单靠自身的劳动无法解决温饱问题，乡里饿死了很多人。而笔者在拍摄和整理张氏家族的侨批的过程中，也未发现 1939 年至 1945 年之间有侨批存在，这也从侧面说明了当时这一时期侨批是中断的。

2. 解放战争时期国民党“抓壮丁”

在解放战争期间，国民政府为了在国共内战中抢占先机和优势，大抓壮丁以补充兵源。民间遂流传着“好铁不打钉，好男不当兵”的民谣，以抵制抽壮丁。张氏家族的族人为了家族血脉的延续和逃脱被国民政府抓去当壮丁的命运，几经变卖田地产业雇人代替去当兵，这在一定程度上也使其失去赖以生存的基础。据张家庆与张家扬在采访中所述，他们的父亲张贞瑜为躲避被抓去充军，变卖很多东西以及三亩田地，雇人代其当兵。此外还有二叔公张通的儿子张益、三叔公张运俊的独子张贞声等都因这种情况而逃躲到柬埔寨与新加坡，并在当地立足谋生。为了躲避被抓壮丁的命运，保存家族血脉的延续性，当时这一特殊的历史时期也促使张氏族人到海外打拼，成为其“过番”的原因之一。

3. 三年困难时期的影响

1959—1961 年期间，“大跃进”运动以及牺牲农业发展工业的政策导致全国性的粮食短缺和饥荒。张氏家族虽属产业丰厚的书香门第，值此全国饥荒之年，生活条件也不容乐观。据张家庆所描述，当时人民的生活状况十分悲惨，侨属的生活也很艰难。1963 年张家庆出生的时候，就碰上了饥荒，他的奶奶就是在大约 1961 年的时候饿死的。张家庆解释道，张氏家族人口较多，老一辈都比较节省，出于对子孙后代的爱这种伟大的本性，老人们通常会将仅有的食物留给子孙，自己舍不得吃。当时乡里主要是靠种田为生，并不能糊口，生活很大程度上依靠侨汇的支撑。当侨汇无法维持家里的生活时，侨属只能自力更生，在特定的时代背景下与大多数中国普通家庭共同扎堆在浩浩荡荡的求生队伍中。

（二）从 1949 年前的侨批看张氏家族早期的寄批情况

本次收录了 1949 年前的侨批大约有 70 封，大都无法考证其明确的寄批时间，只能通过寄批人的“过番”时间来推算大致年代，且因为年代久远，批信也都没有保存下来。但从批封上的一些信息，也可窥见那个年代的一些风貌。

张家扬兄弟的曾祖父张捷谦出生在清朝末年，大概于 19 世纪末期“过番”到了安南，张氏家族现存大概 18 封张捷谦从安南寄回家乡的侨批。从寄批时间可看出，张捷谦在世时大概经历了光绪、宣统和民国三个时期，有现存的三封“光绪三十二年十一月十九日（1907 年 1 月 3 日）”“光绪三十三年十月十六日（1907 年 11 月 21 日）”“宣统三年

① 杨雨清：《抗战时期物价问题之我见》，《北京社会科学》2012 年第 1 期。

（1911）”的侨批①为证。清末的侨批文笔也体现了与其他时间段截然不同的风格，如书香门第诗礼传家、又有举人功名在身的张捷谦在宣统三年（1911）收到名为“薛孝居”② 寄来的侨批时，便被尊称为“张捷谦少爷”；在某年③收到名为“薛谭初”寄来的侨批便尊称为“张老爷台甫捷谦”（见图5）。而张捷谦与海外的亲人也互通往来，这在收寄的侨批中也可体现出来（见图6）。

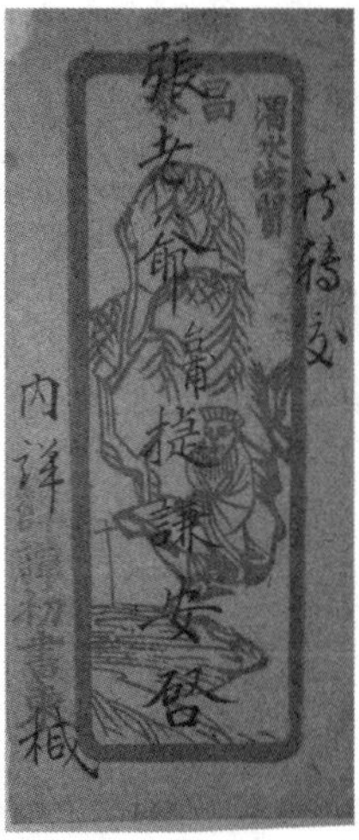

图5　薛谭初寄给张捷谦

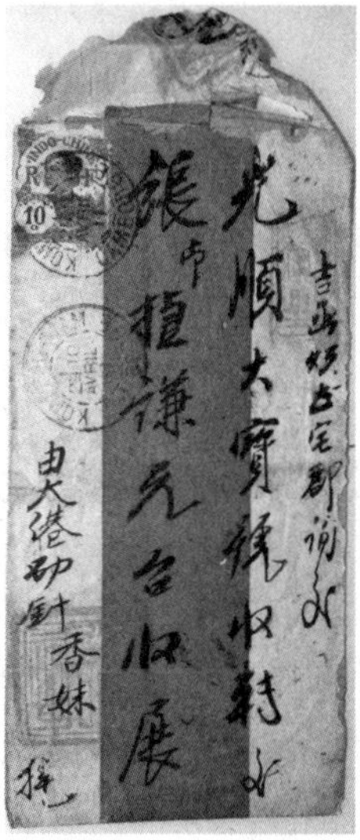

图6　香妹由大港叻针寄给兄长张捷谦

据张家扬了解，当时汇款时汇的是“龙银”“鹰银”等清朝末年流通的钱币。

张捷谦“过番”后，又在安南另娶妻子，并生了两子一女。也许是生活年代的不同，思想观念也不同，张捷谦虽然时常寄批回家，但并没有和大多数后来“过番”的张氏子孙一样选择不在外面置家，回家与妻儿团聚。

1949 年前寄侨批回家乡较多的还有张俊，现存的约有 20 封，少数几封是寄给妻子许娟，其他的则是寄给张贞瑜夫妇（此时许娟在侄儿家中居住）。1949 年以前的侨批仅有两封是有批信的，均为许娟的母亲寄给女儿的，侨批的时间据推算大约为 1940 年和 1941 年左右，信里除说明寄款金额、家中琐碎事项外，还提及“时局纷乱、道路疴险”④ 等情况，嘱咐家人出入要小心注意，这也体现了那个时代动荡不安的特点。

（三）从 1949 年后侨批看张氏家族的教育、文化信仰心态、新旧思想交融的现象

张氏家族存留了很多当时海外亲人寄来的侨批，时间最早源于清末，以解放后这段时间居多，这些侨批的时间差距有一百多年。据张家庆说，大多数侨批上的内容主要为报平

---

① 以上 3 条资料来源于张美声：《潮汕侨批赏析》，香港：天马出版有限公司，2011 年，第 7 ~ 9 页。

② 据张家扬了解，薛孝居可能是张捷谦的管家或好友。以下的薛谭初大概也是管家或好友的身份。

③ 具体年份不详，据张家扬推测大概在 1949 年之前。

④ 侨批信件内容来自张氏母亲及兄弟提供的收藏侨批，以下俱同，不再出注。

安、问候家人、关心后辈的工作学习、操心家中的迎娶婚嫁、分配批款，主要涉及的都是日常生活的一些琐事。

受访者张家扬的家中保留了大量的原始侨批，以1970—1980年的侨批数量为多，大多为其叔公张运俊寄给其在家乡的妻子许娟的。笔者拍摄并摘取其中可采用的130多封侨批，大致归类为教育（对后辈学习的关心鼓励）、文化信仰心态（拜祖祭神）、新旧思想交融（婚嫁迎娶、海外新潮思想与潮汕传统思想交融）和批款分配等方面，结合受访者的口述，整理如下：

1. 教育问题——崇文重教的家风

张氏家族一向有重视教育的家风，张家庆反复提到，他们家族祖祖辈辈都重视子女的教育学习，鼓励他们要努力读书。书香门第对子女的要求比较严格，在经济允许的前提下坚持将子女送到当地最好的学校读书。张家庆的父亲、叔公、老祖叔们就读且毕业于当时潮汕地区最好的学校金山中学，而且张氏子孙大都受过教育。笔者在采访拍摄过程中，发现张家庆家里存留的许多批封上的字迹娟秀，或遒劲有力，显示出书写者良好的文化水平（见图7）。

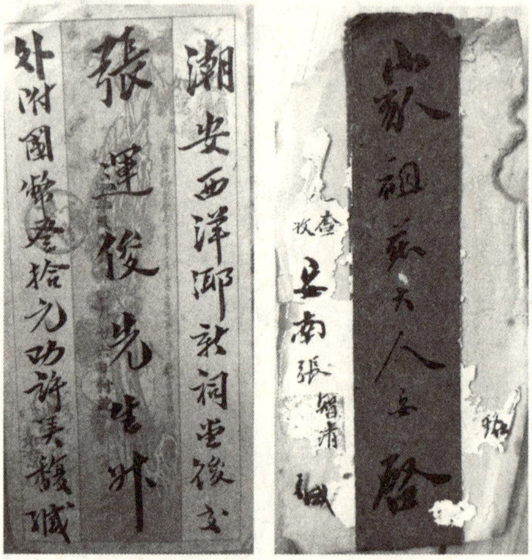

图7　侨批批封上的字迹

维持家庭日常生活的侨汇，很大一部分用于培养子女读书。从张家扬保存的大量原始侨批可发现，一般情况下每寄汇款必谈及学习，且字里行间充分体现对后辈读书寄予的厚望与严格的要求。

在61封摘录的侨批中，有8封直接涉及对后辈的教育问题，如1954年9月24日某某寄给“父亲大人”（具体不详）中提到：“孟贵学费未果，欲在此批，由无付可照交给”；某年9月29日张运俊寄给侄儿瑜详细说明：“前寄去港币25元，为扬学费，余作家常各需”；1月29日来批交代侄儿瑜“前寄去港币25元，抹五元以为扬的助学金，余作时节所需”；此后6月又来信说：“……农历六月份了，常例节目多，寄去港币35元，内抹出5元给扬作学费，另19元送给华侨细妹收，顺问她邮包收到未?”从中可看出张俊对家中侄孙的读书教育问题相当重视，身在海外仍心念后辈的教育情况，不时来信关心。其10月14日念及“扬侄孙，学业进步如何？能升级吗？寄去港币25元，抹5元作扬求学之助”。

在采访中张家庆屡次谈到叔公们每次写信回来时都会询问他的学习情况，鼓励他“如能努力，必将进步”，还专门寄“助学金”给他，这让正在求学的他十分感动。如张运俊于1979年3月13日寄批问及“扬任何工作？家庆何时升学？寄去款项……”对张家庆学习刻苦用心、成绩优秀进步，他欣慰有加，不时询问其学习情况。1979年5月7日他寄给张贞瑜的信中便说道：

> 接得二邮信，大意明白。家桂有些木工收入，家扬工作记分，零用就缺如。家庆升高中，很好，前寄去人（民）币六十元，计给桂五十元，扬八元，庆助学金二元。庆成绩徜优等，当增奖学金。《英汉词典》，昨由邮带去，不久可交到。

从以上这些为数不多的原始侨批文本内容中可窥见一代海外移民对家乡后代的谆谆教诲及殷切期盼，其牵挂与盼孩成才之心切凛凛跃然于纸上。在那个年代，在国外闯荡的张氏族人用自己辛辛苦苦挣来攒下的钱帮忙解决国内亲人生存问题的同时，还心系族人的教育问题。同时，在家中的亲人收到寄款后，也能按里面的要求将钱款用于教育，从中体现了整个张氏家族对于教育的重视。如今，张家庆还收藏保留着叔父送给他的《英汉词典》，以此勉励自己。

2. 新旧思想交融

人是社会环境的产物，成长在以小农经济形态为基础、宗法意识强烈的潮汕地区的侨胞，中国传统思想观念在其社会文化与心理结构中有深厚的积淀。但是，当潮人漂洋过海，历经磨炼，接触到了更广阔的社会和文化后，现代文明中的“尊重自由”“独立自主”等理念也逐步被他们所接受①。笔者试图通过受访者的口述与侨批实物的对照，将口述史料与实物史料结合起来，做到文本释读与口述相核实，研究海外潮汕人的文化心态，探讨潮汕文化与海外新潮思想交融的现象。

（1）从对后辈的教育中看海外开放思想观。常年居住在海外的张运俊逐渐形成了自己的开放思想观念，他于1972年10月5日寄给侄孙扬、桂的批信里便针对侄孙的文化教育与工作谋生提出自己的建议：

家桂、扬侄孙：

你们兄弟，先后付邮来信，均经收到，很快慰。你既然知自己之文化水准低，就应该欲自修，该练习做日记，寄信札，自然而然的就进步了。最要紧的勿怠惰，勿怕羞，以后常把俗事、俗话，多多寄出来，给我看一看，更快慰。

在这科学昌明时代，苟乏技术，讨生活实在十分艰难。南洋地方，现在也是一样的注重工业。青年人若不读工艺，学习一技，虽普通中学毕业，也很难在社会谋生。居于农村，当然更加艰难了，人不能无职业，（汉）中努力找寻呢。馀事后述，愿你们进步健康。

愚三老叔浚字

1972年10月5日

批信里表明自己盼望侄孙后辈勤学力修，打好基础，克服懒惰毛病，提高自己的文化修养。在外打拼的他以开阔的眼光看待这个时代的发展变化，教育后辈“勿怕羞”，并劝导家中后代应有一技之长，方能立足于这个社会。

张运俊在某年10月5日寄信给侄儿瑜夫妇，劝诫他们让赋闲在家的扬侄孙找寻工作，他写道：“扬侄孙，虽毕业中学，赋闲在家……你们赶快找寻机会，给他做去，”他认为，侄孙中学毕业，如果能为家里承担一些负担，“付家庭生产力”，则家里“又多一生力军”。

（2）传统与海外婚嫁思想观之比较。张贞声一生未娶，据张家庆分析：一是婚姻观念的转变。张贞声常年在海外侨居，受西方婚姻观的影响，与西方人一样崇尚自由，不想受婚姻束缚；二是宗教信仰不同的问题。张贞声自幼在金山中学就读，在国内生活至二十多

① 杜式敏：《从潮汕侨批看海外潮人的女性观》，《汕头大学学报》2005年第3期。

岁才“过番”，受中国传统思想的熏陶，已具有了一定的宗教信仰观，传统思想观念在其社会文化与心理结构中有着深厚的积淀，当海外的宗教信仰与其已有的信仰观碰撞时，也会在一定程度上产生矛盾与摩擦。

张家扬补充道，张贞声的母亲思想比较传统，担心儿子娶个年轻的媳妇会与自己相处不来，认为婚姻应该门当户对，不同意当初儿子和行铺老板的女儿的婚事。张贞声秉持孝道，遵从了母亲的意见。面对儿子的婚姻情况，父亲张运俊则持开明自由的态度。他于某年闰五月初十日寄给妻子许娟的批信里写道：“回批不断地提问孟钊儿的婚姻问题……此时代下，可赶紧当然赶紧做，为环境与经济不能解决，不得不暂缓，何必为无人来称你家姑、叫婆婆而激心（心情不好）……”表示自己与妻子一样为儿子的婚姻大事操心。然而，久居新加坡的他深知当地的社会环境不同于国内，为妻子娓娓道出儿子不愿草率结婚的缘故，“新加坡生活程度很高，以普通人而论，每个住家（夫妇二人），每月非200港元，难以得过。故生活未能自立者，都不敢鲁莽结婚，孟钊儿有见于此，是以再三推迟”，“新加坡是繁华都市，人竞奢侈，尤以侨生者为是”。针对妻子对儿子婚姻择偶的干预，张运俊认为不可处处为儿子料理做主，劝诫妻子应放手让儿子自己做主，“孟钊儿言，最好他自己选择合理想者，然后由家长作主婚可也”。生于1905年，大概在1930年“前后”就过番到新加坡的张运俊，在海外接触了不少新潮的现代文明理念，与长期生活在家乡的妻子相比视野更加宽广，从这些侨批中即可显示出他理性开明、自由民主的思想观。

从张家庆与张家扬对其叔父们“过番”经历的了解与分析，再结合侨批原始文本，两者相对照，可归纳总结出海外移民在传统文化思想与海外新潮思想的碰撞中，将二者相互交融，逐渐形成自己独有的思想观。“虽然海外潮人的意识里还有着潮汕本土文化的延续性，但由于自身的经历，以及各种客观的原因，一部分海外潮人的思想观从传统逐步走向现代，这在一定程度上也对整个潮汕社会和习俗观念产生一定的推动，促进了潮汕社会的发展。”①

3. 溯源尊祖、慎终追远的传统思想与文化心态

张家庆提到，叔父们在海外打拼，逢年过节都会寄侨批回来祭祖拜神，包括春节、元宵、清明、端午、中秋、冬至等重要的节日，如遇上祖先的忌日，更是无误。张家扬也表示海外叔辈们的宗教信仰依旧不变，虽多少受到东南亚一带的影响，有的会跟着那边一起信仰当地的神明，但还是会保持家乡祭祖拜“老爷”的习俗，互不干扰，多元文化共存。这在侨批实物中也得到证实，笔者在61封原始侨批中，统计出其中有8封直接涉及拜祖祭神的信息。如张贞声在1984年1月30日寄信对母亲许娟说道：“我意往自度巷拜家父，二十日往张氏德会合拜伯父，预祭品我已照办……汇去叻币800元，约人民币700余元，以备正月之用”；同年6月7日告知母亲许娟，五月初五日往牙笼老张亲会祭拜肉粽、柑、葡萄、榴梿等物，“每逢时节我均往牙笼祭拜”；7月2日寄给母亲信里提到，“母亲大人，我寄去款项应六月十八日拜神之用，你收交清送瑜80元”；8月27日，“附叻币500元届时照收，瑜及其他诸人你就头主意②以便他们八月中秋之用”。除此之外，还有1986年戴良智寄给许娟的批信、张运俊于某年正月二十九日、1979年6月18日、1978年3月20日

① 杜式敏：《从潮汕侨批看海外潮人的女性观》，《汕头大学学报》2005年第3期。

② 就头主意：潮汕话，任意做主的意思。

寄给弟弟张贞瑜的批信都与祭祖有关。

这些原始文本中，可大体展现出张氏家族对家乡祭神拜祖的高度重视，从而凸显其溯源尊祖的宗教文化信仰。另一方面，也体现了张氏族人的家族情感非常深，有很深的“祖根”情缘。

4. 批款金额分配对象与范围之分析

在侨批研究中，可清晰理清批款的分送对象与范围，从祖父母、父母、叔伯父母、兄弟、儿子、妻子、姐妹、孙子、孙女等血统关系，到外祖父母、舅父母、姨父母、姑父母、男女外孙等姻亲系列，有着明确的既定程式及内在规律。收批者一般是赡养和照顾的一家之长或至尊对象，上下有别，内外分明。如，祖母在，批信寄给祖母而不是母亲；母亲在，妻子只充当分款的对象；儿子在，名字排列在母亲前面享受批款。除特殊缘故外，宗法血缘、尊卑长幼、嫡庶亲疏，始终作为获取批款利益的唯一标准，贯穿于分款程序中。①

纵观笔者拍摄的张氏家族里保留的大量侨批中的61封，可发现在张运俊寄回的34封侨批中，有30封是寄给侄儿张贞瑜的，仅有4封寄给妻子许娟；张贞声寄回的18封侨批里，有16封寄给母亲许娟，另外2封给堂兄张贞瑜。这可体现出收批对象的长幼尊卑、亲疏血缘关系的排列顺序。

至于批款的分送，也有一定的发送规律。如在某年初六日，张运俊给妻子许娟的批信里交代道：“寄去港币140元……抹送诸人腰金情况，照为分送：大嫂、二嫂各6元，许娟10元，孟深夫妇4元，孟深2小孩2元。”在1979年1月8日给侄儿张贞瑜的批款这样分配：“你给诸人度岁金即照交，桂等8元，扬等8元，庆姐弟8元，诸义侄5元。”1978年1月18日交代侄儿张贞瑜按他列好的顺序分送批款：“送给诸人年金列下就分：‘瑜夫妇人币10元，桂夫妇5元，扬夫妇5元，家庆姐弟4元。”

张贞声于1984年5月11日给母亲许娟的批款里也如此分配：“母亲吾寄去之项，请分送给阿娥人民币50元，阿碹人民币30元，瑜50元……”（见图8）此等例子在张氏家族的侨批里比比皆是，可见潮人心里有一把筹码，轻重有别，疏密有致，与宗法血缘观念紧密挂钩。

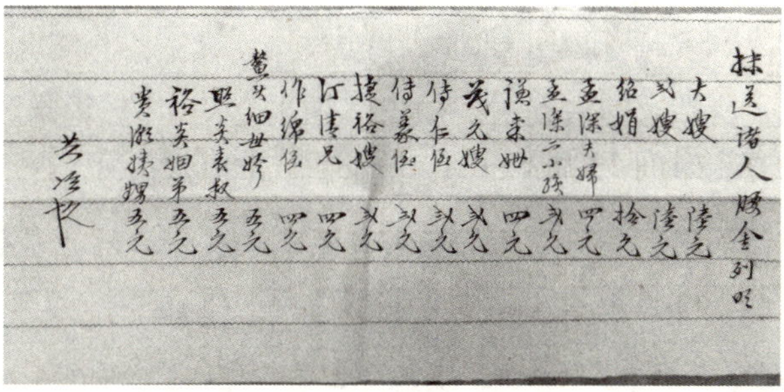

图8　分配有序的批款

侨批分款所体现的其实是一种宗族之中经济差别的调谐。它的核心是以“礼”为规范的宗族社会观念。海外移民对家族亲人的批款分送对象与范围，都表现出思想观念的划一

① 吴润填：《侨批——潮汕文化底蕴的折射》，《广东广播电视大学学报》2007年第5期。

性与差别性，这一点值得深思与更进一步挖掘。

这些侨批中关于钱款分配的记载也可以体现一种“面面俱到”的理念，即海外族人在钱款的分配中将注意力下移到孩童身上，并且会根据关系的亲疏写明数额的多少。

（四）其他方面的特点

张氏家族现在在海外居住的有一两百人，但在家乡的人，坚守自助自给的传统，不会随便向海外求助，只要生活过得去，就不会去麻烦他们。当时“过番”的人，在年纪大了之后，大部分人也选择回家乡度晚年。张氏家族的“过番”过程中，有几个很重要的特点：第一是大多数“过番”的华侨都是在家乡娶妻的，很少娶“番婆”。第二是在外出生的小孩坚持从小要送回家乡读书、和家里老人培养感情，等到成年后才回海外去继承家族事业，如张家庆的堂兄张驹。第三是如果在家乡的人没有生小孩的话，就必须“养”一个。这三点都与张氏家族根情缘有关，也是张氏家族延续性强的原因。第四是张家的人在外都是从事“文字”的工作，帮人家做财务的工作，基本上没有去做体力活的，因为他们觉得做体力活太辛苦了，而且经常要跟“番仔”打交道，很容易受欺负。张家庆注意到，从那边寄来的侨批里，有很多封的字迹跟他自己家族的叔公们寄来的都是相同的，所以他的叔公们可能有在做帮他人写侨批的工作。这一点与张氏家族所受教育程度有关，祖祖辈辈重视文化教育，且在金山中学接受良好教育的叔公们文化素质都比较高。

1. 张氏家族的关系网宽广、延续性强

从张氏家族的侨批和受访者张家庆、张家扬两兄弟的口述中可窥见张氏家族的海外关系网宽广，“过番”的亲人足迹遍布多个国家，从多份侨批上所记载的寄信地址上可直接看到移居越南、新加坡、泰国、柬埔寨、法国、美国等国家。同时，张氏族人的延续性很强，这在一定程度上得益于张氏族人深深的家族根情缘，即使远在异国他乡，仍不忘故土。在外亲人不仅经常寄侨批来接济国内亲人，而且在逢年过节总会特地寄钱回家祭祖拜神。纵观张氏家族一百多年的“过番”历史，侨批的收寄从未间断过。直至现当代，侨批退出历史舞台，在外的亲人仍要认祖归宗。

2. 张氏侨批只记生活之事

张氏家族的侨批，所涉及的内容大多是生活琐事，如1979年张运俊寄给张贞瑜共折合人民币29.02元（寄到时间1979年3月21日）的批信云：

> 上月的邮信经收到，瑜侄于春节期间，返家欢度，很好。家扬任何工作？家庆有无升学？复知。清明不远了，寄去款项，抹贰元送河清嫂外，点收作应需，各事平适，免念。
>
> 浚手字
>
> 农二月十四

1979年8月16日张运俊寄给张贞瑜：“关于健康各事，寄在批局信内，前不赘。璇珍为人的态度，坦白知我。”

侨批所记内容均是生活小事，极少涉及政事。而张氏族人多读书，不知政事的可能性不大，却不记政事，在一定程度上也反映了张氏族人对于政治的复杂有一定的察觉性。

三、结语

潮汕侨批是潮汕华侨历史上具有独特文化色彩的事物，侨批“草根”文献作为一种文化遗产，对其研究需要有更为广阔的视角——口述史料与侨批史料相结合。张氏家族保留的这些家族侨批，它们前后囊括最少 80 多年的时间，横贯张氏家族在此期间年年月月、海内外发展交往的生活断面，同时向笔者展示了潮人向海外移民、艰苦创业、拼搏奋斗的历程，可以说是海外潮人在一个半世纪中心路历程的缩影，其中也涉及社会、政治、经济、文化、交通等各个领域的历史面貌和变迁。无论是对其家族史的研究，还是对于潮汕历史文化的研究，无疑都是一笔可贵的文化资源。然而尘迹斑斑的一封封侨批，因年代久远，纸质已渐趋腐变，有些已经糜烂，字迹难辨，所以研究时有一些不足和缺憾。显然，抢救它们是一项刻不容缓的任务。此次调研小组只拍摄到张氏家族部分保存尚好的侨批作为研究文献，这对研究其家族发展造成很大的困难。

笔者通过多次对张氏侨眷张家扬、张家庆两兄弟及其老母亲陈华进行访问，收集研究该家族未发表的一百多封原始侨批，采用口述与原始“草根”文献相结合的创新调研方式，突破传统的有批无口述者或无批有口述者的研究套路，听他们讲述那些侨批背后的历史信息，对其进行加工整理，并与侨批以及相关历史记载核实，从而了解到了一部较为真实的张氏家族发展史。这是侨批研究中弥足珍贵的既有批、信又有口述的个案，此次调研成果希望引起学术界重视。

每一封侨批都以原始性、原生态的方式折射出海外潮侨赡养侨眷、移居海外的原因及发展过程再到生活基本概况、联络海内外亲人感情、支援家乡建设的影子，是名副其实的“经济社会百科全书”，能对当时的一些经济社会状况做更为深入的研究，可与典籍文献互为印证、互为补充乃至纠正谬误。深入研究侨批，也为当今传统文史学科研究改变过去局限于关注上层社会、出现重点下移的趋势提供了时间与空间相结合的原始文本资料，其原始凭证价值不言而喻。本课题的调查研究，把握“口头”历史与“草根”文献相结合的必要性，以期促使更为广大的华人加入保护民间侨批的行列，不让历史表象背后的故事流失，从而得以挖掘出侨批文化深厚的历史底蕴，使侨批文化研究更加完整、立体、真实。

潮汕侨批“申遗”始末

陈胜生*

“海内一个潮汕，海外一个潮汕”，海内外潮人血浓于水的亲情互动而衍生出侨批。演绎了近一个半世纪的侨批文化成为潮学研究中一门独特的课题，近代侨批丰厚的积淀与潮学建构、文化强市有着不可或缺的关联。

一、20世纪侨批研究回顾

对于潮汕地区而言，自致成侨批局于1836年于新加坡—澄海创设（据《澄海县志》）以来，直至20世纪前半叶潮汕侨批发展到高峰的态势，从而引发社会对侨批现象的关注，国内有学者开始对侨批及其相关的载体侨批业，作为社会现象中的一种华侨汇款加以介绍和研究。汕头报人谢雪影在1934年出版的《汕头指南》中对潮汕侨批业作了介绍，1947年增补再版，1935年谢氏还在他编写的《潮梅现象》中对侨批现象再行披述；1937年中国社会学创始人陈达著述的《南洋华侨与闽粤社会》、1939年的《海峡殖民地史》等书将华侨创设于南洋的侨批局分为闽、广、潮、客、琼五帮；1943年姚曾廕所著《广东省的华侨汇款》一书，首次将五邑银信和潮汕侨批的异同作了比较准确的比较；1947年由曾景辉主编的《最新汕头一览》也专辟一章评述潮汕侨批；汕头市档案局也保存了不少当年侨批业的相关档案。

国学大师饶宗颐教授在国内首对侨批载入史乘。他在1947年总纂的《潮州志》中将侨批的起源、沿革、业务、同业商号以及潮汕侨批业的特色等作了透彻的介绍，在该书《实业志六·商业》中将“侨批”推为潮汕四大行业（侨批业、运销业、对外贸易业、抽纱业）之首，此举为潮汕侨批研究铺垫了一条极具前瞻性的学术新路。

新中国成立后，经过政府30年来对侨批业耐心的诱导调整，1979年汕头的侨批业顺利归并中国银行而退出了历史舞台，在世界上演绎了一个半世纪的侨批宣告终结。由于种种的原因，此间国内学界疏于对侨批文化的研究而基本处于低潮。

改革开放的春风，使汕头市成为经济特区。盛世修史，1987年起，汕头市政协学习和文史委员会在《汕头文史》期刊分别刊载芮诒埙之《有信银庄（批局）琐忆》及陈植芳之《漫谈潮汕民间侨批业》《潮汕侨眷的生命线——记抗战后期开辟的“东兴汇路”》等资深侨批业者和邮政工作者、集邮家的一系列侨批回忆录及侨批研究文章。潮汕各市、县也纷将潮汕侨批编载入方志，独具一格的潮汕侨批在方志的金融、邮电、华侨各章中脱颖而出，成为国内地方志中之一绝。此间，潮汕集邮界人士独辟蹊径——对侨批邮品进行收

---

* 陈胜生，男，潮汕历史文化研究中心特约研究员。

藏研究，在世界上首创“侨批邮品”这一新项目，在海内外各地举办的侨批邮展中屡获奖项，他们从邮政的角度将侨批的研究成果于1993年结成《潮汕侨批论文集》面世；1994年中国银行福建泉州分行编写的《泉州侨批业史料》《闽南侨批史记述》等书也相继出版。1992年，联合国教科文组织启动了一个新的文化保护项目——世界记忆遗产，其目的是对世界范围内正在逐渐老化、损毁、消失的文献记录，通过国际合作与使用最佳技术手段进行抢救，从而使人类的记忆更加完整。这一文化保护项目的设立，启迪史学界对侨批的认识迈向一个新的阶段。潮汕侨胞侨眷众多，作为侨批的亲历者和受益者，他们对侨批有深厚的感情。侨批学术研究文章互动交流，更兼饶老卓识远见的理念之指引，在改革开放以后为潮汕侨批研究酝酿了良好的氛围，是潮汕的侨批进行系统研究乃至“申遗”举措的先决条件。

二、侨批文化研究的奠基人

饶宗颐教授是侨批研究的奠基人。饶老倡导研究的侨批由“潮汕侨批”开始，历经“广东侨批”“中国侨批”的内涵演变，终于成为举世瞩目的世界记忆遗产，圆满实现了四海潮人对侨批“申遗”的追求。

饶老多年前便独具慧眼，早在1949年纂成的《潮州志》中就载入了独特的潮汕侨批现象。五十年后的2000年11月22日，饶老应邀在潮汕历史文化研究中心（下称“研究中心”）举行的“潮学”讲座上画龙点睛地指出：“徽州特殊的是契据、契约等经济文件，而潮汕能与之媲美的是侨批。侨批等于徽州的契约，其价值相等。来自民间的侨批记载翔实、内容丰富，从中可以看到移民祖国与侨居国的国情，侨胞故乡的乡情，侨胞家庭的家情和侨胞与他们眷属的亲情。是研究社会史、金融史、邮政史以至海外移民史、海外交通史、国际关系史的宝贵历史资料，与典籍文献互相印证，补充典籍文献记载之不足，可谓是继徽州契约文书之后，在历史文化上的又一重大发现。”饶老的精辟论断，科学地揭示了侨批的文献价值。此举促使研究中心的同志们遵循饶老的教诲，将侨批研究作为主攻方向而提上议事日程，在国内率先开创了由一个民间社团进行侨批系统研究工程的先河。

2003年5月，年近九旬的饶老得知研究中心已征集到大量侨批时，连声称赞“功德无量，功德无量！应该建立侨批馆”，并欣然命笔为侨批文物馆题写馆名。饶老就是这样自始至终关注研究中心的侨批文化研究的攻坚进程，每到一个关键阶段，都挥毫题赠研究中心予以勉策，“侨学前导”“媲美徽学”“海邦剩馥”“侨史辉煌”就是饶老对侨批潜心研究的精粹诠释。

三、抢救研讨弘扬侨批文化

1. 侨批收藏数量举国之冠

从1994年至2009年，研究中心征集了民间侨批档案10万封，其中侨批原件4万多封。2011年5月征集到珍稀清代旅居马来西亚的梅州客家籍华侨叶和仁家族系列侨批143封。至2013年，研究中心所收藏的侨批及侨批业档案文献已超12万封（件）。收集到的侨批寄发地以泰国、新加坡、马来西亚、印度尼西亚、越南、柬埔寨、老挝、菲律宾、缅甸等东南亚国家为主。研究中心的侨批档案收藏量乃为全国之最。

2. 率先创馆展示侨批文物

2003 年 5 月，饶老从香港对研究中心创会理事长刘峰发来“应该建立侨批馆”这一铿锵有力、高瞻远瞩的呼唤，且为侨批文物馆亲自题写馆名，催生了一幅举世瞩目的侨批文物馆蓝图并在汕头市付诸实现。研究中心的全体人员为侨批文物馆的早日面世群策群力，废寝忘食。2004 年 4 月 24 日，世界上首家以侨批为主题的侨批文物馆隆重开馆，侨领庄世平、陈伟南为侨批文物馆揭幕。侨批文物馆以珍贵的侨批文物和“潮汕侨批文化图片巡览”，通过对侨批的创生、历程、贡献、价值、研究、申遗的图片铺述，以及四组大型雕塑展示，回放了侨批史的原貌，展示 150 年来侨批领略的风骚，弘扬了侨批文化。侨批文物馆留下了海内外各阶层嘉宾的足印和记忆，激发了海外赤子的爱国情思，增强了海内外华人对侨批的认同和自豪感。侨批文物馆自开馆十年来反响强烈，据不完全统计，各级领导、海内外社团、师生、群众参观人数达十几万人次。

2004 年 5 月 18 日，汕头市文化体制改革和文化大市建设领导小组将研究中心的“侨批文物馆”列为汕头市八项重点建设工程之一，也被广东省有关部门确定为“中华文化传承基地”。2010 年 10 月 23 日，侨批文物馆加挂“潮汕侨批档案馆”牌匾，标志着研究中心的侨批档案纳入了国家档案资源体系。广东省档案局原局长徐大章在全省档案工作会议上的年终工作报告中对成立潮汕侨批档案馆（即侨批文物馆）做了充分的肯定。2011 年 7 月，在国家档案局组织的“全国档案管理与服务创新优秀案例”评选活动中，潮汕侨批档案馆在各省市档案局报送的 230 个案例中脱颖而出，成为全国 30 个优秀案例之一。此后，梅州、江门、福建等地都相继踊跃筹建侨批文物馆。

2013 年 7 月 27 日，随着侨批档案入选《世界记忆名录》，在罗仰鹏理事长倡导和汕头市政府的大力支持下，侨批文物馆乔迁新址扩容展出，侨批文物馆这一展示“文化汕头”的名片效应越加显著。

3. 多次国际侨批学术交流

自 2000 年以来，研究中心多次举办国际性的、各种主题的“侨批文化研讨会”，为侨批研究者提供了集思广益的平台，发掘侨批丰富、深厚的内涵。每次研讨会的方向、课题都有所创新和深化，硕果累累，从而凝聚成了一支拥有上百名海内外侨批文化研究专家、学者的学术研究团队，这些成果对侨批文化研究以至侨批“申遗”起了关键性的推动作用，这在国内外的侨批学术研究规模上是绝无仅有的。

2000 年 11 月 22 日，饶老应邀在研究中心举行的“潮学”讲座上提出侨批完全可“媲美徽学”的精辟论断，拉开了研究中心对侨批文化研究的序幕。

2004 年 11 月 7—8 日，由研究中心、汕头市政协学习和文史委员会主办，中国银行汕头市分行、澄海区侨联协办的首届侨批文化研讨会在汕头市举行。来自泰国、新加坡和香港等国家与地区以及潮汕三市和广州、梅州、福州、厦门、泉州等的专家学者 60 多人出席研讨会，提交论文 42 篇。

2007 年 12 月 8—10 日，由研究中心、潮州市政协文教体卫史委员会、东山湖温泉度假村联合主办的第二届侨批文化研讨会，在潮州市东山湖度假村举行。这届研讨会的主题是“侨批与金融”。来自泰国及中国香港、台湾、北京、广西、福建、广东等地专家学者等共 120 多人出席。研究中心和广西师范大学出版社合编的《潮汕侨批集成》第一辑共

36册在研讨会上首发。

2010年1月6—8日，由研究中心与揭阳市政协教科文卫体委员会联合主办的第三届侨批文化研讨会在揭阳市举行。这届研讨会的主题是继续挖掘侨批文化丰富的内涵，探讨如何进一步提高侨批文化研究的水平。来自泰国和中国香港、北京、福建、广东的140多位专家学者和有关负责人出席。由潮汕侨批档案馆、汕头市档案局合编的《潮汕侨批业档案选编》一书在这次研讨会上首发。

此外，研究中心还组织多场各种专题研讨会：

2005年7月29日，为纪念抗日战争胜利60周年，研究中心举办“抗日时期的侨批业”研讨会。来自泰国和中国香港、广州、江门、潮州、汕头的57位海内外专家学者，就抗战时期在日寇铁蹄下，侨批对挣扎在死亡线边缘的潮汕民众的拯救功能和对抗日战争的历史贡献、侨批业者殊死拓辟新侨批汇路及其产生的深远影响进行了积极的探讨。

2008年3月8日至9日，研究中心与潮州淡浮院联合举办“潮学论坛”。来自潮汕地区和福建泉州、漳州的专家学者，就围绕如何深化侨批文化研究的主题进行积极的探讨。

2008年12月25日，由广东省华侨华人研究会和研究中心联办的“广东省华侨文化与侨批文化学术研讨会”在汕头市举行。来自广州、汕头、潮州、揭阳、江门、梅州等地30多位专家学者参加研讨。广东省侨办副主任、广东华侨华人研究会副会长吴行赐和王明惠秘书长分别作主题讲话和总结发言。

2011年5月10—11日，研究中心邀请闽南、潮汕两地资深学者就特定时期台湾批信的渊源、作用、意义对台批展开积极的探讨。与会者一致认为，台批和侨批同样也是一种特殊的银信合一的家书，广开门路发掘台批是有必要的，也是可行的。

2011年10月15日，为广东省档案局即将召开的“侨批档案”申报《世界记忆亚太地区名录》宣传推介会造势，由研究中心主办、广东全宇公司协办的“侨批档案”世界意义研讨会在汕头市澄海区举行。出席研讨会的专家学者共50余人，收到论文30篇。

此外，2011年12月8日，省“广东侨批”档案申报世界记忆亚太地区名录工作领导小组于广州成功举办“侨批档案”宣传推介会。特邀联合国教科文组织专家来粤考察、评估侨批档案的世界意义，并具体指导申报工作，取得了预期效果。研究中心为这次推介会做了大量的前期铺垫工作，原理事长王炜中带领研究中心的侨批研究团队参加大会并提交论文。参加宣传推介会的有中央档案馆副馆长、国家档案局副局长李明华，世界记忆项目亚太地区委员会主席、世界记忆项目咨询委员会委员埃德蒙森，世界记忆项目亚太地区委员会名录评审委员会主席茹加亚·阿布哈孔，世界记忆项目亚太地区委员会特别顾问朱福强等专家，并专程赴汕，实地考察潮汕侨批文化活动基地。研究中心为专家组特别准备了侨批文物馆、澄海区隆都镇陈慈黉侨批局旧址两个采访考察现场，让联合国专家、学者零距离感受侨批的魅力，此举获得专家组的高度好评，为侨批作了成功的推介。

2013年4月19日由国家档案局、广东省、福建省联合主办的“中国侨批·世界记忆工程国际研讨会”在北京人民大会堂隆重举行，此次研讨会特邀联合国教科文组织、澳、美、英、日、韩、泰、新、马专家学者多人参加，是我国自侨批“申遗”以来规模最大、规格最高的侨批研讨会，研究中心以阵容强大的研究团队应邀出席了这次研讨会，一共提交了7篇侨批论文，陈胜生、洪林在论坛上宣读了论文。研究中心选送的潮汕侨批历史、研究照片被编入广东、福建两省联合举办的“海邦剩馥——中国侨批档案展”，图片展览同期在人民大会堂展示。

研究中心罗仰鹏理事长特别重视侨批文化工程的建设。倾力打造侨批文物馆扩容、乔迁，2012 年 12 月初罗仰鹏理事长专程到香港拜会了多年来一直大力支持研究中心工作的国学大师饶宗颐教授、香港潮属社团总会创会会长陈伟南等，并进行文化交流。2013 年 6 月上旬又应邀率团到泰国、马来西亚、新加坡潮人社团，并出席泰国中华会馆、潮州会馆、华侨崇圣大学、福建会馆及福建省档案馆主办的“第十八次中山讲座论坛”，罗仰鹏理事长在论坛上宣读论文《试论潮汕侨批业是海内外经济文化合作的前导》，并举办由研究中心特地制作的“海邦剩馥——潮汕侨批图片展”，共同研讨、弘扬侨批，声援侨批入选《世界记忆名录》。这十年来，研究中心还派出侨批研究人员参与福建、广东江门、泰国、澳门各地的侨批文化研讨会，进行学术交流互动。

由此可见，研究中心在海内外侨批学术研讨活动中是最为积极、活跃、最有成效的。

4. 侨批书刊出版成果斐然

在短短的十年间，研究中心倾力出版了种类、数量繁多的侨批系列出版物，还积极协助海内外侨批文化研究热心人士出版有关侨批书籍，为海内外学者提供了海量的侨批文化资讯，这近 200 册书刊文献，是我们团队对侨批抢救及研究的成果，是从另外一个视角反映、审视近代华侨史的百科全书，成为研究中心、广东省乃至国家侨批申遗的雄厚资本。研究中心无疑是国内外首屈一指的侨批书刊出版机构。

研究中心自 2003 年至 2013 年先后出版了《潮汕地区侨批业资料》《潮汕侨批萃编》（共 3 册）、《首届侨批文化研讨会论文集》《第二届侨批文化研讨会论文选》《第三届侨批文化研讨会论文选》《潮帮批信局》（共 3 册）、《潮汕侨批简史》《潮汕侨批集成》（第 1、2 辑共 72 册）、《潮汕侨批业档案选编》《潮汕侨批文化图片巡览》（中、英文版各一册）、《潮汕侨批档案选编》（共 5 册）、《梅州侨批档案选编》《泰国侨批业资料汇萃》《海邦剩馥——潮汕侨批遗珍》《潮汕侨批论稿》等富含历史文献资料、极具研究价值的书籍。

继 2007 年 12 月研究中心与广西师范大学出版社联袂编辑的《潮汕侨批集成》第一辑的第 1—36 册出版后，第二辑的第 37—72 册共 36 册于省“侨批档案”宣传推介会（2011 年 12 月）出版首发，第三辑 30 余册目前已经付印。研究中心把洋洋大观的馆藏 10 万封侨批尽收入这 100 余册《集成》中，供海内外各专业权威图书馆庋藏。随着研究的深化，无疑将会发挥它巨大的功效。

跨国性的《侨批文化》（半年刊）创刊于 2003 年，系国内外独创的侨批文化专业性侨刊，由省出版局审发国家统一连续出版物号，为国家图书馆指定收藏刊物。该刊宗旨为研究侨批在侨史中的作用和地位、探讨在侨批研究过程中的重要问题，挖掘侨批的深刻内涵、促进海内外的侨批文化研究成果。11 年来共出版过 19 期，图文并茂，雅俗共赏，其影响力遍及国内和东南亚，《侨批文化》运用“批”字的特色做文章，同样为“申遗”工程做出了不懈的努力。2012 年 2 月《侨批文化》荣获“广东省优秀侨刊乡讯”称号，时任理事长王炜中被评为“省优秀侨刊乡讯工作者”。

由研究中心及汕头市档案局于 2009 年 12 月联袂编辑出版的《潮汕侨批业档案选编》，将尘封了半个多世纪珍贵的侨批业档案文献呈现于世，特别是潮汕沦陷期间日本侵略者对东南亚及汕头市侨批进行严酷封锁和野蛮经济掠夺的文献，填补了新中国成立前潮汕侨批业研究资料的空白，为侨批业的跨国经营模式方面的研究提供了翔实的依据。该书获省档案编研成果一等奖。

5. 积极调查发掘侨批资料

发掘、抢救濒临灭失的侨批资源，开展田野调查是侨批研究不可或缺的重要途径。2003 年 9 月 16 日，研究中心与中国银行汕头分行联合召开“侨批文化座谈会”。邀请多位原潮汕各侨批局工作人员参加，请年逾古稀的批工们畅忆当年为侨眷派送侨批的往事。会议期间，中行高级经济师萧国强将其珍藏的解放初期中央和各级党政机关有关贯彻党的侨务、侨汇政策等历史文献捐赠给正在筹建中的侨批文物馆存档。

根据侨批研究田野调查计划，研究中心工作人员到汕头市的“四永一升平”侨批局片区、万丰发、玉合、振盛兴、捷成等批局，潮州市“批局一条街”—— 图训巷，揭阳市魏启峰批局，普宁协裕批局，澄海致成、万兴昌、许福成批局、隆都镇侨乡、先民乘坐红头船“过番”的樟林古港，揭东曲溪水客吴字顺故居，梅州市魏金华侨批档案馆等等，多次走访老侨批业者和后裔，进行录音、录像、照相、笔录，抢救、发掘了翔实宝贵的第一手口述历史资料，充实侨批史料中记载的不足。

2012 年 11 月，研究中心“重走东兴汇路”课题组一行七人长驱六千里，沿着资深侨批业者陈植芳先生于抗战后期在铁蹄下冒死拓辟的侨批秘密通道——东兴汇路，一路沿广西东兴，广东韶关、龙川、兴宁等地广泛采访当地政府机关、历史老人，实地考察调研，佐证了潮籍侨批业者在日寇的虎口中智夺侨批，解救上百万潮汕侨眷的大无畏英雄气概，感受当年东兴对潮汕侨批所起的重要枢纽作用，从中体验、挖掘当年东兴汇路宝贵的侨批精神，填补了抗战时期东兴由于在特定的历史时期凭借其特殊的地理位置，成为从东南亚各国到潮汕的侨批运转枢纽而纾解潮汕民生困境、又使东兴经济得到振兴的历史贡献资料。

6. 力促侨批资源数据库化

侨批原件是一种无法再生的纸质档案，由于诸多原因，原来其保存条件极为有限，经过长期的侵蚀老化，侨批成为濒临灭失的珍贵遗产。研究中心收藏的侨批档案中，除了纸质文献之外，也有相当一部分以光盘形式保存的，目前馆藏的侨批档案已基本完成数字化存档。而如何将侨批资源数字化、信息化并建立数据库，达到长期保存和再生保存贮存、传输、检索、复制的目的，加强侨批档案的安全保护和管理，提高资源的使用率，是研究中心势在必行的途径。

2011 年 5 月 20 日，汕头大学长江新闻学院常务副院长范东生曾就建设“网上侨批文物馆”的可行性与研究中心原理事长王炜中进行了认真探讨并达成共识。在汕头大学长江新闻学院的支持协助下，2012 年已初步建成简体、繁体和英文的“网上侨批文物馆”，向全球华人宣传侨批文化，达到侨批信息资源共享、提高“中国侨批”知名度的目的。这是一个很有意义而又极有必要的尝试。

弘扬侨批文化香馥校园。研究中心长期坚持“侨批文化进校园”，组织专家学者，在汕头地区部分中、小学校开设了侨批档案乡土课，辅导、支持他们对侨批及其历史的认识，让学生参加研讨会并出版《侨批研究小论文》；带领学生参观侨批文物馆、侨批局旧址，采访当年的侨批老工友，弘扬侨批诚信精神和潮人先辈的优良传统；与市教育局联袂举办“侨批文化进校园图片巡回展”，于市辖六区一县各中小学校巡回展出；鼓励性地在《侨批文化》杂志及《汕头特区晚报》刊登他们活动的照片和文章，培养学生对侨批文化的兴趣，传承先辈的优秀传统，激发年青一代的爱国情怀，树立正确的人生观。

通过传媒宣传侨批精神。多年来，国内外上百家主流媒体包括通讯社、报刊、电视台、网站，都密切关注并参与侨批文化的发掘、研究、传承工作，对侨批“申遗”进程进行及时、客观的报道，这一举措对侨批“申遗”和最终入选发挥了重要的促进作用。研究中心配合汕头电视台《今日视线》、揭阳电视台《三江纪事》栏目制作揭阳魏启峰批局创业史、老侨批工友访谈录以及侨批研究活动等十多个专题报道。配合省电视台《解密档案》栏目制作了《生死侨批》《下南洋》等电视片；央视和凤凰卫视也特别采访研究中心制作了“侨批”的节目。研究中心制作的侨批图片展览在侨批文物馆、市首届侨博会、学校、下乡巡回展示，同时为粤东侨博会“华侨历史文化·潮汕侨批展”和省档案局“海邦剩馥——侨批图片展”提供大量翔实的侨批图片资料。

2011 年 8 月，“汕头市获奖侨批邮集展览”在研究中心举办，展示了由汕头侨批集邮界人士蔡少明、沈建华等组编的在海内外邮展中屡获金、银奖项的潮汕侨批邮集 26 框、416 贴片，从邮政集邮的角度展示侨批的跨国属性和世界意义。

7. 七年奋力拼搏“申遗”圆梦

研究中心从 2000 年开始侧重于开展对侨批遗存的征集、整理、研究系统工程，此举得到了海内外热心人士的倾力支持，特别是在国学大师饶宗颐教授对研究中心启动侨批工程举措发自肺腑嘉许而投予“功德无量”的策励下，研究中心对待历史持以严谨态度，把侨批的诚信精神落实到实际行动，默默无私做出奉献，在开始的六年间取得众目共睹的丰硕成果，构建了颇具规模的“潮汕侨批”精神和物质知库，为侨批“申遗”工程奠定了扎实的基础。改革开放的春风把汕头的文化建设带进一个崭新的盛世修史的年代，研究中心全体人员心目中形成了如下共识：侨批的征集、研究是一项具有深远历史意义的工程，能够把这些宝贵的遗产留给世人，这就是对社会最好的回报，并坚信侨批遗珍的价值一定有被社会认同的那一天。

2006 年 6 月至 2013 年 6 月，是侨批“申遗”的主体机构——研究中心从认识“文化遗产”到成功申报《世界记忆名录》倾力拼搏的七年，笔者有幸参与并见证了这一全过程，为我省、我市获得这“三连冠”的旷世殊荣而感到由衷的欣慰和自豪。

尽管许多人认为，把侨批这一宝贵的遗产留给后人，坚信会看到侨批的价值被社会认同的那一天，然而侨批的身份、地位在它的“名片”中该如何表示？达到哪一层次、等级？要以何“标签”推出世界？以前还没有一个权威机构的鉴证，故此还是属于不明朗的悬念，研究中心的同志们都翘首以待。

2006 年 6 月，一封汕头市文化局关于国家准备启动第一个“文化遗产日”的函件，触发了时任研究中心理事长王炜中的灵感：“文化遗产”——集中地涵盖了语言、民族和文化的多元性。昔年当过新华社高级记者的王炜中，敏锐地感悟到侨批的属性无疑契合世界文化遗产的范畴，如果侨批的价值和意义得到世界的认同而跻身于“文化遗产”之列，让它们在五湖四海得到广泛传播，是迄今为止对侨批最恰当、最完美的诠释。盛世修史，王炜中意识到这个时期是改革开放以来的黄金时段，申报“世界遗产”就是抓住了难得的机遇，要好好珍惜。为此王炜中专程造访市文化局时任局长姚英杰，开始思索潮汕侨批如何走申报“文化遗产”这条路，并同时调整研究中心的侨批各项课题，更贴切、更有序地围绕着“申遗”的轨道。一石激起千层浪，正是这一正确的创意理念得到国家、省政府部门和各有关机构的重视而为之奋战了七年，“侨批档案”终于获得世界的认同，为祖国捧来了荣耀和骄傲，圆满地达到了预期的目标。

2007 年 1 月，在广东省十届人大五次会议召开前夕，汕头市的省人大代表陈汉初与王炜中联系，请他提供研究中心征集、研究侨批的有关资料，由陈汉初撰写议案，领衔与谢铿、魏森新二位省人大代表于 2007 年 1 月向省十届人大五次会议提出了《关于“潮汕侨批”申报世界记忆遗产的建议》（第 1303 号）。

2007 年 3 月 23 日，省文化厅对这项建议表示肯定，并在会办意见书上批示：“‘潮汕侨批’申报世界记忆遗产，对我省的文化大省工作具有积极作用。”该建议最终被省政府采纳，根据省委、省政府领导的指示精神，由档案部门具体承办侨批档案“申遗”工作。2007 年 4 月，省档案局在收到省人大代表“潮汕侨批申报世界文献遗产的建议”后，即指派时任督导处处长延江蘸、原副处长吴晓琼等一行 4 人于 4 月 16 日率队前往研究中心，对潮汕侨批进行专题调研，并给予充分的肯定。

2007 年 12 月，福建省政协委员、泉州学研究所所长林少川应邀莅汕出席研究中心举办的“第二届侨批文化研讨会”。得知汕头市已经向省人大提交申遗议案，2009 年 1 月 10 日林少川在福建省政协十届二次会议上，也提交了《关于加快“闽南侨批”申报“国家档案文献遗产”的建议》（第 20092173 号）提案，呼吁福建省应重视侨批遗产。

2009 年 12 月，广东省档案局原局长徐大章为《潮汕侨批业档案选编》一书作序：“跨越一个半世纪的广东侨批，是源于民间的原生态档案，也是人类记忆遗产。潮汕侨批档案馆为了传承、弘扬潮汕优秀的传统文化做出了积极贡献，可谓‘修文存史，嘉惠后代’。他们不仅抢救了宝贵的潮汕档案遗产，而且留下了‘老骥伏枥、壮心不已，认真严谨、奋发敬业，团结协作、融洽和谐，淡泊名利、重在奉献’的宝贵财富。

作为广东侨批的主体——潮汕侨批，以其 10 万余封的数量优势和丰硕的研究成果，在保护侨批实物与研究、传播侨批文化的实践中发挥了举足轻重的作用。广东侨批‘申遗’工程的启动，正是源自 2007 年一份关于‘潮汕侨批申请中国档案文献遗产’的省人大议案。2008 年，省档案局提出以‘广东侨批’为名整体‘申遗’的建议，获得广泛认可并支持，特别是最早提出侨批‘申遗’的潮汕历史文化研究中心的老同志顾全大局，欣然接受改为‘广东侨批’之名向国家档案局提出申请，并热切希望‘申遗’早日成功。广东侨批‘申遗’，旨在宣传、推介侨批及侨批文化，唤醒全社会的档案文献保护意识，探索侨批档案抢救和保护的有效模式。”

徐大章还说：“潮汕侨批的抢救和保护从 20 世纪 90 年代的民间发起，到政府层面的主打过程，充分表明了政府对侨批档案的重视和申报《世界记忆名录》的决心。其意义不仅仅是对文献遗产的保护，更是为了让几千万华侨华人的拼搏精神得以弘扬。”

毋庸置疑，侨批“申遗”的创意及具体运作均起源于潮汕历史文化研究中心，是研究中心率先在国内揭开了潮汕侨批“申遗”的序幕，得到了省领导的认可和肯定。

经国家档案局的协调整合，决定由粤、闽两省联合以“侨批档案”的名义首先申报“中国档案文献遗产”。2010 年 2 月 22 日，“中国档案文献遗产工程”国家咨询委员会评定“侨批档案”入选《中国档案文献遗产名录》。

2011 年 12 月 9 日，侨批档案申报世界记忆名录项目领导小组在广州举办“侨批档案宣传推介会”，特邀联合国教科文组织专家来粤考察、评估侨批档案的世界意义，并具体指导申报工作。时任理事长王炜中带领研究中心的侨批研究团队参加大会并提交多篇论文。宣传推介会期间，中央档案馆副馆长、国家档案局副局长李明华，世界记忆项目亚太地区委员会主席、世界记忆项目咨询委员会委员埃德蒙森、世界记忆项目亚太地区委员会名录评审委员会主席茹加亚·阿布哈孔、世界记忆项目亚太地区委员会特别顾问朱福强等专家专程莅汕，去研究中心参观侨批文物馆和市档案馆，并到澄海区隆都镇陈慈黉侨批局旧址实地考察潮汕侨批文化。联合国专家、学者亲历侨批现场，对侨批遗存感受殊深，会议取得了预期效果。2012 年 5 月 16 日，联合国教科文组织世界记忆项目亚太地区委员会在曼谷宣布，“侨批档案”成功入选《世界记忆亚太地区名录》。

2013 年 4 月 19 日，国家档案局联合广东、福建两省人民政府在北京人民大会堂举办“中国侨批·世界记忆工程国际研讨会”，并举办“海邦剩馥 —— 中国侨批档案展”，这是我国自侨批申遗以来规模最大、规格最高的一次侨批研讨推介活动。应邀与会的研究中心侨批研究团队阵容可观，陈胜生、洪林（泰国）在研讨会上作了学术发言。

2013 年 6 月 19 日，在韩国光州市举行的联合国教科文组织世界亚太地区委员会第 11 次会议上，由我国申报的“侨批档案”成功入选《世界记忆名录》。广东实现了世界记忆文献遗产零的突破，并率先成为全国范围内同时拥有世界自然遗产、世界文化遗产、世界非物质文化遗产和世界记忆文献遗产的省份。

世界记忆项目亚太地区委员会主席埃德蒙森说：“侨批已有一百多年的历史，这些档案文献真实记录了 19 世纪中期以来中国国际移民向亚洲、美洲、大洋洲等地区的迁移过程，是华侨华人记忆中不可磨灭的历史符号，是世界人民的共同记忆。”在海内外热心侨批文化人士的大力支持下，研究中心的同志们配合各级政府及相关部门经过七年不懈的拼搏，以研究中心的成果作为“申遗”的主体资料，使“侨批档案”相继成功入选《中国档案文献遗产名录》（2010）、《世界记忆亚太地区名录》（2012）、《世界记忆名录》（2013），获得“三连冠”的殊荣，研究中心为中国侨批“申遗”做出了应有的贡献。潮人“过番”后的身份以“潮州人—唐山人—中国人”引为骄傲，而侨批的标签也是历经“潮汕侨批—广东侨批—中国侨批”的内涵演变，成为举世瞩目的世界记忆遗产。回眸“侨批档案”入选《世界记忆名录》一周年之际，特引潘启瑞老师《长相思·潮汕侨批》词：“别家门，出国门，离乱劳生何苦辛，侨批蕴泪痕！情深深，意深深，七载申遗梦已真，襟期俱日新。”以彰世人圆侨批档案“申遗”梦之愿。

今日的研究中心有强有力的领导，目标明确，群策群力，踌躇满志，方向明确，有的放矢。研究中心将扎实有序地开展“侨批文化进校园”活动，以新的姿态继续努力完善侨批文物馆扩容项目，认真做好弘扬侨批文化的出版工作，积极筹办今年的“世界记忆遗产——侨批档案”国际研讨会，继续和海内外侨批热心人士一起奋战在新的起跑线上。

附录

利在当代、功在千秋

——在“世界记忆遗产——侨批档案研讨会”上的致辞

朱杰人*

组委会，尊敬的各位领导，各位学者：

大家好！

欣闻“世界记忆遗产——侨批档案研讨会”将在这个秋高气爽的美好季节在汕头召开，非常高兴。鄙人因公务缠身，无缘盛会，深感遗憾，谨致歉意！谨委派常务副秘书长李慧玲教授代表中国历史文献研究会和我个人对大会的召开表示衷心的祝贺，并对参加此次盛会的海内外专家、学者表示衷心的感谢！

2013 年 6 月 19 日，对于我们这些以研究文献为职志的学人来说，是一个有特殊意义的日子。在各界人士的推动下，侨批档案得以成功入选联合国教科文组织《世界记忆名录》。这对于侨乡广东、侨乡潮汕，无疑是一个特大的喜讯。唐代大诗人杜甫有诗云：“月是故乡明。”还有诗云：“家书抵万金。”怀念家乡，热爱桑梓，是所有游子的心声。国内的游子尚且如此，海外的游子可想而知。广东潮汕拥有国内数量最多的侨批，其文化意义可谓价值连城，值得珍惜，值得研究，以便子子孙孙薪火相传。

我们知道，申报《世界记忆名录》是为了永久铭记这些不可多得的传世文献，“申遗”成功之后，如何进一步丰富和发掘华侨文献资料，如何进一步保护、研究和利用侨批档案，就是我们现在面临的重要而迫切的问题。而此次研讨会的议题，就是围绕侨批档案的发现、保护、开发利用、价值发掘等问题展开的学术讨论。我相信在各位与会专家、学者的共同关心下，侨批档案的保护和利用问题将会得到更好的解决和完善。从这个意义上讲，我们此次会议不但为侨批档案的发展提供了新思路，也必将对整个学术界的文献利用和保护提供创造性思维。

各位专家和学者都在侨批档案方面学有专长，今天，各位又从五湖四海汇聚汕头，为侨批档案的研究贡献自己的学识和智慧，这是一项利在当代、功在千秋的事业，我代表中国历史文献研究会对远道而来的各位专家学者表示诚挚的感谢！

预祝“世界记忆遗产——侨批档案研讨会”圆满成功！祝各位专家学者会议期间心情愉快，满载而归！

---

* 朱杰人，男，中国历史文献研究会会长。

“世界记忆遗产——侨批档案研讨会”总结感言

［新加坡］柯木林

罗主席、各位学者、侨批爱好者、同仁们：

今天非常高兴在这里跟各位谈谈过去两天来的一些感受。俗话说：“快乐不知时间过”，我们经过了两天紧锣密鼓的会议，大家交流也非常好，现在研讨会进入了尾声，有点依依不舍的感觉。

过去几年来我参加过不少学术研讨会，这一次会议，对我而言是“刻骨铭心”的一次，为什么呢？因为这次的研讨会，给我创造了三个第一：

第一个第一，就是在短短的两个半小时内，从今天下午三点，到现在五点半，我做了三项工作，扮演了三个不同的角色：做了主持人，做了报告人，现在做总结。

第二个第一，这个总结用潮州话来说，pai mui（难搞）。为什么呢？通知我的时间太短了！记得上周五，我从北京回新加坡，抵达机场后刚打开手机，就收到主办方的邀请短信，要我当此次大会的学术总结。当时我第一个反应就是拒绝。但回头一想，侨批是千秋大业，有那么多热心人士，怎么可以辜负他们呢？于是答应了主办方的邀请。之后我马上通知主办方，尽快把与会的论文发给我。主办方效率高，我很快就收到所有论文。过去这几天，我满脑子都是侨批——坐火车看，坐飞机看，吃饭看，睡觉前也在看。

第三个第一，我原本没有做 ppt，那天曾旭波到动车站接我，问我是否有做 ppt，我说没有。但是他这样问，大概是要我做了。人要有悟性嘛！所以我到今天凌晨 4 点半还在做 ppt。其实再辛苦也是应该的。

这一次，我们收到的论文，根据主办方的分类，共有四类 53 篇：侨批档案与跨国华人社会（15 篇）、侨批业与邮政金融（13 篇）、侨批档案的开发利用（11 篇）、侨批档案相关的其他研究（14 篇）。

我统计了一下：10 篇是个案研究，占了全部论文的 18.86%。从这数字也可看出当前侨批研究的趋势。侨批档案是跨国的华人社会史料，所以文章多（15 篇）。目前利用侨批档案研究的文章不多，所以这类的篇数也相应较少（11 篇）。但总体上说，53 篇论文有其广度与深度，这是可喜的现象。还有，从出席的学者看，除了中国学者外，尚有来自日本、新加坡、泰国的学者，虽然会议没有冠上“国际”两个字，其实就是一个国际会议。

参加了两天的会议，我主要有三点感想：

（一）“一部侨批史，半部在闽粤，半部在海外”

2013 年 4 月，由中国国家档案局、福建省人民政府和广东省人民政府主办，福建省档案局、广东省档案局承办的“中国侨批·世界记忆工程”国际研讨会在人民大会堂举行。在研讨会上，我提出了一个概念：就是侨批犹如“虎符”。“虎符”要一对才是完整的。侨批也是如此，有“来批”必须要有“回批”。所以一部侨批史要写得完整，一半在侨乡写，一半在海外写。这海外是指哪里？东南亚，尤其是新加坡、马来西亚、泰国，当年都是侨批的海外重镇。目前，我正主编《新加坡华人通史》，计划于2015年11月出版。其中有特别的一章《家书抵万金》，讲的就是新加坡侨批的历史。昨天李志贤的报告《19—20世纪期间新加坡各帮民信局的营运与同业组织》就是本书其中的一节，此外，还有我写的一节《新加坡侨汇与民信业》。一部华人史缺了侨批的部分，不是一部完整的华人史。

（二）“侨批是海外华人特别雇用的邮差”

这邮差与一般的邮差又有不同。不同在哪里呢？

第一，懂得经营。侨批是微利行业，但先辈很有智慧，可以把这微利行业搞活。我们知道，做生意要注意营运成本与运作模式。在侨批业经营方面，现在引用李志贤论文的一段话：“民信局兼营的业务广泛多元，从矿业到橡胶业和药材，从船运业到汽车和脚车行，从广告业到文具和印刷业，从茶叶到酒和蔬菜，从土产到化妆品，从中西布匹到中外杂货，可谓琳琅满目，应有尽有。”（《19—20世纪期间新加坡各帮民信局的营运与同业组织》）换句话说，侨批业者不单只做侨批生意，他们什么都做，这是侨批业的一个营业模式。

第二，会变。侨眷收到侨批当然高兴，但是送侨批不是简单的事，尤其是侨眷分散在僻远的交通不便的小镇。和平时期里倒容易解决，一旦有了战争，那问题就来了。最令人感动的是抗战期间的侨批派送。抗战时期，当中国75%的交通运输业、90%的工业及100%的港口被日军占领时，潮汕一带的侨批业者，另辟“东兴汇路”。在座的学者陈胜生，其父就是“东兴汇路”开创者。“东兴汇路”可说是侨批的“滇缅公路”。中国与日本作战，陆上有滇缅公路，陈嘉庚组织的南侨机工有不可磨灭的贡献；在海上就是“东兴汇路”。如果没有“东兴汇路”，潮汕地区不知要饿死多少侨眷。“东兴汇路”在侨批史上应占有一席之位。

第三，讲诚信。此次研讨会林伟钿的论文《从一封特殊侨批看闽南华侨的商业网络——以〈三州府文件修集〉洪作霖遗嘱书为案例》，谈到因侨批被倒汇而发生谋杀案。这是一个典型侨批倒汇的例子。但从整体看，侨批业还是讲诚信的，否则这行业不可能维持150年之久。我手头上有一份关于汕头黑帮历史的资料，其中有一段与侨批有关，摘录如下：“民国年间，很多潮汕家庭的生计还得靠海外的汇款，那时候称‘侨批’为‘番批’。每天早上，汕头发往揭阳、潮州、普宁的第一班车上都装满钞票，但很少被抢劫。那时候黄伯（送侨批的批脚）晚上经常在汕头各个地方收钱，一大袋背在肩膀上，穿着木屐，工作到晚上一两点，几乎是边打瞌睡边走路，但从来没有被抢过。当时的强盗，大多数是有道德的，侨批的钱都是血汗钱，有的还是救命钱，所以一般强盗不会打抢…… 当然，偶尔也发生抢劫。侨批公会便会商讨对策……”下面这句非常重要，“让涉案的村子交还赃物，否则今后中断该村侨批业务”。[1]“盗亦有道”，从以上引文，可以看出不仅侨批业者讲诚信，这个行业也得到广大社会的支持，有其群众基础。

---

① 见《老汕头黑帮历史深度探究》，http：//tieba. baidu. com/p/3210152712。

（三）“侨批的真善美”

侨批的“真”表现为侨批内容翔实，绝不作假，忠实地记录了当时的生活样相。写侨批的人，可能没有想到150年后，会有人利用这批档案作研究。所以说侨批是最翔实的史料。

侨批的“善”是“小则救家，大则救国”，从涓涓细流至抗战时期的大量侨汇。我曾做了一个统计，从1937年下半年至1941年的四年半期间，世界侨汇数额为国币5 300 000 000元，每年平均数为1 170 000 000元。在这里，新马所占的数额大约是七分之一，即每年167 000 000元（约为叻币35 000 000元）。若以中国对外贸易入超数目而论，1938年的入超总额是123 558 000元，则移新马华侨的汇款挹注，尚有余裕，可见侨批力量的伟大。

侨批的“美”就在于侨批的魅力。150年后，侨批还受到人们的重视，是有一定道理的。现在谈未来展望。

此次会议可说是侨批“申遗”成功以后的第一个跟进会议，意义重大。凡事必须要有跟进，否则徒劳而已！我非常赞同大会主席罗仰鹏的说法，他在会议开幕当天就说“侨批‘申遗’成功不是终点，而是一个更高的起点”，此次会议就是更高起点的一个起点。然而，接下来应该做哪些事呢？我认为单靠收集资料，保存资料，汇编侨批档案是不够的。侨批档案必须加以利用，才能够发挥其价值，否则图书馆、档案馆及研究中心只不过是仓库而已。储藏资料不被利用等于没有用。

怎样才能使侨批档案“活”起来？侨批资料必须分类、解读及数码化。怎么分类？怎么解读？怎么数码化？这些都是值得思考的问题。侨批有许多文字，以闽粤当地方言书写，如果不谙闽粤方言，很难明白其内容。因此我建议编辑《侨批辞典》，这项工作必须做。听说曾旭波有意做此工作，这是好事。但兵贵神速，可以先把已整理好的出版，以后再慢慢增补修订。

我也建议出版一系列侨批丛书。目前虽有不少出版物，但都是零散的，没有系统性。应该好好规划一套集大成的侨批丛书才有意义。

普及侨批工作亦非常重要。侨批档案内容很多，依据其内容，可以录制一系列的“侨批三分钟”纪录片，推广侨批知识。这次研讨会还有学者提出组构“侨批学”，或者定期主办联系会议，这需要从长计议。也有学者倡议成立“侨批园地”微信公众平台，这个建议不错，我第一个参加，希望在座学者也踊跃加入。

讲到这里，我要讲一个小故事。1972年初，有一位日本学者忽然到我新加坡的住家找我，他说他是东京大学的博士生。当时我纳闷，一问之下，才知他是研究银庄（钱庄）的。他说，他研究银庄的历史，只找到一篇论文，那就是我的毕业论文《新加坡侨汇与民信业研究》。我问他，找到我的论文是不奇怪，怎么会找到我住家呢？这位学者说，他看到我的毕业论文后，先看是哪一届毕业的，再找该届毕业特刊，毕业特刊里面有我的地址，他就是这样找来的。这种治学精神，令人佩服。后来我们成了好朋友。这一位学者，你们都认识，今天他也在场，他就是当今著名的历史学家、汉学家滨下武志教授。

讲这故事什么意思呢？我们研究历史，要有滨下武志先生这种“上下求索”的治学精神。这里让我用屈原的一句话来总结：“亦余心之所善兮，虽九死其犹未悔。路漫漫其修远兮，吾将上下而求索。”侨批的研究，路途还很遥远，我们要继续前进。谢谢各位！

“世界记忆遗产——侨批档案研讨会”出席领导、嘉宾暨代表名单

<table>
<tr><th colspan="2">姓名</th><th>单位职务（职称）</th><th>姓名</th><th>单位职务（职称）</th></tr>
<tr><td colspan="2">赵　红</td><td>汕头市人民政府副市长</td><td>罗仰鹏</td><td>潮汕历史文化研究中心理事长</td></tr>
<tr><td colspan="2">李慧玲</td><td>中国历史文献研究会常务副秘书长，华东师范大学副研究员、硕导</td><td>王德声</td><td>汕头市人民政府副秘书长</td></tr>
<tr><td colspan="2">曹姗姗</td><td>中国历史文献研究会秘书</td><td>刘　峰</td><td>潮汕历史文化研究中心顾问、创会理事长</td></tr>
<tr><td colspan="2">陈德辉</td><td>潮汕历史文化研究中心顾问</td><td>王炜中</td><td>潮汕历史文化研究中心顾问</td></tr>
<tr><td colspan="2">陈焕溪</td><td>潮汕历史文化研究中心副理事长</td><td>康业丰</td><td>潮汕历史文化研究中心副理事长</td></tr>
<tr><td colspan="2">陈汉初</td><td>潮汕历史文化研究中心副理事长</td><td>陈荆淮</td><td>潮汕历史文化研究中心副理事长</td></tr>
<tr><td colspan="2">陈春声</td><td>中山大学党委书记、教授、博士生导师</td><td>洪　林</td><td>泰国泰中学会会长、《星暹日报》副总编</td></tr>
<tr><td colspan="2">黎道纲</td><td>泰国泰中学会副会长、教授</td><td>席德华</td><td>泰国法政大学教师</td></tr>
<tr><td colspan="2">许为岳</td><td>泰国时代工艺美术研究中心</td><td>李志贤</td><td>新加坡国立大学中文系副主任、副教授、博士生导师</td></tr>
<tr><td colspan="2">张曦姗</td><td>南洋理工大学华文教研中心讲师/新加坡教育部特级教师</td><td>柯木林</td><td>新加坡宗乡总会学术主任</td></tr>
<tr><td colspan="2">张慧梅</td><td>新加坡南洋理工大学人文与社会科学学院研究员、博士</td><td>滨下武志</td><td>中山大学亚太研究院院长、教授</td></tr>
<tr><td colspan="2">张应龙</td><td>暨南大学国际关系学院/华侨华人研究院副院长、教授</td><td>肖文评</td><td>嘉应学院客家研究院副院长、教授</td></tr>
<tr><td rowspan="11">泰国中华文化访华代表团</td><td>陈国光</td><td>泰国枢密院大臣</td><td>陈国光夫人</td><td>一品夫人</td></tr>
<tr><td>黄汉良</td><td>泰华各姓宗亲总会联合会主席</td><td>许景琪</td><td>泰国中华会馆名誉理事长</td></tr>
<tr><td>黄根和</td><td>世界日报社长</td><td>张俊彬</td><td>泰国中华会馆名誉理事长</td></tr>
<tr><td>庄建模</td><td>泰国中华会馆顾问</td><td>林　宏</td><td>泰国新中原报社长</td></tr>
<tr><td>许茂春</td><td>泰国中华会馆理事长</td><td>徐光辉</td><td>泰国饶平同乡会理事长</td></tr>
<tr><td>赖锦廷</td><td>宗联副主席兼英文秘书</td><td>丘菁瑛</td><td>泰国中华会馆副理事长</td></tr>
<tr><td>徐名准</td><td>泰国中华会馆副理事长</td><td>丘家杰</td><td>泰国中华会馆副理事长</td></tr>
<tr><td>李源昌</td><td>泰国中华会馆稽核</td><td>吴景辉</td><td>泰国中华会馆副稽核</td></tr>
<tr><td>黄坤恒</td><td>宗联名誉主席</td><td>陈　静</td><td>宗联副主席兼秘书长</td></tr>
<tr><td>肖俊杰</td><td>宗联副主席兼财政</td><td>张惠明</td><td>泰国饶平同乡会副理事长</td></tr>
<tr><td>陈鸿辉</td><td>泰国饶平同乡会副理事长</td><td>沈良丰</td><td>泰国饶平同乡会常务秘书</td></tr>
</table>

（续上表）

	姓名	单位职务（职称）	姓名	单位职务（职称）
泰国中华文化访华代表团	金美丽	泰国饶平同乡会常务交际	许洪飞燕	许景琪夫人
	徐侯小怜	徐名准夫人	徐胡婵燕	徐光辉夫人
	张蔡淑珍	张惠明夫人	赖廖淑芳	赖锦廷夫人
	吴洪春美	吴景辉夫人	庄美维	庄建模千金
	张瑞君	张惠明千金	张丽君	张惠明千金
	张瑞娟	张惠明千金	张瑞虹	张惠明千金
	吴坤保	泰国饶平同乡会总干事	张素娥	泰华各姓宗亲总会联合会办公厅主任
	郭明秋	泰国中华日报记者	许奕烽	泰国饶平同乡会福利股干事
	邓达宏	福建社会科学院人事处副处长、研究员	张林友	福建江夏学院图书馆助理馆员
	张　静	华侨大学公共管理学院讲师	刘伯孳	泉州华侨历史学会副秘书长
	陈如榕	泉州华侨历史博物馆	黄清海	泉州华侨历史学会常务理事
	吴宝国		林伟钿	华侨大学华侨华人研究院硕士研究生
	沈惠芬	厦大国际关系学院/南洋研究院副教授	林南中	中国农业银行漳州市分行
	郭伯龄	民进福建省漳州市委会副主委	苏通海	
	贾俊英	华中师范大学中国近代史研究所博士研究生	李炳炎	潮州市颐陶轩潮州窑博物馆馆长
	曹亚明	韩山师范学院中文系副教授	吴榕青	韩山师范学院中文系副教授
	蔡金河	揭阳市潮学杂志编辑部	徐光华	揭阳市潮学杂志编辑部
	魏金华	梅州市侨批（华侨）档案馆馆长	田　璐	嘉应学院
	许　颖	嘉应学院	沈敦武	东莞邮协
	黄素龙	汕头市潮阳第四中学教师	杨　仪	汕头市第三人民医院主任医生
	蔡焕钦	汕头市集邮协会常务理事	蔡少明	汕头市集邮协会常务理事
	谢娇兰	汕头市外事侨务局潮人杂志社	陈群歆	汕头市澄海区苏北中学一级教师
	张美生	潮汕历史文化研究中心青年委员会委员	金文坚	汕头大学图书馆特藏部主任
	陈嘉顺	中山大学历史系博士研究生	杨　剑	汕头大学图书馆副研究馆员
	曾益奋	汕头大学教研处	陈友义	汕头职业技术学院潮汕历史文化研究所副教授
	路晓霞	汕头职业技术学院思想政治理论课教学部讲师	沈建华	潮汕历史文化研究中心特约研究员
	陈胜生	潮汕历史文化研究中心特约研究员	曾旭波	潮汕历史文化研究中心青年委员会常委
	肖国强	中国银行汕头分行	陈浩展	汕头市五金电器工业供销公司
	蔡式莹	澄海区汇璟实验小学教师	王秀君	汕头市澄海区博今民俗馆馆长
	王　惠	香港中文大学历史系博士研究生	陈树耀	汕头市外语外贸职业学校校长
	陈启琛	汕头市外语外贸职业学校副校长	肖　嘉	汕头市外语外贸职业学校副校长